经济管理理论
与中国经济发展研究

Theories of Management and
China's Economic Development

王关义 | 等著

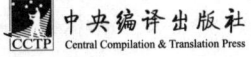

中央编译出版社
CCTP Central Compilation & Translation Press

图书在版编目（CIP）数据

经济管理理论与中国经济发展研究／王关义

等著. —北京：中央编译出版社，2018.10

ISBN　978-7-5117-3625-3

Ⅰ.①经…　Ⅱ.①王…　Ⅲ.①经济管理–研究–中国
②中国经济–经济发展–研究　Ⅳ.①F123　②F124

中国版本图书馆 CIP 数据核字（2018）第 217228 号

经济管理理论与中国经济发展研究

出 版 人：葛海彦
出版统筹：贾宇琰
责任编辑：王丽芳
责任印制：刘　慧
出版发行：中央编译出版社
地　　址：北京西城区车公庄大街乙 5 号鸿儒大厦 B 座（100044）
电　　话：（010）52612345（总编室）　　（010）52612349（编辑室）
　　　　　（010）52612316（发行部）　　（010）52612346（馆配部）
传　　真：（010）66515838
经　　销：全国新华书店
印　　刷：三河市华东印刷有限公司
开　　本：787 毫米×1092 毫米　1/16
字　　数：490 千字
印　　张：33
版　　次：2018 年 10 月第 1 版
印　　次：2018 年 10 月第 1 次印刷
定　　价：86.00 元

网　　址：www.cctphome.com　　邮　　箱：cctp@cctphome.com
新浪微博：@中央编译出版社　　微　　信：中央编译出版社（ID：cctphome）
淘宝店铺：中央编译出版社直销店（http://shop108367160.taobao.com）　　（010）55626985

本社常年法律顾问：北京市吴栾赵阎律师事务所律师　　闫军　　梁勤
凡有印装质量问题，本社负责调换。电话：（010）55626985

目　录

第三部分　中国宏观经济发展研究

第四部分　中国区域经济发展研究

第一部分

经济管理理论问题研究

信用：市场经济的灵魂

自从我国由计划经济转向市场经济转型以来，信用作为市场经济的灵魂，随着市场经济的不断健全和发展，已经越来越成为其有序、健康发展的基石。本文从信用对于市场经济正常运行的意义入手，分析了当前我国种种失信行为对于市场运行的危害，并针对如何构建我国当前的信用体系提出了自己的建议。

一、信用是市场经济运行的基础

所谓信用，是指一种建立在对受信人在特定的期限内付款或还款承诺的信任，它使受信人无需付款就可以获取商品、服务或资金的能力。通俗地讲，信用就是有信可用，是用别人的钱干自己的事、用明天的钱干今天的事，用较少的钱干更多的事。而信用经济就是以信用为基础，且受信用关系制约运行的经济，它是商品经济发展到一定阶段的产物。如果按交易方式对经济时期进行一下分类，可分为三个时期：一是自然经济时期，即以物易物；二是货币经济时期，货币介入使得交易较物物交易更容易达成，即以货币为媒介的交换；三是信用经济时期，即以基于信用基础上以信用为媒介的交换。信用交易大大降低了市场交易的成本，加速了社会资本的周转，促进了社会再生产规模的迅速扩大。信用构成最根本的社会关系，成为整个社会赖以生存和发展的基础。没有信用，就没有秩序、没有交换、没有市场，经济活动就难以正常进行，社会主义市场经济就失去了存在的基石。

从实践来看，信用既是化解商品交换与货币支付不平衡矛盾而使市场经济导向有序化的手段，同时，又可能是将市场经济陷入无序状态的诱因。也就是说，信用也隐含着潜在的风险。当受信人授信失当或受信人回避偿债责任时，风险就产生了，而这取决于信用体系健全与否。良好的信用体系，可以使市场经济有序健康发展，低劣的信用体系，则可能使市场经济陷入无序状态。我国由于正处在新旧体制转轨时期，信用基础和信用意识比较薄弱，广泛存在着与市场经济严重不适应的信用缺失或不足，这成为目前阻碍我国市场经济建设的障碍之一。信用缺失不仅扰乱了正常的市场秩序，增加了市场交易成本，减弱了市场功能的正常发挥，降低了市场效率，而且延缓了市场化取向改革的进程，甚至成为影响社会稳定的重要因素。其具体表现在：在商品交换领域，假冒伪劣屡禁不止，缺斤少两司空见惯，欺行霸市并不罕见。在生产领域，信用缺失增大了企业在购置生产要素以及出售产成品等方面的交易成本，增加了交易的不确定性，造成相当数量的企业资金周转难，生产成本上升，三角债务难以清算。在金融领域，以各种形式拖欠逃废债务的现象也相当普遍，造成银行不良资产居高不下，增大了金融风险。在资本市场，"走关系，搞包装，做业绩"实现包装上市已成风尚，而债券市场发展举步维艰。在信息市场，虚假财务报表充斥市场，违规审计报告屡见不鲜。凡此种种，充分说明，信用已经成为目前中国最稀缺的资源。信用制度缺失、信用市场缺失、信用道德缺失已经构成三位一体的整个完整信用缺失体系。

二、失信行为对市场运行的危害

我国当前的社会信用，尤其是商业信用与银行信用，已经严重恶化，对市场机制的正常运行带来很大的消极作用。其具体表现在：

1. 企业特别是中小企业生产及交易活动无法正常运行，直接或间接融资渠道受阻。它们在市场上由于只是价格的接受者而与其他竞争者相比处于劣势，在不确定性因素作用下或由于市场价格的变化，中小企业经营状况很容易恶化，往往最终只能倒闭，退出市场。经营状况恶化的企业很容易发生信用危机，这种企业往往采取拖欠账款、逃废银行债务、偷税漏税、产品质量低劣等失信行为，在很大程度上影响了中小企业的整体信用形象，给企业正常的生产及交易活动带来不利影响，特别是拖欠账款这一项，给企业正常生产运营所需资金的周转带来很大困难。据某权威报告称，企业间的逾期应收账款与其贸易总额的比重，我国高达 5%以上，而发达国家仅为 0.25%—0.5%。另外，企业越小，透明度一般就越差，社会就越难以监督，存在失信行为的概率也就越大。而由于评价资信的成本很高，中小企业的资信很难得到有效评估，这就造成了目前中小企业的融资困难。特别是金融系统一改过去对中小企业信用贷款的方式，而采取抵押贷款和担保贷款，这也大大减少了中小企业的融资渠道。

2. 银行业务无法正常开展，呆账、坏账居高不下，贷款占存款的比例逐年下降。近年来，银行信用秩序混乱，以各种形式逃废金融债务的现象相当普遍，银行呆账、死账越积越多。据有关统计，到 2000 年年末，在 5 家国有独资商业银行开户的改制企业 62656 户，贷款本息 5792 亿元，经金融债权管理机构认定的逃废债改制企业 32140 户，占改制企业的 51.29%，逃废银行贷款本息 1851 亿元，占改制企业贷款本息的 31.96%。这就造成银行不敢向企业放贷款，而信用缺失阻碍了金融市场和资本市场的发展，导致社会资金的闲散且表现为大量居民储蓄，这使得贷款占存款的比例逐年下降。

3. 虚拟资本无法发生与开展，企业和产品信誉屡遭侵权。由于虚拟资本完全是社会信用发展的结果，没有社会信用，债券、股票就不可能产生，交易无从谈起，各种衍生金融工具也就不可能产生，市场经济也不可能向高级阶段发展。同样，诚实信用在市场上享有崇高的声誉，这种声誉长期积累下来就会形成无形资产，它所蕴含的丰富文化内涵，支撑着企业和产品的崇高品位。但不少企业打着知名企业的商标，肆无忌惮地从事制假、售假勾当，严重影响了这些知名企业和产品的形象，给这些企业造成了难以计量的损失。据国家有关部门的一项调查显示，在被调查的样本企业中，至少有 34.76%的企业被假冒伪劣产品侵权。

4. 社会投资环境因此恶化。众所周知，在市场经济条件下，资本的运行必然不断地选择和投向利于其运行并增值的投资环境，而良好的信用环境则是投资环境的重要内容。从实践来看，一个国家经济区域能否吸引外地资本投入，除了能源、交通、通讯、资源、市场、政策等条件，信用环境是否良好显得越来越重要，不少外商来中国投资都把"信用"作为一个重要的"市场风险指标"加以考察。

曾经被誉为"希望的热土"的中国五个经济特区之一的汕头，一度经历了信用危机。骗税骗汇、制假售假、走私贩私、逃废债务等违法犯罪活动猖獗，导致当地经济秩序混乱，商业信誉一落千丈，对外贸易难以开展，信贷支持资金萎缩，大批企业开工不足，出口企业迁往外地。据统计，汕头市 2000 年因投资环境不佳而搬迁的企业有 400 多家，对当地经济的影响极其严重。如今，痛定思痛，几乎所有的汕头人都已意识到：汕头要以信用立市，要把重建信用、重塑形象作为新世纪汕头的生命工程，营造一个良好的投资创业环境。

三、如何构建信用体系

如何克服信用危机？怎样建立一套严格的信用管理体系已成为社会主义市场经济建设所急需解决的问题。笔者认为，建立一套信用管理体系是一项规模庞大的系统工程，必须从多方面来进行。

建立社会化的资信服务体系，建立征信数据的开放制度和征信数据的商业化，发展信用服务业。按照与国际接轨的要求，逐步建立起包括信用记录、信用调查、信用评价、信用担保在内的，面向全社会、跨行业、跨部门的信息发布、查询、交流和共享的动态的社会化信息系统。通过考察企业（个人）对银行信贷的履约情况和企业（个人）之间的商业信用履约情况，对企业（个人）信用等级进行评定。现代市场经济是依托现代信息技术手段和快捷的信息流基础上的，一旦其交易主体有失信行为，在信用的数据库里就会留下不良记录，他就会失去与交易伙伴进行交易的机会，就要为此付出极其沉重的代价，甚至很难再有继续生存和发展的机会。

2. 加强法制建设，强化信用管理。由于交易主体的自我履约机制存在着不可忽视的局限性，政府有必要加强信用建设和信用管理。政府通过立法和行政法规等强制手段对交易活动进行外部约束和资信管理，加大对失信、欺诈行为的惩罚力度。目前，我国已制定的有关信用的法律有《民法通则》《合同法》《担保法》《票据法》《刑法》等，对产品质量的承诺等广义的信用，则还有《产品质量法》《消费者权益法》《反不正当竞争法》等等，但至今仍没有系统、完整、规范的信用法律。政府应对交易活动进行严密立法，对交易行为进行有效规制，做到交易活动合法化，交易行为规范化，交易过程信用化。只有对违背和约的交易主体实行严厉惩罚，使其不轨行为的交易成本远远高于其"额外收益"，人们就会发现，讲究信用比不讲究信用更有利，这个时候信用秩序才会确立。

3. 加强产权改革，完善治理机制，规范经营者行为。在竞争性市场上，产权改革的结果使人更加注意对方的资信。信用秩序的建立必须通过产权改革来完成。首先要做的是将原来的国有企业改造成为产权明晰、权责明确、政企分开、管理科学的现代企业；其次，对非公有产权主体实行有效的交易规制，以减少其盲目性、随机性和非法趋利行为对市场信用的冲击。企业作为主要市场交易主体，其守信情况就成为影响市场信用秩序的主要因素。企业失信换取的仅仅是短期利润，从长远来看，诚实守信才能使企业保持旺盛、长久的生命力。

4. 大力倡导、弘扬恪守信用、追求自节、自律等与市场经济相适应的良好道德风尚，建立一套适应市场经济体制的道德体系和社会监督保障机制。仅仅把市场经济理解为作为市场配置资源的经济活动方式是重物、重利的，还应该有与道德同构的一面。要在全国范围内，大力宣传信用意识，"开拓人们心中的道德资源"。在我国人民的传统观念中，公平交易和诚实守信的理念是根深蒂固的，"言必信，行必果""君子一言，驷马难追"等谚语就是对诚信观念的概括。当然，建立个人信用也不是一朝一夕的事，西方个人信用的建立也有了150多年的发展史。但通过道德的、社会舆论的手段，培养人们的信用意识，增强人们的道德自觉性，还是切实可行的。对于各行各业，通过实行规范服务入手，推行承诺制，创建"文明窗口、三信三优"单位，开展"质量万里行""百城万店无假货"活动，必将移风易俗，营造一个"重质量、重服务、重信用"的市场经济环境。

总之，无论从哪方面讲，都可以看出，搞市场经济，离不开信用，信用乃市场经济之魂、之基、之本。只有把市场经济建立在信用的基础上，市场经济才能健康发展。

参考资料

［1］王明华：《抑制信用缺失 推进市场建设》，载《山西财经大学学报》，2001 年第 8 期。

［2］李书田、李晓峰：《市场经济是信用经济》，载《广西市场与价格》，2001 年第 7 期。

［3］何永祺：《信用缺失徂源及对策》，载《商业经济文荟》，2001 年第 5 期。

［4］李书田：《信用是市场经济的客观要求》，载《市场观察》，2001 年第 6 期。

［5］何清波：《开展企业资信评估需要研究的几个问题》，载《中央财经大学学报》，2001 年第 11 期。

本文刊发于《开发研究》2002 年第 6 期；作者：何志勇、王关义

理想的选择：工资改革的目标模式

面临新的环境，当以往的集中型分配体制滑向"回天乏术"的处境的时候，新的分配模式的重新构造成为理论界探索的热点之一，实践中的连锁效应，形成了一种新旧分配体制转换交错的格局；旧的分配体制继续起着作用，新的分配体制又尚未形成，分配上的集中化定势与分散化倾向同时并存。工资分配中的数量驱动假设，造成了一种错觉，似乎工资的改革必须给人们以直接的好处，甚至以获利的多少来衡量改革的成败，于是，即使工资的部分调整给人们以实惠，也往往与期望有距离，特别是在期望实现后，新的期望又接着产生，始终得不到满足。工资改革搞了好几年，用于这方面的资金多达数百亿元，整个国民经济这根弦绷得很紧，但只收到了短期的刺激效应，理论上的不成熟和复杂性的实践，引导出"一放就胀，一收就死"的周期振荡。为此，遵从系统思想，创造一个宽松的外部环境，确立一个硬约束和软约束之间的合理的功能结构，探索分配的理想模式，以期推动工资的改革就极为必要。

一、模式的分类及特征

迄今为止，实践中出现过的工资分配模式可归类如下：

模式1：高度集中型的分配模式，又叫国家模式。其总体特征为：有关消费和工资分配的决策均由中央宏观决策机构在宏观层面上做出，所有企业必须遵循这些指令。工资分配的主要环节均受国家控制，国家对个人直接分配，工资政策、工资标准、工资等级、企业工资总额均由国家统一制定，国家直接控制工资总额的增长，具体规定职工升级的时间、幅度、标准和范围，企业对职工的工资分配无权。

模式2：部分分散化的分配模式。这一模式又可细分为两种亚属模式：

亚模式1：以国家控制为主，企业自主为辅，以集中为主，分散为辅。其特征为：工资政策、工资水平及工资标准由国家统一规定，企业工资总额由国家控制，职工工资的管理、职工工资的增减和升级由企业自行掌握，企业有工资发放形式的选择和决定权，在一定的范围内可以自行进行有限的浮动工资和自费调整工资，国家以工资税和奖金税加以调节，这种模式的推广，使得企业对职工的工资有了部分自主权。

亚模式2：以分散为主，集中为辅，以企业自主为主，国家控制为辅。其主要特征为：企业的纯收入、个人收入标准等均由企业自行决定，国家只控制企业工资的相对水平，不控制工资总额，也不制定全国统一的工资等级标准，国家以税收等经济杠杆对企业进行间接控制，企业对职工工资有较大的权力。

模式3：完全分散化的分配模式，即取消国家对工资分配的控制，完全由企业自主分配。其主要特征是：国家不再对职工工资进行任何控制，工资制度、工资标准、工资等级全由企业自主确定，企业在工资分配方面拥有充分的自决权，国家无须协调分配决策。

上述三类模式，在集中与分散的程度上各有差异，各有利弊，合理工资模式的选择，有赖于理论上的分析和比较。

二、模式的分析与选择

模式的分析与选择，其实质是要讨论在什么程度上工资分配靠国家当局制订或由独立于国家的微观单位—企业通过市场体制做出。

从理论上看，模式1是高度集中型的分配模式，实现这一模式必须具备下列条件：（1）模式要求中央决策机构要有完善的信息。为了实现这种类型的分配和消费，并且不出现任何差错和延误，中央宏观决策机构必须掌握大量的信息。首先，必须拥有整个社会范围内创造出多少可供分配的个人消费品及其组合结构，要了解消费品生产企业的生产规模及发展态势，以便控制总的工资分配中的货币发行量，尽量避免因通货膨胀引发的物价上涨而造成的不平衡状态；再次，它必须了解各部门、各企业生产条件的好坏，劳动的复杂程度和繁重程度，劳动生产率动态，同时还必须了解各个劳动条件不同的地区生活条件的好坏及生活水平的高低，以便做出合理的切合各部门、各地区、各企业具体情况的分配政策，除此而外，需要了解的信息更是多得不可比拟。人们很容易理解，中央决策机构需要多么巨大的信息量才能做出下达给所有处于变动状态的企业、地区和部门精确的分配指令，这些分配决策只有达到下述状态时才是协调的：所有预期消费者的需求十分准确地符合集中决定的实物转移，没有任何资源的浪费或匮乏。（2）模式要求价值观的完全一致。只有中央宏观决策机构拥有完善的信息，并因而能够协调分配决策这一事实，并不能保证这些决策在集中分配上是有效的，假如输入中央宏观决策机构的信息是错误的，从而便不能反映消费水平和工资分配的真实变化，显然，建立在这种信息之上的分配决策，即使是协调的，也不会是有效的，因为信息并未揭示真实的生活水平及各种分配的利害关系，因此，模式假定所有生产者和消费者不会有意引导宏观决策机构做出错误的决策。退一步讲，即使输入中央宏观决策机构的信息是正确的，也许还会有某些消费者或生产者对决策机构的分配决策感到失望，因为从某种意义上讲，他们可能比自己原先期望得到的实物较少，而所作的贡献和服从较多，作为这种情况的后果，如果他们不遵从集中的分配指令，效率将再度受到威胁。因此模式假定，消费者与生产者为完成中央宏观决策机构的指令和决策发挥了最大的能力，当消费者和生产者按照上述双重假定行事时，可以认为他们对决策者是完全信赖的，因为指导者与被指导者的价值观念在本质上是一致的。

从实践上看，这种高度集中的分配模式是以传统的高度集中的经济模式为基础的，在这种模式的运行实践中，由于国家对工资管得过多、统得过死，国家同企业之间在工资分配方面的"脐带"没有割断，使企业在分配问题上不能自主"翻转"，导致工资信号变动渠道不畅不通，不能形成统一而有效的竞争。把工资标准分割成几十个"条条"和"块块",加之信息反馈的不全面、不及时和"杂质"的沉淀,使得工资信号的分配和刺激功能严重扭曲,这是第一层来自决策自身的扭曲。此外,由于工资提级的标准不能从劳动贡献大小的角度出发,而主要从工龄、学历、资历的角度出发,劳动贡献大的职工提级受到限制,不好好劳动的职工工资也降不下来,从而挫伤了劳动者的积极性,加之工资同职工所在企业的经营好坏无关,使得劳动者和生产者的价值观念同决策阶层产生巨大的差异,这是来自执行层和承受层的第二次扭曲。这种双重扭曲,使得这种模式在实践中暴露出非常明显的弊端,未来的工资模式必须跳出这个框框,必须实现模式的定向转换,要逐步地驱动传统的"高度集中型分配模式"向"部分分散化的分配模式"位移。

模式 3 是完全分散化的模式,在这一模式内,所有分配决策均由企业在微观水平上做出,模式要求价格高度灵敏,要有规模适度的竞争。由于我国实行的是有计划的商品经济,这是完全不同于市场经济的一种新模式,国家在经济发展的过程中仍然扮演着重要角色,统制着国民经济发展的方向,工资的部分控制是国家进行宏观管理的重要环节,如果国家连工资分配都无权干涉,所谓进行宏观管理就是一句空话。在有计划的商品经济体制下,市场对各方面经济决策的影响都不是无限的,而是在一定范围和一定程度上的影响。在价格方面,目前普遍实行双轨制,部分价格仍由国家控制,并且不随市场上的供求动态而波动,供求关系对它的影响是微弱的,因此,这部分产品的价格灵敏度很低,加之市场信息的反馈渠道少而不灵,即使一些受市场供求关系调节的价格也缺乏灵敏性。另外,就竞争来看,由于受客观和主观因素的影响,企业间的竞争缺乏均等的机会,观念导向的作用,窒息了企业间竞争的普遍展开,这种模式所要求的适度规模的竞争局面难以形成。因此,我国根本就没有条件采取这种完全分散化的分配模式,这也是同有计划的商品经济的思想不相容的。

从实践上看,由于取消了国家的宏观控制,企业在收入分配时,容易从眼前利益和局部利益出发,使得个人收入超前分配,职工工资刚性增长,加上外界消费的示范作用,必然会诱发收入分配中攀比现象的产生,最终会使个人收入的增长超过劳动生产率的增长，消费基金的过分扩大不但使企业积累与补偿能力不足，而且还会导致消费早熟现象的出现，容易使企业分配行为短期化，同时，由于国家无权协调分配决策，这一模式在实践上必然会产生因市场调节而带来的停滞不前和盲目性。

理论和实践都已证明，在社会主义初级阶段，国家完全放弃对工资分配的宏观控制的模式没有可行性。

模式2是"部分分散化的分配模式"，它是介于模式1和模式3的中间模式，只是国家控制和企业自主的程度不同，方式不一，其中又可细分为两个亚模式。

亚模式1是对高度集中型分配模式的松动，是国家和企业在分配权力问题上的此消彼长。它基本上保持了模式1中的宏观控制机制，同时又把部分分配权移给企业，因此，具有较强的适应性。我国目前的工资改革，比较靠近这一模式，可将其视为工资改革的过渡模式。

亚模式2是以企业自主为主、国家控制为辅的分配模式。在分配权力结构上，它又是对亚模式1进行了重大的换位，比较靠近完全分散化的模式，但却保留了国家对工资的宏观控制，只是国家控制不再是主要的、直接的，而企业自主成为主要的、直接的。这种模式在理论上一般被概括为："国家在宏观上间接控制，企业直接有权自主分配。"即企业要真正成为独立的经济实体，实行自主经营、自负盈亏，工资分配是经营管理的一部分，由企业自主管理，国家除制定相关法律和征税调节外，一般不直接干预企业内部的工资分配。

我们认为，亚模式1是"以国家控制为主、企业自主分配为辅"的分配模式，在实践中，它又被国家控制企业工资总额、企业工资随本单位经济效益挂钩浮动的试点所扭曲，这个处方尽管对医治"大锅饭"的痼疾有一定疗效，但在这种模式中，企业还不能完全摆脱政府附属物的地位，因而也是不能剪断与传统工资模式的"脐带"，不适宜作为工资分配改革的长远目标模式。亚模式2这种"以企业自主为主、国家控制为辅"的分配模式比较适合我国的国情，与有计划的商品经济模式也相吻合，可作为我国企业工资改革的目标模式，具体原因如下：

其一，企业是一个自主经营、自负盈亏的"法人"，它应有从事生产经营活动的自主权，也应当有工资分配权。旧式的高度集中的管理体制，不承认企业这种法人地位，由国家政府机构直接经营企业的做法不仅抑制了企业的活力，扼杀了职工的积极性，而且最终导致企业细胞僵硬，缺乏应有的弹性和应变能力。针对这种格局，改革必须从扩权让利入手，向企业自主分配的方向发展，才能加大和加快企业的"血液循环"，增强应变能力。

其二，从工资自身来讲，它是劳动者的劳动报酬，是由劳动者所提供的有效劳动量的大小决定的，而劳动者所提供的有效劳动量的多少只有企业才最清楚。因此，职工工资的多少应在国家计划的指导下，由企业自主决定，让企业根据职工的能力和贡献合理地自主分配工资。这种"企业自主分配模式"不仅可以更有效地贯彻"效能原则"，还可以把职工的收入与企业的经济效益直接挂钩，使职工关心企业的经营成果，促使他们彻底摈弃昔日那种"干与不干、干多干少、干好干坏，反正国家不少给钱"的"大锅饭"思想。

其三，由国家直接分配企业职工工资不能解开长期形成的"大锅饭"死结，而且难以考虑各种情况的变化，不可避免地会产生"一刀切"的问题。因为影响工资的因素很多，而且这些因素又是因地、因时、因人而变化。众所周知，我国有几十万家企业，它们的资源状况、地理位置、生产技术条件、经营管理水平以及其他各种内部条件和外部环境等，可谓形形色色、千差万别，它们为社会提供的经济效益和社会效益各不相同，因而，它们的收入分配也应该各不相同。在传统的集中型分配模式下，国家不可能及时、公正和准确地确定出各企业的工资水平，只能让大家享受大体相同的待遇。这种由国家给企业制定工资分配决策，直接控制企业行为的方法，会带来极为不利的后果，突出的表现是：既然企业工资水平由国家确定并由其发放，企业不能自主，那么企业职工往往会产生一种逆反心理，反正干多干少、干好干坏都不会影响到自己的利益，因此，与其忙着干，不如站着看，没有一种能强化他们劳动热情的外部压力，也没有一股内在动力，这种刚性的收入分配机制，当然无法推动和促进企业职工积极性的提高。只有企业自主分配，才能综合考虑各种因素，把工资分配搞得比较合理，并能随着各种因素的变化而灵活处置。在"自主型分配模式"中，企业可以根据自身的经济状况和劳动力供求关系确定本企业的工资水平，根据本企业的生产工艺特点决定工资形式和分配办法，并能结合实际调整各种工资关系，有权在国家法定的范围内，通过提高经济效益，增加职工工资。这种自主分配，客观上使工资的增长受到企业经济效益机制的制约，有利于调动企业和职工生产的积极性，改变旧式高度集中型分配模式下那种工资由国家直接分配，企业不在效益上攀比，而只在增加工资比例和数额上攀比，向国家伸手争工资的倾向。

三、目标模式的运行条件

实现工资改革的目标模式，需要具备如下条件：一是企业真正做到自主经营、自负盈亏，这样，在工资增长上就有了自我控制的能力；二是企业应能从市场上获得基本合理的收入，并能正确处理企业内部积累与消费的关系。这要求企业必须具备较强的自我约束和自我发展的能力，能兼顾眼前利益和长远利益，在存在因国家定价过高而盈利或定价过低而亏损的现实中，尚不具备自主分配的实现条件；三是要有完善的价格体系和市场体系；四是要有一个强有力的宏观调控机构。

很显然，要马上实行工资目标模式是行不通的，原因一是没有具备模式的实现条件，二是由国家直接管理的集中型模式转向部分分散化的间接管理还有许多"中梗阻"没有消除，还需要经过一段"阵疼"的过程，因此，目前还只处于缓慢的坡滑过程。

在由直接控制转向间接控制的过程中，工资分配仍然对企业和职工只能起到软约束的作用，工资体制的改革还处于量的积累过程，还不可能出现重大的转机，工资分配仍然呈现出传统体制中的短缺状态，利益格局的刚性对新的分配模式的形成还会产生强大的抵制作用，所有这些还只能通过一段时间的调整，才能完善。

最近几年，在由传统的国家刚性控制式分配机制转向企业自我约束的实践中，工资分配普遍实行"减刚增柔"，为了打破平均主义利益分配的格局，政府进行了适当的利益调整，但由于缺乏应有的配套措施，由于缺乏普遍的、有力的与企业中普遍存在的追求短期消费倾向相抗衡的约束机制，实践中又在更高的水平上形成了新的平均主义分配格局，出现了企业间在工资水平上的无原则攀比，引起了利益的轮番调整，企业工资水平的提高速度，超过了企业劳动生产率的增长速度，微观上引起了工资成本的上升，降低了工资的投入产出效率。据资料，与劳动生产率相比，"六五"时期平均每个工业劳动者创造的净产值的增长率平均每年为 2.9%，而同期人均工资的增长率却是 4.2%。显然，工资的增长已大大超过生产的增长，宏观上不但没有调动广大职工的劳动积极性，反而导致工资基金的失控和消费需求的膨胀并发症，诱发了工资与物价的轮番上涨，对国民经济和人民生活造成很大的冲击。显而易见，在这个新的过渡时期，国家如果不能控制消费基金，工资改革有可能失败。因此，国家必须通过制定收入分配政策，指导企业工资分配，通过税收和工资立法，调节地区、行业、企业和个人之间的工资差距，控制工资总额，控制消费基金的膨胀，并使企业的分配水平大体上趋于合理。之所以必须控制工资总额及其增长，一是参照了国外的经验，二是出于宏观管理的需要，目的在于保持社会总供给和总需求、消费基金需求和消费资料供给及其内在结构的相互平衡，控制企业分配行为的短期化趋势。控制企业工资总额的规则有二：一是控制绝对额，二是控制相对额。前者属于直接控制，是刚性的；后者属于间接控制，是弹性的，发展的方向是由前者逐步转向后者，这是实现目标模式的额观要求。

总之，工资改革的目标模式决定着工资改革的方向和内容，工资分配绝对不是孤立的经济行为，而是极其复杂的经济社会过程。在实现工资模式的转换过程中，决策必须依据系统思想，遵从整体效应规律，减少因分配决策的失误而引起的摩擦和内耗。

本文刊发于《兰州学刊》1988 年第 5 期；作者：王关义

新的判断：分配理论的校正

工资改革是整个经济体制改革的"瓶颈"和"关节点"，它直接关系到亿万劳动者的切身利益，敏感性十分强。长期的实践证明，企业活力的源泉在于职工积极性和主动性的充分发挥，利益分配机制是挖掘这个源泉十分有效而又灵敏的手段。因此，我国经济运行模式的转换始终围绕着调整国家、企业和劳动者个人的利益结构而展开，然而，由于没有一套科学的分配理论做指导，由于新旧分配体制的摩擦和内耗，加之利益刺激结构运用的不妥当，工资改革的实践一再诱发了消费的超前和早熟，导引了消费基金的全面膨胀，挫伤了职工的劳动热情，迟滞了经济的发展，降低了改革的效益。理论上的探索，只有转换视角，做出新的判断，才能扭转脱轨的工资改革的实践。

判断 1：在社会主义条件下，从理论上讲，个人消费品分配的依据是：劳动力再生产的费用+劳动者为社会所提供的有效劳动量大小。前一部分是社会必须予以保证的，与劳动者支出的有效劳动量的大小没有连动关系，后一部分则刚好相反，它的数量的多少直接决定着劳动者得到消费品价值的多少。因此，包含了按劳分配的因素，采取这种分配依据是由如下几方面的因素所决定的。

其一，从本质上讲，社会主义=生产资料公有制+按劳分配，其生产目的核心内容是：（1）满足人民群众维持其生存的物质生活的需要（当然并不排除满足社会的需要，只是它和人民群众的需要在本质上是一致）；（2）满足人民群众日益增长的享受和发展的需要。在这个生产的终极目的中既包括了维持劳动者的生存需要，也包含了以劳动者所提供的有效劳动量来分配的享受和发展的需要。

经济学的一般原理认为，人们的生活资料应包括生存资料、享受资料和发展资料这三个部分，社会生产力越是发展，社会越是成熟完善，享受资料和发展资料就应该在大多数人们的生活资料中占有越大的比重。维持劳动力正常再生产的费用只能是个人消费品分配的最低界限，这一点无论对资本主义还是社会主义都具有重大的意义。因为：（1）劳动者在任何社会形态中都是生产活动的主体，劳动力潜藏在人的身体之中，只是"作为活的个体的能力而存在，因此，劳动力的生产要以活的个体的存在为前提"。要保持劳动力的存在，首先要保障劳动者个体的生存，然后，他才能把劳动能力发挥出来，在劳动过程中生产产品，创造价值。而要使劳动者个体继续生存下去，就需要不断补充生活资料，以便维持其机体，恢复其劳动能力，保证他能在同样精力和健康条件下，继续从事劳动。因此，满足工人本身的基本生活需要是再生产一个具有一定素质的劳动力所必需的起码费用。基本生活需要应当包括物质生活需要，即满足一个劳动者的衣、食、住、行的需要，这是恢复工人的体力和脑力，保持正常的劳动能力的需要。用于这方面的费用，在一定时期内，是既定的，它是整个社会范围内全体职工基本生活水平的一个加权平均数，其中包含了物价等因素的影响。（2）在社会化大生产的条件下，社会生产所需要的并不是仅仅具有健全的体魄、能够干活的人，而是在现有生产力条件下具有平均熟练程度和平均劳动强度的劳动者，即具有一定素质的劳动者。尽管由于生产力的发展水平不同，从而工艺和技术要求不同，对劳动者素质的要求也不一样，但是，劳动者要具有这种素质就需要经过一定技能和技巧的训练则是共同的，除掌握既有的操作技术和理论知识外，还必须利用业余时间学习更多的文化和技术理论知识，同时，业余正当的文化娱乐生活也是必不可少的，用于这些方面的费用基本上由工人自身负担，这就产生了劳动力再生产的又一个条件，劳动力再生产必须是经过训练的具有一定素质的劳动力的再生产，再生产费用中必须包括劳动者受教育和训练的费用。（3）由于自然规律的作用，劳动者本人总要衰老，但如同社会一天不能停止消费一样，社会也不能一天停止生产，所以，必须有新的劳动力不断补充生产过程。正如机器要不断更新一样，劳动者的队伍也需要不断的补充和更新，这是保证社会主义扩大再生产的一个决定性条件。因此，工资的分配除了包括维持劳动者本身所必需的生活资料外，还应包括工人养活一定数量的家庭人口所需要的基本生活费用，这是构成劳动力再生产费用的一个重要因素。同于资本主义的再生产，社会主义再生产一方面是物质资料的再生产，同时又是劳动力的再生产。从目前情况来看，就业职工所必须养活的人口包括两个部分：一部分是还不能劳动的人，主要是尚未成长为劳动力的儿童和在校学习的青少年；另一部分是已经不劳动的人，其中因年老体衰而退休的人（这部分人有退休工资可拿，生活基本上由国家统包下来）无需依靠就业人口赡养，需要就业职工抚养的主要是原来没有就业的，处于成长期的青少年和社会闲散人口。在一定时期内，在职职工所养活的家庭人口是一个可以确定的量。据资料，我国每个城镇就业人口平均养活的人口（包括本人在内），"1952 年为 3.6 人，1957 年为 3.15 人，1977 年为 2.06 人，1980 年为 1.83 人，1981 年进一步下降为 1.77 人"，虽然随着计划生育工作的推行，国家提倡一对夫妇只生一个孩子，每个就业职工所养活的人口数量会减少，但平均至少还要养活半个人。为了提高人口素质，保证独生子女的健康成长，需要为他们提供较好的生活条件和学习条件，花费在这方面的费用相当大的一部分要由职工的工资收入予以保证。

综上所述，可将工资分配中所涉及的劳动力再生产费用概括如下：（1）再生产者劳动者本身劳动力所必需的生活费用；（2）养活劳动者的家属或子女所必需的生活费用；（3）一定的教育和训练费用，这种费用随着生产力的发展和工种的不同而有所不同。职工工资水平之所以必须保证劳动力再生产费用得到补偿，一方面是基于客观的自然因素，另一方面又是社会主义优越性的体现。在我国，劳动者是生产资料的主人，工资的分配必须保证职工的基本生活需要得到满足，劳动者只要参加社会劳动，完成了定额工时，就应该得到必需的生活资料，因此，工资分配的最低标准就是保证劳动力正常再生产所必需的费用，任何时候都不应忽视这一点，在工资分配中，劳动力再生产费用的确定要考虑两个方面的因素：一是不同的自然条件和历史条件所形成的必需生活资料的数量和构成；二是一定时期内必需生活资料的平均价格。劳动力再生产费用一经确定，就应在一定时期内固定下来，并在工资分配中予以保证。

除劳动力的再生产费用是一个不受其为社会提供的劳动量大小的影响外，另一部分是一个变量，它的多少直接决定着劳动者及其家庭成员所拥有的享受资料和发展资料的多少，它在量上与劳动者个人为社会所提供的有效劳动量的大小有着密切的强正相关关系，它的变动区域主要受制于劳动者为社会所提供的有效劳动量的变动区间和变动振幅的大小，因此，此二者之间应该在理论上形成一一对应的函数关系。这一部分在很大程度上是按"劳"分配，只有在这个区间范围内，才应该实行多劳多得、少劳少得、不劳动者不得食的分配原则，同样可以起到激发士气，提高工作效率的作用。

笔者认为，从理论上讲，把社会主义条件下职工工资的分配依据划分为这两大部分是完全正确的。原因在于：在任何社会形态下，劳动者从事劳动的直接目的就是为了生产出自身及其家庭所必需的基本生活资料，以维持自身的再生产，在此基础上，他才开始考虑其他享受资料和发展资料，国外行为科学研究的结论表明，人的需要按其重要性和发生的先后次序可以排成五个层次，这五个需求层次呈现出"台阶型"，处于最底层的是人们生理上的需要，包括维持生活所必需的各种物质上的需要，如衣食、住房、医药等，只有当生理上的需求满足之后，人们才会顺次地追求其他需要，如安全上的需要、感情和归属上的需要、地位和受人尊敬的需要、自我实现的需要等。如果人们进行劳动之后，社会连最起码的生理上的需要都满足不了，那么，他就有可能采取消极的抵抗态度，要么没有精神劳动，要么干脆不去劳动，因此，在社会主义初级阶段，工资分配必须首先使劳动者得到的生活资料总和应当足以使劳动者能够在正常状况下维持自身和家属的需要。劳动力再生产的费用在一个国家、一个时期，它的平均范围是一定的，它受现有社会生产力的发展水平制约，"既不能过低，也不能过高。过低，会使劳动力只能在萎缩状态下维持和发挥，阻碍劳动生产率提高；过高，会增大产品的成本，削弱产品在国内外市场上的竞争力"。另一方面，由于劳动还未成为人们生活中的第一需要，还带有谋生手段的性质，必须用一定的利益去吸引劳动者进行劳动，实行多劳多得，不劳不得，这正是工资分配依据的另一个部分的职能。

根据这一设想，目前部分企业试行的工资分配全额浮动、取消基本工资的做法是有害的，原因在于：企业内部工资分配，并非是一个纯经济活动，它不仅关系到职工的物质利益，而且也关系到企业职工的自我评价、社会地位、人际关系和价值观念等心理活动。一般职工都有一种内在的强烈社会心理，就是希望工作、生活和家庭安定，减少波动和曲折，反映在工资收入上，要求"在正常劳动条件下有比较稳定的薪金收入，不希望骤增骤减，便于有计划地安排家庭开销"。为适合这种"安定"的心理需要，企业内部分配制度的改革应尽量避免职工月收入的大起大落。诚然，实行工资收入与企业经济效益挂钩全额浮动，更能体现按"劳"分配，对于克服平均主义，扭转吃大锅饭的局面确实具有积极作用，然而，这种全额浮动会产生两个不良后果：一是使职工产生工资收入上的不安定感，进而诱发情绪上的不稳定，不利于持久地激励职工的劳动热情；二是容易导致职工只顾目前产量和近期利益，忽视本身技能、文化素质的提高，易于引导企业行为严重短期化，不利于企业的长期发展。

其二，近几年工资改革的实践充分证明，依据"劳动力再生产的费用+劳动者为社会提供的有效劳动量的大小"这一模式来分配个人消费品的设想是可行的和积极的。目前在为数众多的企业中普遍实行的结构工资制和部分浮动工资制无疑是这一设想的实证。无论是结构工资还是部分浮动工资，都包含了两个大的部分，即固定部分和弹性部分。固定部分又叫死工资或基本工资，它直接反映劳动的潜在形态，用以保障职工的基本生活和部分发展需要，是职工凭潜在的劳动能力而应获得的"吃饭钱"。只要按规定支出了劳动，人人有份，这也是企业录用职工就必须支付的工资部分；弹性部分又叫活工资或浮动工资，它是依据劳动者工作绩效的变动而波动的，如按产品数量、质量、物耗、成本等考核指标完成情况发放。职工要想得到较多的工资，就必须支出较多的有效劳动，弹性部分的主要职能在于以物质利益上的差别来刺激职工的劳动热情。按照固定和可变两个部分设想建立起来的工资形式，能体现保障和激励双重功能，结构的针对性强，弹性大，适应性强，因而适合我国国情，是企业工资改革的一种可行思路。

判断2：根据耗散结构理论，那种把"按劳分配"当作理想的"平衡状态"，而将一切按"非劳"因素进行分配理解为一种有害的"非平衡状态"，认为目前的工资改革，核心是"从劳动报酬中排除一切非按劳分配的因素，彻底贯彻按劳分配的原则"的观点在理论上是错误的，在实践上是行不通的。

其一，耗散结构理论认为，客观世界的各项系统（无论是有生命的，还是无生命的），都是与周围环境有着相互依存和相互作用的开放系统，在远离平衡区的非平衡状态下，通过系统与外界进行物质和能量的交换，从而形成新的、稳定的、充满活力的结构，即耗散结构。个人消费品的分配自身就是一个受制于周围环境的开放系统，如生产资料所有制、社会生产力发展水平、劳动透明度的高低、整个社会的物价水平和文明程度等方面的因素，都会影响到消费品的分配格局。经典的按劳分配理论是马克思所设想的实现了生产资料全社会所有制之后的分配原则，是对产品经济条件下分配模式高度的抽象和概括，同样，它的完全实现和周围环境有着密切的关系，由于我国社会主义初级阶段并不具备实现彻底按劳分配的条件，这种经典的一向被视为"平衡"的状态无法出现，普遍的是按"非劳"因素分配的非平衡状态，在这种情况下，勉强实施彻底的按劳分配是行不通的，这不但是因为每个劳动者的劳动并未直接表现为社会劳动，难以计量，而且更重要的是：即使社会能对每个成员实行纯而又纯的按劳分配，坚持"等量劳动领取等量产品"的原则，也天然地包含了以形式上的平等掩盖了内容上的不平等，包含了对"等量劳动领取等量产品"的偏离，因为社会成员的劳动能力参差不齐，负担也有差别，按劳分配的结果使得他们的收入必然产生差距，这种差距从一次生产过程看，似乎是不太大的，而社会生产毕竟是一个不断循环着的过程，每一次生产过程带来收入上的差距，经过不断循环着的过程、就会累积成很大的距离，收入悬殊的过分扩大，与社会主义共同富裕的原则是相互排斥的。因此，不论国家政府采取什么有效措施来调节个人收入上的这种差距，都只能是对按劳分配实施结果的平均或平衡。所以，完全的按劳分配并不一定能导致利益格局处于平衡状态，加速经济的发展，非按劳分配也不一定必然会引起分配格局的不平衡状态，迟滞和延缓经济的发展。

其二，传统理论认为，个人消费品分配中的非平衡（即按"非劳"因素进行分配）和不稳定性（不能自动恢复原平衡的性质），对个人消费品分配系统的活动或运行是消极的，应该通过改变其内部条件和利用各种力量加以控制和消除，而耗散结构理论认为，非平衡和不稳定性蕴藏着积极因素，它是推动经济发展，实现由低层次向高层次过渡所必不可少的条件。在当前社会主义初级阶段，由于所有制方面的多层次结构和同时并存的多种经营方式，决定了个人消费品的分配不可能实现马克思所设想的唯一的按劳分配，决定了分配形式的复杂性和多样性，除按劳分配外，还存在着众多不可忽视的非按劳分配形式。例如，实践中出现的按资分配，按生产条件分配，按机会收益分配，按风险分配，按股份分配，按资金、按债权分配以及按职工基本生活需要水平的高低分配等分配方式都不是按劳分配，然而，它们各自都有其存在的合理性，在一定条件下，有利于刺激企业和职工的劳动热情，有利于促进社会生产力的发展，因此，在社会主义商品经济条件下，还不可能也没必要完全排除非劳因素的影响。在工资改革中，要排除的是消极的非劳因素的影响，对那些积极的能促进生产力发展的非劳因素，不仅不应该排除，而且要有计划地加以运用。

当前，工资分配的改革出现了一种分解和重组的趋势，分配依据的多元化和分配形式的多样化是显而易见的事实，因此，按劳分配并非唯一可选择的分配方式，按劳分配一统天下的理论研究格局必须打破，分配理论的研究必须转变既有的将工资与按劳分配线性地联系在一起的单因素方法，必须注意到多因素，多变量交互作用的分析。

判断3：国家和企业之间的分配关系不是按劳分配，那种把国家对企业的分配关系也视为按劳分配的观点是脱离实际的。

迄今为止，理论界一直存在着这样一种看法，即：在社会主义初级阶段，在高度社会化的商品生产中，由于没有实现生产资料的全社会所有制,每个劳动者的劳动不可能具有直接的社会性,国民经济必然还要以企业为基本经济单位,如果"把马克思关于按劳分配的表述,改为每一个企业对社会做出劳动贡献,在做了各项扣除之后,从社会方面正好领回它所给予社会的一切。这样,倒是切合我们现实情况的"。主张国家应根据企业生产的发展和经营成果,确定企业的工资总额,实现国家对企业的按劳分配,并且强调,这一级的按劳分配比企业内部对劳动者个人的按劳分配更重要。这种把国家与企业之间的利税分配关系说成是按劳分配关系,在理论上并不确切,也不切合分配改革的实践。

其一,从马克思所论证的按劳分配的内容来看,是专指个人消费品的分配,分配的对象是劳动者个人,而国家和企业之间的利益分配关系,在很大程度上是剩余产品在国家与企业之间的分割关系。如同资本主义社会资本的所有权和使用权分离之后剩余价值是根据资本家之间的利益关系来分配一样,社会主义条件下,国家和企业之间分成的比例,是根据所有者和经营者之间的利益关系确定的,而不是根据按劳分配原则确定的。企业留成利润的相当一部分并未分配给职工用于个人消费,而是用于扩大生产规模、更新设备等方面,这些显然不属个人消费品分配的范围。

其二,在生产资料所有权与经营权相分离的前提下,国家政府已不能直接经营企业,企业已成为一个自主经营、自负盈亏的相对独立的经济实体或"法人",国家与企业之间的关系并不构成一种分配与被分配的关系,而是一种平等的商品经济关系,是一种所有者与经营者之间的关系,在这里,国家是把企业作为一个商品生产者和经营者看待,而不是作为劳动者看待,企业在上缴国家税收的前提下,其收入分配的总量是由企业经营好坏确定的,而不是国家分配的结果。

其三,企业的经济利益是驱动企业发展的一种强大推动力,基于旧体制下企业没有同自身的经营绩效相联系的经济利益、缺乏动力源这一现实,改革的一大热点就是从启动利益机制着手,增大企业内在驱动力,采取的主要对策是:企业工资总额与上缴税利挂钩浮动,认为这更好地体现了按劳分配的原则要求,能促使企业加强经营管理,改造技术设备,更新产品品种,增加盈利,增强自我改造、自我发展的能力。且不说这种方法在承包、租赁全面铺开的形势下可导致企业行为的严重短期化，就是这种把企业工资与经济效益紧密联系起来的做法也并未完全体现按劳分配。因为，它的实质无非就是企业工资总额由其经营成果决定，然而，企业经营成果的高低与其付出的劳动量并不一定成正比例关系，更不是唯一地取决于企业集体支出的劳动量的大小，除了受劳动的影响之外，还必然会受到其他非劳因素的影响，主要表现在：（1）企业生产条件不均等。一是由于历史的原因，各企业的生产设备、技术条件客观上存在着差异，往往是越先进的企业，效率越高，成本越低，收益越大，能取得超额利润，而与此相反，那些设备落后、技术薄弱的企业，即使付出了同量的或者更多的劳动，却不可能取得超额利润，因此，现实中存在着因企业的自然条件和技术装备方面的差异而产生的"级差收益"，这部分收益并不是由按劳分配规律决定的；二是企业的自然资源、地理位置的差异。（2）各个企业生产产品自身的特点决定了它的市场行情的好坏。一是产品是否符合市场需要，供求动态是否平衡，产品能否顺利地在市场上卖出去；二是产品有多少是受国家计划控制的，能自主地卖出多少；三是产品按什么价格出卖，在价格双轨制存在的情况下，国家对各类产品价格收缩的不平衡往往会导致企业收益上的不平衡。在企业生产经营的实践中，各企业间在这三个方面都或大或小地存在着自身不可消除的差别，由于消费者需求的差异和变动，加之产品比价不合理，国家又不允许资金在各部门之间自由流动，这无疑会使部分企业的产品一直处于优势地位，其市场始终处于供不应求的状态，产品销售价格虽然大大高于价值，但销路并不会因此而受到影响，这些企业必然会取得较高的收益，而其他企业却不能与之相比。（3）刺激与抑制的不对称。一部分企业给的自主权较大，企业所得到的刺激力大，而相应的宏观调控手段对其行为的抑制力小，而另一部分企业国家控制得较严，企业所接受的刺激力小，而相反的抑制力大。这会直接影响到企业生产的积极性，从而影响到企业的经济效益。诸如此类的非劳因素对企业的经营成果产生着巨大的影响，由于不同的企业面临的环境不均衡，同等的劳动在不同的企业必然会体现为不同的效益，进而企业工资收入总额上也会产生差距，这种企业之间条件的不均等，使之所取得的效益不能真正反映本企业劳动者的共同经营成果，企业之间的生产经营成果具有不可比性，又从而决定了企业之间劳动贡献不可比性，劳动贡献的不可比性又决定了企业间工资总额与经营成果挂钩的分配模式自身不具有按劳分配的属性，同时，正是这些差别，使得企业竞争机会不均等，使得企业的劳动不能唯一地决定企业的收益，并且由于这些非劳因素上的差别，使得企业的经营成果对企业集体的劳动量产生多次扭曲的现象，在这种情况下，若根据不可比的经营成果拉开工资分配差距，只会产生不合理的差距，这种不合理的差距对劳动效率不会带来正效应，只能带来负效应，只会引起劳动者对工资的普遍不满和抱怨，诱发工资的相互攀比，引导企业间的对立。

参考文献

[1] 见《资本论》第一卷，人民出版社 1975 年版，第 193—194 页。

[2] 见王志平：《工资理论与工资改革》，上海社会科学出版社 1984 年版。

[3] 胡瑞梁：《劳动力价值，按劳分配和劳动力商品化的历史意义》，见《经济研究》，1988 年第 1 期。

[4] 张寅德：《从行为科学谈企业内部分配制度改革》，载《中国劳动科学》，1987 年第 8 期，第 17 页。

[5] 见徐节文：《论按劳分配》，中国社会科学出版社 1982 年版，第 285 页。

[6] 见蒋一苇：《经济体制改革和企业管理若干问题的探讨》，上海人民出版社 1985 年版，第 201 页。

本文刊发于《兰州大学学报》1989 年第 1 期；作者：王关义

《资本论》中货币本质论

货币理论是马克思在《资本论》第一卷中详细论述的重要主题之一，关于它的本质问题的探索，似乎是无关紧要的，但是，作为一个科学的概念，不弄清它的本质，就得不到一个完整的理论体系，更不可能对它进行修正和发展。"科学必须创造出自己的语言和自己的概念，供其本身使用，只有这样，才能洗涤掉普通语言中所带有的含糊性质，从而获得严格的定义。"对《资本论》中货币本质问题的论述，国内经济学界众说纷纭，探索的结果，形成了几种不同的看法，本文旨在简略地对这些观点给以剖析，并提出自己初浅的看法，供讨论。

第一，货币是"充当一般等价物的特殊商品"，"金作为货币商品，它的使用价值有二重性：一方面，它有金的天然属性的使用价值……可以用来购买任何商品"。显然，著者认为货币的本质是"充当一般等价物的特殊商品"，货币之所以是"特殊商品"，其理由是，货币是在商品交换过程中从一般商品中分离出来的，并且，它具有可以用来购买任何商品的特殊的社会职能。且不说这段对货币本质的描述完整与否，就是这层推论也是值得商榷的。

首先，一般经济学原理认为，商品是价值和使用价值的统一，对金这种货币商品来说也不例外，从价值决定上来说，它同样是由生产它的社会必要劳动时间决定的，从使用价值上说，固然，它具有同一切商品相交换的特殊职能，但是，不管这种职能多么特殊，它并不是货币本身的自然属性，并不是它先天就有的，正如马克思所说的："金银天然不是货币。"并且，货币并不是在任何时候、任何条件下都能发挥它购买一切商品的职能，只有在运动中才是如此，金只是在一定生产关系下才成为货币的。因此，无论如何不能把同其他商品相交换的职能当作货币是特殊商品的理由，更不能把它写进货币的本质之中去。

其次，货币不是特殊商品，是因为它有普遍的使用性，可以用来代表一切商品，其他千百万种商品只要通过货币这个唯一的、同一的一般等价物，就可互相进行比较。并且它们都通过货币来表现自己的价值，市场上的商品千姿百态，多种多样，其中，每一种商品同其他商品来比较都具有特殊性，而货币只有一种，它本身不能对自己说它自己特殊。对于一个商品所有者来说，他自己手中的商品才是特殊的，而通过交换所得到的货币才是一般的。所以，马克思在《资本论》第一卷中写道："既然一切商品只是货币的特殊等价物，而货币是它们的一般等价物，所以，它们是作为特殊商品来同作为一般商品的货币发生关系的。"可以说，马克思这段话对商品和货币何者为特殊商品的论述够清楚的了。

再次，从马克思考察价值形态变化和发展的历史来看，货币也不是"特殊商品"，在最初的商品交换关系中，无非是一种商品同另一种商品相交换，从使用价值上说它们各自有自己的用途，有着质的差别，各自对对方来说，本身都是特殊商品，但这个相对的特殊并不是固定在哪一方的，随着交换关系的发展，自然而然地从大量商品中分离出一种经常出现在交换领域，并为大家喜闻乐见的最一般社会财富的化身——货币商品，于是它就成了其他各种商品的等价物，表现出其他商品的价值，我们知道，货币形态同一般的价值形态并没有质的差别，因此，只要考察了一般价值形态的特征，就完全可以达到我们的目的。

在一般竞争形态上，处于一般等价物地位的商品，表现出以下的特点：它的使用价值成了商品的存在形态，可以直接交换其他一切商品，生产这种商品的具体劳动，成了劳动的一般形态，可以直接和一切人类劳动相对等，生产这种商品的私人劳动，取得了一般社会劳动的形态，可见，各种商品都把这种商品当作附属于自己的一种大家公认的社会财富的普遍代表。因此，从价值形态发展变化的过程来看，货币的出现是必然的，可以购买任何商品的职能是千百万种特殊商品所赋予的，没有这些各自不同的特殊商品之间关系这个基础，它永远也不会具有这个职能，所以，不是它自己本身特殊，而是其他商品有公推它的特殊职能，货币并不是一个自然属性，它是社会关系的结晶，它并不是"从地底下出来，就是一切人类劳动的直接化身"。因此，可以说，正是由于货币有同一切商品相交换这个职能，才使得它一般化起来，才使得各种商品之间能互相比较。

最后，认为货币是"特殊商品"，也是不符合《资本论》第一卷的体系结构的，更不符合第一篇"商品货币"这个研究对象。大家知道，马克思写《资本论》的直接目的是为了"揭示现代社会经济运动的规律"。为了达到这个目的，马克思找到了资本主义社会最常见、最大量的因素——商品，并且为了以后研究的方便，马克思首先对一般商品（从社会形态上说）进行了研究，《资本论》第一卷第一篇"商品货币"正是以一般商品生产为它的研究对象，这个一般商品，是一个大的笼统的范畴，它即不是特指奴隶社会的商品，也不是指封建社会和资本主义社会的商品，而是各个社会形态所共有的一般商品，因此，不论从社会属性或自然属性上说，货币只能是一般商品。

也有的同志认为，不管怎么说，货币总可以当作一个"特殊商品"来看待，但是，如果把这个说法加进《资本论》中，至少也不能说它对。

第二种观点认为，货币的本质不外是"固定地充当一般单价物的特殊商品，是交换发展的必然产物"，这种观点给前一种说法中加进了"固定"二字，说出了货币的起源，因而比前一种说法要完整一些，因为如果没有"固定"二字，必然扩大了货币出现的时间及充当货币材料的范围，贝壳也充当过一般等价物，但它显然不是货币（这里是按说者意思假定货币和一般等价物都是特殊商品），并且这种时间和充当货币材料范围的扩大与货币随着商品交换的发展逐渐固定在一种商品——金或银上的趋势是互相矛盾的。

第三种观点认为，货币"无非是一般等价物，是固定地充当一般等价物的商品"，对于这种观点，我们认为它是符合《资本论》中马克思原意的，但如果把它当作对货币本质的理论概括，却有点美中不足，原因在于：它没有强调出商品交换不单纯是物与物之间的关系，同时，它又反映着人与人之间的关系，是人和人之间关系的归结，作为货币商品，它不仅是物，同时又体现着商品生产者之间的社会关系。马克思在批判货币主义者时写道："货币主义的一切错觉的根源就在于看不出货币代表着一种社会关系。"因此，我们认为，要对货币的本质进行完整的概括，既要体现出它的自然属性，又要注意到它所体现的生产关系。

总之，在目前国内出版的政治经济学教科书中，大多数学者在对货币本质进行描述时，都强调货币是一种"特殊商品"，根据大都出于货币直接体现社会劳动，具有购买一切商品的特殊职能，但在国外的同类教材中，却很少见到"特殊"二字。关于货币本质的准确描述，这里引用前苏联政治经济学教科书中对货币本质的一段描述，并加入"固定地"三个字，作为本文的结论：货币是"固定地"充当一般等价物的商品，它本身体现着社会劳动，并且表现出商品生产者之间的生产关系。

参考资料

[1] 陈衡主编：《科学研究方法论》，经济科学出版社1982年版，第245页。

[2] 许涤新主编：《政治经济学辞典》，人民出版社出版。

[3] 马克思：《资本论》第一卷，人民出版社，第108页。

[4] 马克思：《资本论》第一卷，人民出版社，第111页。

[5] 马克思：《资本论》第一卷，人民出版社，第12页。

[6] 张维达主编：《政治经济学教科书》资本主义部分，吉林人民出版社。

[7] 徐禾主编：《政治经济学概论》，人民出版社，第35页。

[8] 苏联科学院经济研究所编：《政治经济学教科书》（上册），人民出版社1955年版，第69页。

本文刊发于《兰州学刊》1998年第6期；作者：王关义

产业集群社会资本治理：一个尝试性研究

产业集群治理是对集群企业集体行为的各种关系、资源的分配与协调。本文界定了产业集群治理的相关概念，从内外部两个视角分析了产业集群内部网络治理和外部全球价值链治理的内容。阐发并运用产业集群社会资本的概念，提出了产业集群社会资本治理的最优结构配置，并且从社会资本结构、关系和认知三个维度阐述了集群内部内聚社会资本和外部桥梁社会资本治理机制：内聚社会资本治理依赖于企业间的强联结关系和紧密型网络、一般性信任治理以及共同架构知识治理；外部桥梁社会资本治理依赖于弱联结关系和松散型网络、特殊性信任治理以及共同组件知识治理。

当前组织所面临的环境具有复杂性、不确定性和动态化的特征，组织与其外部环境之间的边界越来越模糊，单一企业很难独立适应环境。在经济全球化和信息通信技术的双动力推动下，企业组织之间的沟通、合作与联合明显增强，由多个企业长期互动合作形成的网络关系和网络组织出现并得到迅速发展。产业集群作为一种网络组织形式，被大量实践证实是拓展企业发展空间、提升产业竞争优势的有效途径。产业集群竞争优势来源于集群各行为主体间互动所产生的协同效应，而这种协同效应并不是产业集群生来就有的。集群协同效应的产生依赖于两个条件：集群网络的形成和完善的集群治理。要实现集群的协同效应，发挥产业集群的竞争优势，一个不可回避的问题就是产业集群治理。

一、产业集群治理的内涵

产业集群的治理，即整合和协调的机制，不仅是产业集群内数量众多、类型各异的组织间协同的力量，也是促进产业集群的劳动分工、社会文化和空间集聚三种主要动力共同发挥作用的润滑剂。国外学者直到2000年才由 Gilsing 明确提出"集群治理"这一概念。他认为集群治理是为了形成和维持集群的可持续竞争优势，集群参与者所采取的有意识的集体行动。其本质是促进集群增长，最终目的为建立和保持集群持续竞争优势。Enright（2000）认为集群治理是集群内企业之间关系的性质和权力的分配。Brown（2000）认为，比较理想的集群治理结构是由企业代表、政府部门、协会组织、相关产业代表等组成的集群委员会主持的民主管理和决策模式，这既实现了关系权力的均衡，又能兼顾到治理行为的绩效。Brown 提出的集群治理结构体现了共同治理的思想，但由于各主体参与治理的方式与程度有所差别，因而在具体治理模式中表现为一定的差异性。Propris（2001）认为，产业集群治理是集群内各种主体（包括上游供应商、集群企业、下游买方以及政府、协会等）共同博弈的结果。基于已有的研究，本文将产业集群治理定义为：为构建和维持产业集群可持续竞争优势，而对集群企业集体行为的各种关系、资源的分配与协调，并由此形成的所有正式或非正式的制度安排。这些安排包括产业集群中长期形成的信任合作、法律制度、市场竞争、激励约束、沟通交流、文化习惯等。

对于集群治理的深层理解，可以从以下方面认识。第一，产业集群治理的核心是一种集体行动治理。产业集群内多样的行为主体间形成共同利益和导向，提高集群效率，需要一系列治理机制和形式的支撑；第二，产业集群治理的目的是集群整体可持续竞争优势；第三，产业集群治理的主体是企业。集群治理是集群企业及其他组织共生演化（Co-evolution）和升级的结果，产业集群的运转、协调和整合，其自身具备以自组织治理机制为主的治理体系；第四，产业集群治理的主线是关系协调与整合机制。集群中主要存在两种关系：经济关系和社会关系。在产业劳动分工和空间集聚基础上，企业间多次交易建立起经济关系。而在社会文化和空间地理集聚的作用下，集群企业间形成了社会关系网络。经济关系和社会关系都促进信任、承诺与合作的产生，在集群中形成浓厚的氛围，促进集群产生协调一致的集体行为。在协调的基础上，信任、合作和嵌入性程度的加强进而会使整合机制发挥作用，促进产业集群的经济结构、社会关系和技术要素的整合。

目前，虽然不断有研究深化对产业集群治理问题的认识，但是整体研究框架还处于片断化、分割化阶段，尚未构建起内在一致的理论体系，关于产业集群治理的研究主要集中在集群内部网络组织治理和集群外部全球价值链治理上。

二、产业集群的内部治理：网络治理

（一）企业组织关系层面

产业集群是一种介于市场与企业之间的中间性组织，其结构决定了集群治理的特定内涵以及有别于市场治理与科层治理的特征。威廉姆森（Williamson，1979）以三重维度—不确定性、资产专用性与交易频率对不同的交易范式加以界定。当这三个维度处于较低水平时，市场是有效的协调方式；处于较高水平时，企业便应运而生，而处于企业与市场之间的是双边、多边和混合的中间性网络组织，这种中间性组织的治理属于网络治理，产业集群就属于中间性组织的一种特殊形式。

产业集群网络治理是以社会关系、经济结构、技术要素的整合过程为基础所衍生的一种治理行为，是介于企业科层治理与市场治理之间的一种治理形式。科层治理以节约组织成本，尤其是代理成本为本质；而市场治理则是以节约交易成本为原则。在网络组织形态中，个体与群体的关系或纽带形成社会网络，成为网络治理的基础。

（二）产业集群组织属性层面

产业集群成员企业之间的核心关系是基于集群资源分配与协调的互动与协同关系，其表现形式是多样的。相应地，产业集群网络治理形式也必然呈现出其复杂性。从产业集群组织属性出发，本文将产业集群网络治理的运行形式分为正式契约治理和非正式契约治理。

1. 契约治理

契约治理主要通过某种明确的契约条款对经济活动主体的行为进行治理。它往往以明确的法律、制度和组织规范对集群成员产生约束力。虽然契约往往是不完备的，其治理效率范围也有限，但在产业集群中依然普遍存在，而且是非正式契约治理的前提。契约治理中，集群成员之间通过签订具有法律保障的正式契约，并在契约没有得到有效执行时求助于法院等第三方权威机构以纠正机会主义行为。

2. 非正式契约治理

非正式契约治理是集群内部网络治理的主要形式，它形成并依赖于集群组织内部的非正式契约。非正式契约是指组织成员之间在长期的经济交往中逐渐形成的隐含关系契约，它没有成文的契约条款，或条款不明确规定双方的权利和义务。非正式契约治理主要包括组织间信任治理、组织成员间声誉治理、社区交易规范治理、俱乐部规范治理以及集群文化治理等。

（三）产业集群网络治理的嵌入性

"社会嵌入"是理解产业集群内部网络治理的理论基石。1985 年格兰诺维特提出了社会嵌入概念，指出企业经济活动是嵌入在社会网络关系中，受到社会关系的影响，社会关系网络以两种嵌入方式影响经济活动和结果。

1. 关系性嵌入（Relational Embeddedness）

关系性嵌入是指双边交易中交易双方因人际关系而产生的信任、信息共享。它是以双边交易的质量为基础，表现为交易双方重视彼此间的需要与目标的程度，以及在信用、信任和信息共享上所展示的行为。

2. 结构性嵌入（Structural Embeddedness）

它可以看作网络群体间双边契约连接的扩展，这意味着组织间不仅具有双边关系，而且与第三方有同样的关系，使得群体间通过第三方进行间接连接，并形成系统性网络结构。结构嵌入使网络内的信息既可以水平或垂直地流动，又可以斜向传播。

三、产业集群的外部治理：全球价值链治理

值得注意的是，对于产业集群内部各经济主体之间互动行为的网络治理机制的强调，往往忽略了集群创新环境应具有的开放性特点，因而无法充分解释来自生产和需求的创新动力机制。自20世纪90年代以来，全球价值链上的集群竞争动态及其治理特征正在成为研究热点，提供了重要的补充视角。

（一）全球价值链治理的内涵

随着生产和贸易全球化的不断深入，产业活动的分离和整合在空间上大大扩展，区域经济活动逐渐嵌入全球价值链中。在此背景下，产业集群这种典型的区域经济综合体的治理也由内部的治理向外部的治理拓展。全球价值链（GVCs）的概念虽然源于波特的"价值链"分析思想，但是其内涵已经发生变化。全球价值链由三个基本要素构成：（1）不同价值链环节或活动相互关联形成的序贯式结构；（2）价值链环节全球范围内的地域性分工体系；（3）组织间治理结构与治理模式，即决定资源如何在全球价值链中分配和流动的权力关系。Gereffi（2005）首先提出了价值链治理的概念，他是全球价值链治理研究的开拓者，他认为全球价值链的治理功能是对全球化背景下市场机制协调作用的一种弥补，同时克服了垂直一体化无法达到的协调性。

（二）产业集群全球价值链治理的类型

Gereffi（2005）界定了两种类型的全球价值链：生产者驱动和买主驱

动,即全球价值链各个环节在空间上的分离、重组和运行等是在生产者或购买者推动下完成的。Gereffi 等人以交易成本、学习能力和供应能力为标准归纳了五种全球价值链治理模式,即市场型、模块型、关系型、依附型和层级型(见表1)。

表1　全球价值链治理模式的五种基本类型

价值链治理模式	基本特征描述
市场型	价格机制:一次性或者长期重复性交易关系,转换成本低
模块型	产品结构模块化;供应商可以为客户提供定制产品或服务,同时模块化降低了资产专用性和转换成本
关系型	供应商与客户存在复杂互动关系;相互依赖性以及资产专用性高
依附型	供应商依赖于主导型客户,供应商转换成本高
层级型	纵向一体化;内部管理控制

资料来源:根据 Gereffi, G. Humphrey, J. and Sturgeon, T. The Governance of Global Value Chains. Review of International Political Economy,2005(12)整理所得。

1. 市场型价值链治理

市场机制关系并不一定都是短暂的,也可以是持久的、重复性交易关系的,关键在于双方之间的交易成本很低。

2. 模块型价值链治理

典型特征是供应商根据特定客户的要求来定制产品;同时,产品结构的模块化又能够使特定供应商充分运用这一独特的生产服务能力来降低可能产生的资产专用性。

3. 关系型价值链治理

采购商与供应商之间存在复杂的互动关系,并因此加强双方的依赖关系和各自的资产专用性,这种模式可能会通过声望或家族、种族纽带来管理。

4. 依附型价值链治理

在这种治理模式中,小供应商依赖于特定的大采购商。供应商面临极大的转换成本,其显著特征是核心企业对附属企业极高的监督和控制水平。

5. 层级型价值链治理

典型特征是纵向一体化，占据主导地位的治理模式是上级对下级或总部对分支机构的管理式控制。

（三）全球价值链治理与集群内部网络治理的差异

首先，与网络治理相比，全球价值链治理更加强调价值链权力的行使，由某些核心成员发挥主导作用，负责对各环节进行统一的组织和协调，进而形成了不同程度和不同类型的治理结构。

其次，价值链治理不能应用于产业集群内部，而是协调产业集群与外部全球更大范围的专业化分工合作。产业集群是基于核心能力的企业在地理位置上专业化分工合作的网络，而价值链中专业化合作的空间维度特征不是地理接近。价值链中企业间关系的特征是纵向非一体化的合作关系，而产业集群不但有纵向非一体化的合作关系，还有横向非一体化的合作关系。因此，产业集群内部网络相对价值链具有一定稳定性，产业集群与价值链的差异决定其治理的差异，其治理的重点不同。

最后，价值链治理和产业集群治理的差异决定其互补性。价值链治理偏重于外部关系治理，而产业集群偏重于区域网络中企业关系的治理。产业集群具有区域性不可替代的比较竞争优势，而价值链为产业集群融入全球经济提供桥梁，价值链治理和内部网络治理的目标是一致的，都是为提高集群自身的竞争优势。

四、产业集群治理的新视角：社会资本治理

从某种意义上讲，社会资本是一种关系治理模式，是镶嵌于社会网络中的资本资源通过一系列长期的、非正式的隐性的自我实施的合约安排，产业集群社会资本治理强调的是集群内部与外部社会关系的协调和配置。产业集群社会资本治理的主体是集群中拥有发言权和权威影响的核心企业以及其所代表的集群整体。因为信息获得、知识与技术创新是产业集群赖以生存的前提，所以集群内部和外部社会关系资源的配置是

产业集群社会资本治理的核心问题。表 2 列出了产业集群三种不同治理方式的异同。

表 2　网络治理、全球价值链治理与社会资本治理异同

	网络治理	全球价值链治理	社会资本治理
治理范围	集群内部治理	集群外部治理	集群内部和外部治理
治理主体	网络节点上的企业或公共代理组织	价值链环节上的企业	集群核心企业以及集群整体
治理对象	生产和知识系统	生产系统	知识系统
治理结构	水平的互动学习关系	垂直的价值分配关系	兼顾内部水平学习与外部价值分配关系
运行机制	信任机制	价格基础的分工与交易机制	社会关系互动机制(包括信任)
行动重点	关系风险和溢出风险	产品定义和供应链	关系资源配置
绩效评价	信息互换和创新、集体效率	价值或价格	集群知识创新与技术创新
实证研究	主要是发达国家创新集群	侧重于发展中国家的产业集群	较少

产业集群能够快速地应对外部环境的变化，主要是因为集群网络内部和外部成员之间的动态协同关系。从所承担的角色来说，产业集群既是集群成员企业之间社会互动的结合点，也是成员企业内部网络的孕育基础，并且集群同时还嵌入在一个更大的正式和非正式网络组织结构中。因此，产业集群治理本质上是多层次的，从产业集群内部的网络治理或者从集群外部全球价值链治理的单一视角来探究集群治理结构和机理都是不完善的。基于此，本文引入集群社会资本概念来分析产业集群如何通过内部和外部的社会关系进行协调和整合。

(一) 集群社会资本内涵

社会资本概念首先由法国学者 P.Bourdiou (1986) 提出，此后，Coleman (1990) 初步建立起社会资本理论的主要框架。社会资本对经济发展的主要作用是通过加强人们之间的合作关系来提高人际信任程度，从而减少交易成本，提高经济运行效率。尽管不同研究者对社会资本的界定不尽相同，但都认为社会资本是一种嵌入社会关系网络中的关系资源，其主要特征是社会网络、规范、信任。随着对社会资本研究的深入，近年来一些学者开始关注社会资本的治理机制与产业集群发展之间的某种联系。

社会资本分析的层次涵盖个体层次、组织层次以及社区层次、产业层次和国家层次。产业集群社会资本治理不是将集群治理看作孤立的整体或者群内企业间的协同，而是认为集群嵌入到内部网络以及更大范围的全球价值链关系结构中。基于以上分析，本文将产业集群社会资本定义为：集群能够通过企业在集群内部社会结构和更大范围网络中的正式和非正式结构的社会关系来获得的资源总和。集群社会资本既包括通过关系渠道所流动的资源，也包括关系渠道本身的配置。

（二）集群社会资本的分类：内聚社会资本与桥梁社会资本

从社会资本的功能角度来看，社会资本分为内聚社会资本和桥梁社会资本。区别两种社会资本的尺度是社会资本所嵌入网络的内聚性。网络内聚性是从网络整体水平来刻画网络开放程度和连接形式的。按照 Zaheer（1999）的定义，网络的内聚性通过信息冗余、接触频率和位置分散性指标来度量。内聚社会资本位于网络内聚性连续体最强的一端，在网络内部存在大量冗余信息、行动者间具有较高的互动频率和在地理位置与网络位置上接近的特征。与内聚社会资本相对应，桥梁社会资本是网络内聚性连续体最弱的一端，所对应的松散网络中存在较少冗余信息，行动者间接触频率较低（见图 1）。伯特所提出的结构洞（Structural Hole）网络就是典型的桥梁关系网络。网络的强度与网络的内聚性有一定联系，如强关系网络内部往往存在着大量的冗余信息和较高的互动频率；而弱关系网络中冗余信息较少、信息的异质性程度较高，格兰诺维特的一个著名的论断就是"所有的桥都是弱关系"。

产业集群在社会分工、地理集聚以及特殊文化的作用下，其内部成员之间形成了一种以强联系、成员关系相对稳定、内聚度较高的网络结构。这种类型的网络组织的治理以内聚社会资本为主要治理形式，有利于进行

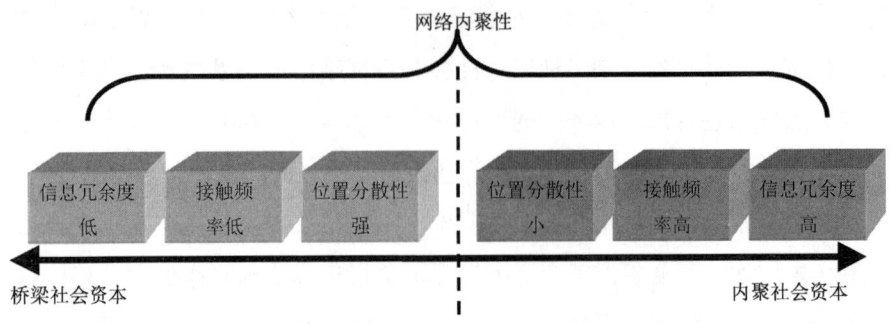

图1 内聚社会资本和桥梁社会资本的连续体模型

深层次的知识分享和渗入。Barke 和 Obstfeld（1999）认为，紧密地联系和互动能让企业从集群中获得特定的冗余性的、深度的知识和资源。Dyer 和 Nobeoka（2000）发现，产业集群中企业通过强关系网络能更好地同供应商交流和共享价值性知识和资源，内聚社会资本有利于集群内企业间资源的交换和融合，但是内聚社会资本对产业集群创新系统的建立会产生消极影响。以内聚社会资本为主的集群网络中企业个体互动范围往往局限于小部分行动者之间，而高频率的、紧密的互动会减少其探索多样化知识和资源的机会。另外，基于产业分工和比较优势，产业集群嵌入在全球价值链网络中，与其他价值链片段间形成了相对不稳定的、松散型的关系网络，集群治理中以桥梁社会资本为主要形式，有利于产业集群创新系统形成。Granovetter（1985）和 Burt（1992）认为，弱关系连接、非冗余网络中的结构洞较为丰富，通过企业间的连接有利于产业集群获得更多新颖和多样化的资源。因此，桥梁社会资本能提供给集群企业更具创新价值的信息和机会，利用多样化的创新性知识和资源来提高集群竞争优势。

（三）产业集群治理中内聚社会资本与桥梁社会资本的最优配置

对于产业集群治理模式和治理机制的认识和分析多是从上述集群内部和集群外部两个视角切入，即或者认为产业集群应当采用网络治理或者价值链治理（全球或地方价值链），或者是将两者相对立分析孰好孰坏。本文提出一个扩展的社会资本模型来理解产业集群治理。理想的产业集群治理特征应当是集群内部企业之间具有适度频繁的联系和互动，而集群与外部其他主体间构建联系相对松散的网络结构。

利用社会资本治理来优化集群治理结构和提升集群竞争优势，内聚社会资本与桥梁社会资本相结合是一条理想的途径。这种结合有三种情况（见图2）。

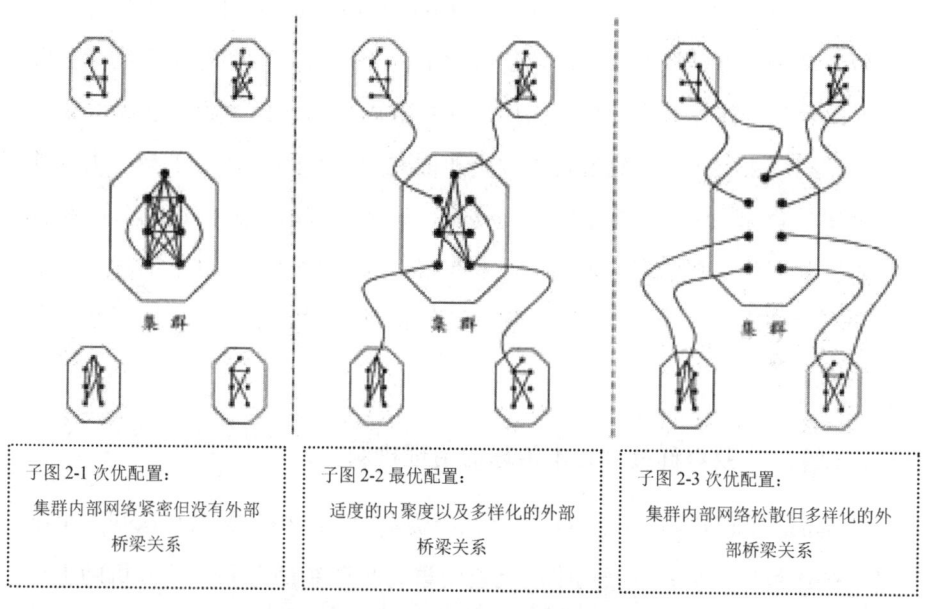

子图 2-1 次优配置：
集群内部网络紧密但没有外部桥梁关系

子图 2-2 最优配置：
适度的内聚度以及多样化的外部桥梁关系

子图 2-3 次优配置：
集群内部网络松散但多样化的外部桥梁关系

图2　集群社会资本治理最优配置

1. 子图 2-1 所示的治理结构是集群社会资本的配置使集群内部紧密性网络治理的作用得以发挥，即集群内部企业间正式和非正式关系较紧密，但是产业集群与外部其他主体（地方集群、跨国公司、全球产业网络等）间的联系过于稀疏，参与外部全球价值链配置的机会和权力受到很大限制。内聚社会资本有利于产业集群内部企业间的互动与整合，尤其是促进了表达性资源的获得，如集群内部企业间相互的信任。产业集群过于关注内部网络，会很难将资源和精力投入与外部价值链环节的行为主体的外部交流和联系中，因而会不利于集群从全球范围的更大网络组织中获得多样化的、非冗余性的工具性资源，如新颖的创意和政治支持等。

2. 子图 2-3 所示的治理结构表明集群社会资本的配置强化了桥梁社会资本，即集群与外部网络联系频繁，积极参与全球生产网络和价值网络的剩余分配，但是产业集群内部成员间的联系和互动过少。虽然这种类型的治理结构有利于产业集群获得工具性资源，但是却弱化了集群内部成员间的互动、信任和协同效应，不利于集群内部网络治理效率的改善。由于集群成员企业间的情感投资和感情交流不够，成员企业没有动力利用其个人关系网络来促进集群演进和升级。

3. 子图 2-2 所示的治理结构是集群社会资本治理的最优的内外部结构配置。这种配置结构兼顾了产业集群内部内聚社会资本和外部桥梁社会资本对培育集群持续竞争优势的作用。在集群内部构建内聚程度适中的企业间关系网络，实现产业集群与集群企业的共同成长和演化；在产业集群外部保持与全球性价值链各个环节的联系，嵌入全球价值链活动的分解和分工中，利用价值链治理实现当地产业集群的整合与重塑。过于依赖集群内部网络治理或者过于注重集群外部价值链治理都无法构建和维持当地产业集群的竞争优势。

（四）产业集群社会资本治理的治理机制

Nahapiet 和 Ghoshal（1998）将社会资本分为结构、关系和认知三个维度。产业集群社会资本结构维度是指集群各种联系的总和，其分析的重点是集群中普遍存在的企业间以及集群内外部主体间联系的特征。关系强度和网络密度是社会资本结构维度的两个关键结构变量（Uzzi，1997）。产业集群中关系强度主要表现为内部企业间以及与外部主体相互联系的频率和情感依附程度，分为强联结和弱联结两种类型。网络密度相关内容上文已有阐述。一方面，产业集群内部企业间不仅需要传递和共享大量显性知识来推动集群浅层次创新，而且更需要进行深层次的、不可编码的隐性知识的交流和共享来促进深层次的集群创新。而隐性知识只可默会、难以外显，因此需要企业间经过频繁的近距离互动才能转移。集群内部的强联结和紧密型网络使企业间有更多的接触机会和意愿，更容易实现隐性知识转移和知识创新。另一方面，集群外部新颖的显性知识转移对于形成集群竞争优势也很关键。集群外部桥梁社会资本治理强调弱联结与松散型网络。弱联结模式下，集群可以获得非冗余性信息；弱联结的关系维护成本较低，有利于集群建立大范围外部关系网络，便于信息采集；松散型网络拥有更多的结构洞，集群企业充当中介作用，可以接触到多样性的信息和知识进而形成新创意，推动集群创新。

社会资本关系维度突出了二元结构的人际关系，关注点在于如何通过人际关系的创造和维持来获取稀缺资源。如果说结构维度关注企业关系网络是否存在，那么关系维度就是关心企业关系网络存在的质量，如这些联系中是否具有信任、互惠、规范，是否具有亲密性等（周小虎，2006）。信任是社会资本关系维度的核心，信任治理是产业集群治理的主导型治理机制之一。信任不仅有利于降低集群内部主体间以及内外部间的交易风险和交易成本，而且由于互利互惠关系的建立增加了集群的预期收益，提高了集群整体的互信水平和竞争优势。韦伯将信任分为一般（普遍）信任和特殊信任。一般信任源自群体或社区整体的规范和期望，特殊信任存在于两两关系中，是集群内外部两个企业间互动的结果，是基于情感关系与交换关系的信任。内聚社会资本治理要求集群内一般性信任程度较高，企业对集群成员身份高度认同，不管事先是否有共同交易经历，都愿意为集群承担责任，这种超越了企业关系的一般信任使成员能够抛开个体隔阂而将精力集中于更高的集群利益层面上，彼此之间会更关注于双方诉求和愿意分享深层利益。而且因为其建立在制度规范、成员认同以及企业特质上，成员能更加系统地理解集群公共利益的价值。但是，以制度规范为基础的一般信任有利于集群公共利益的同时，也限制了与外部的联系，降低了集群企业接受新观点的机会，因此需要一种不同的集群外部信任机制来弥补缺陷。外部桥梁社会资本治理中集群与外部主体的关系更依赖于特殊信任：一是因为他们缺乏共同的集群目标认同；二是因为特殊信任源自以前的共同经历，不受集群目标的约束，可以为集群带来不同的新优势和新利益。

Nahapiet 和 Ghoshal 创立了社会资本的认知维度。而认知维度社会资本的关键要素是共同的语言和共同的远景。产业集群中认知性社会资本的形成与发展必须具有共同的知识基础。知识具有区域性，集群企业在吸收其他企业或其他领域知识时存在认知受限的情况。根据 Nonaka 和 Takeuchi 的观点，集群创新所需的知识要显性化才能进行共享和转移，而其他企业和成员是否了解表达内容，会影响其进一步创新和知识交流的程度。如果彼此具备某种共同知识，会提高集群中企业对外部知识的吸收，减少学习阻力。因此，集群内外部主体拥有的共同知识是集群社会资本认知维度的中心。Henderson 和 Clark（1990）区分了架构和组件知识。架构是有关知识组合的整体性知识，而组件是知识系统中的局部知识。架构知识是关于系统与相连系统之间的关系或者其构成要素之间的关系的知识，它是对认知对象深入认识的结果，这种知识存在于联结之中；而组件知识是关于认知对象整体或者其构成要素的知识，它是关于离散个体的组件知识，这种知识存在于个体之中。一方面，在产业集群内部，共同的架构知识不仅有助于成员企业对集群整体蓝图和目标深入地理解，而且有助于认识集群中由专业化协作带来的企业间利益的不一致和冲突（Kogut & Zander，1993）。如果集群内部企业都对集群整体的规范、惯例和协调机制有一定了解，即拥有共同的架构知识，那么集群内部认知性社会资本水平会更高，知识共享、沟通与信任会更通畅，集群治理绩效更好。另一方面，为了获得更多的创新知识和集群外部利益，集群应当与外部主体发展共同的组件知识。集群外部的认知性社会资本主要取决于共同的组件知识。相互重叠的组件知识可以通过某一领域的共同经历形成，缺乏共同组件知识的企业无法认识到新知识的价值，增加了交流成本。但是由于集群内外部目标不同，集群成员企业与外部价值链其他环节很难形成共同的规范、惯例或集群独特的语言。这种情况下，集群企业主要依靠专业领域内共同的组件知识来获得概念化、编码化的外部显性知识。

产业集群最优治理配置包括两个层面：产业集群内部的内聚社会资本的治理和集群外部的桥梁社会资本治理。内聚社会资本治理要求在集群内部建立企业间的强联结关系和紧密型网络，主要依赖基于集群制度和成员身份认同的一般性信任治理以及共同架构知识治理。产业集群外部的桥梁社会资本治理要求在集群内外部主体间构建弱联结关系和松散型网络，更多地注重由内外部主体双方情感和交换关系形成的特殊性信任治理以及共同组件知识治理。

五、结　语

当前，产业集群治理方面的研究尚处于初级阶段，虽然关于产业集群治理的问题界定、内容、治理机制和模式、治理手段等方面取得了一定的研究成果，但是这些成果停留在认识产业集群治理的表层，仍然缺乏连贯性和系统性。尤其是在实践应用方面，跟现实中对集群治理作用和机制的需求还有较大差距。本文综合相关研究，进一步细化了产业集群治理的内涵，进而从内部和外部两个角度分别阐述了产业集群内部网络治理和外部全球价值链治理的理论基础和运行机理。在此基础上，从产业集群社会资本治理的新视角综合了集群内部与外部治理的观点，而且提出了多层次的集群社会资本的最优配置模型，从社会资本结构、关系和认知三个维度阐述了集群内部内聚社会资本和外部桥梁社会资本治理机制，对于认识如何提升集群治理效率和培育产业集群持续竞争优势有一定帮助。

参考文献

［1］Adler，P.and Kwon，"Social capital：Prospects for a new concept".*Academy of Management Review*，2002，(27)．

［2］Bourdiou，P.*The Forms of Capital*［A］.*J. G. Richardson. Handbook of theory and research for the sociology of education.* New York：Greenwood Press，1986.

［3］Brown，R."Cluster Dynamics in Theory and Practice with Application to Scotland".*European Policies Research Centre Working Paper. University of Strathclyde*，2000.

［4］Burt，R.S.*Structural Holes：The Social Structure of Competition*.Cambridge，MA：Harvard University Press，1992.

［5］Burt，R. S. "Social contagion and innovation：Cohesion versus structural equivalence".*American Journal of Sociology*，1987，(92)．

［6］Burt，R.S."The Network Structure of Social Capital".*Research in Or-*

ganizational Behavior,2000,(22).

[7] Coleman, J.S."Social capital in the creation of human capital".*American Journal of Sociology*,1988,(10).

[8] Enright,M.The Globalization of Competition and the Localization of Competitive Advantage：Policies toward Regional Clustering, In Hood, N.and Young S.(eds) Globalization of Multinational Enterprise and Economic Development, Macmillan.2000.

[9] Gereffi,G.Humphrey, J.and Sturgeon, T.The Governance of Global Value Chains.Review of International Political Economy, 2005,(12).

[10] Gilsing,V.Cluster Governance：How Clusters Can Adapt and Renew over Time.Paper for the DRUID Conference, Copenhagen.2000.

[11] Granovetter, M.S.Economic action and social structure：The problem of embeddedness.American Journal of Sociology,1985,(91).

[12] Henderson, R. M. and Clark, K. B. Architectural innovation：the reconfigration of existing product technologies and the failure of established firms. Administrative Science Quarterly, 1990,35(1).

[13] Kogut,B.and Zander, U.Knowledge of the Firm and the evolutionary theory of the multinational corporation.Journal of International Business Studies, 1993,(24).

[14] Leana, C.R.and Van, Buren H.J.Organizational social capital and employment practices.Academy of Management Review, 1999,24.

[15] Nahapiet, J and Ghoshal, S.Social Capital ,Intellectual Capital, and the Organizational Advantage.Academy of Management Review,1998,23(2).

[16] Nonaka, I.and Takeuchi, H. A Theory of Organizational Knowledge Creation.International Journal of Technology Management,1996,1(11).

[17] Propris. Systemic Flexibility, Production Fragmentation and Cluster Governance.European Planning Studies, 2001,9(6).

[18] Sturgeon, T. and J, Lee. Industry Convolution and the Rise of A Shared Supply-base for Electronics Manufacturing.Paper Presented at Nelson and

inter Conference，Aalborg，June.2001.

［19］Tsai，W. P. Knowledge Transfer in Intra－organizational Networks：Effects of Network Position and Absorptive Capacity on Business Unit Innovation and Performance.Academy of Management Journal,2001,44.

［20］Uzzi B.Social structure and competition in inter－firm networks：The paradox of embeddedness.Administrative Science Quarterly，1997,42.

［21］Williamson，O. E. Transaction Cost Economics：The Governance of Contractual Relations.Journal of Law and Ecnomics，1979,22（2）.

［22］Zaheer，A.，McEvily，B.and Porrone.Does Trust Matter? Exploring the Effects of Inter－organizational and Interpersonal Trust on Performance.Organization Science，1999,（9）.

［23］柯江林、石金涛：《知识型团队有效知识转移的社会资本结构优化研究》，载《研究与发展管理》，2007 年第 1 期。

［24］林南：《社会资本：关于社会结构与行动的理论》，上海人民出版社 2005 年版。

［25］孟韬：《网络治理与集群治理》，载《产业经济评论》，2006 年第 1 期。

［26］王益民：《基于共同演化视角的跨国公司与产业集群互动研究》，经济科学出版社 2007 年版。

［27］张聪群：《产业集群治理的逻辑与机制》，载《经济地理》，2008 年第 3 期。

［28］郑建伟、万君康、陈剑锋：《基于产业集群的治理结构创新研究》，载《武汉理工大学学报》，2004 年第 3 期。

［29］周小虎：《企业社会资本与战略管理——基于网络结构观点的研究》，人民出版社 2006 年版。

本文刊发于《比较管理》2010 年第 1 期；作者：王关义、刘寿先

无形资产中专利权评估方法初探

在众多的无形资产中，以专利为重要内容的知识产权是无形资产评估的主体。企业自创专利评估的目的，主要在于测试实施独占权时专利权所能带来的全部收益。企业获得并实施专利权，其实是企业对自身发展的投资，专利权的价值就是给投资者带来投资机会的价值。

专利权是指发明创造的所有人或持有人依法享有的独占专有权。《中华人民共和国专利法》（1985 年颁布）及其实施细则规定：专利权中的发明创造是指发明、实用新型和外观设计，其中：发明是指对产品、方法或者其改进提出的新的技术方案；实用新型是指对产品的形状、构造或者其结合所提出的适于实用的新的技术方案；外观设计是指对产品形状、图案、色彩或者结合所做出的富有美感并适于工业上应用的新设计。

从专利权的概念和法律保护上可以得出，专利权所有人一般是个人，也可以是企业，当专利权属于不具备独占实施条件的个人所有时，必然会引出转让或者投资等情况；当专利权属于具备独占实施条件的企业所有时，企业可能会实施独占权与许可权，也可能会实施转让权，但一般是以实施独占权为主。由此看出，当专利权人实施转让权或者许可权时，就涉及专利权评估问题了，其实，即便是在实施独占权，为了测试专利权的应用价值，从而做到心中有数，也有必要对专利权价值进行评估。

一、企业自创专利权的价值评估

企业自创专利评估的目的，主要在于测试实施独占权时专利权所能带来的全部收益，因此应当运用收益现值法较为适宜。其中收益的界定应当包括由专利带来的额外收益的税后利润和专利的成本摊销额两部分。

计算专利价值的贴现率有两个不同的比率，这两个贴现率分别对应现金流中的成本摊销额和额外利润。由于这两个部分具有不同的预期风险，相应的风险利率也不同。专利的成本摊销额是按照企业的总收入进行的，相应的贴现率是企业经营的无风险贴现率；额外收益也有一个贴现率，它所对应的是专利风险利率，即 R＝基准收益率＋风险调整值。

已知专利的法定寿命为 L，剩余法定寿命为 1，剩余经济寿命为 T，获得专利的成本为 C，在剩余经济寿命期内每年的利润为 A_i（$i = 1，2，\cdots，T$），每年一般应得利润为 A_0，成本摊销额的贴现率为 r，额外收益部分的贴现率为 R，所得税率为 t，计算专利价值的现值。

1. 年专利成本的摊销额＝C/L，这部分不用征所得税。

2. 第 i 年专利技术所带来的额外收益＝$(A_i - A_0) \times (1-t)$

当 $(A_i - A_0) \leq 0$ 时，此时专利技术并没有带来额外收益。因此我们认为此时，即当 $(A_i - A_0) \leq 0$ 时，此项额外收益为 0。

所以，在专利的经济寿命期内，专利收入现值为：

$$\sum_{i=1}^{T}(A_i - A_0)(1-t)$$
$$(P/F, R, i) + C/L(PA, r, T)$$

3. 寿命结束后，摊销仍在继续，这部分摊销费用来自企业整体利润，由于摊销费用不征税，因而企业得到的实际好处是摊销费用虚拟征税的部分，也就是说专利带来的收入等于成本摊销额乘以所得税率，用式子表示为：

$$C/L[(P/A, r, l) - (P/A, r, T)] \times t$$

所以，专利的价值为：

$$V = \sum_{i=1}^{T}(A_i - A_0)(1-t)(P/F, R, i) + C/L(P/A, r, T) + C/L[(P/A, r, l) - (P/$$

$A,r,T)]\times t$

$$= \sum_{i=1}^{T}(A_i-A_0)(1-t)(P/F,R,i)+C/L(1-t)(P/A,r,T)+C/L(P/A,r,l)$$

若允许其他企业使用此专利，在公式右侧加上在合同规定的剩余年限内应向该企业交纳的提成费的现值。

二、企业外购专利权的价值评估

企业获得并实施专利权，其实是企业对自身发展的投资。由于此种投资与其他类型投资相比同样具有风险性和回报的随机性，因此专利权本身也包含有隐含的期权，可以将其看作是一种项目投资的经营性期权。一般认为专利权与欧式看涨期权是同构的。专利权的价值就是给投资者带来的投资机会的价值。因此可以运用期权定价的方法对其进行评估，其中金融数学中最典型的期权定价公式—$Black$-$Scholes$ 就非常适合外购专利权的价值评估。

1973 年，美国的 $Black$、$Scholes$ 两人在完全竞争市场和股票的随机行为可由扩散过程加以描述的前提下，假定股票价格遵循几何或对数布朗运动过程，给出了针对不支付红利的股票欧式看涨期权价值的计算公式（$Black$-$Scholes$ $Model$）：

$$V=s\times N(d_1)-x\times e-r(T-t)N(d_2)$$

$$d_1=[\ln(s/x)+(r+6_2/2)]/[6\sqrt{T-t}]$$

$$d_2=d_1-6\sqrt{T-t}$$

V 为期权价值；s 为股票的现行市场价格；x 为期权的敲定价格；r 为无风险利率；$(T-t)$ 为现在至执行日的时间；$N(*)$ 为标准正态分布函数值；6 为价格波动率且为常数；$e^{-r(T-t)}$ 为使用连续复利将敲定价格折现为现值的贴现因子，用 $N(d_2)$ 乘以这一项即为敲定价格的现值。

现在我们运用该模型给出计算外购专利价值的公式：

$$V=s\times N(d_1)-h\times e^{-r(T-t)}N(d_2)$$

$$d_1=[\ln(s/h)+(r+6^2/2)][6\sqrt{T-t}]$$

$$d_2=d_1-6\sqrt{T-t}$$

V 为专利权的价值；s 为在专利权经济寿命期末企业价值的现值；h 为未使用专利时企业的价值；r 为以连续复利计算的年无风险利率；$(T-t)$ 为专利的剩余经济寿命；6 为企业价值对数值的标准差。

其中 s 可由专家预测得出，$(T-t)$、h 可根据企业提供的资料得出，6 可由企业价值的历史数据估计。

专利权评估的方法有多种。选择何种评估方法以及如何选择，笔者认为应当以企业创造或购买专利的目的为标准。企业的最终目的是为了取得更多收益，所以从专利权所能带来的额外利润的角度来评估较为适宜。

参考文献

［1］陈仲、潘宇鹏、刘振鸿：《无形资产评估导论》，经济科学出版社 1995 年版。

［2］明廷华：《无形资产评估理论与方法》，北京气象出版社 1995 年版。

［3］张国旺、刘沛军：《无形资产中专利权评估的探讨》，载《科学管理研究》，1997 年第 5 期。

［4］于乃书、刘兆波：《专利权评估的两种方法的探讨》，载《数量经济技术研究》，1999 年第 2 期。

［5］余斌、戚昌文、弯红地：《成本——收益现值法在专利技术评估中的应用》，载《华中理工大学学报》，1996 年第 1 期。

本文刊发于《商业研究》2004 年第 8 期；作者：王关义、汪洋

论牢骚对组织建设的负面影响

　　人总是有感情的，在日常生活中，人们常常会因为众多方面的诱因而对现实状况产生不满，突出的表现就是一般都会选择不同的方式把因不满而产生的牢骚进行释放和发泄。从生理学或医学角度看，适度的牢骚发泄与释放对于调节情绪、缓解压力、消除不满、释放怨气进而对于身心健康是有一定积极意义的。但过度的牢骚释放及放大不仅不利于个人身心健康和心理调适，而且对周围的人和组织和谐氛围的营造会产生负面影响。本文拟对牢骚对组织建设的破坏性进行分析，探讨应对方策。

　　在一个组织内部，由于工作分工等方面的原因，存在着不同的岗位，组织成员也分别扮演着不同的角色，由此就产生了职位差异、角色差异、角色知觉、角色期望和角色冲突等方面的问题，这些环节在工作性质和任务等方面的差异往往是产生牢骚的根源。

一、组织内的牢骚及其诱因分析

　　"牢骚"一词，《辞海》解释为因心中不满、委屈或意见而发出的一种怨气，满腹牢骚、满腹冤屈等均是对牢骚情况的反映。它是指人们对一些社会现象或管理举措不理解，表现出不满的情绪，说一些抱怨的话，"一吐为快""不吐不快"等是人们对牢骚的理解和反映。发牢骚是对不满的自然释放，也是排解心中不满情绪的重要通道。在绝大多数情况下，发牢骚者往往不按正常渠道反映问题和表明态度，言辞激烈，不注意场合和对象，说一些难听话、过头话，影响组织的团结稳定和工作的有序开展。

前苏联作家高尔基说过："最爱发牢骚的人就是没有能力反抗，不会或不愿工作的人。"心理医学认为，常发牢骚是一种心理疾病。发牢骚者存在焦虑抑郁的情绪，临床上会表现为发牢骚。心理测试表明，有的人存在抑郁情绪和焦虑情绪，抑郁情绪表现为一种说话带着灰色调，对任何事情持悲观的态度，看不到事物的阳光面和积极面。焦虑情绪的患者表现为经常很烦躁，也容易发牢骚。有的人可能存在人格的幼稚和不成熟，他们有理想，但过于理想化；他们追求上进，但在这个过程中刻意地苛求完美。于是，表现出压抑不住的冲动，甚至情绪失控，在不适合的场合发表不适当的言论。牢骚满腹不仅会影响工作，而且也会损伤家人、同事间的感情，更会损伤自己的身心健康，甚至葬送职业前途。

由于人的需要具有动态性和发展性的特点，这就决定了需要不管满足到什么程度，某一时期的需要是否得到满足，人总是要发牢骚的。故而马斯洛认为永远没有什么伊甸乐园，天堂也不存在，不管有什么满足，什么好事，什么幸运，人们总是能够把它们通通塞进自己的胃口，一旦习惯了已有的好事，就会忘掉它们，为了更高级的好事把手伸向未来，当他们认为事情可以做得比现在更好时，他们的牢骚就开始产生了。

组织内的牢骚产生的原因是多种多样的，但总体上可分为三类沟通差异、结构差异和人格差异。沟通差异主要是由于误解、沟通不畅、语义困难造成的，不同的角色要求、组织目标、人格因素、价值系统以及其他类似因素引发各种牢骚。组织中存在水平和垂直方向的分化，这种结构上的分化导致了整合的困难，不同个体在目标、决策变化、绩效标准和资源分配上意见不一致，这些牢骚并非由于不良沟通或个人恩怨造成的，而是植根于组织结构本身，主要有：

1. 来自组织之间的合作。不同组织之间存在不同的利益。随着两个部门相互信赖程度的增加，潜在冲突就会增多。对于有后续关系和交互关系的两个部门，必须经常沟通，共享信息，如果协调得不好，双方就会产生冲突。

2. 产生于资源的稀缺。牢骚的另一个主要来源是多个部门的成员认识到资源有限，并为此而竞争。假如组织缺乏足够的资金、设备、技术、人员等资源，每个部门就会为了各自的目标而争夺这些资源，从而产生牢骚和冲突。

3. 来自组织内的迷茫。组织成员对于组织内的相关信息和决策缺乏了解或了解不够，尤其是与自己想法不一致的情况更容易诱发牢骚和抵触。

4. 管理者批评不当。若批评的目的或方式欠妥，尤其是出发点不是为了把工作做好、帮助对方提高，而是为了攻击对方，这样也容易引发不满和牢骚。

5. 来自组织的压力。在大多数情况下，对组织一致观点提出质疑的人，会受到来自组织其他成员的压力，也容易引发牢骚。

6. 来自自我控制不良。持有不同观点的成员，为避免脱离组织团体共识，暂时会保持沉静，但在一定场合则会释放心中的不满。

7. 利益最大化。因为人们的动机是要用最小的代价获取最大的回报，所以人人都试图在关系中占据有利的地位。如果一方在关系中少受关系的约束，那么他就会在这一关系中占有优势，而另一方则处于劣势，后者往往容易产生牢骚和不满。

8. 其他方面的原因。牢骚是人们一种烦闷不满的情绪，其发泄的主要方式是"说抱怨的话"。对组织内与自身密切相关的方面容易产生不满，如分工、在组织内的地位、利益分配、奖励政策、岗位职级晋升、领导重视程度等。当人们发现彼此的行为与各自利益相左，而无法取得回报时，他们就会产生不满和牢骚。

二、牢骚传播的特点及其对组织的负面影响

（一）牢骚传播的特点

与来自正式组织的信息传播相比，牢骚传播具有如下特点：

1. 感染性和煽动性极强。在大多数非正式场合，牢骚容易引起同事的

共鸣和响应，尤其是那些持相同看法或有着相似经历的组织成员。每当因工做出现失误或工作进展不顺而受到领导批评或处罚时，处于受惩罚或批评的一方，千方百计寻找对自己有利的理由推卸责任或为自己辩解，在这种情况下，往往容易产生牢骚或不满，而且容易引起其他成员的同情或援助。

2. 传染性强。从心理学角度来讲，人们都具有较强的好奇心，对于许多事情容易询问、探听和了解，有喜好听取和打探新闻并善于聆听牢骚的兴趣，也有喜欢看热闹的习性，组织内那些任务比较清闲的岗位极易出现此类现象，故有"无事生非"的说法。牢骚效应在某一些规模较小的公司里扩散起来比较危险，就像传染病一样，因为圈子太小，很容易将负面的情绪快速蔓延，造成不稳定，但从另外一个角度想，容易被传染的人，更有可能是并不适合这个组织的人，从根本上就不认同组织的价值观。牢骚是组织中的最大"流行病"之一，也是最顽强的，同时传播速度也非常迅速的一种"病毒"。人们喜欢重复发牢骚，而且一句怨言往往会引发更多的怨言。如果忽视，牢骚就会愈演愈烈，可能无法控制，最后像一锅美味的汤里掉进了一只蟑螂——整锅汤都作废了，组织内的牢骚和冲突具有破坏性。

3. 对组织建设的破坏性强。在一般情况下，如若对牢骚处置不当或缺乏必要的防范，极易在组织内部或组织之间产生负面影响。牢骚之所以产生，是因为人们的需要未能得到满足，特别是正当的、合理的本应得到满足的需要未能满足，而又缺乏合适的表达通道时人们最容易发出抱怨和牢骚，对组织建设有一定的破坏性。

（二）牢骚对组织的负面影响

牢骚一般可分为破坏性牢骚和建设性牢骚两种类型。破坏性牢骚是指那些妨害团体氛围和绩效的牢骚，其危害表现为耗费时间、过度展现自利倾向、妨碍组织整体的发展。持续的组织内牢骚会带来个人情绪和身心健康的亏损，消耗组织的时间与资源，导致绩效下降、士气低落、压力增大等可能要付出极高的经济和情绪上的代价，"制造"我与组织对立的态度导致信息错误和事实真相的扭曲。员工之间关系紧张、互不信任、互不团结、内耗现象严重、缺乏沟通、各自心灵闭锁、拉帮结派等，会造成企业生产效率低下，凝聚力下降，一旦企业出现困难或危难之时，员工不能共渡难关，最终可能会导致企业的倒闭或破产。牢骚满腹不仅影响工作，而且也会损害家人、同事间的感情，更会损伤自己的身心健康，甚至葬送职业前途。也有人认为"牢骚过多，会令同事对你产生厌烦，认为和你在一起找不到乐趣，时间长了，都不愿意和你交往了"。毛主席在写给柳亚子先生诗中有这么两句"牢骚太盛防肠断，风物长宜放眼量"，可见一代伟人对过多"牢骚"的看法。在实际工作中，要充分认识到破坏性牢骚的代价以及建设性牢骚的优点，并要适时采取适当的措施。

组织内部牢骚产生的原因可分为三类：沟通差异、结构差异和人格差异。一般地，组织内部出现一些新情况、新问题、新矛盾，本不足为怪，有些人发牢骚也是正常的。但那些从私利出发，不考虑单位和大多数人的利益，坐而论道，乱讲乱说，甚至有的牢骚跟小道消息及各种谣言混在一起，这类牢骚却很能迷惑人，会直接影响到组织的威信和形象，不利于工作效率和质量的提高，更不利于组织成员的成长进步和身心健康，而且这种"牢骚病"还可能相互诱发传染给别的成员，其消极作用不可低估。因此，管理者必须重视这些牢骚，并采取适当的对策化解和最大限度地抑制牢骚的负面影响。

三、牢骚的处理与防范

哈佛大学心理学教授梅约根据自己多年的研究，提出了牢骚效应：凡是公司中有对工作发牢骚的人，那家公司或老板一定比没有这种人或有这种人而把牢骚埋在肚子里的公司要成功得多。牢骚效应或霍桑效应告诉我们，人有各种各样的愿望，但真正能达成的却为数不多。对那些未能实现的意愿和未能满足的情绪，千万不要压制，而是要让它们发泄出来，这对人的身心发展和工作效率的提高都非常有利。华为总裁任正非在华为高速成长过程中，面对企业中许多员工的心理忧郁，坦然撰文表达自己的关切。他在文中写道："华为不断有员工自杀与自残，而且患忧郁症、焦虑症的员工不断增多，令人十分担心。有什么办法可以让员工积极、开放、正确地面对人生，我思考再三之后觉得，我们要引导员工理解、欣赏、接受和习惯高雅的生活方式与文化活动，使他们从身心上自己解放自己。员工不能成为金钱的奴隶，丰厚的薪酬是为了通过优裕、高雅的生活，激发人们更加努力去工作、有效的奋斗，不是使我们精神自闭、自锁。"应该看到，欧美发达国家人民的自律、社会道德风尚很值得我们学习和借鉴。欧美国家的人，大多数不嫉妒别人的成功，也不对自己的处境自卑，而且和谐相处。当前，一部分人对社会充满了怀疑的眼光，牢骚满腹，萎靡不振，所有这些，都是与和谐社会和热气腾腾的经济建设局面不相适应的。若组织内的骨干成员发牢骚，无论对组织、对上级还是对家人，都会产生不良影响。当牢骚扩散成片，牢骚便成为组织的涣散剂。骨干在具体任务执行过程中更不能发牢骚，这种牢骚会影响具体任务的执行并成为执行过程中的障碍。

组织内的核心成员绝不能向下属发牢骚，这会使你在下属心目中的威信降低，进而削弱影响力，更不能向企业的经销商、供应商发牢骚，这会败坏你所服务企业的形象，更会损坏自己的职业形象。而且，这种牢骚同样会反馈到你所服务的企业，造成不可估量的负面影响，所以：

1. 充分沟通。疏导是治理拥塞的根本途径。对于组织来说，良好的正式沟通制度是最基本的。拒绝沟通，意味着拒绝合作。在组织内部里，沟通的关键环节是组织结构中的管理人员与普通员工之间的沟通。在日本，很多企业都非常注重为员工提供发泄自己情绪的渠道，并被世界许多国家的企业借鉴。美国有些企业有一种叫作 Hop Day（发泄日）的制度设定。就是在每个月专门划出一天给员工发泄不满。在这天，员工可以对公司同事和上级直抒胸臆，开玩笑、顶撞都是被允许的，领导不许就此迁怒于人。这种形式使下属平时积郁的不满情绪都能得到宣泄，从而大大缓解了他们的工作压力，提高了工作效率。Hop Day 提供了一次给所有人更好沟通的机会，起到了调节气氛的作用。所以，牢骚效应本质上是一种沟通效应，只是这种沟通更多是在员工有挫折感时发生而已。当然，无论是发泄还是提建议，其本质都是沟通。只要渠道通畅，都能取得好效果。一项调查表明，员工中的抱怨是由小事引发的，或是由误会引起的。对于这种抱怨，管理者不能掉以轻心，一定要给予认真、耐心的解答，要及时与员工进行平等的沟通，让员工参与讨论，鼓励团队之间进行思想、信息交流，然后采取措施加以解决。

3. 管理者要适时适度激发组织内的牢骚。发牢骚是正常的，必要的时候企业可以采取一定的疏导措施，允许员工适度地发泄，这样有利于变消极为积极。心理学家马斯洛在其《自我实现的人》一书中，把牢骚分成低级牢骚、高级牢骚和超级牢骚三种等级。他认为，牢骚的水平，即一个人的需要、渴望、希望的水平，可以用来表示他的生活的动机层次。譬如，低级牢骚是指在贫困的环境中所发的牢骚，"担忧、贫困，甚至纯粹饥饿，都是完全可能的，而这些又决定了工作的选择、老板行为的方式和工人们对残酷待遇的顺从，等等"。对上述情况有牢骚或怨言的人，往往缺乏最低层次基本需要的满足，而针对尊重以及自我尊重的层次，以及完善、正义、美、真等超越性需要的牢骚则属于高级牢骚或超级牢骚。在一些情况下增加牢骚是具有建设性的，一旦员工都保持沉默，少说少做，一团和气，企业就会失去活力，公司的利益将大受影响。激发建设性牢骚，首先要向下属传递这样的信息，牢骚有其合法地位，严重的不是牢骚本身，而是破坏性牢骚的结果，并加以支持，对那些敢于向现状挑战，倡议革新观念，提出不同看法和进行独特思考的个体给予大力奖励，如晋升、加薪或采取其他强化手段，激发竞争、优胜、取得平衡的工作动机，振奋创新精神，发挥创造力。

3. 培育健康且积极向上的组织文化。中国儒家文化提倡积极的人生态度，要求现实生活的人们面对艰难和坎坷的时候，要保持乐观向上的心态，诸如屈原的上下求索，李白的自信人生，苏轼的豪迈奔放，孔明的死而后已等，都是儒家思想的最好表现。中国的传统管理，主要特征是以避免"人与人之间冲突"为内容、以维持社会稳定为目标、以"和"为工具，目的是为了求得社会的稳定而非经济的增长。中国传统管理者使用这一套管理理论和原则用于经营经商，总结出了一套成功的经验，如"和气

生财""家和万事兴""和商有道"等对于抑制组织内的破坏性牢骚都有
一定的积极意义。

参考文献

[1] "远离牢骚和怨言" [EB/OL].http://vip.book.sina.com.cn/book/chapter_110318_67532.html。

[2] 王红:《有牢骚你是憋着还是发泄?》,载《成都商报》,2006 年 5 月 29 日。

本文刊发于《首都经济贸易大学学报》2011 年第 2 期;作者:王关义

第二部分

企业发展研究

市场经济新环境与中国企业的重新改造

市场经济就是通过市场及其规律来导引国民经济整体运行的一种经济模式。在市场经济条件下，若干只"看不见的手"（如价值规律、供求规律、竞争规律等）调节着市场和企业的行为，调节着各种生产要素的合理配置与转移。每个企业都要按照市场信号，在利益的激励和约束下相互竞争，同以往的计划经济模式相比，企业经营活动的风险性明显加大。小平同志"南方讲话"以及党的十四大以后，我国确立了建立社会主义市场经济的方针，以此为出发点来考察中国企业的经营管理模式，必须进行如下几个方面的转换：

1. "明星"与"配角"——企业与政府二者关系改革的目标。企业与政府之间的关系问题不仅是以往理论界反复研讨的主题，而且也是以往计划管理体制下多次加以调整，却一直没有处理好，一直困扰中国经济发展的一个重大问题。新中国建立以来，我国曾多次围绕这一问题进行过尝试性的改革，时而集权于政府，时而放权于企业，但始终把全民所有同政府机构经营企业混为一谈。国有企业与政府之间的"脐带"一直没有剪断，使得企业自身不能自由翻转，企业完全依附于政府，听命于上级，细胞僵硬、缺乏活力。在当前经济体制的大变革时期，适应于市场经济的新环境，转换企业经营机制，必须首先转变政府职能，撤并一部分政府职能机构。同时，政府要从过去既有权又有利的驾轻就熟的微观管理领域中抽出身来，转向一直都不愿管、也没有管好的宏观领域。政府的职能是：制定宏观经济政策、法律，确定行业长远发展规划、确定宏观投资项目的立项与布局，明确自身支持和限制发展的产业，强化对交通、通讯、教育、科学技术、环保、国防、救灾、房地产等众多宏观上单个企业很难解决的问题，在这些领域显示政府的强大威力，为企业的顺利拓展创造一个良好的外部环境。此外，政府还应制定一系列优惠政策鼓励和扶植本国企业打入国际市场，如低息贷款政策、税收政策等。政府应主动为企业排忧解难，企业自主生产、政府订货、政策调节应当成为正确处理企业与政府之间关系的准则。

2. 企业必须由以往的不重视市场信息、闭门造车之经营方式向高度重视市场情报的搜集、整理和分析，建立灵敏的市场反应系统转变。市场经济一个显著的特点是企业围绕市场转，市场真正成为企业安排生产经营活动的指示表。需求市场一旦打个喷嚏，企业马上就会伤风感冒。一个企业经营的成功与否，可以完全从它对市场反应的灵敏程度做出衡量。如果外界市场发生了变化，企业能够及时调整其生产经营策略跟上这种变化，它就会取得成功，否则，如果市场变了，企业还是闭门造车，那么它就一定会遭到市场规律的沉重打击，甚至有可能一蹶不振。因此，企业准确地应付外界环境的变化，必须高度重视市场情报的搜集、整理和分析，建立灵敏的市场反应和跟踪系统，设置一些市场调查、市场预测、情报整理分析机构，中小型企业可将其与销售部合在一起，但职能必须分开。通过这些监视市场需求动态的"耳目"，一方面了解市场上消费者现时喜欢什么商品、什么样式，然后及时调整自身的生产经营结构；另一方面，为了适应长远市场的需求，通过市场预测，确定新产品、新技术、新型劳动者的开发和培育吸收方向，以新产品去引导消费者进行消费。对外界搜集而来的情报信息，企业一旦不予接收，就会跟不上环境的变化。同时，信息处理如果不合适，就不可能做出准确的与外部环境同步变动的管理决策，有关顾客需求短缺的情报积累也不可能。或者，如果不进行情报的新创造，新技术、新产品就不会产生，企业也不可能打开市场，扮演新技术、新产品生产的主体。

应当明确，是市场引导企业，企业要围绕市场转。市场需求一变，就要求企业必须随之转变，调整自身的经营方向和品种结构。在确定一个生

产项目或产品时，首先要看其市场潜力有多大，这种市场是真实的还是
"虚假"的，是长期的还是短期的。在现实生活中，也有不少市场需求信
息是"虚假"的，是昙花一现、过路烟雨。在这种市场信号紊乱的环境
中，如果你做出错误的投资决策，企业很可能会招致破产的厄运。目前仍
有不少企业把短期市场错误地分析为长期市场，把小量市场估计为大量市
场，大批注入资金，大量招兵买马，引进生产线，其结果是项目投产后，
市场需求却呈萎缩之势，产品卖不出去，企业亏损严重，这些经验教训值
得总结和汲取。

3. 必须改变计划体制下那种僵硬的生产经营体制和"从一而终"的单
调的、枯燥的职业结构，建立高度灵活、富于弹性的生产经营系统和富于
弹性的职业结构。日本有一种"柔性生产系统"和"柔性经营系统"的叫
法，它是指生产经营过程中的随机性、更替性、创新性。企业必须走出固
定的生产与思维模式，拓宽生产领域，多角化生产和经营，生产技术通用
性强，职员多面手培训，生产经营方向调整方便。企业把生产经营门路，
采用灵活的经营策略，讲求经营艺术。柔性生产经营是市场经济的客观要
求。在市场经济体制下，企业的命运和市场密切地联系在一起，市场需求
变化极快，消费新潮迭起，同时个性化特点十分明显，客观上需要作为供
给源的企业生产经营过程富于弹性，能及时供给市场的需求，随市场变化
而及时调整。中国企业如果仍运用过去那一套僵硬的生产经营方式是很难
生存下去的，因此，建议学习日本企业的经验，实行柔性生产和经营。

另外，建立富于弹性的职业结构是实行柔性生产和经营的重要条件。
富于弹性的职业结构是指企业内从事各种工作的人们，他们的职业分工并
不是十分严格和详细的，没有单能工，大部分职工都是多面手或多能工，
工作范围很广，相邻工作的人们互帮互学。诚然，实行工作的专业化不论
从工作的长远性来看，还是从知识及熟练的培养上来看，都有不少优点，
却不适合市场多变的经营环境。职业的专业化，不利于企业内部人力资源
配置的转换，不仅积累起来的技能日趋狭小，而且也容易产生每个范围既
得权益的保护动向，企业内所产生的调动障碍式的危险也会加大，从而使
人力资源的调换不能适应工作变换的要求，来自外部环境的变化就会对企

业产生危害。富于弹性的职业结构是指人们作为一个不可分割的整体，相互间要互帮互助、互相协作地完成工作。为了维持这种共同一致的行动，要求企业职工必须掌握与自己现在所从事工作相近工种的知识和技能，这也是市场经济新环境的客观要求。

4. 必须从以"利润第一"的经营作风中跳出来，树立"市场占有率第一"的思想。市场占有率客观上是指一个企业的产品销售量（或销售额）占该种商品市场销售总量（或总销售额）的比率。企业占有市场，就表明它有盈利或盈利的潜力，企业没有市场，就表明它已经被其他企业从市场中排挤出来了。求利原则是企业发展生产的首要动机，企业把利润指标作为压倒一切的工作，急功近利，不注意企业知名度的培养，不注意占领了多大市场，而日本的企业往往把追求市场占有率第一当作自己首要的经营目标，为了在竞争中抢占更多的市场而不惜血本。甘肃引大入秦工程中的一支日方工程队，工程中期已显示出亏损的征兆，但他们宁可亏本还是继续保质保量地按合同完成工作，目的就是在中国公众面前树立起一个重合同、高质量的良好形象，进而挤进中国市场。所以，在市场经济环境中，我们必须树立长远的经营思想，彻底改变这种局面：越想赚钱越不择手段，越想赚钱越急功近利，从而损害了企业的形象，堵住了企业长远市场的大门，结果是因小失大，越想赚钱越赚不到钱。

本文刊发于《兰州学刊》1993年第3期；作者：王关义

论市场经济条件下信用与企业长寿

随着社会主义市场经济体制的逐步确立，企业作为独立的经济实体，经营的自主性在逐步扩大，自主经营，自负盈亏，自我约束，自我发展。然而，由于对市场经济的错误理解，不少企业法制意识淡薄，认为自己的一切活动都是属于自己的，国家无权干涉，居民无资格过问。基于这些错误认识，产生了一些不良现象：有的认为市场经济就是无序经济，只要能赚钱，别的什么都无关紧要；还有一些企业为了牟取暴利，置国家法律和居民身心健康于不顾，大量生产假冒伪劣产品；也有一些企业一方面大量拖欠其他企业或个人货款，而企业负责人却游山玩水，山吃海喝，信用意识淡薄，抱着"拖一天债务，就多一份效益"的思想；还有一些企业为了赚钱，漫天要价，横宰竖砍。一杯咖啡要 1000 元，一盘西瓜卖 800 元，一件衬衣卖 3880 元，一件普通皮夹克卖 3 万元。诸如此类的不讲信用、不讲秩序、不讲良心的现象在当今市场经济条件下屡见不鲜，这不但违反了国家的经济纪律和法规，严重地破坏了市场经济的正常秩序，而且也丧失了一个"社会经济法人"应该具备的起码的处事准则和职业道德，丧失了"社会良心"。信用秩序混乱是当前社会经济生活中的一个突出问题，随着我国加入世贸组织和我国市场经济向纵深推进，信用环境将越来越重要，而在一个假冒伪劣产品充斥市场，企业不守信用，一切以赚取最大利润为目标，缺乏应有的"社会良心"，在一个不讲信用的国度里，市场经济运转所必备的条件将无法建立。

一、信用与企业长寿的关系

国内外无数企业的成败证明，信用与企业的寿命之间天然地存在着一种明显的相关关系，那些经历激烈竞争后仍然能够顽强生存下来的企业，无一例外，其成功的秘诀除了有高质量的产品和服务外，大都比较重视自身的信誉和对顾客的责任感。而那些短命的企业失败的一个重要原因是在用户面前缺乏信用和责任感，结果只能是它背离了用户，用户离开了它。

1. 信用是市场经济正常运行的基石。市场经济并不是无序经济，而是信用经济，信用是正常交易的前提，与其他经济活动一样，只要发生交易，就必然出现信用问题。信用一旦瓦解，各种以信用为基础的商业活动便会中断，取而代之的就会是原始的商业交易活动，并由此使经济活动倒退，如果没有信用做保障，市场经济的一系列环节将会中断，市场链条就会被割断。信誉和良心是市场经济运行必不可少的重要软件，任何企业在市场经济环境中要想赢得竞争优势，保持良好的成长性、稳定性、收益性和安全性，就必须牢固树立信誉意识，讲求"社会良心"。

2. 信用是企业利润的源泉。企业利润的源泉是市场，没有市场，企业的生产经营活动就会中断，而市场的保持和拓展依靠的除质量等因素外，最重要的就是信用，富兰克林曾经讲过："信誉就是金钱。"信用不仅能够创造财富，而且能够创造长期的利润。

3. 信用是企业长寿的重要因素。信用是企业的无形资产，是企业发展的生命线。企业是生存在一个庞大环境系统中的生命体，它的生命力直接受到各个环境因子的影响。企业要保持生命力，必须与周围环境进行经常的物质、能源和情报交流，适应环境动态，如果环境发生了变化，企业就必须灵活地加以应对，只有这样，企业才能长久地生存下去，否则，企业的生命力就难以维持。从这个角度讲，企业绝不是独立的"小王国"。一个企业法人应该像自然人那样，考虑自己存在的价值。如果一个人活着不能为社会创造什么价值的话，那还不如没有这个人好，同样，一个企业如果对社会没有什么创造而处于停滞状态，那它也就失去了存在的价值。一个企业要最大限度地实现其"社会良心",必须保持充沛的活力和生机,不断进行革新,讲求信用,而不应丧失活力而处于停滞状态。

4. 信用是企业"社会良心"的重要体现和基本要求。诚然,在社会主义市场经济环境中,企业应该具备独立的"法人"资格,但这是以它的生产经营活动有益于社会经济的发展、有益于人民生活水平的提高、有益于环境的改善和企业的长远发展为前提的,是以遵纪守法、讲求良心、讲求信用、维护市场经济的相关秩序为基础的,并不是说企业可以随心所欲,企业的发展受到顾客、市场、产品质量、企业间的竞争等众多因素的影响,企业发展的历史长河中不存在孤岛上的鲁宾逊式的"企业法人"。

二、营造良好信用环境的途径

1. 政府应当对信用建设给予高度的重视,建立比较完善的立法和奖惩机制,使守信者得益,失信者受损。信用体系建设主要依靠政府的推动,政府在整个信用建设中起着相当重要的作用。信用建设中利用电视等舆论媒体宣传诚实守信。信用瓦解会使政府失去信任,信用环境恶化通常是因为政府在维护信用方面没有起到良好的作用,而一旦危及政府的信用,政府在治理环境方面就会失去应有的地位。同时,国家应通过一定的方式对企业的信用加以评估、评价和公示,建立中国企业高级经营者的诚信档案和公示系统,以使守信者畅行天下,让无信者寸步难行。

2. 创造一个良好的信用环境,引导企业讲求"社会良心"。加大舆论宣传的力度,在全社会范围内营造一个全民讲信用、企业讲信用的良好环境。提高企业和居民的信用意识。企业作为整个社会发展中的一个"细胞",作为一个相对独立的法人,在竞争性的经济制度中,除谋取本企业的最大利益外,还应当像社会生活中的自然人那样,在享有一定的公民人身自主权的前提下,承担一定的社会责任和义务,不但要讲对国家的贡献,而且要对社会和公众负责。一个好的企业首先必须是一个好的"公民",它在与雇员、原材料供应者、消费者、股东及公众打交道时,必须注意其所产生的社会影响,讲求"社会良心"。每个企业必须从"合理的原则"出发,不仅要确定企业的收益性目标、成长性目标等经济目标,还必须从价值的观点出发,明确企业应担负的社会责任目标,要使企业的经济目标和社会责任目标之间达到适当的动态平衡,要追求好的经营目标。

3. 企业要树立正确的价值观,加强企业内部的科学化管理,尤其要重视财务管理,树立财务风险意识,建立稳健的财务支付网络,提高抗风险的能力。对一个企业来讲,周围环境的好坏并不是由它自身决定的,而是由政府、居民、企业共同创造的,没有良好的社会秩序,没有全社会范围内的共产主义理想和价值观的教育,没有国家的扶植和资助,没有社会居民提供的劳动力和消费能力,一个企业要想顺利成长是不可能的,这是企业必须讲求"社会良心"的外部原因。企业经营的理念必须强调稳健经营,收益率与风险成正比,收益率高的产品和项目不一定是最好的,只有那些能够保证企业获得足够的利润,又不对企业的长远发展构成威胁的产品和项目才是理想的选择。企业是靠经营者来经营的,经营者的诚信决定了企业的信用。

从企业本身来讲,它的生产经营活动和社会的关系极为密切。一般来说,企业的生产经营活动不仅会产生经济效益,而且还有社会效益和环境效益。从系统的角度来讲,企业不仅生产出对社会有用的物品,创造出社会发展的财富,同时,它还生产出社会和居民不需要的物质,有的还会给社会带来严重的危害,恶化社会生产和生活环境。譬如,主要由工业"三废"引起的环境污染,日益成为一个突出的社会问题,它不仅影响到人们的健康和社会的文明,而且还大量地破坏了自然资源(水、土壤、大气等),威胁着农业生产和生物资源,造成严重的社会问题,短时间很难改变。严酷的现实告诉我们,企业除要重视经济效益之外,还必须讲求社会效益,讲求"社会良心"。

转向市场经济体制之后,有一些企业开始过分地重视自身的经济利益,而忽视其社会效益和环境效益,放松了企业的社会贡献目标,并且仅仅把这个目标局限在经济范围之内,认为只要向国家提供了税收,向居民和社会生产出产品,这就算本企业对社会的贡献。针对这样一种错误认识,我们提出企业要讲"社会良心",要树立牢固的"社会良心观",这不但是一个社会道德问题，而且是一个涉及经济、政治、环境、技术等方面的复杂性问题。

三、实现观念上对企业性质认识的根本转变

纵观管理的历史，可以看到，基于对人的不同认识，会引起一系列处事原则和管理方式的变化。基于传统的对人是"经济人"的看法，产生了传统的管理理论，认为只有物质才能刺激工人的劳动积极性，管理的手段是皮鞭、棍棒和金钱；基于对人是"社会人"和"复杂人"的看法，产生了必须重视、研究人的行为动机的行为科学理论。

回顾历史，不难发现，在工业社会的初期，企业管理的目标是赤裸裸地追求利润最大化，企业主可以牺牲工人的利益、顾客的利益和社会公众的利益实现自身的利润目标，企业利润几乎成为企业管理的唯一追求。随着社会生产力的进步和经济的发展，特别是买方市场的逐渐形成，企业逐渐意识到实现财务目标的前提是拥有顾客，于是产生了"顾客至上""用户第一"的目标观念，这是一个很大的进步。但是一般而言，传统管理模式使"顾客满意"的目标远没有展开其丰富的内涵，更多是作为谋求企业更大利润的一种手段。

事实上，在科技进步和生产迅猛发展的当代，特别是20世纪八九十年代以来，已经有越来越多的企业反思企业与社会的关系，调整自己的价值观念和行为准则，从而调整自己的目标取向。许多优秀企业的目标定位，已经超越经济范畴进入伦理范畴。现在越来越多的企业意识到自己的社会责任，把自己作为社会中的一员，认为自己存在的价值就是对社会有所贡献。日本一些企业认为企业经营就是要以自己的人格来对待生产者问题、消费者问题、投资者问题和环境问题。IBM公司把企业目标提炼为"为员工利益、为顾客利益、为股东利益"三原则。在这些基础上，人们正在形成一种共识，即面向未来的企业管理目标，是追求"顾客满意、员工满意、投资者满意、社会满意"的"四满意"目标，这个目标体系，是把企业经济利益与社会责任相统一的体系；是把实现企业利润的前提延伸得更

远，并且要充分、认真地展开其内涵的体系；是把企业经济效益目标与社会效益目标联系起来，并通过社会效益的实现才能实现企业经济效益的目标体系。这不仅体现出企业讲求"社会良心"，也是知识经济时代企业管理者的高境界追求，是一种不能回避的目标选择。

目前，我国的国有企业承担着与自身能力和竞争环境不相适应的过重的社会负担，这必须通过改革恢复其市场经济主体的本来面貌，回到与其他企业同等的竞争起跑线上，在扬弃原有的社会负担的基础上，重新确立与现代经济和科技进步相适应的社会责任感，作为社会的一员，承担应有的社会责任，讲求"社会良心"。如果一个企业不能对资源利用、生态平衡、经济的可持续发展承担责任，不能对消费者的直接利益和间接利益承担责任，不能对员工的身心健康和全面发展承担责任，不能为投资者带来应有的收益，那么，在知识经济时代的市场竞争中，就会被淘汰出局。追求企业利润和社会责任双重目标的统一，是 21 世纪企业管理的基本趋势和企业生存的基本要求。

同对待自然人一样，我们认为，对一个企业来讲，由于其处于政治、经济、技术、社会、自然等组成的庞杂的环境系统中，它的行为又会产生经济效果、社会效果和环境效果，因此，单纯地把它当作一个"经济组织"来看待的传统观点是狭隘片面的，因而也是错误的，实践上必然会产生如前所述的只重视本企业赚钱，而忽视对社会和居民负责的类似"经济动物"式的企业。因此有必要改变这种"企业—经济组织"的观点，而应把它当作一个复杂的"社会经济组织"来看待，其客观必然性是由企业生存环境的复杂性及其经营目标的多层次性决定的。只有实现这种认识上的转变，才能使那些损害消费者利益，危害社会的企业受到"良心"上的谴责，受到社会的鄙视，迫使其改善非良心的一系列行为。这种认识上的转变是一种无形的外部压力，有时会产生比法律更好的效应。我们认为，如果说社会主义市场经济是中国式现代化建设的一大特色的话，那么企业保持"社会良心"也应该是社会主义中国企业的一大特色。关于企业社会良心的研究，日本的专家学者涉及较多，以这种观点去指导日本企业的经营活动，使日本取得了经济上的巨大成功。如今美国企业讲求三 C 战略，即顾客、竞争和变化，其核心是顾客，强调企业必须在成本、高质量服务和速度等各项绩效考核的关键指标上取得显著的改善，企业必须掌握消费者的生活习性、价值观念及行为准则，及时调整自身的经营方策。国外企业经营成功的经验，很值得我们学习和借鉴。

本文收录于《名牌·品牌与信用》，汕头大学出版社 2002 年版；作者：王关义

中小企业：21 世纪经济腾飞的火车头

21 世纪，必将是一个充满变革、激烈竞争的社会，我国社会主义市场经济体制正处于塑造阶段，中小企业的大力发展，有可能扭转中国经济发展的固有航向。政府应当面向未来，审时度势，转换发展战略，以小为好，推动中国经济的发展。

一、中小企业：世界发达国家活跃的经济细胞

纵观世界范围内的产业发展史，可以看到，18 世纪中叶，从英国开始的产业革命，使世界发生了翻天覆地的变化，落后的工场手工业让位于机器大工业，资本主义工业突飞猛进地发展起来。进入 20 世纪初，自由竞争的资本主义向垄断的资本主义过渡，垄断大企业肆意吞并、淘汰中小企业，企业间竞争异常激烈，大量中小企业在竞争中破产倒闭，但是，"野火烧不尽，春风吹又生"，也有不少中小企业，它们面对激烈竞争和多变的经营环境，处变而不惊，照样在垄断的夹缝中顽强地生存下来。"二战"以后，不少发达国家开始了由"大就是好"向"小就是好"的转变，中小企业成为其经济振兴的生力军。

美国，中小企业不仅在数量上占绝对优势，而且在产值方面也几乎与大企业平分秋色。目前，在美国企业总数中，中小企业约占 98%，所提供的产值约占国民生产总值的 50%，就业人数占全国就业总数的 50% 以上。在美国产业界，目前出口业绩成长最迅速的是年营业额在 4 亿美元以下的

小企业，这些厂商这里出口 1000 万，那里出口 1000 万，好不容易加起来才相当于卖出一架价值 1.2 亿美元的波音 747 客机，但却聚沙成塔，积腋成裘。最后美国可能会同意大利及以往的西德一样，出口是依赖中小企业，而不是一些大财团。

日本，中小企业在推动战后日本经济快速复兴中扮演着重要角色，目前，中小企业的数量占日本企业总数的 99.3%，职工人数占总人数的 80%以上。在发达国家中，日本是中小企业最多的国家之一，也是政府发挥中小企业作用最成功的国家之一。

意大利，堪称是中小企业的王国，全国拥有中小企业 90 多万家，广泛分布在 150 个工业区，占企业总数的 99% 以上，产值约占全国的 2/3，出口额占到总出口额的 50% 以上，雇员占全国雇员总数的 3/4。

加拿大，中小企业在企业总数中约占 97% 以上，创造的就业机会约占 45%，目前，约有 100 多万家中小型企业。

瑞士，中小企业占全国企业总数的 99% 以上，所提供的就业机会占全国的 70% 以上。

统一前的西德，中小企业约占全国企业总数的 99.8%，产值占全国的 48%，出口额占 40%，营业税额占 66%，在中小企业就业的人数占全国企业就业人数的 64%。

总之，中小企业支撑着世界各发达国家国民经济和社会的正常运转，在谋求国民经济稳定发展和地区间差距的平衡等方面，发挥着重大的作用。

二、船小好掉头：中小企业的优越性

在当今世界，由于市场环境变幻无常，大批中小企业犹如过河的卒子，奋力向前，蓬勃发展，它们与大公司、大企业同时并存，各领风骚。在激烈的市场竞争中，这些中小企业不但未被大企业挤垮吃掉，反而日见兴旺，这与中小企业自身的优越性是分不开的。

在市场经济条件下，中小企业能够充分发挥其自身所特有的快速适应市场变化动态的能力，及时适应顾客不断变化了的需求，并能够把这种需求上的变化同技术变化两个方面沟通，收到良好的效果。它们具有弹性强、经营机制灵活、船小好掉头的优点。这种弹性与在大企业中随时可以见到的官僚式的管理和僵死的规章制度形成明显的对比。

中小企业能够以其自身所特有的生机激发企业家经营的兴趣。表现在：首先，中小企业能够逐渐地以自己所固有的生气启动每个人的工作热情，他们为了抓住新的发展机遇，谋取新的收益，能够迅速地在行动上做出反应，在这一点上，大企业则带有妨碍企业家开展经营新构造的弊端；其次，基于特殊的技术革新，创立企业并在其中工作的从业者，大部分比大企业的经营管理者更顺从、更努力，其结果必然会提高职工的凝聚力。在利用科技成果方面，中小企业反应快，科技成果利用效益比大企业高；再次，中小企业改造投资少，周期短，效益发挥快，不论采用一般技术，还是采用高新技术，针对性强，容易掌握，特别适宜发展"短、平、快"项目，是技术创新和吸收高新技术成果的重要力量，也是技术创新成果扩散的主要模仿者。

在内部通信方面，具有无可比拟的优越性。即使在任何组织中，效率的谋取有赖于良好的内部通信，由于中小企业容易组织内部的信息传递，因此，使它能享受到超过大企业的收益。良好的内部通信，还可以促进中小企业生产设备的更新换代，有利于维持良好的人际关系。

中小企业与大型企业相比，具有建厂投资少，转向灵活的特点。通过企业或地方自筹资金，就可克服资金短缺的困难，同时建设周期短、投资回收快，便于挖掘和利用社会的资源、劳动力、资金和技术潜力，"包袱小"、转向灵活，容易适应外部市场多变的环境。

中小企业可以充分挖掘地方特产资源，发挥能工巧匠的作用，补充大型企业的不足。尤其在来料加工、来样加工、来件组装以及商业、饮食业、服务业等领域，中小企业显示了不可替代的作用，适应于国际市场多品种、多层次的需求，有利于拾遗补缺，为大型工业企业配套。它们的一些产品花色品种多、批量小，是大企业不宜生产的，有的产品就地取材，采用传统工艺，发挥本地优势，也是大型企业不宜生产的，有的产品属于专业化生产，具有专门的技术和独特的工艺，是为大型企业配套的产品。

总之，不少管理专家认为，大型企业由于其规模大，在管理上容易产生僵化性、官僚性、保守性等特点，与此相比，中小企业的显著优点是高弹性、灵活性，它们以其自身的生气吸引着为数众多的实业家，有利于培养富于个性的企业家精神，这就是敢于冒风险的精神、富于革新进取的精神、追求高额利润的精神。

三、小缝隙涌现出来的大角色：中国国民经济中的中小企业

在市场经济环境中，企业始终围绕市场来调整自身的经营方向和经营战略，中小企业以其灵活多变、富于弹性的优势正迎合了市场经济的客观要求，在多变的市场环境中，中小企业具有比大企业更强的生命力。

世界发达国家经济成长的经验证明，中小企业在推动一国经济发展中占有特别重要的地位。即使在像中国这样的发展中国家，中小企业不仅为社会提供了大量商品和便利的服务，还容纳了大量的劳动力。因此，积极发展和扶植中小企业，从投资、信贷、技术、管理、培训、税收等方面促进中小企业的发展，充分发挥中小企业的作用，这是包括中国在内的世界各国所面临的重大问题，也是世界各国推动其经济高速成长的一大趋势。

从中小企业的数量以及同大企业的构成比例看，中小企业占绝对优势。目前，中国中小企业（包括乡镇企业）已经有 1500 多万家，从业人员过亿，产值占 GDP 的 1/3 以上，全国中小型工业企业总产值占全部工业总产值的 70% 以上。仅乡镇企业实现利税 1500 多亿元，新增税收占全国的 30% 以上，出口创汇 200 多亿美元，占全国出口产品总额的 25% 以上。

从企业经济性方面看，中小企业远比大企业高。据有关资料，目前中国国有小企业拥有固定资产净值为 1057 亿元，按照固定资产原值分档，200 万元以下的小企业个数为 42000 个，占国有小企业总数的 67.7%，200

万—5000 万元的小企业为 19900 个，占总数的 32%。1991 年，中国共有大中型工业企业 13400 个，但其中约有 35% 以上的大中型企业处于亏损或潜亏状态，只有 1/3 的企业效率较好。在日趋激烈的市场竞争中，国有大型企业日益暴露出一系列缺点：一是对市场变化反应迟钝，活力不足，而乡镇企业、集体企业及部分"三资"企业很敏感地感觉到市场"气候"的变化，纷纷缩减生产规模或寻求新的投资场所；二是高投入、低产出；三是高负债、低积累；四是高占用、低效益。"老大不如老小""国营不如集体""集体不如个体""山中无老虎，猴子称大王"已成为一种普遍现象，因此，转换国有大型骨干企业的经营机制，必须引入中小企业灵活多变的经营机制。

1989 年中国各类独立核算工业企业若干经济指标比较

	企业单位数（个）	占企业总数的比重（%）	总产值（亿元）	占总产值的比重（%）	资金产值率（%）	利税总额（亿元）	占利税总额的比重（%）	全员劳动生产率（元/人）
小型企业	3657	0.87	5769.3	33.02	103.15	1023.73	44.99	19522
中型企业	8505	2.03	3454.29	19.77	131.44	483.86	20.39	16728
大型企业	407809	97.10	8250.31	47.22	154.74	787.87	34.62	9532

从实践上看，中国政府长期以来一直采取过分发展大型企业的政策，使来自政府方面的资金绝大部分流入大企业，而对中小企业的贷款却寥寥无几，造成大企业与中小企业之间发展的不平衡，四面失手。大企业因其机体庞大，加之体制上的问题，即使注入大量资金，改观也不明显，却失掉了本应大力发展中小企业的机会。由于过分偏重大企业的发展而忽略中小企业，使中国每年要花上千亿美元去进口那些中小企业完全能生产的物资。

综上所述，中小企业是中国经济振兴的"突破口"，大力发展中小企业不仅是历史的经验教训，而且也是转换大型企业经营机制，建立社会主义市场经济的客观要求。

四、中小企业：21 世纪中国经济腾飞的火车头

中国作为一个发展中国家，作为一个地理大国，21 世纪要全面振兴，赶上发达国家，唯有大力发展中小企业。

中国社会主义市场经济的建立和发展，唯有大力发展中小企业。随着社会生产力的发展，生产社会化程度的日益提高，社会分工也在发展，分工越来越细，行业越来越多，生产专业化程度也在日益提高，于是，整个社会生产就分成许多互相联系、互相制约、相互依存的部门、行业以及大大小小的企业。因此，社会分工和专业化程度的提高，市场经济的大发展，为中小企业的诞生、存在和发展，开辟了广阔的天地。从实践上看，近几年来，随着现代科学技术的发展和广泛应用，世界范围内出现了小型化、分散化的趋势，不同规模的企业之间的依赖程度加强，这充分证明，中小企业的大发展是不可逆转的方向。

人类社会活动的多重需要，决定了中小企业的光明前途。步入 21 世纪后，随着现代科学技术的进步，生产社会化程度的提高，整个社会生活是多样化、多色彩、多需要的。随着消费结构的变化，必然促使产业结构的变化，面对着复杂多变、不断增长的需要，单靠少数大企业是远远不够，甚至是不可能的。多样化、分布广的中小企业倒可以见缝插针，灵活多变，适应性强，充分发挥其"小、精、专"的优势，从不同角度以不同方式，满足多方面的需要，尤其是那些独特需要的项目和产品，大企业不宜涉足，不便经营，非中小企业不可。

中小企业自身的一系列优点，决定了中国社会主义市场经济新秩序的构造，必须大力发展中小企业。中小企业规模小，投资少，创汇容易；资金周转快，资产更新快，投资效率高；小巧精干，便于加强改善经营管理，便于发现问题和及时解决问题；顽强的求生力和兢兢业业的拼搏精神；善于捕捉和掌握信息，寻找"空穴"，大企业不宜经营，中小企业的敢于试探，在小心试探中，尽管存在着翻船的危险，但是，"船小好掉头"，看风使舵的灵活性，确实优于大企业，这也正适合市场经济的要求。

中国当前的具体国情，更加需要大力发展中小企业。中国社会主义市场经济的建立，外部环境变化多端，使企业经营活动的风险明显加大，加之资金短缺，企业生产方式必须由以往的"少品种、大批量"向"多品种、小批量"转变。中国幅员辽阔，自然地理环境复杂，这是中小企业生存和发展的客观条件和基础；自然资源的开发利用，也需要中小企业；中国的生产力发展水平不高，而且参差不齐，决定了多种经济形式和多种经营方式，也就决定了中小企业的存在和发展的必要性和可能性。多种类型中小企业的存在，完全符合中国的生产力状况；中国劳动力资源丰富，大量中小企业的发展，能够起到吸收劳动力、解决劳动就业的重要作用；中国资金缺乏，应该充分发挥中小企业投资少、见效快、资金周转快、经济效益高的优势，为数众多、星罗棋布的中小企业，可以吸收和调动各方面的资金；此外，在中国这样一个具有悠久历史的国家，存在许多具有民族特色、地方特点的传统产品，有许多掌握"祖传秘方"和传统技术的能工巧匠，这也是发展中小企业的有利条件。

快步起飞的第三产业，使从业人员、资金、技术等生产要素逐渐向第三产业转移，与此相适应，发展中小企业的重要性日益增长。一方面，步入 21 世纪后，中小企业在第三产业中的发展将更加活跃，中小企业面临着大发展的机遇和趋势。另一方面，在第二产业中，仍然会诞生众多的中小企业。

21 世纪的曙光已经升起，日本因在 20 世纪创造了世界经济奇迹而为全世界所瞩目，21 世纪的中国要重现雄风，唯有大力发展中小企业。

本文刊发于《改革与战略》1993 年第 4 期；作者：王关义

中小企业融资问题探讨

我国中小企业已经成为推动国民经济发展的重要力量，但融资难的问题严重制约了其作用的发挥。本文立足于我国中小企业融资现状及"瓶颈"因素分析，提出了促进中小企业发展的融资体系建设的一些初步构想。

改革开放 20 年来，我国中小企业得到蓬勃发展。据统计，1999 年年底，在全国工商部门注册登记的中小企业已超过 1000 万家，占全国注册企业总数的 90%，中小企业工业总产值和实现利税分别占全国工业总产值和总利税的 60% 和 40% 左右；在流通领域中，中小企业占全国零售网点的 90% 以上，从而解决了 75% 以上的就业机会。我国中小企业的发展已成为推动国民经济增长的一支重要力量。然而，自 1997 年以来，我国中小企业经营状况急剧恶化。目前中小企业发展后劲不足，竞争乏力，近两年亏损的国有企业中 80% 是中小企业，究其根本原因，在于中小企业融资困难。因而，建立一个完善的中小企业融资体系，帮助解决中小企业发展中存在的融资"瓶颈"，才能促使中小企业健康、快速和持续发展。

一、制约我国中小企业发展的融资"瓶颈"与成因分析

从总体上说，造成中小企业资金短缺、融资困难的原因是错综复杂的，但从根本上说主要有以下原因。

（一）中小企业自身的经营状况是其融资困难的深层次原因

中小企业在发展过程中存在着不利于融资的因素。主要有：

1. 大多数成立时间短、规模较小，自有资本偏少，其自身薄弱的积累不能满足其扩大再生产的需要。许多中小企业的自有资本偏少，抵御风险的能力较差。即使在美国这样的国家，银行在对中小企业融资存在的问题评估时，仍把企业自有资本不足作为首要问题，至于我国银行在单独面临这些自有资本偏少的企业的经营风险时，不得不采取较为谨慎的对策和措施。

2. 经营机制落后，管理不善，责任约束弱，给银行贷款造成困难。资料表明，中小企业效益差的原因很大程度上是由于经营者的管理不善。据《经济参考报》1998 年 7 月 17 日报道，在有关部门对包头市 84 户非正常亏损的中小企业调查中发现，70%以上的亏损、破产是由法人代表造成的。

3. 财务管理水平低，资信普遍不高。目前，中小企业的资信等级普遍不高。据调查，我国中小企业 50%以上的财务管理不健全，信用等级 60%以上都是 3B 或 3B 以下，抗风险能力较弱，而目前银行新增贷款 80%集中在 3A 和 2A 类企业。因此，中小企业由于市场风险和信用风险较大，银行贷款受到限制。

4. 中小企业贷款缺乏足够的抵押担保。随着金融改革力度进一步加大，金融机构以传统的贷款业务扩张为主的管理模式逐渐向贷款安全性为主的管理方式转变。商业银行和其他金融机构除对极少数大中型企业外，几乎不再发放依据客户信誉的信用贷款。在此情况下中小企业如果没有足够的抵押物，也就很难得到贷款。

5. 对贷款需求的特点与银行的贷款原则相悖。大多数中小企业对贷款需求只有"急、频、少、险、高"的特点。即需求紧迫的流动资金贷款；贷款频率高；需求量少；项目本身不稳定因素多，风险大；贷款管理成本高。因此银行在坚持"安全性、流动性、盈利性"的基础上，不得不对中小企业贷款产生犹豫。

（二）商业银行自身利益的考虑是中小企业融资困难的主要原因

一般讲的中小企业融资困难是指外源融资的间接融资难，也就是通过商业银行融资体系融资比较困难。目前，我国支持中小企业发展的主导银行是城市商业银行、城市信用社和民生银行。据推算这两家金融机构的资产，占全部金融机构的比重约为15%，贷款占全部金融机构贷款的比重为16%左右。而四大国有商业银行基于所有制的差别，对以非国有为主的中小企业存在或多或少的歧视。1998年，中国人民银行对15个省的7大商业银行进行调查的结果显示：在86524亿元的贷款中，对非国有经济的贷款仅占42%，而四大国有商业银行仅占32.8%。这说明四大国有商业银行仍未摆脱国有企业的"输血工具"这一传统角色，真正走上商业化道路，也给中小企业融资带来困难。

二、扶持中小企业发展的金融对策

（一）从立法的角度对中小企业给予政策扶持

从国际上通行的做法来看，许多国家都通过系列立法来确定中小企业的地位，保护中小企业的合法权益，如日本先后制定了《中小企业创造活动促进法》等30多个中小企业专门法律，并适时进行修改；美国有《加强小企业研究与发展法》等多部中小企业立法；意大利有《支持中小企业创新与发展法》；泰国有《中小企业促进法》。但我国没有有关保护中小企业的专门法律，用立法的方式明确中小企业在我国国民经济中的地位和作用。目前《中小企业促进法》正在起草并将出台，无疑会给中小企业发展带来有力支持。

（二）建立和完善中小企业融资服务体系

1. 加大国有商业银行的信贷投放力度。一是国有商业银行应保持对中小企业贷款份额。今后中央银行应进一步加大国有商业银行对中小企业贷款的力度,办好中小企业信贷部,扩大对有市场、有效益的中小企业的贷款规模。同时,为提高国有商业银行对中小企业贷款的积极性,应进一步放宽对中小企业贷款的利率浮动幅度。二是确定国有商业银行贷款审批程序和贷款条件。国有商业银行要完善授信授权办法,给分支机构一定的贷款权限,调动基层行的积极性,将责任分摊到各级负责人,并逐级量化,责权利相结合,充分调动信贷员的主动性、创造性,积极支持企业发展。同时,国有商业银行的贷款条件应以还款能力为出发点,不应把企业的大小和所有制作为首要条件。三是提高国有商业银行呆账准备金比例。

2. 设立专门的中小金融机构。目前我国支持中小企业发展的金融机构还比较少,远远满足不了中小企业发展对资金需要,因此需要设立专门的中小金融机构。中小企业与中小金融机构是天生的合作伙伴,二者具有发展背景相近、产权设置相近、经营目标相近、经营方式相近的特点,这就决定了双方必须建立"平等互利、诚实信用"的业务往来行为准则,而国有商业银行在有些方面却很难做到这一点。今后,应大力发展城市商业银行、城乡信用社以及民生银行等非国有金融机构,使其成为中小企业融资的主渠道,或在此基础上设立专门的中小企业银行。中央银行应积极支持中小金融机构的发展,避免国有商业银行对地方性中小金融机构的冲击,防止不正当竞争。

3. 建立中小企业信用担保体系。许多国家建立了各种担保制度。意大利的中小企业很发达,那里有两种信用担保办法:一种是信用担保基金,通常由政府给以财务支持,以弥补借款者违约的损失,但这违背了欧盟的规定,所以这种办法没有发展起来;另一种是互助担保体系,即由中小企业联合起来共同为其成员担保。美国的担保基金最初是由政府建立的,以后政府逐渐全部退出来,因为官办不如民办运作得好。我国近年来,一些地方也建立了中小企业担保基金,有些是政府出资办的,有些是由政府参与出资办的,政府的财政资金起着主要的作用。国家经贸委已提出建立我国中小信用担保体系的构想:中小企业担保机构不以盈利为目的,具有独立法人资格，按市场规范运作，其资金来源主要由政府拨款、会员缴纳风险准备金和向社会募集；以地市为单位组建担保机构，以省区为单位组建再担保机构，担保机构以资信评估、反担保、强制再担保等方式进行风险控制，以担保机构与债权人以及债务人与再担保机构共担风险的方式分散风险。从我国当前的现实情况看，以政府拨款作为担保基金的主要来源还是必要的，在有的地方可以试办互助担保基金，将来政府应逐渐从担保基金中退出。

（三）发展资本市场，拓宽直接融资渠道

在国外，对中小企业直接融资可通过发行债券、二板市场、创业投资等形式来进行，而在我国资本市场中，中小企业直接融资比较困难。

1. 我们应审慎地有重点地培育地方金融市场，应有步骤地安排一些技术含量高、发展潜力大和有较高管理经营水平的中小企业在地方资本市场发行股票和债券。

2. 尽快设立创业板市场。我国中小企业将越来越多地采取有限责任公司和股份有限公司的形式，需要有特定的市场融资渠道使其股权得以便利流动。在这种情况下，若没有第二板市场，一些中小企业的股权融资就有困难，其股权的交易和流通也成了问题。如果没有流通渠道，中小企业的投资者退出也就成问题，这样他们就不敢进入。

3. 探索多层次、多渠道的直接融资方式。对中小企业的融资应当与企业的改制和改组结合起来，积极鼓励和支持中小企业之间的联合、兼并和改造等，在改革中探索出新的融资方式。

参考文献

[1] 路研：《关于发展我国中小企业融资体系的对策构想》，载《东北财经大学学报》，2000 年第 11 期。

[2] 梁峰：《试论制约我国中小企业发展的融资瓶颈》，载《南开经济研究》，2000 年第 6 期。

［3］方孝成：《析中小企业融资难》，载《学术研究》，1999年第11期。

本文刊发于《兰州学刊》2002年第4期；作者：邹福勇、王关义

论风险投资和我国应采取的对策

风险投资是高科技成果商业化开发和实现产业化的一种新的投资机制。传统的投资开发方式适应不了高科技成果商品化、产业化的特点，风险投资便成为科技与金融结合的一种新的有效形式。

一、风险投资的本质及其意义

风险投资，又称风险资本，是指把资金投向蕴藏着失败危险的高科技项目及其产品开发领域，以期在促进新技术成果尽快商业化过程中获得资本收益的一种投资行为；一般多以投资基金方式运作，表现为以设立公司等组织形式来投资于未上市的新兴中小企业（尤其是高科技企业）的一种既承担高风险又谋求高回报的资本形态。

从总体上看，发展风险投资具有以下几个方面的意义：

（一）有利于高科技产业化

据科学技术部和国家统计局资料，我国每年仅专利技术就有 7 万多项，取得省部级以上科研成果的 3 万多项，但是专利技术的实施仅有 10% 左右，科技成果转化为商品并取得规模效益的比例为 10%—15%，而发达国家这一比例一般为 60%—80%。我国高新技术产业产值占工业总产值的比例在 8% 左右，大大低于发达国家 30%—40% 的水平。1987—1993 年我国研究开发（R&D）与转化资金的比例基本上在 1:1.1—1:1.5

之间。而根据国际经验：R&D 资金、R&D 转化资金、批量生产的资金三者的比例应达到 1:10:100 才能使 R&D 成果较好地转化为商品形成产业。据此测算，1993 年我国科技成果转化资金应为 1960 亿元，而实际投入仅为 334.6 亿元，仅为理论资金需求量的 17.1%。由于缺乏成果转化资金，使 80% 的科技成果付之东流。高技术成果转化是一项高风险的活动，以确保资金安全为原则的传统投资方式难以涉足高技术成果产业化进程，风险成为阻碍社会进步的一大障碍，而风险投资克服了这个障碍，以风险喜好的态度积极推进高新技术产业化、商品化。其意义不仅在于给投资中介机构、科技发明家带来经济利益，更重要的是它给整个社会带来巨大的科技进步的社会效益。

（二）风险投资对实现资源优化配置起重要作用

传统的金融机构在资源配置方面存在着"逆向选择"的问题，风险投资的经营管理模式则与银行完全不同，风险投资存在着高风险及长期占用资金的成本问题，只有最具成长性、最有前景的项目才可能吸引风险资本。风险投资的目的是取得最大的预期资本增值，在市场经济条件下，风险资本对利润最大化的追求，保证了资源最优配置的实现。

（三）风险投资有助于高科技行业明晰产权，建立现代企业制度

风险资本与风险企业结合的主要方式是股权形式，只有明确投资者在企业中的所有权地位，才能规范各自的权利和义务，使双方的合作顺利进行。特别是在风险企业取得成功后进行利润分配时，风险投资公司收益才能有可靠的保证。随着风险投资在我国的发展，风险创业企业只有按市场经济规律建立明晰的产权关系，才有可能获得风险投资公司的帮助。

（四）风险投资有利于培育新的经济增长点，提高经济增长的集约化水平，促进国内消费，增强我国企业的国际竞争力

积极发展风险投资，把高科技产业培育成为新的经济增长点有其必要性与可能性。发展高科技企业有利于满足人民更高层次的物质和精神需

求，有利于国内产业结构的调整，有利于提高经济增长的集约化水平。从促进经济增长的动力来看，传统产业的生产受限于边际递减规律，而高科技产业则不受此限制，高新技术产品的不断创新将推动这一产业在良性循环中持续发展。技术进步是经济增长的最根本因素，一国综合竞争力及经济与金融的稳定发展，高度依赖于该国的经济增长方式和增长的相对效率。高科技企业具有较高的就业倍数效应。综上所述，高科技产业作为我国新的经济增长点将为富国强民做出巨大贡献。

二、我国发展风险投资的对策

（一）多渠道开辟风险资本来源

长期以来，我国科技成果转化的资金来源主要是财政拨款、企业自筹、金融贷款三种。国外的风险投资则很少依靠政府资金，主要来源于各种机构投资。根据实际情况，适合的首选方式是吸收来自国内外政府、企业和个人的多元化资金设立风险投资基金。结合我国国企发展情况，应立足利用高新技术改造传统产业，以高新技术推动大中型国企发展。在国企资产重组中要充分挖掘可利用的国家资源，确定国有资产转移方向时，应有计划地将部分国有资产以出售或拍卖方式从现有企业中退出，将所得资金作为风险资本用于培育高新技术项目的发展，以实现社会资源优化配置。为适应买方市场条件下扩大内需的要求，作为积极财政政策的一部分，可适当增加政府对高科技产业的投入，带动高科技产业及相关产业的协同发展。同时，积极利用国内雄厚的居民储蓄资源，以投资基金的方式实现储蓄向投资的转化。

如果在较短时期内依靠国内资金难以形成较大规模的风险投资，亦可考虑大胆积极地引进国外风险资本。如果政府给予进行风险投资的国际资本以适当的优惠政策和法律保护，那么巨大的国际资本将是充足的资金源泉。

（二）政府参与风险投资，加大支持力度

发展我国风险投资，政府的作用至关重要。（1）政府必须制定优惠政策，鼓励风险投资活动。风险投资的迅速发展与政府的支持是分不开的。美国政府为鼓励私人风险投资，利率由49.5%降至10%左右。新加坡政府规定，风险投资最初5—10年完全免税。中国台湾1983年颁布"风险投资条例"保证投资于高新技术的资金获得20%的回报，政府还采取财政补贴，补偿风险投资失败损失。我们也应有明确的风险投资政策，降低风险投资贷款利率，对风险投资减少税收，逐步探索建立风险投资补偿机制的途径。（2）政府必须参与投资。政府参与既可提高风险投资的信誉，增加投资者的安全感，引导投资，又可及时发现问题，调整风险投资的有关政策。风险资本，国际上通行的是信用担保制度，通过这种制度，政府可以以少量的启动资金带动大量的民间资本投入。我国各级政府财政拮据，但民间资本闲置数量可观。如果能够有效地利用这笔资金，可为我国风险投资发展提供足够的资金来源。（3）政府必须规范证券市场，完善支撑条件。风险投资主要是以股份形式投资的，为防止证券市场的过度投机，欺诈操纵，政府应制定有关法规，确保公平交易和投资者利益，维护市场秩序。

（三）创建风险投资公司和风险企业

一般来说，风险投资公司以资本入股，科技企业家以技术入股，共同组建一个高新技术风险企业，双方共同合作经营。风险投资公司可以在资本、财务、经营、营销等方面发挥优势，更好地支持高新技术风险企业。我国各高新技术开发区迫切需要创建风险投资公司。就我国目前实际情况而言，风险投资公司、风险企业主要涉及三股力量：科研院所、高等院校、银行和企业。将上述三股力量有机结合起来，三位一体，是我国风险投资公司和风险企业应采取的主要形式。以银行的贷款资金、科研院所和高等院校的技术以及企业的生产销售条件，联合创办高科技风险投资公司。

（四）建立多层次的资本市场体系，为创业资本的进入和退出提供有利条件

目前，我国的资本市场实行政府审批制和额度管理的方式，旨在为国有大中型企业改革服务，对初次上市企业的资本规模要求较高，而民营性质较强的高科技企业一般规模较小，难以达到上市要求。由此导致高科技中小企业进入直接融资市场的空间极为有限。针对这种现状，我们必须尽快建立与创业投资各阶段相对应的多层次资本市场体系。主板市场主要解决已经产业化和市场化，利润比较稳定的企业融资问题；第二板市场主要解决创业中处于幼稚阶段中后期和产业化阶段初期的企业融资问题，以及这些企业的资产价值（包括知识产权）评价、风险分散和创业投资的股权交易问题；场外市场主要解决创业过程中处于初创阶段中后期和幼稚阶段初期的企业融资问题，以及这些企业的资产价值（包括知识产权）评价、风险分散和创业投资的股权交易问题。

第二板市场、场外市场与主板市场共同构成的多层次资本市场体系，不仅为创业资本的进入和退出提供了有利条件，而且是规范资本市场运作，有效防范金融风险的重要举措。其一，多层次的资本市场体系，通过上升机制，使上市公司的质量经过下一市场"培育"而提高，同时又通过下降机制，将质量较低的公司退入下一市场，从而既有利于保证上市公司质量与其市场层次相对应，又能够迫使上市公司为争取进入上一市场而努力提高自身质量。其二，创业投资和企业（如高新技术企业、创业投资公司等）运作，具有高风险投资、高收益的特点，而高收益、高风险在创业的各个阶段逐步形成和展开，在未进入市场之前，既难以明晰也无法量化，多层次的资本市场体系，通过不同层次的市场机制，逐步展示这些风险和企业的资产质量，同时又通过"上升"和"退出"机制迫使这些企业努力降低风险，提高运作质量和资产价值，与高新技术企业直接进入主板市场相比，这种多层次市场分担"创业"风险的结构，具有较高的回避风险和抗风险能力，而"创业"企业可能给市场带来的风险也较低。其三，建立多层次的资本市场体系，使每一层次市场运作都有两个可对比参照的对象，这有利于促进各层次市场运作的规范化，进而促使我国资本市场的整体规范化。

（五）培养高素质的风险投资人才，健全风险投资辅助机构

风险投资人才要求具备综合理论知识和丰富实践经验，高新技术风险企业成功的最主要因素是创业者的素质和能力而不是具体的项目。因此，要创造适宜环境，提供优惠政策，大力培养造就一大批高素质的风险投资人才。在国内培养的同时，还应积极引进国外优秀风险投资人才。从而把握投资方向和成效，使风险投资良性发展，并获得最大收益。另外，由于高新技术的开发和产业化是一项高风险事业，为了最大限度地减少和转移风险要求对高新技术的投资风险进行科学的论证和评估，这就需要在借鉴国外风险投资公司实践的基础上建立相关的权威评估和咨询机构。他们一般都由相关专业的专家学者组成，提供技术和管理方面的指导和论证。另外我们也应积极吸引国外风险投资公司的进入，这样，一则借鉴其运作经验，二则了解国外高新技术产业信息，三则增加风险资本量。

本文刊发于《数量经济技术经济研究》2000 年第 10 期；作者：王关义、陈裕

论统一财政支付体制下的内部控制制度

内部控制制度是当前研究的热点问题，国外在这方面的研究起步较早，在理论和实务方面都取得了广泛的成果。我国事业单位在改革过程中也引入内部控制的管理理念，但是在实践中也暴露出很多问题。因此通过分析事业单位所处的环境及面对的问题，有针对性地提出完善内部控制的措施。

目前，我国不少地方事业单位的资金管理体制正在由以往的财政统一拨款转向管理权限的上移，实行统一财政支付制度，加强对政府财政资金的监管。建立科学严密的内部控制机制，正确处理好监控与发展的关系，是确保企业安全有效运行的关键。随着我国社会主义市场经济水平的不断提高，国有企事业单位改革的不断深入，以及国外先进管理思想和方法的引入，提高管理水平、建立有效的内部控制制度被提到重要议程，成为当前我国经济发展的迫切任务。

一、理论回顾

（一）内部控制

1. 发展初期——内部牵制时期。内部控制（Internal Control）一词诞生于20世纪30年代，最早出现在1936年美国会计师协会发布的《独立公共会计师对会计报表的审查》中，是为了保护公司现金和其他资产的安全、检查账簿记录准确性而在公司内部采用的各种手段和方法。而早在 20 世纪初期，西方一些国家就已经开始在企业内部试行内部牵制的组织方法，成为内部控制的雏形。在发展初期，内部控制是以查错防弊为目的，以职务分离和账目核对为手法，以钱、账、物等会计事项为主要控制对象。

2. 发展期——内部会计控制与内部管理控制时期。由于内部控制实务的深入发展，对内部控制的研究也更为细化。自 20 世纪 50 年代起，国际上对内部控制的研究并不局限于对资产和财务信息等的控制，管理在内部控制中的作用得到更多的重视。美国审计程序委员会、美国注册会计师协会（AICPA）所属的审计程序委员会以及美国准则委员会都相继在发布的公告中对内部控制分类，即"内部会计控制"和"内部管理控制"两类。此外，内部控制制度的系统性和目标性也被补充进来。如加拿大特许会计师协会以及最高审计机关国际组织等对内部控制加以完善，增加了内部控制制度的系统性，即内部控制包括财务以及其他管理控制体系；同时强调了内部控制的目标性，即内部控制是为实现确定的管理目标、保证管理决策的贯彻而服务的。在这一时期，内部控制已经不局限于内部牵制，并超出了财务与会计的范畴，将内部管理也纳入内部控制的范围。

3. 成熟期——内部控制结构和内部控制整体架构理论时期。20 世纪 80 年代以来，对内部控制的研究更为成熟，研究的范围从内部控制本身扩展到内部控制的系统和整体。1988 年 4 月，美国注册会计师协会发布第 55 号《审计准则公告》，该公告首次以"内部控制结构"一词取代原有的"内部控制"一词，并对内部控制提出了更翔实、更有条理的解释，这一公告的颁布和实施是内部控制理论研究的一个新的突破性成果。此后，内部控制的整体架构也成为内部控制的研究内容，其中增加了与保障资产安全有关的控制。这也是目前理论界认为较为成熟的内部控制理论，即内部控制结构和内部控制整体架构理论。

（二）内部控制的分类

不管是被称为"内部控制"还是"内部控制结构"，在理论和实务的发展过程中，内部控制可以划分为"内部会计控制"和"内部管理控制"来研究。

1. 内部会计控制。"内部会计控制"概念的出现早于"内部控制"，当时，它的出现是为了维护证券投资者的利益，对证券发行人提出"提供合理、有保证的会计信息"的要求。内部控制中的"内部会计控制"不再局限于证券行业，对经济社会的各行各业都有实用价值。"内部会计控制"包括涉及资产保护与财务记录可靠性的组织规划、程序和记录，并为实现下列目标提供合理的保证：第一，根据管理部门的一般授权和特殊授权处理各种经济业务；第二，经济业务的记录必须做到编制财务报表要遵循一般公认会计原则或其他适用的标准，保持对资产的监管责任；第三，只有经过管理部门的授权才能接近资产；第四，要定期核对账面记录与实存资产，并对有关差异采取适当的措施。

2. 内部管理控制。在内部控制的发展初期，内部控制被赋予更多的财务会计内容，它主要是为了解决企业会计信息失真严重的问题。但是，单纯的内部会计控制并不能从根本上解决问题，例如企业各层级的管理者之间的制衡关系，各层级管理者之间的授权关系，人员素质和能力的控制力以及组织结构控制等都不属于会计控制的内容，但是对于会计信息质量却具有重大的影响，对组织经济活动的正常运行是非常重要的。20世纪50年代即内部控制的发展期，内部管理控制才被囊括在内部控制的范围中。内部管理控制"包括（但不限于）与管理部门业务授权决策过程有关的组织规划、程序和记录。这种授权是直接与达到组织目标的责任相联系的管理职能，是对经济业务进行会计控制的出发点"。

在企业内部控制的具体业务中，内部会计控制和内部管理控制分别包含了如下内容（见图1）。

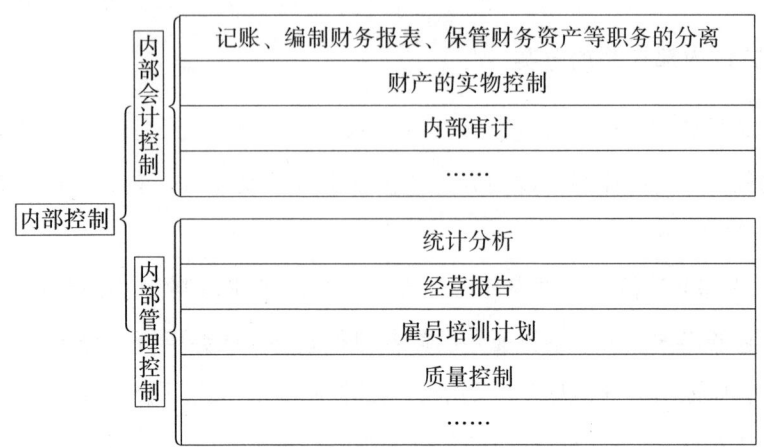

图 1　内部控制：内部会计控制与内部管理控制

资料来源：美国审计程序委员会：《审计程序公告第 19 号》，1953 年 10 月，作者加以整理。

二、环境及存在的问题

我国内部控制制度的建立起步较晚，而且由于我国曾经长期处于计划经济中，事业单位的发展建立有其自身的特点，在建立内部控制制度的过程中也出现了一些问题。

（一）事业单位的环境

1. 外部环境

（1）政府部门。从 20 世纪 90 年代起，我国政府的有关部门开始注意推动企事业单位的内部控制制度建立，财政部、中国人民银行、中国证监会等先后发布过部门或系统的有关内部控制的行政规定，后来经修订的《会计法》又从法律的角度对内部控制做出规定，使内部控制上升到法律的高度。2001 年开始，财政部相继制定了关于内部会计控制的几个规范，包括基本规范、货币资金规范、销售与收款规范以及工程项目规范等。总体来看，我国对于内部控制的规范制度建立刚刚起步，整体规范还处于发展完善的过程中，可能给事业单位的内部控制制度的完善带来一些困难。

（2）专业服务领域。与内部控制制度相适应的一些专业服务领域如法律行业、审计行业、管理咨询行业等，这些行业为企事业单位的内部控制提供法律咨询、审计咨询等服务，也属于起步阶段。如现代审计是建立在对客户内部控制了解和测试的基础上进行的，在刚刚起步的国内审计行业，很多注册会计师迫于客户的压力，并不一定会严格按照独立审计准则进行，致使审计功能效果降低。

（3）市场环境。我国正处于市场经济的发展阶段，各种规章制度、政策措施还未形成一个完善的框架，市场体系还不够成熟，在市场上也存在一些交易不规范、非法谋取暴利等现象。在这种市场环境下，事业单位的内部控制制度的发展也受到了一定程度的挑战。

2. 内部环境

在我国，行政事业单位的管理模式千差万别，管理水平又参差不齐，对与之相适应的管理要求也各不相同。同时，我国的内部控制理论和实务多局限于会计控制，主要是针对组织内部具体的资金、实物资产以及其他会计核算对象的增减设计合理、有效的会计循环流程，进行准确的会计记录、及时的实物盘点、合理的采购和付款程序、严格的成本核算以及公允的会计报告等。会计控制是内部控制的基础，但绝不是唯一内容。只关注会计控制也带来了很多问题。有些公司虽然会计控制制度比较健全，但由于忽略控制环境问题，使管理环节存在缺陷，导致会计控制失效的事例频频发生。

（二）目前存在的问题

1. 管理水平方面的问题

（1）靠经验管理。在部分单位的内部控制实践中，管理者沿袭传统的模式，根据经验管理，而不制定书面的内部控制制度。经验管理的主观性较强，又不符合科学管理的要求；同时，好的经验是对过去的管理方式方法的总结，有当时的时代背景和企业环境。如今，社会经济在迅速发展，单位的生存环境产生重要变革，经验管理对现代的环境也不适用。

（2）用一般的财经规章制度代替内部控制制度。一些行政事业单位及国有企业都有以政府文件为办事依据的传统习惯。特别是行政事业单位，对费用支出的管理制度、管理办法仅按照一般的财经规章制度，就其开支范围、开支标准加以限制。但是一般的财经规章制度只局限于部分财务内容，只对费用开支起作用，而对成本费用的岗位责任制、预算、授权、审批、监督检查等内部控制中的重要问题都无法涉及，所以内部控制制度是无法替代的。

2. 管理过程方面的问题

（1）越权情况时有发生。不同的职位都有不同的职责，在单位制定了授权批准的权限后，"向上越权"或"向下越权"都是违反制度的表现。实践中，管理人员常常会犯向下越权的错误而且难以察觉。如差旅费的报销是人力资源管理部门的职责，而有时则由总经理签字报销，这就是一种向下越权的表现。

（2）忽视监督及反馈机制。部分单位能对照财政部发布的单位会计内部控制的基本规范及具体规范的条款，结合单位实际情况，建立并实施重要经济业务事项的会计内控制度，但忽视对内控制度执行情况的监督与奖惩制度。如果经济责任制无法真正落实，每次管理决策的结果也没有形成反馈，对控制制度的完善来说是一种损失。

三、解决的措施

内部控制制度是一套完整的体系，是一项与实践关系紧密的管理手段，在建立内部控制的过程中，需要综合分析组织的内外部环境，真正建立一套符合事业单位发展实际的内部控制制度。

（一）制度基础

以《会计法》和其他有关法律制度为依据，以财政部发布的几个内部会计控制规范为基础，以会计核算和会计监督为中心，针对会计工作和经济管理中最为薄弱的环节，研究制定便于操作和监督检查的与我国经济发展水平相适应的内部控制制度体系，规范单位内部管理，有效防范经营风险，保护单位财产的安全和完整，保证国家政策、法律、法规、制度的贯彻执行。

（二）加强内部管理控制

随着理论和实践方面的发展，对内部控制应更多地站在企业管理的视角上来认识，内部控制就逐渐被看作一个整体来研究，而不再人为将其划分为内部会计控制和内部管理控制来研究，更不能只作为内部会计控制来研究。结合我国事业单位的实际，内部控制中的很多问题出现在管理上，管理控制更需要得到应有的重视。在内部控制制度的制定和实施中需要提高管理水平，构建内部控制环境是内部控制能否生效的重要因素之一，包括员工的诚实性和道德观、员工的胜任能力、董事会或审计委员会、组织结构、授予权利和责任的方式、人力资源政策和实施等，尤其是管理层的管理哲学和经营风格会对内部控制产生很大的影响，故提高管理能力和水平是关键。目前存在的很多问题就是由于中高层管理人员对内部控制不认同或者对其认识不清楚所造成的，提高管理能力和水平可以通过培训学习等进行。

（三）建立评价反馈机制

建立健全内部控制制度是一个不断完善的过程，需要不断评价和改进。对内部控制进行评价是内部审计的一个重要内容，可以帮助企业管理层监督其他控制政策和程序的有效性，为改进内部控制提供反馈信息。内部审计在某种意义上是对其他内部控制的再控制，虽然在财政部发布的规范中没有提及，但是内部审计等内部控制制度评价体系是该制度建设中的重要一环。

四、总　结

政府相关部门制定有关内部控制的法律或规范，是对各行各业各种组织的统一要求，行政事业单位在建立本单位的内部控制体系时，首先要考虑的是与这些法律规范相一致，即内部控制制度是在法律规范的基础上制定的；其次，行政事业单位处于市场这个大环境中，它可以选择相关的法律咨询公司、审计咨询公司提供服务，更好地完成内部控制职能；它还可以选择管理咨询公司对本单位的管理问题进行诊断，或者为管理者提供培训等工作。在行政事业单位内部，会计控制已经基本建立，随着实践的发展，会计控制也将得到进一步的完善；而管理控制是单位所欠缺的，急需建立，将其纳入内部控制体系中，这将直接影响内部控制的实施效果；评价反馈机制也有待建立或完善，虽然外部有审计部门提供服务，但是内部审计评价及其所提供的反馈都能为内部控制体系的进一步完善提供信息，因此也是必不可少的。综上所述，本文的框架图（见图2）中"内部管理控制"和"评价反馈机制"是需要引起足够重视的，它们是内部控制制度的重要组成部分。

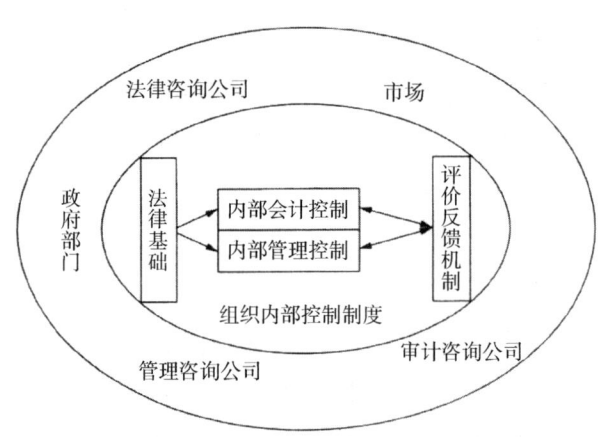

图 2　我国行政事业单位的内部控制制度的构建及其与环境的关系

参考文献

[1] 1953 年 10 月，美国审计程序委员会发布了《审计程序公告第 19 号》，对内部控制进行分类，即分为会计控制和管理控制。1959 年，美国注册会计师协会（AICPA）在审计程序公报第 29 号中将内部控制分为"内部会计控制"和"内部管理控制"两类，即所谓"制度两分法"。1972 年，《审计准则公告》的制定者美国准则委员会，根据对《证券交

易法》研究和讨论，在第 1 号公告中，提出设立管理控制和会计控制概念。

[2] 1992 年，美国反对虚假财务报告委员会所属的内部控制专门研究委员会发起机构委员会（COSO）在进行专门研究后提出专题报告：《内部控制——整体架构》，也称 COSO 报告。后经过修改提出对外报告的修改篇得到美国审计署的认可，后来也得到美国注册会计师协会的全面接受。

[3] 1934 年，美国在其《证券交易法》中首先提出，证券发行人应设计并维护一套能为投资人提供合理保证的会计信息的内部会计控制系统。

[4] 2001 年 6 月，财政部制定并发布了两个规范，即《内部会计控制规范——基本规范（试行）》和《内部会计控制规范——货币资金（试行）》，成为国家机关、社会团体、企事业单位和其他经济组织进行内部控制建设的规范性指导。后来又发布了《内部会计控制规范——销售与收款（试行）》和《内部会计控制规范——工程项目（试行）》。

[5] 阎达五、杨有红：《内部控制框架的构建》，载《会计研究》，2001 年第 2 期。

[6] 沈银萱、涂志：《基于公司治理的内部控制研究》，载《北京机械工业学院学报》，2004 年第 19 期。

[7] 美国注册会计师协会（AICPA）所属审计准则委员会，审计准则公告第一号，1972 年。

本文刊发于《北京印刷学院学报》2007 年第 3 期；作者：王关义、谢巍

我国银企关系改革的目标模式

一、松散型与紧密型：市场经济的两种银企关系模式

一般来说，在储蓄与投资的转化过程中，银行是资金的供给者，企业是资金的需求者，银行与企业之间的信用关系主要体现在融资方面。由于银行这一金融中介机构在储蓄动员上的专业化分工和规模经营，以致在很长一段时期，银行在中介储蓄向投资转化过程中扮演着十分重要的角色。然而，随着科学技术的进步，如通讯、电脑在金融业的广泛运用，发达的市场组织体系（如证券交易网络）得以产生和发展，信息的传递不受时间与空间的阻碍，变得十分快捷，极大地降低了企业直接融资的交易成本，使市场直接融资与银行间接融资开始相互并存。当直接融资成本小于间接融资成本时，企业将更多地选择直接融资方式，反之则相反，从而决定了一国的金融制度类型与银行——企业的信用结构。在企业的公司治理结构中，银行自然占有十分重要的地位，企业的外部约束主要来自于银行而非市场。

当然，市场经济中的银企关系模式在很大程度上还受到一国法律的约束与规范。从法律体系来看，西方国家可分为两大体系，即英美法系和大陆法系（以德、日、法为代表），因此，在各国的金融法规中，对银行与企业之间持股与人事渗透关系的要求不尽相同，形成了不同的银企关系模式。

英美是松散型关系模式的代表，又称"英美模式"，其银企关系模式是以自由市场经济为运行基础，银企之间的产权制约较弱，主要依靠短期的债权联系和严格的法制来解决纠纷，企业融资侧重于直接融资方式和自身的内部积累，经营目标短期化。在这种模式中，银行被禁止向企业直接参股和信用担保，以尽可能地排除风险，银行对企业的监督是间断性的，即只有当企业违约时才进行干预。这种松散型银企关系模式的后果是，对于经营绩效好的企业，各家银行争相贷款，而一旦企业陷入困境，不问缘由，争相逼债，要求企业破产清算或不予资金支撑。

紧密型模式的典型——日德银企关系模式，这种"日德模式"是以"财阀"或"社会"市场经济为运行基础，银企之间的产权制约较强。企业以间接融资为主，银行在资本形成与经济发展中的作用举足轻重，而资本市场的作用较小。在这种模式下，银行与企业之间相互持股，所有者的身份变得很模糊，但公司经营成败与各自的利益却紧密相关，因此，相互之间的信息较为公开。银行注重企业的长期发展，如果企业面对的困难是暂时的，银行会积极地帮助企业渡过难关，二者"唇亡齿寒"的关系决定了它们往往能够做到"生死与共"。

通过比较分析可以看出，松散型与紧密型银企关系的主要区别集中于债权与股权在其信用结构中的比重不同。在松散型的银企模式中，银行持有企业的债权比重较小，股权投资则被严格禁止，企业外源融资主要依托于市场；而在紧密型的银企模式中，银行是企业的主要债权人，在一定限度内可以向企业直接投资，企业外源融资对银行中介的依赖性很强。根据产权经济学的理论，债权和股权这两种市场经济中典型的资本交易方式，其主要区别在于收入索取权与控制权的匹配不同。在债权合约中，资本所有者享有固定的合同收入权，正常情况下，不承担经营风险，相应地也不对企业施加过多的监督与控制；相反，在股权交易合同中，出资者只对企业收入在扣除各种固定支付后的剩余享有索取权，承担经营风险，相应地也享有对企业的监督控制权。

综观这两种银企关系模式，客观地说，各有利弊。从经济发展的角度看，日德模式使企业更注重长远的发展，有利于形成技术与资本密集型的大公司，增强在国际市场上的竞争实力；使其成为国民经济复苏与崛起的支柱产业。相比之下，美国模式下的银企关系限制过多，在一定程度上削弱了它对经济发展的推动作用；但从经济与金融的稳定角度考虑，日德模式由于银企之间相互持股，排斥了市场竞争，容易掩盖财务危机与各种矛盾，当风险积累到一定程度后，很可能出现"泡沫危机"，近年来日本几家银行发生的不良债权危机已经暴露了这一点；相反，美国模式充分发挥了市场机制和法律监管的作用，虽然银行与企业的破产比率较高，但有利于把损失限制在最低程度，不易引起整个经济的剧烈震荡。而从以上比较看，日本—德国模式较英美模式有很大的优越性，不仅英美两国的银行通过信托投资和控股公司来间接实现日本、德国的银行对企业控制功能，两国政府也采取了放松限制的有关措施，各国也纷纷向日本—德国模式靠拢，并成为一种国际的趋势。

对比我国现状，我国银行有监督企业行为的传统，间接融资占主要地位，企业高负债经营，银行组织体系为全国性的总分行体制。从现行状况看靠拢日本—德国的模式会更容易一些。因此，还是应该主要借鉴日本—德国模式的先进经验，并吸收英美模式的长处，发展和构建适合我国实际情况的银企关系目标模式。

二、借鉴日本经验，试推行主办银行制度

（一）日本主办银行制度下的银企关系及其变化

日本是主办银行制取得成功的典型，尽管近年遭受挫折，但其成功经验，值得我国学习和借鉴。

1. 主办银行制度的内涵

所谓主办银行制度是指银企双方在一定机制的作用下建立起比较固定的权利和义务关系，建立起银企之间稳定的包括提供信贷、信托担保、有关投资银行业务、代理债券发行、咨询服务、提供管理技术、派遣管理人员直接参与对企业的监督和治理等在内的多方面的关系。这一制度既包括

一系列具体做法，又包括一些惯例和规则。通过这些规则、惯例和做法，银行和企业可以相互持有对方的股份，从而以资本为纽带将银行和企业紧密地联系在一起，使它们一荣俱荣、一损俱损。主办银行制度实质上是一种公司融资和治理的体制。

2. 主办银行制在日本发展的状况

在日本，主办银行制度发展、成熟于21世纪50、60年代的经济高速增长时期。实施主办银行制度后建立起来的银企关系具有下列特征：（1）在为企业提供贷款的众多银行中，主办银行的份额最大，因而，主办银行是企业最大的债权人；（2）在持有企业股份的众多银行中，主办银行是其中最大的股东；（3）主办银行对企业可以进行人事参与，直接派驻人员监管企业的财务状况，并在必要时对企业的决策实施干预；（4）银行与企业之间保持长期稳定的综合交易关系；（5）倘若企业出现经营危机时，主办银行要积极采取救援行动，帮助企业走出困境。主办银行制度有自身独特的运行机制，而这种机制又主要是通过银行和企业之间的如下联系表现出来的：（1）银行向企业提供贷款；（2）银行和企业间交叉持股；（3）银行为企业开办结算账户；（4）信息交流等。

主办银行制度的实施，对第二次世界大战后日本经济的高速度增长产生了重要作用。通过主办银行制度，银行与企业相互持股，互为股东，建立起了各自稳定的股东队伍，形成了银企之间你中有我、我中有你的局面，从而使日本逐步建立起了一个个以银行为中心的巨大企业集团。银企之间的这种一荣俱荣、一损俱损的关系构成了"二战"后独具日本特色的银企关系。

然而，20世纪90年代，日本的"泡沫"经济破灭以后，一度曾热衷于持有上市公司股票的各银行，不良债权日益增多，在股票市场长期低迷的状态下，大量拥有收益率差的股票反而成为一种沉重的负担。于是包括银行在内的各家企业不得不重新考虑相互持股的利弊得失，处理那些收益率差的股票便成了银行摆脱不良债权困扰的唯一选择。

（二）我国应在考虑自己国情的基础上推行主办银行制度

建立主办银行制度，不能盲目照搬外国的经验，应当从我国的现实国情出发。日本在建立主办银行制度的时候，银行内部和企业内部的机制是比较完善的，银企之间已经有相互的资本渗透。与日本相比，我国的主办银行制度面临特殊的情况：由于我国经济体制正处于转轨时期，社会主义市场经济体制尚未建立，在这种情况下建立主办银行制度存在许多特殊的问题，诸如相关的金融体制改革问题，行政部门之间的协调问题，各项市场法规的建设问题，等等。国有商业银行与国有企业的资本同属国有资产，因而在国有银行和国有企业之间建立主办银行制度，必然涉及国有资产管理体制问题。国有企业产权关系不明晰，集责权利于一身的所有权主体尚未形成，这使得银行导向的企业监控机制在建立过程中，必然要涉及国有企业现在的实际所有者（也就是各级政府行政管理部门）之间的关系协调问题。仅从银行与企业本身来说，主办银行制度作为重构走向市场的国有银行与国有企业之间的紧密型关系的重要举措，还涉及银行改革、国企改革、银行大量的原有不良债权如何处理、银行对企业的监控如何落实等问题。

当前，正在试行的主办银行制度对稳定我国的银企关系、促进企业改革和发展等方面做出了尝试性的重要一步。但是从中也发现一些问题：第一，主办银行制度的试点企业范围狭窄，只限于产品有市场、效益好、资产负债率低的好企业；第二，试点中的主办银行制度只局限于国有大中型企业的金融服务，没有体现银行导向的企业监控机制；第三，银企之间联系只局限于合作协议，缺乏长期稳定的产权纽带；第四，较浓的行政色彩。由于银行与企业产权不明晰使我国的主办银行制度从一开始就带有较强的行政色彩。

我国在具体操作上，应当以银企债务危机为突破口，结合企业重组转制来建立主办银行制度。鉴于目前银行已经成为企业最大和最重要的债权人这一事实，可以将国有企业的最大债权银行确定为该企业的主办银行。在确立了主办银行的基础上，再行处理银企债务危机。主办银行可以将不同企业的债务进行适当的分类，区别对待，各个击破。企业重组、银行改革、银企之间主办银行制的建立三者伴行，使银企原有债权债务分类得以解决，将银行对企业的新债权建立在健康稳健的基础上。企业的股份制改造对于主办银行制度的巩固和发展具有重要意义，主办银行应当利用这一时机对企业进行适当的参股控股，从而成为企业的内部人，真正参与企业的内部经营管理和决策，使主办银行真正体现出其主办地位。换句话说，主债权银行首先应使它作为企业的主办银行的地位得到确认，从而使其债权得到确认（其他债权银行通过主办银行使其债权得到确认）；然后，主办银行通过对新旧债务进行适当的分类进而分别处理——这是针对银企债务危机。同时，对于在股份制改造后具有良好发展前景的企业，主办银行应对其进行参股控股，在近中期内有必要逐渐加大参股力度，以确保银行监控职能的实现——这是针对企业的股份制改造。

显然，在上述思路下，主办银行制度的实施程度在不同类型的企业会有所不同。在股份制改造后有良好发展前景的企业，主办银行的参股更能体现其主办地位。实际上这种情况是可以理解的。正如一些学者所指出的，我国地区、行业差异较大，国有企业的情况各不相同，再加上金融体制自身的制约，主办银行制度要在一开始就得到彻底的实施是不太可能的。主办银行必须与企业存在资产联结纽带，这是主办银行制度发挥其本质功效的前提，理论界就这一点已经达成了共识。但是，用债权变股权方式来构建这一条资产联结纽带并不是放之四海而皆准的选择。因为当变成股权的是不良债权的时候，银行资产的风险总量并未减少，变动的只是风险结构。这仅仅意味着不良债权被转化成了不良投资，银行反而连原有的贷款追索权都丧失了，又如何保障银行资产的安全？只有在股份制改造后具有良好发展前景的企业，其债权转化成股权时，主办银行手中的股权才能真正代表一种对企业发展的发言权，才是真正建立了一种资产联结纽带。

本文刊发于《技术经济》2000 年第 9 期；作者：王关义、李锦文

西方两种不同的银企关系模式：比较与评述

在市场经济日益发达的条件下，工业资本同银行资本日益渗透和融合，形成了金融资本。银行以"优选法"乐于同效益良好的企业结为信贷一体化，美国、日本的银企关系就是较为典型的信贷一体化模式。本文对这两种典型模式进行了具体的对比分析，并做了简要评述。

一、西方两种不同的银企关系模式

（一）美国的银企关系模式

就美国而言，1933 年以前，银行可以持有企业的股票，并从信贷、人事、资本等方面对企业形成了较强的控制。"二战"以后情况有了较大变化，当企业资金短缺时，大公司可以用发行证券办法筹资，只有中小企业才向银行贷款，当市场利率较高时，大公司则无力支付长期债券的利息，也被迫向银行借款。可见银行对企业的控制不是通过固定的财团形式来体现，企业不只依赖于一家银行，而是银企以严格的债权债务关系在市场上相互选择，银行只能通过信贷关系来约束企业行为。银行的股权控制作用同日本无法相比，原因在于：

美国模式的银企关系，是一种松散型的模式，其显著特征是以自由市场经济为运行基础，银企之间产权制约较弱，主要依靠债权债务关系和系统严格的法制来解决争端，企业资金主要来源于自身的积累和直接融资，并着重于短期目标。在这种模式下，银行被禁止向企业直接参股和信用担保，以尽可能排除风险，银行与企业之间是纯粹的平等的商业关系，银行对企业的监督是间断性的，只有当企业违约（不能按期还款等）时才进行，目的只是保证其贷款本金和利息的安全性。这种松散型银企关系模式的后果是，银行只注重其自身利益，对企业的长期利益和资金需要漠不关心，银行从企业得到的信息只是外部的公开信息，因而往往只能看到企业短期形象与表现，如企业股票价格的高低、财务状况与盈利状况等。银行由于不易评估企业风险，贷款往往要求抵押和担保。企业经营也相应更注重其短期的表现，而不大关心长远发展规划；由于间接融资的不足和约束，企业往往求助于直接融资，资本市场因而较为发达，这种模式表现出来的后果是对经营业绩较好的企业，各家银行争相贷款，而一旦企业经营出现问题，不管其问题的性质如何，各家银行都是争相逼债，要求企业破产清算或不予资金支持。

（二）日本的银企关系模式

银企关系的另一种模式是银企股权一体化模式。实行这种模式的国家以日本和德国为代表。其特点是银行以股权形式进入企业，获得企业的内部信息，并进行日常管理，以其专业化规模优势指导企业，保障银行利益。日本银企之间的关系，最显著的表现是主办银行制度。所谓主办银行制度，是指银企双方在一定机制的作用下建立起来的比较固定的权利与义务关系，建立起银企之间稳定的包括提供信贷、信托担保、有关投资银行业务、代理债券发行、咨询服务、提供管理技术、派遣管理人员直接参与企业的监督和治理等众多方面的关系。通过银行和企业可以互相持有对方的股份，从而以资本为纽带将银行和企业紧密地联系在一起，使它们一荣俱荣，一损俱损。主办银行制度实际上是一种公司融资和治理的体制。

日本模式的银企关系，是一种紧密型的银企关系模式，它以"社会"市场经济为运行基础，产权制约作用较弱，以银行间接融资为基础，银行在经济和企业经营中起重要作用，资本市场的作用相对较小。在这种模式下，银行和企业之间相互持股，所有者的身份变得模糊，但公司经营成败与各自的利益却紧密相关，因此，相互之间的信息较为公开。银行注重企业的长期发展，如果企业面对的困难是暂时的，银行会积极帮助企业渡过难关，两者"唇亡齿寒"的关系决定了它们往往能够"生死与共"。企业主要从一家银行固定取得资金，银行与客户企业相互持股。银行通过融资合同、股权占有、人事结合及代理小股东的表决权等方式对企业决策产生影响，银行不是注重企业短期的股票价格表现或盈利状况等因素，而更关心企业的长期表现和增长。

二、两种银企关系模式的比较与分析

（一）两种不同模式的国家部分指标的比较（详见表1）

表1　美日银企关系部分指标对比表（1945—1980）

指标 ＼ 国别	美国	中国
1.战后经济发展起点	高	低
2.经济增长率（GDP）	3.4%（1950—1979）	10%（1950—1970）
3.企业自有资本金比率	59.53%（1955—1979）	32.8%（1955—1960）
4.直接融资占外源资金比例	72.4%（1955—1979）	5.2%（1965—1974）
5.间接融资占外源资金比例	18.4%（1955—1979）	92%（1965—1974）
6.政府对银企一体化方式的影响	较大	很大
7.税后个人的储蓄率	6.8%（1963）	20.7%（1963）
8.银行对企业的影响力逐步	减弱	增强
9.金融机构发行比率（%）*	9.6	29.3

注：表中数字转自《新疆金融》1998年第1期，第17—21页；金融机构发行比率（%）是指金融工具发行净额与GDP之比率，它反映了银行在经济中的作用，参见雷蒙德·W.戈德SMITH：《金融结构与发展》，上海三联书店1995年版，第186—187页。

（二）两种不同模式产生的背景比较与分析

由上表可知，战后美日两国市场发展的起点不同，美国市场经济虽几经起伏，但战争增强了美国的经济基础，经济发展居世界领先地位，工业设备的更新和居民消费品需求，为美国工业提供了广阔的国内市场，同时，日欧各国为医治战争创伤，重建经济，为美国提供了无竞争对手的国外市场，因此，美国出现了一个相对繁荣的阶段。

日本国民财富较战前损失严重，为应付艰难局面，日本政府不得不采取配给生产、生活资源，对生产提供补贴和复兴金融贷款，这就导致了一系列严重的通货膨胀。在盟军的帮助下，日本实行了三根支柱（解散财阀、土地改革和劳动改革），打破了旧的经济社会结构，为恢复和发展经济铺平了道路。冷战开始后，美国改变对日政策，决定帮助日本发展经济，"道奇计划"的推行抑制了通货膨胀，但又抑制了投资需求，经济面临"稳定恐慌"现象。1950年，朝鲜战争的爆发刺激了日本的复苏，企业设备投资膨胀，劳动生产率年均提高50%以上，在1950—1960年，日本设备投资是美国的1.7倍，但经济增长率却是美国的近3倍，利润增长惊人。

很显然，投资越多，生产规模增长会越快，但日本自有资金比例不足三分之一，正如M—M定理所描述，企业资本结构取决于企业的盈利前景，与内外融资的比例无关。有三个方面的主要原因导致日本企业对银行的严重依赖：其一，日本金融市场的形成和发展都是伴随着银行体制的发展而发展的。"二战"前日本为了保障军需要求对金融体制实行全面统管，因此，战后各种金融市场一直处于落后状态。1946年后，为了缓解资金需求，企业纷纷出让股票，但由于居民生活状况，政府低利率政策以及证券市场本身存在的问题（1959年才正式恢复股票交易所），严重阻碍了直接金融市场的发展，从而客观上推动间接融资市场的发展；其二，日本政府建立机构以贷款扶持重点产业发展，并制定《临时利率调整法》以规定低利率政策，这导致企业超借和日本银行的"超贷"现象的发生；其三，从国民储蓄偏好来看，一则由于历史文化传统的影响，使日本国民储蓄节支习惯蔚然成风，二则战后日本居民之低收入使其重视投资的安全性和流动性，较之股票与债券，他们更愿意将钱存入银行，由银行对市场信息进行收集、判断和决策；三则日本社会福利水平较美国低得多。

（三） 两种不同模式下企业融资渠道的比较与分析

基于以上原因，日本银行占有主导地位，银企在客观上产生了股权一体化需求，比较而言，美国市场发达，企业在激烈的市场竞争中不得不考虑稳定发展，其自有资金比例超过一半以上，正是激烈的竞争，使企业不得不花费大量资金，从事科研和发展，更新设备，产生了较强的外源融资动力。相关研究表明，在美国，由于其金融市场的高度发达，企业的外源融资在很大程度上主要通过市场直接融资方式获得。1958—1962 年，企业直接融资占其外源融资总额的比重高达 57.1%，超过间接融资规模，1980—1994 年，这一比重仍为 34.6%，这说明美国的企业与银行是一种松散型的信用结构，企业融资对银行中介的依赖程度较小，与此相应的是，银行对企业的外部监控作用自然也相对较弱，企业的外在约束主要来自于市场。而日本则是另一种情形，由于其金融市场相对发展较晚，银行中介在储蓄与投资转化中起着关键性的作用。1958—1962 年，在企业的外源融资总量中，间接融资比重为 73.7%，直接融资只占 26.3%，1980—1984 年，间接融资比重上升到 85.5%，直接融资比重下降到 14.2%。这说明日本的企业与银行是一种紧密型的信用结构，企业融资对银行中介的依附性很强，企业的外部约束主要来自于银行而非市场。

在外源融资方面，美国企业对直接融资的依存度大于银行间接融资，原因主要有两方面：

（1） 美国直接融资早在 18 世纪末已经产生，18 世纪开始的工业革命，促进了股份制经济的发展，同时政府债务也急剧膨胀，各类证券的大量发行，证券交易空前活跃，交易方式也趋于完善，标志着美国金融市场已经成熟。

（2） 就银行而论，美国在危机前一直实行自由银行制度，州政府除颁发开业许可证外，对银行极少管理。任何团体和个人都可以申请开设银行，自由制定利率，发行并买卖证券，20 世纪经济的繁荣掩盖了自由银行制度过度风险的缺陷。在 1929—1933 年的特大经济危机中，美国金融体制走向崩溃的边缘。于是，30 年代政府对金融的态度表现为涉及资金流动，执行货币政策在金融立法方面和管理条例方面的明显变化，1933 年国会经认真调整，陆续通过了一系列旨在防止银行大量破产影响经济的法律。其中最具代表性的是 1933 年的《道格拉斯·斯蒂格尔法》和 1935 年《银行法》，主要条款包括：a. 建立联邦存款保险公司；b. 商业银行业务与投资银行业务分离，禁止买卖并持有股票；c. Q 条例的制定。禁止商业银行对活期存款支付利息，并规定定期存款与储蓄存款的利率上限。

这些法令的出台，标志着自由银行制度的终结。的确，政府的介入，避免了市场约束机制的滞后和被动，在 1934—1960 年中期，每年仅有少数银行破产倒闭，但利率和银行买卖证券的限制严重影响了银行的盈利状况，明显的例子是 Q 条例扩展至包括储贷协会在内的金融机构，导致了 20 世纪 60 年代反中介作用或者叫脱媒现象的发生，银行倒闭增加，70 年代年平均倒闭达 30 多家，说明了银行在现代市场经济安全性大于盈利性条件下的作用较之自由市场机制下显著下降，这样，美国企业融资只有以直接金融市场为纽带，发行自己的证券，即使选择银行，也大都是"一次性"的关系。银企以系统严格的法律来规范双方的行为，银行从企业进入市场借还的两个端点约束企业，较少干预企业生产和经营，形成银企市场一体化模式。

三、对两种模式的简要评述

通过前面的比较和分析可以看出，松散型与紧密型银企关系的主要区别集中于债权与股权在其信用结构中的比重不同。在松散型的银企模式中，银行持有企业的债权比重较小，股权投资则被严格禁止，企业外源融资主要依赖于市场；而在紧密型的银企模式中，银行是企业的主要债权人，在一定限度内可向企业直接投资，企业外援融资对银行中介的依赖性很强。根据产权经济学的理论，债权和股权这两种市场经济中典型的资本交易方式，其主要区别在于收入索取权与控制权的匹配不同。在债权合约中，资本所有者享有固定的合同收入权，正常情况下，不承担经营风险，相应地也不对企业施加过多的监督与控制；相反，在股权交易合同中，出资者只对企业收入在扣除各种固定支付后的剩余享有索取权，承担经营风险，相应地也享有对企业的监督控制权。

综观这两种银企关系模式，客观地说，各有利弊。从经济发展的角度看，日本模式使企业更注重长远的发展，同时银行又能获得企业第一手的内部信息，能积极对企业进行有效的扶持和帮助，防止企业舞弊、短视等行为的出现，同时双方稳定交易关系也简化了银行在对企业贷款时的审查和管理，降低有关融资费用和银企纠纷，有利于形成技术与资本密集型的大公司，增强在国际市场的竞争实力，使其成为国民经济复苏与崛起的支柱产业。相比之下，美国模式下的银企关系限制过多，在一定程度上削弱了它对经济发展的推动作用；但从经济与金融的稳定角度考虑，日本模式由于银企之间相互持股，排斥了市场竞争，容易掩盖财务危机与各种矛盾，当风险积累到一定程度后，很可能出现"泡沫危机"，近年来日本几家银行发生的不良债权危机已经暴露了这一点；相反，美国模式充分发挥了市场机制和法律监管的作用，虽然银行与企业的破产比率较高、但有利于把损失限制在最低程度，不易引起整个经济的激烈震荡。从以上比较看，日本模式较美国模式有很大的优越性，不仅美国的银行通过信托投资和控股公司来间接实现日本银行对企业的控制功能，美国政府也采取了放松限制的有关措施，各国也纷纷向日本模式靠拢，并成为一种国际趋势。

我们认为，一方面美国公司治理中的"股东主权"模式及其金融体系的职能专业化、分工模式，与我国当前转轨经济中的许多现实制约条件不尽一致，使得其运行的有效性在转轨经济中大打折扣。美国模式容易导致企业不得不注重其短期财务表现，并缺乏对企业的监控机制。企业在此模式下往往易发生舞弊或过度投机等冒险行为及短视行为。企业发生困难时则不易得到银行的援助，融资费用也极高。银行资金相应也更易因企业长期表现不善而受损失，同时也使得大部分受短期经济不景气影响的企业破产，造成社会资源的巨大浪费，总体的宏观效果必然使经济得不到长远的发展和增长。相对比较而言，日本—德国模式的银企关系在德国 19 世纪末期的新兴工业经济发展和两国战后的经济发展中起了重要的作用。美国在 1933 年以前的银企关系也曾出现类似日本模式，并对美国 20 世纪二三十年代经济的发展起了推动作用。从总体上看，日本模式的绩效要比美国模式高。

另一方面，尽管日本银企关系模式有很大的优越性，通过银企相互持股、互任董事、互派高级管理人员的主办银行制度固然对促进企业扩张和摆脱企业困境有着重要的作用，但在防止企业危机向银行业转移方面却显得苍白无力；尽管英美等国的银行通过信托投资和控股公司来间接实现日本的银行对企业的控制功能，尽管世界上主要发达资本主义国家也都有向日本模式靠拢的趋势，但是，就我国当前的现实情况来看，对日本公司治理中的"银行主权"模式及其银行导向型监控机制在转轨经济中适用的有效性也应该有一个清醒的认识，切忌机械地照搬照抄。我国目前正处于由传统的高度集中的计划经济体制向社会主义市场经济的转型时期，而德国和日本的体制也分别是从不同的历史与制度背景中演变而来的，相互之间存在着重要的不同。在德国和日本经济中，银行在公司治理结构中可能与其他方面的一些安排有互补关系，而这些方面的制度安排在当前的经济转轨中并不存在，此外，韩国"大马不死"的神话在此次金融危机中的破灭及其对银行业稳定的破坏性也从实践上回答了主办银行制度的不足之处。相反，我国所采取银企严格分业经营的政策，能够大大降低银企互相转换危机的可能性。

从我国的实际情况看，改革开放前，银行与企业的关系基本上是行政约束型的，银行和企业都是政府的附属物，整个国民经济循环是在计划约束下进行的，改革的目标是要彻底向市场化目标转变，确认企业和银行都是市场经济的主体，市场中的银行和企业都面临着风险，必须树立风险经营意识，银行与企业之间已逐步成为经济利益型关系，形成利益共同体。因此，对待西方这两种不同模式，正确而科学的态度是：一方面，必须研究现存经济体制对银企关系的影响；另一方面，也应当从发展的角度研究银行参与公司治理结构的可行性及应具备的条件，研究如何最大限度地发挥银行对企业的积极作用，形成有中国特色的银企关系模式。

本文刊发于《中央财经大学学报》2000 年第 9 期；作者：王关义

国际成功企业的长寿基因

一、国际长寿企业的特征及其影响

纵观当今世界，有不少因卓越经营而长寿的企业，寿命最长的当属瑞典的斯托拉公司，至今已有 700 多年的历史，不少企业因其超长的寿命而成为全球著名的企业（见表 1）。

表 1　部分长寿企业创建及持续时间

企业名称	创建时间	持续时间
杜邦	1802 年	203 年
宝洁	1837 年	168 年
西门子	1847 年	158 年
强生	1866 年	139 年
通用电气	1892 年	113 年
3M	1902 年	103 年
福特	1903 年	102 年
通用汽车	1908 年	97 年
IBM	1911 年	94 年
波音	1915 年	90 年
松下	1918 年	87 年
可口可乐	1919 年	86 年
摩托罗拉年	1928 年	77 年
索尼	1945 年	60 年

这些长寿企业，无论是在全球或各自的国家里，还是在各自行业中都占有重要地位，对各国国民经济发展起着巨大的支撑作用。部分企业的销售额甚至可以达到一个小国的国民生产总值（见表2），且多以跨国公司形式存在，因而在对外贸易中也发挥着巨大作用。它们已使自身完全融入社会结构之中，为社会和人类做出了巨大的贡献，试想一下，假如没有杜邦公司，也就没有尼龙的出现；没有宝洁公司，也就没有"汰渍"洗涤剂；没有强生公司，"邦迪"创可贴也不会问世；没有IBM的360计算机，没有惠普的打印机，没有美国运通公司的信用卡，没有通用电气的电灯泡和电器，没有摩托罗拉的移动电话，没有索尼的随身听，没有任天堂的游戏机，没有波音公司，人类的生活就不会如此精彩。从一定意义上讲，赚钱并非是这些长寿企业的唯一目的，为社会贡献是其存在的一个重要理念。一个国家的技术水平和现代化程度与这些企业的发展状况是紧密相关的，生活质量水平的提高，相当一部分功劳归属于这些长寿企业。

表2　2000年部分长寿企业的年销售收入（单位：百万美元）

公名名称	销售收入	公司名称	销售收入
通用汽车	184632	福特	180598
壳牌石油	149146	通用电气	129853
丰田	121146	IBM	88396
松下	69475	索尼	66158
本田	58461	波音	55321
惠普	48782	雀巢	48225
宝洁	39951	摩托罗拉	37580

二、国际长寿企业经营规律

20世纪是人类发生变化最大的100年，全球经济也发生了巨大变化，从大工业时代到知识经济时代，创建于19世纪的企业经过两次世界大战和多次世界经济危机，至今依然生机勃勃。支撑这些长寿企业发展的"秘诀"值得总结和探索。

（一）创立并信奉核心思想是长寿企业的共同特征

核心思想是长寿企业发展中一个最重要的因素，就像一个国家、一个组织所遵循的根本思想一样。核心思想是一套根深蒂固的基本行为准则："这就是我们的特点，这就是我们的主张，这就是我们的形象。"柯斯林在《企业不败》一书中指出：企业核心思想=核心价值观+目的。核心价值观是基本的和长期的宗旨，不能为了眼前的利益而放弃它；目的是超越赚钱之外的企业存在的根本原因，不能把它与具体的目标或企业战略混为一谈。核心思想一旦确立，就不应轻易改变，它不是一套空话，而是指导企业发展的重要力量，长寿企业一般在创业初期就已确立了自己的核心思想，核心思想能高度概括企业的宗旨。

福特的核心思想：认识力量的源泉；产品是"我们努力的最终目的"；利润是必要的工具和衡量我们成就的尺度；起码的诚实和正直。

通用电气：通过技术与革新改善生活质量；对顾客、雇员、社会和股东的义务保持相互依存的平衡关系；个人义务与机遇；诚实与正直。

IBM：充分考虑每个雇员的个性；花大量的时间令顾客满意；尽最大努力把事情做对，谋求在我们从事的各个领域取得领先地位。

3M：创新——你不应该扼杀一种新的产品思想；绝对正直；尊重个人进取心和个人发展；容忍诚实的错误。

宝洁：一流的产品；不断地自我完善；诚实和公正；尊重和关心个人。

索尼：享受有益于公众的技术进步、技术应用和技术革新带来的真正乐趣；弘扬日本文化，提高国家地位；做开拓者，不模仿别人，努力做看似不可能的事情；尊重和鼓励每个人的才能和创造力。

这些长寿企业的核心思想可以说是各具特色，有的侧重点在顾客，有的侧重于雇员，还有的侧重于产品、服务和创新。它们无所谓谁完美谁有缺点，谁比谁更适合该企业。长寿企业确立的核心思想并非空话一句，而是付诸实际行动，把核心思想灌输给每一位员工，激励员工为之不懈奋斗。在长寿企业发展的历史中，员工总是处于浓厚的核心思想氛围之中，对核心思想有较强的认同感，他们认为企业是一台复杂的机器，自己是里面一个不可缺少的零件。这些长寿企业在发展过程中不断壮大，使自己在行业竞争中处于有利地位，不易被击败，这也是其长寿的因素之一。它们的规模扩张需要不断积累资本，也要不停地创造利润，但在长寿企业中是极少把创造利润奉为其核心思想的。长寿企业在坚持核心思想的同时，把企业利益、顾客利益、社会利益高度统一起来，不为眼前利益而违背企业宗旨，最终为企业带来源源不断的利润。

（二）推陈出新，不断创新是企业长寿的基石

创新对一个企业来说是极其重要的，是企业获得利润的源泉，是企业发展的基本驱动力。一个企业的创新与其市场竞争力和市场地位是密切相连的。创新可以是创造、发明一种新产品或改进原有产品，也可以是采用一种新方法，开辟一个新市场。创新的内容主要有：

（1）产业创新。绝大多数长寿企业并非是靠一种极有前途的产品起家的，从创建开始到现在，也并非守着固有的传统产业不变，企业每时每刻都在调整自己，使自己融入不断变化的环境之中。诺基亚以前涉足的是造纸领域，但公司领导人看到更有前途的电信业，毅然放弃了传统产业，如今已发展成为全球第一大手机生产商，市场份额约占全球的30%以上。3M公司最初是一家濒临破产的金刚砂开采公司，在走投无路的情况下只能生产砂纸维持生计，如今却成了科技、摄影业的状元。宝洁公司开始只是一家生产制造肥皂和蜡烛的小企业，现在却是全球最大的日用品生产公司，产品多达上万种。长寿公司总是随时对变化的环境做出及时的反应，它们富有冒险精神，一旦发现更有前景的产业领域，就义无反顾地调整方向，直到达到目的为止。

（2）技术创新。长寿企业大都进行多元化生产，这就决定它们要不断地进行产品的技术创新，使企业产品始终满足市场需求。同时，长寿企业也通过技术创新不断巩固自己的核心技术，逐渐形成更强大的竞争能力。

波音公司在 20 世纪 50 年代研制波音 707 时动用了 5 年的税后利润，大约为公司净资产的 1/4，到了 1965 年，波音决定制造波音 747 宽体飞机，这个计划非常冒险，弄不好会葬送整个公司的前途，当时的董事长雄心勃勃地说："哪怕是耗尽所有资金，也要把它制造出来。"如今，波音公司凭其核心技术成为空中霸主。IBM 在 20 世纪 60 年代开始研制一种叫 IBM360 的计算机，这个计划更冒险，当时需要 50 亿美元的投入，比曼哈顿原子弹计划花费的资金还多，而且研制成功后还使得 IBM 大多数生产线过时，从现在看来，没有该计划的出现，IBM 也不可能成为全球计算机行业的巨头。索尼向来不是追随潮流，而是领导潮流，其开发的新产品有多项名列日本或世界第一。

长寿企业不遗余力地冒着巨大风险进行技术创新，通过技术创新进行产品更新换代，促使企业不断新陈代谢，时刻保持着青春活力。它们都有自己的研究开发队伍，拥有自己的研究所和实验室，每年各自开发出的新产品可达成百上千种，获得的专利也是以万计算。如杜邦公司至今研制出的产品已达 4 万多种，获得的专利有 25000 多件。在长寿企业中，投在研究开发方面的费用是很高的。2004 年，通用汽车公司的研究开发费用超过 100 亿美元，松下也超过 50 亿美元。

（3）管理创新。长寿企业在发展过程中也出现过由于规模过度扩张而引发的"大企业病"，倘若管理不善，即使企业拥有丰富的生产资源、杰出的技术人员、广阔的市场前景，照样会把整个企业毁掉。长寿企业在这方面做得较好，它们不断进行管理创新，着力提高企业的管理水平。如福特公司流水生产线的引入，较好地解决了专业化分工问题，提高了工人的熟练程度，大大提高生产效率和产品质量，降低了成本。丰田公司所推行的"看板管理"，不但加快了产品的交货时间，提高了顾客满意度和企业声誉，而且大大节约了资源。

（三）高素质的高层管理团队对企业的持续发展构成坚强的支撑

长寿企业之所以长寿，与他们重视职工的培训也密不可分，这些企业大都提倡职工树立终身学习的理念，重视管理团队的力量。国际长寿企业的繁荣确实与总裁卓越的领导才能密不可分，但这些企业的长寿并非完全是靠某一位杰出领导人的管理来支撑的。据统计，长寿企业平均每位总裁在位时间也不过二十几年，在这些有上百年历史的长寿企业中，至少已换过好几位领导人了，真正令这些企业得以长寿的是它们良好的高层管理人员培养机制。这个机制最大的特点是：从企业内部培养和提拔高层管理人才。国际长寿企业几乎完全是从内部培养领导人，极少是从外部聘用的。典型的例子就是通用电气公司，该公司总裁杰克·韦尔奇掌管的 20 年间，公司资产由 130 亿美元增加到 1620 亿美元，他本人也连续 3 年被评为全球最佳企业领导人，韦尔奇完完全全是从通用电气内部成长起来的，他 25 岁研究生毕业后直接进入通用电气公司工作，一直干了 20 年，直到 1981 年才登上公司总裁之位。可口可乐公司现任董事长也有同样经历，他先前只是可口可乐公司的一名客户，进入该公司 6 年后成为财务主管，1989 年成为欧洲分公司经理，1990 年成为美国本土公司总经理，1994 年才成为公司总裁。从企业内部选拔和培养高层管理人才，目的是让最熟悉本公司、最有才能的人来领导该企业，这样选拔出来的继任者更能坚定拥护公司的核心思想，使公司能稳定发展，而培养出来的其他候选人亦能担任其他重要职位。国际长寿企业有了良好的内部培养和选拔高层领导人机制，也就保证优秀的管理者不断从企业内部涌现出来，这也是企业保持长盛不衰的原因之一。

本文刊发于《企业改革与管理》2005 年第 7 期；作者：王关义

长寿企业经营成功的启示

企业作为一种社会组织，从工场手工业居统治地位时开始，已有400多年的历史。企业作为物质文明和精神财富的创造者，是支撑世界上迅速增长的人口对物质与精神文化的需求，推进人类文明进程的主要因素之一。在今后，随着科技迅猛发展和管理水平的提高，企业必将更加显示出其举足轻重的作用。

一、企业生命周期简析

众所周知，无论是植物还是动物，只要是生物就遵从着被称之为"生命周期"的现象。生物体都会经历一个从出生、成长到老化、死亡的生命历程，而生物体的行为模式是可以随着生命周期的变化而预知的。因为在生命周期的每一阶段，生物体的行为模式都会通过所要做出的某种努力，或以所要克服的转型适应的问题和困难而表现出来。企业实际上就像生物体一样，也有生命周期，都有一个从出生到死亡，从幼稚到成熟，从蓬勃到衰老的过程。为此，不少学者提出了企业生命周期模型，试图描述企业的发展过程。

美国学者伊查克·麦迪思博士在20世纪80年代提出了企业生命周期模型，该模型将企业生命周期分为成长阶段和老化阶段，不仅形象地描述了企业整个生命周期的形态变化，将各个具体阶段依次分为孕育期、婴儿期、学步期、青春期、盛年期、稳定期、贵族期、官僚期和死亡期；而且针对每个阶段的特点指出了企业可能存在的病症，提出了相应的诊断方法。他认为，企业成长和老化的本质都是通过灵活性和可控性这两大因素之间的关系来表现的，而与企业的规模和创立时间并没有必然的联系。企业在成长过程中会出现各种各样的问题，归结起来可分为两类：正常的问题与不正常的问题。所谓正常的问题，是指靠企业自身的力量就可以解决的问题，企业可以采取措施、做出决定，克服这些问题。这些问题又可分为常规型问题和过渡型问题。例如，现金短缺一般属常规型问题的范畴，通常见于创业不久的企业；不过管理得比较好的企业可以很快处理好这一问题。在一个快速成长的企业中，只要管理人员能够解决预料之中的现金短缺，那就还只是个过渡型的问题；要是处理不了，那就可能变成了不正常的问题，亦称所谓"复杂型"问题。这是企业中比较常见的问题。而有些复杂型问题如果得不到解决，就可能恶化成"病态型"问题，出现的预料之外的问题企业更加难以控制。例如，当创业者完全左右企业、企业成败几乎完全取决于他时，企业就会出现"创业者陷阱"的病态型问题的症候。这时创业者既是企业最大的资产，同时又是企业最大的负债。通常是这个人出现意外，公司也就完了，或是创业者的家族在三代之内就失去了对公司的控制。这个陷阱或这种病态，一般是由于企业无法使自己摆脱困境而造成的。

近年来，企业寿命过短和持续成长的困难，越来越成为企业家们普遍关心的问题之一。1983 年壳牌石油公司的一项调查发现，1970 年名列《财富》杂志 500 家大企业排行榜的公司，有 1/3 已经销声匿迹。依据壳牌石油公司的估计，大型企业平均寿命不及 40 年，约为人类寿命的一半。在许多国家，40%的新建公司存活不到 10 年便中途夭折。在日本和欧洲，所有大大小小的公司的平均寿命只有 12.5 年。总之，众多研究表明，在企业的演进历史中，企业的平均寿命很低，死亡率很高。但是，与此同时，也有一些百年以上，甚至还有存续两三百年的企业，例如人们所熟悉的名字——福特、摩托罗拉等。事实说明，企业的长寿是可能的。在人类进入知识社会，进入新经济，追求可持续发展的今天，企业长寿和可持续发展，会增强企业对经济可持续发展的推动力，提高企业对人类文明生活进程的支撑力度，最终造福于人类。

现在，我们看到，中国的企业在成长，中国的企业家在成长，中国的经济也在迅猛地增长。但是，成长中有喜有悲：有的企业在成长中不断壮大，有的却在中途受挫或夭折。特别是，在中国的特定历史阶段，体制改革、经济发展过程中的各种矛盾交织在一起，不少企业呈现出急剧扩张的冲动与迷茫。在冲动和迷茫中，一些企业（及其经营者）曾经以令人眼花缭乱的速度崛起，但各领风骚三五年后又纷纷落马或陷于困境，我们将这种现象称为"烟花效应"。从改革开放之初的步鑫生和马胜利到后来的山东秦池、沈阳飞龙、珠海巨人、济南三株、郑州亚细亚、广东的爱多、万宝和太阳神，等等，这些在中国曾经家喻户晓的明星企业如昙花一现，之后便销声匿迹。其寿命之短、更迭之快是世界企业史上少有的现象，这不由令人深思：中国这些赫赫有名的企业（特别是民营企业），其生命周期为什么会如此之短？总结和研究世界长寿企业经营成功的经验，对于中国企业家开展科学化管理具有指导意义。

二、长寿企业经营成功的启示

诚然，中国也有百年长寿的企业，如全聚德、同仁堂、潘高寿，这些大多是从老字号店铺发展起来的，长寿是长寿了，但企业的规模在国内难以排得上号，更不要说与国外的通用电气、福特汽车等巨头来比了。只有规模大的长寿企业才是引人注目、受人推崇的企业。据调查显示，中国集团公司平均寿命是 7—8 年（中国中小企业平均寿命是 4 年，而全球 500 强企业平均寿命是 40—50 年，一般的跨国公司也有 11—12 年）。中国企业要想长寿，要想壮大起来，借鉴国外长寿企业的成功经验是必要的，主要有如下几个方面。

（一）建设自己的企业文化

企业文化对员工思想和行为起导向作用，可以使企业全体员工以服务社会、造福人类为目标而长期奋斗，使员工始终把企业的命运紧密联系在一起，发扬团队精神，团结协作，共同努力充分发挥集体的力量。企业要根据自己的个性来建设企业文化，需要做好以下三点：一要形成企业核心价值观；二要以人为本，重视员工的作用；三要培养团队精神。企业核心价值观是最重要的，它是企业文化的核心与实质，它表明企业存在是为了什么？它决定一个企业的经营宗旨和行为规范，是企业经营成功经验的历史沉淀和结晶，是维系企业整体运行的纽带。所以，中国企业要实现长期持续发展，离不开企业文化的支撑。

（二）积极创新，形成核心技术

中国产品的现状是普遍技术含量低，品种落后，产品附加值低，而现在产品寿命周期又越来越短，为了生存势必要加大力量从事新产品开发工作，即技术创新。创新是保持活力的源泉，中国企业要想进一步开拓国际市场，就必定要形成自己的核心技术，技术含量不高是难以与国际大企业抗衡的。海尔在这方面就做得不错，海尔文化的核心也只有两个字：创新。海尔认为，企业在市场中的位置如同斜坡上的小球，要使小球不下滑就必须对小球有个止动力，但仅有止动力只能使小球维持原来的高度，而唯有打破平衡状态，创造新动力，才能带动企业攀上新台阶，这就需要企业的每一个人都保持创新的精神。1998年海尔每两天就开发出一个新产品，每天申报两项专利，截至1999年6月，已申报各种专利1841项，是中国申报专利最多的企业。中国企业进行创新，首先要明确创新的含义：只有把研制出的新品种转化为社会的经济活动，而且能发挥显著经济效益的，才是创新。进行创新的同时也要努力为创新创造条件，即吸收培养高水平的创新人才，积极与高校科研单位、其他企业合作，引进、吸收、消化先进技术，加大科研经费投入，建立有效的创新体制等。拥有核心技术，才拥有竞争优势，因而创新对中国企业是必不可少的。

（三）明确产权，选择优秀的企业经营者

中国的企业主要有两种：国有企业和私营企业，它们大部分是20世纪80年代以后建立起来的。国有企业目前依然是产权不明晰，企业的长期发

展问题往往被忽视。在企业经营者的选择问题上，目前主要有四种情况：一是政府部门任命，这是大多数国有企业实行的；二是聘请职业经理人，不少上市公司是这样做的；三是企业前任经营者亲自培养，如联想、横店等公司；四是子承父业，民营企业主要采用这种模式。且不论哪种体制更适合自己的企业，重要的是看经营者是不是真的有才能来管理企业，他的管理水平直接影响到企业的健康成长。中国企业要想长寿，并非一定要把国外长寿企业的培养经营者的机制复制过来，关键是能否找到优秀的经营者，长寿企业就需要优秀的经营者不断推动其发展。

中国企业要想持续发展，一方面必须在提高内部管理水平上下功夫，同时也须向国外扩张。海尔就为中国企业树立了榜样，在竞争激烈的美国建立了工厂。在信息化的经济大潮中，加强与国际大公司的交流，引进国外先进的技术和管理经验，紧跟国际市场发展趋势，以国际市场创造新的需求是中国企业壮大规模、延长寿命的重要出路。中国企业只要积极探索，以发展的眼光看清自己前面的道路，遵循市场规律和企业发展规律，相信不久的将来，在中国也会涌现出一批百年长寿的大企业。

　　本文刊发于《企业改革与管理》2005 年第 11 期；作者：王关义、何志勇

现代企业的社会责任与永续经营

　　企业承担社会责任是社会发展的必然趋势。一个企业在获得利润的同时，应当对社会和相关利益方承担责任，对社会应该做出回报。企业重视社会责任，是社会进步的结果，是人类文明的表现。20 世纪 90 年代中期开始，全球范围内开始了声势浩大的"企业社会责任运动"，1997 年，全球第一个关于企业道德的自愿性国际标准——社会责任标准（SA8000 标准）出台，内容涉及童工、强迫性劳动、健康与安全、歧视、惩戒性措施、劳动时间、工资、管理体系等方面，其宗旨是通过发展和实施社会责任标准，促进工人工作条件的改善和增进劳资双方的理解。1999 年，美国推出"道琼斯可持续发展指数"；2001 年，澳大利亚推出社会信誉指数；2002 年，联合国推出呼吁全球企业界遵守社会责任的《联合国全球协约》。"社会责任"已经成为发达国家的商业惯例和企业家精神的重要内容。

一、重视社会责任是企业长寿的重要基因

　　企业社会责任这一概念最早是由欧洲发达国家提出的，近些年来这一思想广为流行，连《财富》和《福布斯》这样的商业杂志在企业排名评比时都加上了"社会责任"标准，可见西方社会对企业社会责任的重视。联合国秘书长安南也向国际商界领袖提出了挑战，那就是呼吁企业约束自己自私的牟利行为，并担负起更多的社会责任。

所谓企业的社会责任是指企业在创造利润，争取自身生存发展的过程中，面对社会的需要和各种社会问题，为维护国家、社会和人类的利益，所应该履行的义务。企业不仅要对股东承担法律责任，同时还要承担对员工、消费者、环境和居民的责任。企业在经营过程中，除了要考虑投资人的利益或企业本身的利益之外，还应当考虑与企业行为有密切关系的其他利益群体及社会的利益，除了要考虑其行为对自身是否有利外，还应考虑对他人是否有不利的影响，如是否会造成公害、环境污染、浪费资源等。企业作为一个商品生产者和经营者，它的义务就是为社会经济的发展提供各种所需要的商品和劳务，它的身份和地位，决定了它在国民经济体系中必须对国家、社会各方面承担责任。企业的社会责任要求企业必须超越把利润作为唯一目标的传统理念，强调再生产过程中对人的价值的关注，强调对消费者、环境和社会的贡献。

从企业本身的性质讲，它是现代社会中从事生产、流通、服务和社会生活环境改善等一系列活动的社会经济组织，其活动并不是绝对独立的，从生产经营的客观因素上讲，一个企业的生存和发展，必须具备一定的环境。企业是生长在一个庞大环境系统中的生命体，其生命力直接受到各个环境因子的影响。企业要保持生命力，必须与周围环境进行经常的物质、能源和情报交流，适应环境动态，如果环境发生了变化，企业就必须灵活地加以应对，只有这样，企业才能长久的生存下去，否则，企业的生命力就难以维持。从这个角度讲，企业绝不是独立的"小王国"。

对一个企业来讲，周围环境的好坏并不是由它自身决定的，而是由政府、居民、企业共同创造的，没有良好的社会秩序，没有全社会范围内的共产主义理想和价值观的教育，没有国家的扶植和资助，没有社会居民提供的劳动力和消费能力，一个企业要想顺利成长是不可能的，这是企业必须讲求社会责任的外部原因。从企业本身来讲，它的生产经营活动和社会的关系极为密切。严酷的现实告诉我们，企业除要重视经济效益之外，还必须讲求社会效益，重视社会责任。

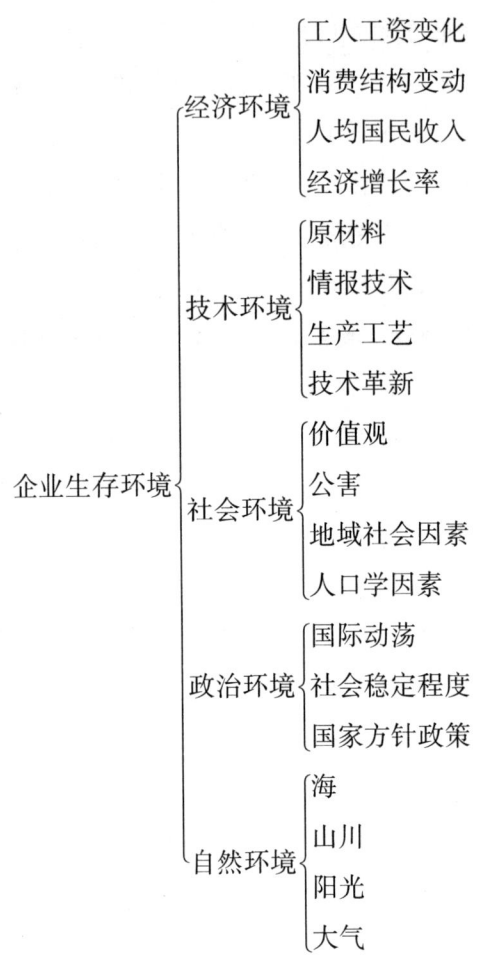

实践证明，那些最容易被消费者和社会认可的企业都是比较重视社会责任的企业，据由中华英才网发起的"中国大学生最佳雇主人气调查"，哪些企业才是大学生心目中最理想的择业对象，一项面向全国600多所高校在校学生的调查给出了答案，海尔、IBM、宝洁、联想、华为、微软、LG、西门子、通用电气等为大学生心目中的最佳雇主，而这些企业恰恰是比较重视社会责任的企业。有人认为，企业在照章纳税之后，就算完成了企业对社会的责任，就没有必要再去承揽其他社会义务。企业如果负有太多的社会责任，肯定长不大，成不了大气候。这种观点甚至将道义感太重笼统地概括为东方企业的特点，最后得出结论：东方文明难以产生大企业，发展到一定阶段时便会被社会责任所压垮。

　　还有专家认为，企业家承担社会责任是个伪问题。他们的观点是：强调企业家的"社会责任"只是一种道德论说，无限放大"社会责任"的重要性，实质上是一种"唯道德主义"。市场秩序的扩展是一种"公共活动"，维系公共领域的有序，更重要的是依赖于社会规则的运行，企业或企业家以追求利润为天职，为此而"不择手段"，绝不是道义谴责可以杜绝的。这些观点尽管在某种程度上可以成为分析我国企业现象的一种解释，但其片面性是不言而喻的。诚然，从传统经济学意义角度考虑，企业仅仅是一个以营利为目的的生产经营单位，利润最大化是其追求的永恒主题，而在现代社会，企业的任何一个行为都不再是个体行为，都可能对社会、对整体经济产生影响。在这种条件下，企业仅以追求利润最大化作为终极目标显得过于狭隘和自私，而应当承担一定的社会责任。中国企业目前在认识上也存在着许多误区，那就是过分重视利润，很少考虑自身的社会责任。因此，中国企业也与世界各国企业一样面临着一场目标的转变，即从过度的利己主义向适当的利他主义转变。

　　企业在经营过程中，不应只重视自身的利益，还应考虑相关利害关系人及全社会的综合利益；不应单纯追求企业效率，要多方面考虑经济行为的实际影响，特别是它的负面影响。环境和资源是全人类共同的财富，是人类从事生产的物质基础，企业的行为虽然是个体行为，但无数的个体行为作用于环境的时候，可能会破坏有限的环境承载能力，制约未来的发展。因此，任何个体对环境和资源的破坏行为，对他人来讲，既不公平，也不符合正义的要求。

　　近年来，儒商的提法不绝于耳，到处都能听到关于儒商的讨论，但究竟什么是儒商，却没有一个统一的理解。笔者认为，所谓儒商，就是在企业的经营和管理过程中，自觉不自觉地贯彻儒家文化的理念和价值观，是把"仁、义、礼、智、信、忠、诚"等儒家文化的理念运用到日常的商战中，不以赚钱为目的而能够赚到钱的人，是把儒家伦理和西方管理思想融为一体的商人。具体地讲，儒商就是既有中国人文美德，又有现代管理意识的企业家和经营者。儒商特别强调社会责任、群体意识、公益奉献，特别强调"好学重教、以智经商"，"以义取利、诚信为本"。诚然，企业家不是慈善家，没有利润企业就不能生存，但是，另一方面，如果把利润放在至高无上的位置加以追求也是极其危险的，"利润陷阱"沉没了不少企业，这类教训值得汲取和防范。

社会责任能大幅度提升企业的核心竞争力。道琼斯分析师说，凡资产回报率最高的公司在治理污染和节约资源方面都同样优于竞争对手；凡充分考虑社会和环境影响的公司股票业绩都比其他公司好；在国际上，是否履行社会责任成为企业能否进入全球市场的关键。近年来，沃尔玛、家乐福、雅芳等超过50家跨国公司巨头开始在订单中加上社会责任条款，要求企业必须通过社会责任的审核才能进入电子订单系统。自1997年以来，我国沿海地区至少已有8000多家企业接受过跨国公司的社会责任审核，许多企业因为不符合要求而被取消了供应商资格。

现代企业是生活在社会大环境中的，企业同外部环境之间的关系日益密切，任何企业都是不能孤立存在的，企业的生存和发展都离不开一定的环境条件。所以说，企业是一个开放系统，它和外部环境存在着相互交换、相互渗透、相互影响的关系。企业必须从外部环境接受人力、资金、材料、技术、信息等因素的投入，然后通过企业内部的转换系统，把这些投入物转换成产品、劳务以及企业成员所需的各种形式的报酬，作为产出离开企业系统，从而完成企业与外部环境之间的交换过程。生存环境对企业成长会产生重大的影响。企业管理者对外部环境的变化能否及时地做出反应和做出何种反应，决定于他对外部环境的察觉和认知。企业的社会责任要解决的一个主要问题是资本与公众的矛盾和企业与消费者的矛盾。要坚持清洁生产、减少污染、保护环境，就要减少利润。生产优质产品，不欺骗顾客，也存在着与消费者争利的问题。企业是否诚实地为顾客服务，是否提供优质的服务产品，这都关系到企业的精神和文化。

二、现代企业社会责任的内容

现代企业莫不以成长为其最高目标，而企业之存续，必须具备有三个基本因素：一是利润；二是员工福利；三是社会责任。因此，对利润的追求，对员工福利的照顾以及社会责任的重视，也构成现代企业的特质之一。企业家必须明白，有财富没有责任，有资本没有道德，有地位没有良知，都是残缺不全的社会力量。只有财富和社会责任的结合才能真正赢得社会的尊重。关于企业社会责任所包含的内容，学术界有着不同的理解。厉以宁教授（2005）认为，要从三个方面来加以认识：一是企业最重要的社会责任就是为社会提供优质的产品、优质的服务，出人才、出经验。企业出了好产品、出了好成果，这样的话增加了社会的就业；二是企业必须重视经济增加的质量。因为经济增加质量最重要的是资源消耗不断降低，如果我们只顾自己产量上去而资源消耗量扩大，应该说这样是违背了自己的社会责任的；三是企业社会责任要为社会的和谐做出贡献。因为我们知道，企业是生活在群体当中、社会当中，是生活在社区当中，企业必须关心社会群体。魏杰教授认为（2005），企业社会责任一般应包括三大内容：即为政府提供税收，为社会提供就业机会，为市场提供产品或服务。

企业的生存，受到各方的影响颇大，例如对内而言，上下级之间的关系、同事之间的关系，对外而言，与政府、与其他厂商、与供应商、与代理商，以及与其他各社会机构的关系，莫不是企业生存的要素。为了企业的成长与生存，务必维持良好的社会关系，承担社会责任。

企业承担的社会责任，具体的内容有很多，主要社会责任包括：

（一）企业对员工和股东的责任

企业在生产经营活动中使用员工的同时，要肩负保护劳动者人身安全，身体健康，培养和提高员工政治、文化、技术等多方面素质，保护劳动者合法权益等责任，创造良好的工作环境，提供合理的工作报酬，适当的工作保障，重视工作的安全性。对股东而言，报告企业的财务状况及业务实况，分配优厚而平稳的股息，保障投资安全。

（二）企业对社区的责任

企业对企业所处的社区有维护社区正常环境，适当参与社区教育文化发展、环境卫生、治安事物、支持社区公益事业等责任。

（三）企业对生态环境的责任

在生态环境问题上，企业应当为所在的社区、区域、国家或社会，乃至全人类的长远利益负起责任。企业作为自然资源（能源、水源、矿产资源）的主要消费者，应当承担起节约自然资源、开发资源、保护资源的责任。企业应防止对环境造成污染和破坏，要整治被污染被破坏了的生态环境，环境道德是企业承担社会责任的核心内容。我国正处于经济快速发展时期，环境问题特别突出。而传统的经营理念在很大程度上没有考虑环境伦理和环境道德。现代社会，企业生产经营的理念虽然发生了一些变化，但有害于环境的行为仍然很多，其中最常见的是利己主义行为和短期行为。企业利己主义行为对环境的影响主要表现为，企业在生产过程中，只考虑自己的利润，而不考虑环境代价或环境成本。只要能产生一点点利润，即便消耗大量的资源，也会乐此不疲。在环境问题上，利己主义的根源在于：对企业来讲，利润归自己享有，环境代价却由社会承受。但是，对社会来讲，环境代价是无形的，是无法计算的。利己主义行为动机和企业本位主义思想使企业不可能站在社会角度考虑这些问题。企业的短期行为，主要是指企业在生产经营过程中，只注重眼前利益，并以牺牲环境为代价获取眼前利益，如把相对稀缺的资源用于低收益生产，破坏稀缺资源的持续利用等，企业短期行为对环境造成的破坏是潜在的，有时甚至是巨大的。

（四）企业对国家的责任

企业对国家的责任涉及社会生活中政治、法律、经济、文化等各个领域，如企业对国家大政方针、法律政策的遵守；遵守国家关于财务、劳动工资、物价管理等方面的规定，接受财税、审计部门的监督；自觉照章纳税；贯彻政府的相关产业政策，与政府共谋经济的发展。

（五）企业对消费者和社会的责任

企业向消费者提供的产品和服务，应能使消费者满意，并重视消费者即社会的长期福利，致力于社会效益的提高，如向消费者提供商品、服务信息，注意消费品安全，强调广告责任，维护社会公德等，都是企业对消费者应尽的责任。近代管理大师杜拉克（Peter F.Drucker）有句名言："不创新，就死亡。"就是说，现代企业要想永远存续，不但需在技术方面不断改进，不断研究发展，而且要主动去了解顾客，满足顾客的需要，更进而创造顾客的需要，否则必遭淘汰。社会责任是现代企业家精神的核心要素，慈善公益又是社会责任的重要体现。据福布斯慈善榜说，10 年里，美国富豪的慈善捐款总额超过 2000 亿美元。其中，比尔·盖茨捐款捐赠 230 亿美元，占其净资产一半以上，相比之下，中国 1000 万家注册登记的企业中，有过捐赠记录的不足 1%，中华慈善总会所获捐赠 70% 都是来自国外和港台地区，国内富豪们的捐赠不到 15%。企业的这个社会责任关乎人们的生命和健康，要求它必须保质保量地为市场提供优良产品和优质服务，绝对不能搞伪劣产品和虚假服务，否则，就是根本没有履行自己的社会责任。

利润、员工福利和社会责任构成了企业存续的三个基本因素。企业的一切经营活动，尤其是扩展，无不借资金以成之，而资金最可靠的来源，乃是企业的盈余，企业的利润是企业存续的第一要素；企业乃是生产设备和员工组成的一种经济组织，而人乃是机器设备的主宰者，生产效率的高低，受人为因素的影响最大，因此现代企业为求生存，必须尊重员工之人性，照应员工的福利，以提高士气，建立互信。企业乃是构成整个社会的一部分，若不重视社会大众的利益，甚或剥夺其利益，妨害社会安宁，污染环境，则必遭到谴责和抵制，以致不能生存，因此，现代的企业管理者，无不重视社会责任。

中国企业的发展正处在一个急功近利的历史阶段。如何摆正企业与社会的关系，如何发挥企业的社会责任，企业到底应该肩负起哪些社会责任？对这些问题还处于觉醒期。当前不少企业，除了追逐利润最大化，很少考虑社会责任。最突出的问题大体表现在如下方面：一是无视自己在社会保障方面应起的作用，尽量逃避税收以及社保缴费；二是较少考虑环境保护，将利润建立在破坏和污染环境的基础之上；三是一些企业唯利是图，自私自利，提供不合格的服务产品或虚假信息，与消费者争利或欺骗消费者；四是依靠压榨企业职工的收入和福利来为所有者谋利润，企业主堕落成资本的奴隶，赚钱的机器；五是缺乏提供公共产品的意识，对公益事业不管不问；六是一些在计划经济时期延续下来的垄断企业，大量侵吞垄断利润，并极力排斥市场竞争；七是普遍缺少诚信，国有企业对国家缺少诚信，搞假破产逃避债务，民营企业通过造假到市场上圈钱。目前这些问题相当严重。而在一个假冒伪劣产品充斥市场、企业不守信用、一切以赚取最大利润为目标、缺乏社会责任的国度里，市场经济运转所必备的条件将无法建立。

从国际经验看，企业社会责任的提出，主要是为了解决资本与公众的矛盾问题，是为了解决企业与消费者的矛盾。一个社会如果没有清晰的商业伦理和经营理念，便可能陷入自私自利、互相诈骗的泥沼之中。毋庸置疑，企业的首要任务是创新和生产，企业应当是社会物质财富的创造者，企业的主要目标是给社会提供物质产品和精神产品。企业如果失去了生产和创新功能，那么就失去了其存在的基本价值。因此，任何企业的第一要义是搞好生产，创造出市场效益，争取为社会多纳税，实现它对社会的经济责任，这就完成了它的主要任务。

必须看到，市场经济下的企业与社会有着千丝万缕的联系。社会是企业的生存环境，没有一个好的环境，企业也难以生存。企业的生死存亡、发展壮大或被淘汰出局，都要由社会来承接它失败的代价。因此，企业与社会有一个共荣的关系，企业必须重视其社会责任。任何企业在市场经济环境中要想赢得竞争优势，保持良好的成长性、稳定性、收益性和安全性，必须牢固树立信用意识，重视社会责任。企业作为整个社会发展中的一个"细胞"，作为一个相对独立的法人，在竞争性的经济制度中，除谋取本企业的最大利益外，还应当和社会生活中的自然人那样，在享有一定公民人身自主权的前提下，承担一定的社会责任和义务，不但要讲对国家的贡献，而且要对社会和公众负责。

参考文献

[1] 潘岳：《呼唤中国企业的绿色责任》，载《科技日报》，2005 年 6

月 19 日。

　　[2] 杨谷：《大学生评出海尔等 10 家最佳雇主》，载《光明日报》，2005 年 7 月 20 日。

　　[3] 魏杰：《企业社会责任和道义责任不应混同》，载《光明日报》，2005 年 7 月 5 日。

　　[4] 王关义：《社会主义企业要讲究"社会良心"》，载《企业家》，1995 年第 6 期。

　　[5] 陈迅、韩亚琴：《企业社会责任分级模型及其应用》，载《中国工业经济》，2005 年第 9 期。

　　本文收录于《中国企业社会责任问题学术研讨会暨中国企业管理研究会 2005 年会会议论文集》（中国企业管理研究会 2005—2006 年度报告），中国财政经济出版社 2005 年版；作者：王关义

"烟花效应"与企业长寿

烟花在腾空而起的一刹那大都耀眼夺目,令人叹为观止,但又很快消失在夜空,无影无踪。企业发展中的"烟花效应"是指那些在短期内快速崛起,创造了成长奇迹,被众多企业家效仿,但又很快销声匿迹企业短命现象。从历史发展角度看,一个企业产生后自会有它灭失的日子,但从一个特定时期看,企业的死亡并非不可避免,世界企业数百年的发展历程中已出现了很多长寿公司,如壳牌、宝洁、GE、松下等,斯多拉(Stora)公司已有700多年历史,是世界上最长寿的公司,这说明企业潜在的寿命是很长的。尽管如此,许多企业的实际寿命远远短于其潜在寿命。美国《幸福》杂志的数据表明,美国大约有62%的企业寿命不超过5年,只有2%的企业能存活50年,中小企业平均寿命不超过7年,大企业平均寿命不足40年;世界500强企业的平均寿命只有40年左右,1000强企业的平均寿命只有30年。

20世纪80年代以来,中国出现了一批"烟花效应"明显的企业,如巨人集团、沈阳飞龙、南德集团、三株集团、秦池集团、三鹿集团等,这些企业都先后扮演过企业成长过程中的"明星"角色,但因管理等诸多方面的原因又很快消亡,其中的教训值得总结和反思。

任何一个企业都会经历创办、成长、成熟、衰退、消亡的过程,这是企业的生命周期特征。与生物不同,企业不一定会经历所有过程,并且也不是从诞生之日起就简单地指向生命的终点,企业生命周期的特征表现在,它完全可以在衰老之后跨过消亡过程重获新生。

20 世纪 70 年代中期，耶鲁大学金伯利和米勒思利用生物类比的方法提出了组织生命周期概念，认为"组织要经历产生、成长和衰退，其后要么复苏，要么消失"。组织生命周期的提出为后来企业生命周期理论的产生奠定了基础。企业生命周期理论形成的标志是美国学者伊查克·爱迪思发表的《企业生命周期》一书，1979 年，他在《组织动力学》夏季刊上发表了一篇题为《组织的转变：组织生命周期问题的诊断与处理》的文章，认为如同所有生物和社会系统一样，组织有其产生、成长、成熟和死亡的过程，并将组织生命周期划分为五个阶段：产生、成长、成熟、衰退和死亡，这种划分和界定得到了理论界的广泛认同。"企业生命周期"理论的提出开拓了企业管理理论的新领域，引发了学者、企业家们对企业"生命"特性的思考与研究。

企业生命周期理论经过 30 多年的发展，形成了仿生进化论、企业生命周期阶段论、企业生命周期归因论和企业生命周期对策论等流派，尽管观点各有侧重，却殊途同归，都是探求企业如何获得成长优势，延长生命周期的方策：

——重视员工科学理念的灌输和组织文化建设，着力构建学习型组织。任何一个企业都是众多人的共同行动，不仅是企业家要懂，更重要的是要把科学的理念灌输给企业的员工，达成共识，才能齐心协力。因此，培育员工良好的理念是形成企业核心竞争力的重要途径。良好理念的形成是一个长期过程，并与企业生存的环境密切相关，需要教育和沟通。科学理念的培养和企业文化建设对企业长寿是极为重要的。中国企业家调查系统组织实施的第 13 次全国范围企业经营者问卷跟踪调查，对中国企业家个人学习、组织学习的现状问题及其对企业创新和竞争优势的影响进行深入细致的分析，发现组织学习能力高于企业领导人个人学习能力的企业，创新能力和竞争优势相对更强。

——重视公司薄弱环节的改善，增强自主创新能力。企业是技术创新主体，是国家创新体系的重要组成部分。一只沿口不齐的木桶，它盛水的多少取决于最短的那块木板。木桶原理告诉管理者：在管理过程中要下功夫狠抓单位的薄弱环节，否则整体工作就会受影响。我国企业界曾普遍存在着由"死吃"到"吃死"的现象，一项新的技术发明后，带动一项新的产品或新项目的出现，此后管理者便不求创新和变革，一味依靠规模扩张来追求利润最大化，直到把此新技术或发明"吃死"为止。从历史上看，许多次经济危机都是科技突破将其拖出泥潭的，由此可见，企业必须通过科技创新占领市场，应对危机。创新是一个过程，创新散布在产业发展的各个领域和企业运行的各个环节，只要有不合理和矛盾存在，就存在着创新的可能。

——重视新产品的开发。无论是萨伊的"供给创造需求"论，还是凯恩斯的"需求决定供给"论，都无法给处于危机中的企业提供应对危机的良方。世界上没有疲软的市场，只有疲软的产品。马斯洛的需求层系理论认为，人总是有需求的，尤其是物质方面的需求，人类为了生存就必须不断消费，并且随着经济的发展和社会的日益进步，这种消费的规模会不断扩大，消费的水平也会日益提高，这是企业生存和长寿的客观基础。目前我国城乡居民储蓄存款额高达 21 万亿元，形成了巨大的潜在消费市场，因此，企业生存和成长的市场空间是极为广阔的。新产品开发包括两种动力模式：技术导向型和市场导向型。技术导向型是以技术为先导，从最初的科学探索出发开发新产品，以供给的变化带动需求的产生和变化。市场导向型是从市场需求出发进行新产品开发，以市场→研究与开发→生产→市场的模式出现。

——切忌盲目的多元化。通常企业为减少运营风险、寻求更快的成长及赢利空间，会谋求多元化经营之路。"不要把鸡蛋放在同一个篮子里"的格言使不少企业家错误地认为，企业只要实施多元化就能避免危机、降低风险，获得持续发展。而在实践中，不少多元化经营的企业却因盲目多元化而陷入困境。从表面上看，多元化可以让企业增强抵抗风险和分散风险的能力。但多元化经营的同时也蕴藏着众多风险，多元化经营应是以核心竞争力为基础展开的，只有不断巩固和提高企业的核心竞争力，才能不断增强企业的风险抵御能力。

　　谋求企业长寿、赢得竞争优势是企业家追求的目标，但现实中"烟花"般短命的企业却比比皆是。一个有理想和智慧的企业家在日常经营活动中若能重视如上几方面，实现持续发展的目标就不难。

　　本文刊发于《光明日报》2009年9月22日；作者：王关义

信息不对称环境下信用体系建设构想

　　信用缺失是当前我国经济社会中的一大顽疾。如何通过有效的制度设计促进信息的正常流转，强化约束和监督机制，降低经济主体的机会主义倾向，化解由于信息不对称、信用缺失而对正常的经济运行造成的危害是解决问题的关键，也是本文写作的意义所在。

　　作为一种基本道德准则，信用是指人们在日常交往中应当诚实无欺、遵守诺言的行为准则。信用是现代市场经济的基石，是政府取信于民的基础，是企业发展的生命，是个人安身立命的根本。但是目前我国经济社会中普遍存在的，由于信息交流的不对称、不充分等原因造成的信用缺失现象已成为市场化进程中无法回避的障碍，必须认真对待。

一、信息不对称与信用危机

　　新古典经济学在解释经济现象时给出一系列前提、假定，其中包括理性经济人假定、完全信息假定。新古典经济学认为，理性经济人通过自己的理性进行选择，在约定偏好和约束条件下，总是能够达到个人效用最大化。完全信息假定则是假定经济主体具有进行最优决策所需的一切相关信息，或者说，决策者获取信息的成本为零，完全理性假定与完全信息假定密不可分。完全理性假定实际上建构于完全信息假定之上，即假定经济人具有进行最优决策所需的全部信息，并能合理利用所掌握信息做出最优决策，最大化其效用。然而在现实经济生活中完全信息假定并不成立，信息不对称现象普遍存在，并且由于人们只具备有限的获取和处理信息的能力，所以具有完全理性的经济人并不存在，经济人只具有有限理性。信息不对称及有限理性为经济人的机会主义行为提供了沃土。信息不对称的存在使得机会主义行为更容易得逞而不受到惩罚，而机会主义行为会引致信用危机。新制度经济学家威廉姆森认为："人在追求自身利益时会采用非常微妙和隐蔽的手段，会耍弄狡黠的伎俩。"由于现实世界中常常存在着信息不对称，经济人往往倾向于对信息加以有目的、有策略地利用，根据个人目的筛选对自己有利的信息，扭曲对自己不利的信息，因此商品市场上、劳动力市场上都会出现以次充好、以假乱真的现象，即信息经济学里所谓的逆向选择。在信息不对称的环境下，人们往往没有足够的坚持诚信行为准则的激励和监督，容易被某种因素引诱而违反有关诚实和可靠的原则，因此信用危机在我国各领域不断产生并逐步恶化。

二、信息不对称的产生原因

信息不对称使得某些市场参与者因无从判断交易的风险和风险定价的合理性而远离市场，从而造成市场萎缩，并且由于信息不对称导致市场参与者在信息识别、加工和处理方面极易出现偏颇，使得市场很难从非均衡状态恢复到均衡状态，从而影响了经济秩序和经济运行。造成市场上信息不对称的原因主要有以下几方面：

1. 个体认识能力和信息处理能力存在差异。由于社会个体对世界、周围环境、人际关系等的认识和协调能力千差万别，其信息收集和鉴别能力存在差异，从而导致个体的信息不对称。另外人类社会的发展产生了社会分工和专业化。社会分工和专业化提高了社会经济运行的效率，但同时也加剧了基于人的信息获取能力而导致的信息不对称。

2. 信用信息交流平台缺乏，信息沟通渠道不畅。在美日等国，计算机网络技术在信用领域大量应用，政府机构、公共服务部门、各行业组织及企业在不同层面建立了许多信息数据库，大部分数据库中存有商业交易的记录，为信用数据的收集、处理、存储和分析提供了极大便利。大量的公共信息通过互联网即时发布，以供公众查询。目前我国个人、企业、政府之间信用信息的披露与交流平台尚未建立，信息沟通渠道不畅。

3. 法律法规体系不健全，信息披露缺乏制度保障。完善的法律框架是社会信用体系的制度保障。我国与市场经济体制相适应的信用体系尚未建立，尚没有完备的制度法规对征信行为进行规范，也缺少类似美国的《信息自由法》《联邦咨询委员会法》《阳光下的联邦政府法》等明确政府信息的公共产品性质和人们获得信息的平等权利的法律规范，信息披露缺乏制度保障。

4. 约束与惩戒力度不够，失信成本低。目前在我国经济社会中失信收益大于失信成本的现象普遍，对各类失信行为打击不力，个案处理中执法不严、处罚不重的现象屡见不鲜。这种状况在一定程度上诱导了某些交易主体在经济交往中人为破坏信息的正常传播，提供虚假信息，误导交易对手和社会公众以谋取私利，从而导致信用缺失的状况进一步恶化。

三、信用体系建设构想

正常的信用活动应该建立在信息完备基础之上。但在现实经济生活中，信息不完备是普遍现象，并且市场上广泛存在着的信息干扰和信息传递障碍又进一步强化了信息的这种不对称性。因此，通过有效的制度设计促进信息的流转，强化约束和监督机制，降低经济主体的机会主义倾向，化解由于信息不对称而对正常的经济运行造成的冲击是解决问题的关键所在。可以从以下几方面着手进行信用体系建设：

1. 政府相关部门应依法行政，促进信息流转，提高失信成本。一是要加强各部门、各地区的沟通与协调，实现信用信息的共享。各地区、各行业主管部门如银行、工商、税务、劳动、技术监督、海关等在履行其监管职能过程中积累了大量的监管信息，但这些信息一般不向社会公开。应加强这些部门间的沟通与协调，实现信息共享，改变各自为战的局面，提高监管效果。二是要建立、健全信用法律体系，规范信息披露行为。国外社会信用体系建设的成功经验表明，信用体系建设的核心是信用信息的采集和使用，其关键是法律法规的建立。目前我国在征信数据的开放与使用等方面尚无明确的法律规定，应当在法律上对政府信息公开做出明确规定，从而保障企业和公民依法取得政府公开信息的权利；应在法律上对采集、使用和披露信息等做出明确规定，以保护其他主体的合法利益，同时保证支持商业和金融交易所必需的信息流动。三是要建立信用信息数据库和信用服务平台，完善信用约束与监督机制。各级政府、各行业主管部门、行业协会、业内大型企业掌握着大量的信用信息和数据。应建立若干数据库，并建立数据交换机制，通过互联网依法开放公共信息，形成行政性奖惩与社会性奖惩交织的约束与激励机制，提高失信成本，防止失信行为的发生。

2. 促进信用服务中介机构的市场化发展。信用中介机构是搜集信用信息进行加工整理并提供信用信息、信用管理咨询等服务的机构。信用服务中介机构的建立、成长，并以独立、客观和公正的职业操守立足市场，是社会信用体系建设真正实现的关键环节。应坚持诚信为本，依法经营的理念。信用中介机构是经营信用产品和服务的经济组织，诚实守信是信用中介机构和从业人员的立业之本，也是社会信用行业所有机构和从业人员最基本的职业道德底线。由于信用中介机构所提供的产品和服务的特殊性，在经营过程中信用中介机构及其从业人员必须按照国家法律法规的要求，把握政府行政公开与保护国家经济安全、公开企业信用信息和保护企业商业秘密、公开个人信用信息和保护消费者个人隐私之间的界限，严格按照国家法律法规开展信用服务业务，避免发生损害国家、企业、个人利益的行为。应坚持市场化运作原则。作为独立经营的市场主体，信用中介机构必须坚持市场化运作，并在独立的市场运作中形成合法有效的信用信息沟通渠道，遵循市场规律，向规模化和集中化发展。政府的主要职责是协调、疏通有关政府部门和公共服务机构，督促其将掌握的非机密数据向具有经营资格的信用机构开放，制定征信标准，保证信用行业的规范发展。

3. 发挥行业协会组织的信用信息传播、信用风险联防作用。行业协会是联结政府与市场的纽带和桥梁，各单位对行业协会的信赖程度较高。行业协会的产生和发展是社会分工和市场竞争日益加剧的结果，反映了各行业的企业自我服务、自我协调、自我监督、自我保护的意识和要求。按照国际惯例，协会的任务应当是学术交流、技术推广、信息采集、协调行业内会员的利益矛盾、代表会员诉求行业集体利益。在我国当前比较无序的市场经济秩序中，行业协会在建立信用风险联防机制方面大有用武之地。通过将某一成员企业所遭遇信用风险信息在各企业间进行传播，将失信者与受损企业之间的矛盾，扩大为失信者与受损企业所在协会全体成员之间的矛盾，最终将失信者清除出市场，这种行业内的信用风险联防机制对于从业企业而言是一种比较有效的安全保障。

4. 树立企业诚信经营意识，提高信用风险防范能力。企业是国民经济的细胞和最重要的市场主体。企业对信用交易工具选择的程度、企业信用管理能力以及企业对社会化信用管理服务和信用产品的内在需求，是社会信用体系建立的前提条件。企业经营过程中，不仅要考虑到企业与客户之间缔结的成文合约，更要考虑到与全社会缔结的不成文合约。在运营过程中，企业应将信用的事前、事中、事后控制结合在一起，建立全面的风险管理制度，并通过寻求社会化信用风险管理服务与支持等措施不断提高自身的信用风险防范能力。

参考文献

[1] 左金隆：《诺斯制度变迁理论方法论探析——修正的新古典经济学范式》，载《山西财经大学学报》，2005 年第 12 期。

[2] 杜晓丹：《信息不对称和企业信用档案》，载《档案与建设》，2003 年第 1 期。

[3] 汤顺：《基于信息不对称的企业信用管理研究》，四川大学 2003 年硕士论文。

本文刊发于《商场现代化》2009 年第 6 期；作者：华宇虹、王关义

试论中国企业产品"质量综合症"的诱因及防治对策

在社会主义市场经济条件下，质量是企业的生命，是创造企业未来的关键。有质量才有市场，有市场才有效益。综观当前国际贸易中的竞争，以质量为核心的非价格竞争占有越来越重要的地位，正是基于在产品质量、成本方面的明显优势，日本企业才闯开了世界企业领袖办公室的大门。对于中国企业来讲，转变质量观念，加强质量管理，提高产品质量，已成为影响企业盈利性、安全性和成长性目标能否实现的关键。

一、中国企业产品质量"病症"的表现

近几年来，随着社会主义市场经济体制的逐步形成，中国企业的经营方式也在发生较大程度的变革，企业的发展更依赖于外部市场，市场引导企业的格局日趋明显，但是，由于受以往传统体制下依赖思想的影响．对市场竞争的规律缺乏认识，加之不少企业技术水平低、职工素质差、设备老化等因素的影响，使得产品质量问题成为整个社会的"忧患"。

据有关资料，"国内贸易部近日公布了对京、津、沪、粤、鄂、新疆等14个省、市、区市场羊毛衫、电热水瓶类商品的质量监督抽查结果。羊毛衫的合格率为66.7%，热水瓶为54.8%"。1994年，全国工业产品的抽检合格率只有75%，不合格品占到四分之一。

1993年年初，国家技术监督局对全国1490个企业制售的1942种产品进行监督检查，抽样合格率仅为70%，而发达国家同类指标为98%。

亚运场馆试运行期间，有 4 个场馆的灯泡损坏 30%，五洲大酒店安装的 1251 台排风扇有 80% 被击穿，134 台不转、9 台塑料壳起火。

据有关部门对部分城市的调查，中国工业产品的抽样合格率为 75%，优质产品产值率约为 27%，市场抽查商品合格率为 55%。中国工业产品质量达到国际 20 世纪 80 年代中期水平的不到总数的 10%，大部分产品比国际 80 年代中期水平落后 10 至 20 年。

中国煤炭年产量 10 亿吨左右，发达国家外销煤入洗率已达 80% 以上，而中国只有 17.6%，大量未洗的煤炭带着人工没检出的矿石等杂物直接销往用户，有的装运煤炭的车皮中，石头竟多达 1/3，最大的石块重达 300公斤，有的还混入爆炸力极强的雷管。

国家技术监督局抽查甘肃省的 88 种产品，合格的只有 61 种，抽查合格率只有 69.3%。

吉林省检查 979 个制售鞋类企业，有 829 个制售劣质鞋。河北省衡水市检查 9 家商店，来自浙江、福建产的女皮鞋底夹层全部是纸浆做的。

1990 年 6 月湖南省某专科学校举行毕业会餐，一瓶武汉产中德啤酒突然爆炸，一块玻璃碎片扎在一学生的左臂上，当时流血不止。

据了解，四川省仅 1989 年废次品损失即达 7.5 亿元，相当于这一年发生了两次巴塘强烈地震造成的损失。从全国范围来看，整个企业生产中不良产品损失率约占产值的 10%—15%，仅这一项中国每年经济损失就超过1000 亿元，相当于北京市 1990 年国民收入的 3 倍。这个数字，一年足可以办 40 次亚运会。

充斥市场的伪劣产品已成为中国的社会公害，不仅每年要使国家大约损失 2000 亿元人民币，而且严重地侵犯了消费者的利益，大量的原材料、能源、劳动力、资金被低劣产品这只"硕鼠"所吞噬。

二、中国企业产品质量"病症"的诱因

企业产生大量的伪劣低质产品，已成为目前中国发展现代化经济的主要障碍之一，中国企业产品质量低劣的原因主要表现在如下几个方面。

（1）中国长期以来生活资料供应短缺，使人们很难对商品提出精益求精的质量要求，引发生产者对产品质量的漠视和轻视。

（2）中国长期实行的产品经济管理模式，使人们的市场竞争意识极为淡漠，在此背景下，作为商品主要衡量物的质量，必然遭到冷遇。

（3）中国"息事宁人"、"一团和气"等根深蒂固的传统意识，使质量管理难以将"严"字贯彻始终。

（4）目前，中国还没有完善的责任法，对制造、推销假冒伪劣产品并造成后果的责任者难以追究相应的刑事责任，因此，完善产品质量方面的法律、法规已成为当务之急。

（5）一大批工业企业质量意识淡薄，行为短期化现象严重，经营思想不正。

（6）企业内部协调机制不完善，协作关系僵化，职工分工过细，思想沟通不足；企业内部质量教育体系不健全，在研究开发和生产程序方面技术水平不高，对市场多样化的需求反应迟缓，使得产品质量改善既无信息、无改善目标，又缺乏改善的兴趣和环境。

（7）企业解决质量问题不彻底，具有反复性，不能确保产品质量的稳定与提高，缺乏一环扣一环的工作方法，加之没有完整的质量保证体系，往往使成果不能巩固，产品质量好一阵、坏一阵，同类问题反复出现。

（8）对质量信息重视不够，缺乏健全的信息反馈系统，使质量信息的搜集、传递、处理以及反馈等环节渠道不畅，难以将市场上顾客的需求信息及时传递给企业的设计和制造部门。

（9）管理工作缺乏全面系统性，部门之间缺乏必要的互相协调，遇到质量问题不是想办法解决，而是互相扯皮、推诿，使不少质量问题长期得不到解决。

（10）企业为用户服务的观点不够明确，没有把用经济手段生产用户满意的产品放在首要位置。

三、中国企业产品质量病症的治疗处方

产品质量问题，不仅会影响到企业的声誉和广大用户的利益，而且会降低企业的竞争能力，在社会主义市场经济条件下，克服企业产品质量上所存在的诸多问题，必须采取如下措施。

（一）从宏观方面看，政府应当为企业提高产品质量，推行全面质量管理创造一个良好的环境，并积极加以扶植和引导。

1. 借助新闻媒介，大力宣传提高产品质量的重要性。对企业来讲，高质量可以降低成本，高质量可提高劳动生产率，高质量可以最大限度地减少浪费，高质量是提高企业竞争力的有效途径。这些意识政府应大力宣传，引导企业重视产品和服务质量。

2. 建立健全质量法规体系。使质量立法、执法、护法体系得以完善，并持续广泛开展像"质量万里行"那样的活动，对假冒伪劣产品及其生产厂家大曝光，造成一种声势浩大的关心质量的态势。

3. 学习和借鉴发达国家的经验，积极培育追求高质量的社会环境。

（二）转变观念，把由政府强制推行全面质量管理的做法彻底转变为企业自身的需求和内在动力。

重视质量管理可以说是市场经济的产物，因此，国外企业推行质量管理有较好的外部环境，一般都是从自身的需要出发而不是靠行政干预，都有较强的内部动力，即为了生存，为了发展，企业不得不认真地推行质量管理，以维护企业的信誉，增强企业市场竞争能力。

（三）注重思想政治工作，调动职工参与质量管理的积极性。

思想政治工作就是对职工进行思想政治教育和组织工作，解决职工的思想、观点和立场问题，动员广大干部和职工为实现企业的经营目标而努力奋斗。全面质量管理就是企业全体职工及有关部门齐心协力，把专业技术、经营管理、数理统计和思想教育结合起来，建立起产品的研究、设计、生产、服务等过程的质量体系，从而有效地利用人力、物力、财力、信息等资源，提供符合规定要求和用户期望的产品或服务，二者的关系

是：思想政治工作是激发职工积极性和创造性，从而生产出优质产品（或提供优质服务）的根本保证，全面质量管理是运用科学的方法和手段，对产品质量形成全过程的各种影响因素进行全面的预防和控制，以达到向用户提供满意产品之目的；全面质量管理的指导思想是坚持质量第一，把用户的需要放在第一位，树立为用户服务、对用户负责的思想，这同思想政治工作中的"树立全心全意为人民服务"的思想是一致的，做好本职工作与提高工作质量是一致的，全面质量管理的核心是"提高人的素质，调动人的积极性，人人做好本职工作"，通过抓好工作质量来确保和提高产品质量和服务质量。

（四）创建一种以质量动力为特征的企业文化。

质量动力就是激发全员实现质量责任所需要的各种促进因素，它不仅能达到减少有意差错的目的，而且能使工人安心地、心甘情愿地遵守控制计划并符合已制定标准的要求，接受工作方法和培训，乐于采用新技术，对本职工作有自豪感，同时还能在遇到各种问题时随时向管理部门报告，协助排除生产中的各种故障，参与各种质量活动。

以质量为动力的企业文化应包括如下要点：

1. 全体职工都具有强烈的质量意识，在对待质量问题上荣辱与共，并渗透到一切工作和活动中去，以高质量的工作和劳动保证高质量的产品，并成为全员的价值观和行为规范。

2. 具有一个以质量为核心的企业经营目标和企业作风，有全优的经营道德和合同信誉。

3. 按照"质量第一"的原则，全面持续地提高职工的思想、文化和技术素质。

4. 全体职工必须树立"没有最好，只有更好"的观念。追求产品质量并不是一年两年的事，也不是现在多做以后可以少做的事，而是要坚持到底，永不懈怠，追求质量的观念要深植人心，提高质量的工作要成为习惯，才能确保质量水平。

企业要达到"品质至上"的目的，唯一且最有效的方法是推动思想更新、意识更新，塑造以质量为中心的企业文化，让职工发自内心地喊出：质量最重要。让员工看不惯没有质量、缺乏效率的事，让企业里每一位职工都会因自己能以简单手法进行工作改善，而感到满足与自我实现。

（五）确定企业的质量目标和质量计划。其主要内容包括：

1. 企业的各种产品要达到什么样的质量水平，采用什么标准，谁是主要的质量竞争对象。

2. 达到理想的质量水平和标准需要从哪些方面努力，赢得质量竞争要具备哪些条件。

3. 怎样迅速地获取可靠的质量信息，并随时掌握市场质量供求（即不同质量水平的商品供求）的变化情况，分析消费者的质量需求心理，预测同类产品质量变动趋势。

4. 在质量计划中要主攻和突破哪些质量问题，需要排除什么质量障碍，PDCA 循环体系应如何建立。

5. 在质量改进中，要付出哪些必要的代价，质量成本会发生怎样的变化。

（六）注重用户意见，持续不断地开展质量改进活动，逐步从"为用户服务"的观念转到"让顾客满意"的观念上来。

全面质量管理的最终目标是市场和用户的满意，目前，从世界范围看，对质量的基本要求已经从减少不良品、开展无废品活动转向完全按用户的需要，纳入合同组织生产，并作为出厂的验收标准，而并不追求国际或专业的技术标准。评定企业质量好坏的不是厂长（经理），不是工程师和技术员，而是用户、消费者以至整个社会。日本的许多企业不仅是因为产品满足不了用户的要求，卖不出去而被动地推行质量管理，而是把用户第一、满足用户要求作为一种理念，作为企业的责任而积极主动地开展质量管理活动，表现出对市场、对用户需求的高度敏感和重视，这也是日本产品在国际市场上受到好评的最根本的原因，有的公司的负责人还对职工反复强调，公司雇员的工资不是公司发的，而是用户发的等等。美国施乐公司采用顾客满意后对公司的忠诚程度会远远超过没有抱怨的用户。对用户的重视程度在美国波多里奇质量奖（国家质量奖）的评审条件中也有明显的反映，该评审条件 1990 年版共七个方面 33 条 1000 分，而用户满意程度占了 8 条 300 分，占总条数的 25%，总分数的 30%。

企业必须从"为用户服务"的观念转到"让顾客满意"的观念，为用户服务的观念在企业实践中的基本做法就是"三包"，即包修、包换、包退，这样的做法是被动的，本质上还是企业第一，用户第二。树立"让顾客满意"的指导思想，就会时时处处想到用户的需要，产品是否适销对路、备品备件供应是否充足、解决问题是否及时等等，这样才能真正是"用户第一"，想用户之所想，急用户之所急。

总之，提高中国企业产品的质量，是一项长期而复杂的系统工程，需要企业内外多方面进行改善，只有在全社会范围内真正树立起以顾客为导向，建立起有效的畅通无阻的全面质量管理工作体系，才能彻底地提高产品质量。

参考资料

[1] 徐涵：《羊毛衫合格率仅为六成六、电热水瓶合格率勉强过半》，载《经济日报》，1995 年 3 月 14 日。

[2]《企业需从七个方面转变质量观念》，载《信息与决策》，1994 年第 33 期。

[3] 郭克莎：《试论质量文化》，载《中国工业经济研究》，1991 年第 1 期。

[4] 张石：《质量、市场、绿卡—质量观小议》，载《经济管理理论与实践》，1993 年第 1 期。

[5]《港报分析内地伪劣产品产生的原因》，载《参考消息》，1992 年 2 月 23 日。

本文刊发于《兰州学刊》1995 年第 6 期；作者：王关义

解决银企债务问题思路新探

近些年来，伴随着经济体制的改革，银企债务问题日益突出，阻碍了银行和企业改革的顺利进行，并直接影响到社会主义市场经济体制的建立。银企债务问题表现为两个方面：一方面是银行不良资产大幅上升；另一方面是企业的资产负债率不断上升，债务负担严重困扰了企业的正常经营。在我国，专业银行贷款的对象主要是国有企业，而我国国有企业债务的主要部分是银行贷款。因此，如何解决专业银行过多的不良资产问题，如何解决国有企业债务问题，是改革实践中提出的一个重大课题。

一、银企债务问题的现状

（一）银行不良资产数额巨大，并出现经营亏损。对于四大专业银行的经营状况，从信贷质量上来看，一逾二呆贷款比重很大。据 1994 年对 8700 户县以下样本金融单位统计结果，在 12740 亿元贷款中，有 27% 属于不正常贷款。而 1995 年 9 月底，全国各类金融机构贷款总额为 46513.5 亿元，若按 27% 的样本比例计算，不良贷款已达 12000 多亿元，数量相当惊人。从经济效益上看，1995 年上半年四大国有专业银行除中国银行外，其余全部亏损。

（二）企业债务负担沉重，经济效益低下。国有企业当前在经营过程中，在期望投资收益率低于利息率的条件下，借入资金对于自有资金比率愈大，即资产负债率愈高，期望自有资金的收益率就愈低，结果导致债务负担过重，亏损加剧。目前，企业从金融系统融入资金的平均成本为 10. 96%，按照这个利息水平，在资产负债率 83%（1994 年年底水平）的情况下，企业的资产盈利率在 6% 左右，这样借入资本越多亏损越大，据此匡算，多借入 100 元钱便亏损 4.96 元，在这种情况下，无疑国有企业被债务负担压得喘不过气。

（三）旧账未除，新账又起，银企债务的死结，越结越牢。在新旧体制转轨时期，企业的经营活动不能适应市场的需要，结果必然导致大量产品的积压，据人民银行对 248 户国有大中型企业的调查，截止 1995 年 6 月底，向银行短期借款中"一逾两呆"的借款比 1994 年同期增长 49.1%。中长期借款增幅为 60.2%，主要原因就是产品积压。可以说，我国相当一部分企业已步入"贷款投入→产品积压→再贷款投入→再产品积压"的不良循环，令人担忧。

上述情况表明，银企债务问题严重困扰着银行的商业化和国有企业的改革，已成为银企关系的一个死结，这一问题久拖不决，银企均将步入绝境。

二、银企债务问题产生的原因

在我国十多年的改革过程中，国家融资体制发生了一定的变化，由以往国家行政部门作为融资中介，转变为主要以国家专业银行作为融资中介，资金配置形式上发生了变化，但是这种变化带来的依然是资金使用效率的低下，并未使稀缺资源得到有效配置。为什么在融资体制发生变化以后，资金配置效果依然不佳呢？笔者认为，主要是由于"所有者缺位"和"政企不分"两个因素的制约，不能形成在融资过程中银行和企业之间的硬约束关系，银企之间的软约束必将最终导致经济运行过程中银企债务问题的爆发。现主要从以下两方面进行分析：

（一）我国国家银行与企业之间的借贷关系并不是一种纯粹的债权债务契约关系，而或多或少地掺杂着行政或非经济关系。在我国市场化的改革过程中，许多商品和生产资料都商品化、市场化了，但是我们并没有把货币资金作为真正的商品来经营，货币资金的融通主要还是"供给制"。这主要表现在：第一，尽管我们总是要求专业银行企业化、商业化，但是专业银行"国家机构"的身份依然保持，据有关商业银行反映，目前真正属于自主经营的贷款不到10%，90%以上是"指令贷款""安定团结贷款""点款"。这样的贷款形式和结构不可能形成银行对企业的硬约束。第二，货币资金的国家垄断经营是我国目前债权债务关系紊乱的根源所在。我国目前还没有把货币资金作为商品来经营，货币资金融通没有按照市场机制的原则，银企之间的借贷关系不可能是一种纯粹的债权债务关系。最终，从企业的经营来看，银企之间没有形成硬约束关系，企业对资金使用效率自然是比较低下的，而且，从资金的取得上看，常常是"不要白不要，要了也白要"，最后，留下来的就是银企之间的巨额债务。

（二）我国国家银行与国有企业之间的借贷是一种"兄弟式"的借贷关系。经济体制改革引起国民收入分配格局的变化，财政收入在国民收入中所占比例大幅度下降，个人收入在国民收入中所占比例大幅度上升（见表1），而个人剩余收入又转化为银行存款（见表2）。因此，当财政已无力支持企业的资金需要时，银行贷款就取代财政成为国有企业的主要资金供应者。80年代后，企业的资金来源由过去依靠财政拨款转向依靠银行贷款，但是企业的融资机制并没有发生根本性变化。国有企业向国家银行借到钱，与国有企业从国家获得财政拨款，虽然前者是有偿的，后者是无偿的，但两者都是国家对国家，从这一点上可以看出，国家对国家银行和国有企业是"父子关系"，国家银行和国有企业之间是"兄弟关系"，他们是"同源"的（即他们的委托人都是国家），性质是一样的，国有企业欠国家的钱，还不了就还不了，所以依旧是银企之间的软约束。结果必然是，低效率的资金运行导致银企债务问题的产生。

表1　政府、企业、个人三者收入比例（%）

年份	政府	企业	个人
1979	42.8	33.65	23.55
1988	7.25	30.05	62.50
1995	7.50	29.10	63.40

表 2　政府、企业、个人三者储蓄比例（%）

年份	政府	企业	个人
1979	23.5	12.1	64.4
1988	11.7	10.8	77.5
1995	12.1	10.6	78.3

综上所述，我国银企债务问题的根本原因就是在"所有者缺位"和"政企不分"的条件约束下，资金没有得到有效的配置，资金使用效率低下。因而，在解决银企债务问题时，不能就债务谈债务，或者只作为相应的会计问题处理，而应把它放在经济体制改革的大环境中，结合国有企业改革、融资体制改革和政府职能的转变等，协调好多方关系，来解决银企债务问题，最终提高全社会的资金使用效率，使我国的经济体制改革顺利进行。

三、解决银企债务问题的几种方案

目前，经济理论界关于解决银企债务问题的方案大致可分为三类：一是以银行为主体，通过银行重组企业债务。二是以财政为主体，通过财政注资解决。三是以中介机构为主体，由中介机构发行债券，持股解决。

（一）以银行为主体的方案

这一方案的中心思路是发挥银行在债务重组中的作用，通过银行与企业的债权——股权转换，即将属于债务重组范围内的企业过渡贷款转成银行股本，属于破产之列的企业债务则予以核销。该方案的优点在于，将企业改革与其他改革，特别是金融改革密切结合起来。但此方案在实施过程中有以下几点不足：（1）我国银行目前约有 1.2 万亿元的不良债权，数额巨大，银行不仅没有那么多人力、物力和财力去管理，而且管理水平也跟不上，弄不好还要损失大批管理费用，承担企业亏损的责任。（2）在目前的条件下，如果强调金融资本和工业资本的融合，有利于助长企业的赖账情绪，增强企业对银行的依赖性，不可能避免新的债务产生。（3）在资金流向上的担忧，即银行重点保证其持股企业的资金供应，很可能使非银行持股企业的资金供应受到影响，同时也会影响到社会产品结构和信贷结构的调整。

（二）以财政为主体的方案

这一方案的中心思想是财政向中央银行借款，然后交给企业，企业归还专业银行的借款，专业银行再归还向中央银行的借款。该方案的优点在于，把债务重组同国有资产管理的整体性改革结合起来，由国有资产经营公司承担重组，有利于摆脱长期以来未解决的政企不分问题。但此方案在实施中也有几点不足：（1）方案对政府财力提出了严格的要求，企业负债的解决最终需要财政出资，在目前国家财力不足的情况下很难设想该方案的可行性。（2）该方案思路上的单向性，只是以注资形式，没有考虑企业的重整，资产存量的盘活，并不能防止新债务的产生。

（三）以中介机构为主体的方案

该方案的中心思想是设立一种中介机构，由它承担企业债务，负责债务重组。首先成立一个专门解决债务问题的信托基金，即"企业银行重建基金"，采取不同方式解决贷款形成的存量和流量问题；然后，分别进行银行和企业的财务重组。这一方案的优点在于，对银企债务进行市场重估，在债务重组过程中重视现有生产能力的继续运转或重整后的运转，同时运用多种金融工具进行债务重组。不足之处是：（1）设立银行企业重建基金解决债务问题的动力问题未解决。（2）从企业的债务重组看，设计者似乎把债务重组只看成是一种会计做法。（3）没有考虑解决方案实施的时间优先序列和企业优先序列。

四、解决银企债务问题的思路

（一）解决银企债务问题应遵循的原则

（1）结合经济体制改革的推进，来解决银企债务问题。债务重组必须纳入企业改革的总体框架，不能独立进行，企业在基本确立现代企业制度框架以后，为使企业生产经营顺利进行，需要清理企业的资产负债表，重整财务，由此看出，债务重组是企业制度改革的后序工作。如果倒置过来，不对企业制度进行根本改革，就急于核销企业债务，利息挂账，注入资金，实际与过去的让利没有多大区别，只能是治标不治本，甚至会产生消极作用，刺激企业不良行为的发生。（2）以债务重组为契机，贯彻"抓大放小"思想，调整国有经济配置格局。目前，国有经济无处不在使具有有限能力的政府或其代表机构难以管理。国家应当调整国有经济的配置格局，形成以股份制为基础的多种所有制结构。债务重组为此提供了一个很好的机会，这将不仅有利于推动国有经济配置格局的调整，而且能够通过企业重组过程实现市场化的存量配置，起到调整产业结构的作用。（3）债务重组的政策目标，不应是降低资产负债率，减轻企业负担，而应是解决国有企业"所有者缺位"，专业银行商业化和资本市场形成的问题。

在这里应注意以下两个事实：（1）目前，我国国有企业治理结构的特征可以概括为政府行政干预下的内部人控制。内部人虽在行政所允许的范围内做出经营决策，并享有一定的剩余索取权，但他们并没有资本投入企业，这样一种情况必然会影响企业的各种行为，例如，投资决策失误、追求短期利益等。（2）对于企业，国有资本的使用是免费的，因此，在研究资产负债率所反映的问题时，应首先考虑所有者缺位直接造成在资金运用上的软约束关系，然后，进一步思考，如果所有者到位，资产负债率所反映的问题也不是一个过高或过低的问题，而是资本结构是否合理和优化的问题，在当前改革实践过程中，资本结构僵化是普遍存在的问题，它主要是由于资本市场发育不完全和资本结构优化机制尚不健全造成的。因此，只有正确选择了政策目标才能最终解决债务问题。

（二）解决银企债务问题的思路

根据上述对银企债务问题的成因分析和解决方案的对比，可以得出解决银企不良债务问题的初步思路：

1. 基本思路是"自上而下、分类处理、综合运用多种金融工具"。即由政府组建一个具有权威性和过渡性的债务托管机构，一揽子负责经营、管理和处置国有专业银行的不良资产，推动国有企业重组；在处理银企不良债务时，根据企业的性质不同，债务状况不同，采取不同的处理方法；同时展开金融体制的全面改革，培养各种形式的融资机构，运用多种金融工具，拓宽融资渠道，使民有资本能够为具有较高重整技术的所有者掌握，来化解银企债务。

2. 该思路的基本要点：（1）托管机构的设立。这里的主要问题就是解决托管机构在处理不良债务时的动力问题。可以通过全国人民代表大会，选举产生一个国家国有资产管理委员会，并通过立法形式，授权国家国资委投资设立一个国有独资公司性质的债务托管机构，其董事会由国家国资委委任，可以最大限度地保证托管机构的行为符合国有资产所有者的利益。同时，法令应规定托管机构的存在期限，并提出对托管机构经营活动进行公开审计、监督的具体办法，形成一个有效的约束机制，促使其尽可能的偿还银行债务。（2）托管机构的任务。主要有两个方面：第一，从银行接管企业的不良债务，把银行解放出来，确保银行的正常经营。完成这一任务的主要问题是托管机构对接管不良债务的确认，在对不良债务确认时，应兼顾各方利益，寻求利益的平衡；第二，托管机构通过拥有相关企业的债权，参与企业重组，并对重组企业进行管理。（3）根据企业性质和债务状况的不同，采取不同方法。对于那些特大型的基础工业企业，考虑到其在国民经济中的重要地位，对其不良债务，可由托管机构发行财政担保债券，用以购买这部分债权转为股权，最终为国家所持有。对于国家需要控股的大型企业，凡产品结构合理，经营状况比较正常的企业，可由托管机构发行可转换债券，筹集资金，偿还债务。日后，可转换债券可以转换为股票，出资者可成为这类企业的股东。这类企业发行可转换债券的数量应以保持国家控股为限。对于一般具有竞争性的国有企业，应通过多种投资主体，结合资本重组和产权重组，依据债务状况的不同采取相应措施。对能按时清偿债务的企业，托管机构使其与旧账脱钩；不能清偿到期债务的企业，由托管机构决定清算还是重整。做出决定的依据是企业价值的最大化，尽可能多的偿还债务，托管机构决定清算的企业进入破产程序；决定重整的企业实行"债权转股权"，即托管机构使这些企业的债权转为股权，并出售股权，使企业产权在资本市场发育程度所规定的限度内尽可能充分流动，以便尽可能使每一个有重整价值的企业都落到最有能力重整企业的所有者手中。为了使企业重整有效地进行，市场上就必须有具备较高重整技术（指投入资源和企业价值提高之间的函数关系）参与者，即具有重整技术和资金的机构——投资基金，更确切地说，就是银企债务重组基金。债务重组基金是金融中介机构通过组建基金公司或基金管理公司向社会公众发行基本股票（公司型基金）或受益凭证（契约型基金），把社会分散的资金有机汇集起来，主要投资方向就是通过购买股权向国有企业注入资金，置换出银企债务。它的特点是汇集公众资金，委托专家投资，投资风险分散和投资收益共享，使民有资本为具有较高重整技术的市场参与者所掌握，有效地促进产权流动，配合企业重整。（4）结论：该思路是在总结以上三种思路优点及不足的基础上，并借鉴国外经验，结合我国自身特点提出的，它强调借解决银企债务之机，企业与银行建立正常的借贷关系，步入"举借债务——发展生产——获取效益——归还债务"的良性循环，推动改革进程，提高我国经济市场化水平，实现社会、政治、经济的全面进步，但这一思路只是初步构想，有很多的地方需要规范及做进一步补充。

参考文献

[1] 国家统计局：《中国统计年鉴》，中国统计出版社 1996 年版。

[2] 李罗力：《1995—1996 宏观经济分析》，南开大学出版社 1996

年版。

[3] 王伟东:《共同投资基金》,中国金融出版社 1993 年版。

[4] 银温泉:《国有大中型企业债务重组:方案比较和政策建议》,载《经济社会体制比较》,1996 年第 1 期。

[5] 朱友华:《中国国有企业债务问题国际研讨会综述》,载《经济学动态》,1997 年第 1 期。

本文刊发于《甘肃社会科学》1998 年第 2 期;作者:王关义、王钦

关于国有企业亏损问题的思考

国有企业亏损问题是我国经济体制转轨过程中所面临的一个重大问题。文章从亏损额、亏损面、亏损率三方面系统描述了国有企业的亏损状况并从管理体制及历史积累、结构的不合理和国有企业内部自身因素三方面深入分析了国有企业亏损的原因，提出了以企业改制和资产重组为突破口，以技术创新为保障，加强管理，努力实现管理的现代化等扭转国有企业亏损局面的对策。

目前，国有企业改革已经进入关键时期和攻坚阶段，关于这一阶段的改革如何推进，已引起国内外众多学者和实业界人士的关注。一段时期以来，国有企业发展中所暴露出的效益低下、亏损严重等一系列问题困扰着国有企业改革的深入，并在一定程度上阻碍了经济体制改革的顺利进行。如何解决国有企业的亏损问题，提高企业经济效益，实现经济增长方式的转变，成为改革实践中的一个重大课题。

一、国有企业亏损的基本情况

对于我国当前国有企业的亏损情况，本文选取亏损额、亏损面、亏损率（即亏损企业亏损额和盈利企业盈利额之比）三个指标来加以描述。

1988—1995 年全国独立核算工业企业亏损状况表

年份\指标	1988	1989	1990	1991	1992	1993	1994	1995
亏损额（亿元）	81.92	180.19	348.76	367.00	369.27	452.64	482.59	540.61
亏损面(%)	10.91	16.03	27.55	25.84	23.26	28.78	30.89	33.53
亏损率(%)	8.41	19.52	47.33	47.71	40.83	35.64	36.79	43.87

（一）从亏损额指标看。1988—1995 年国有企业亏损日趋严重，1995 年的亏损额，分别是 1988 年的 6.60 倍、1989 年的 3.00 倍。

（二）从亏损面指标看。1995 年的亏损面比 1988 年上升了 22.62 个百分点。

（三）从亏损率指标看。1995 年的亏损率比 1988 年上升了 35.64 个百分点。

值得重视的是，1996 年国有企业效益下降和亏损增长问题也相当严重。在全部企业实现的利润总额中，国有企业所占比重从 1994 年的 50.5%，1995 年的 41.2%，降低到 1996 年 11 月份的 24%，已不足 1/4，明显低于国有企业产值所占比重，也比国有企业在新增工业产值中的比重（27.3%）低 3.3 个百分点。国有企业的亏损问题呈现出进一步加剧的趋势，到 1996 年 11 月末，亏损额达 715 亿元，比上年同期上升 42.1%；亏损面为 43.7%，比上年同期上升了 5.7 个百分点；亏损率高达 72.4%，国有企业亏损额占全部企业亏损额的 61.4%。另据第三次全国工业普查资料显示，全国共有 2234 家大中型工业企业已连续两年亏损，占全部大中型亏损企业的 27%，其中有 1/3 的企业（即 735 家）资不抵债，负债超过资产的 17%。

作为我国社会主义国民经济的支柱力量，国有企业占用着绝大比重的社会经济资源；但是，这些资源并没有能够得到有效的利用，许多企业陷入资金周转不灵、产品滞销的境地，从而导致近些年来大面积的经营亏损。一方面国有企业的巨额亏损导致国有信贷资产的大量流失。据统计，1995 年和 1996 年两年间，中国工商银行因企业破产贷款本息损失达 238.8

亿元，损失率高达 85.1%。另一方面导致大量企业破产和企业职工下岗，据国家统计局资料显示，按我国国有企业目前状况分析，今后约有 15% 即 13000 多家国有企业应该破产。另据最新资料表明，目前我国国有企业共有 8.8 万多家，职工人数达 4650 万人，若以亏损面 46% 计算，约有 41% 共计 1900 多万职工生活在亏损企业。全国目前下岗职工已高达 900 多万人，这必然会对社会稳定造成消极影响，对经济体制改革的顺利进行造成较大压力。微观经济形势不好，很难说宏观经济会真正好起来，国有企业目前的状况，很难发挥其在国民经济中的应有作用，自然也就会影响到国家宏观经济政策的实施，成为社会主义市场经济体制改革进程中的一大制约。

二、国有企业亏损问题产生的原因

我们认为，我国由计划经济向市场经济转变，不可避免地使原来被种种表象掩盖着的企业效益问题公开地暴露出国有企业的亏损问题。

（一）管理体制及历史的积累，使得国有企业要比非国有企业承担更多的额外负担，降低了国有企业的经济效益。

1. 冗员的负担。据有关问卷调查统计，国有企业的冗员约占国有企业职工总数的 1/3 左右；在冗员中，闲置职工约占 2/5，隐性闲置职工约占 2/5，停工、停产企业长期在职无业职工约占 1/5。冗员问题产生于传统的"高就业、低工资、高福利"的劳动就业体制。目前，就国有企业本身来讲，急于进行劳动就业制度的改革，以减轻冗员为企业带来的负担；但是，在社会保障体系初步形成之前，社会无法承担大量失业人口形成的压力。因此，企业不可能将大量的多余人员推向社会。这不仅迫使富余人员滞留在企业内，而且他们的生活、再就业以及其他社会福利均要由企业包下来。可以说国有企业冗员的实质，是国有企业替代政府承担着维持就业、保持社会稳定等多项职能。

2. 国有企业的社会负担。在国家统计局 ETO 系统关于国有企业亏损原因所开展的调查中，其中由于社会负担过重导致亏损的占 8.5%。我国国有企业由于历史原因，承担了大量的社会福利事业，形成了"企业办社会"的独特现象。如企业办医院、学校、托儿所和向职工提供住房等等。企业内部的职工及家属可以免费或以明显低于成本的价格享受这些福利待遇。据有关资料显示，1994年全国3.4万户地方国有工业企业中，共有各类学校16783个，医疗机构3619个，当年支付的教育费用为15亿元，医疗费用20亿元，支付所办学校和医疗机构职工工资近20亿元，建设职工住房支出约50亿元，支付离退休统筹170亿元，这些支出总计相当于这些企业同期利润总额的1.1倍。另据不完全统计，全国预算内国有企业每年不合理负担高达600多亿元，超过了这些企业当年实现的净利润。仅大庆石油管理局每年的各种社会负担高达22亿元以上。试想如果没有这些额外负担，国有企业的效益就可以大幅度提高。

3. 沉重的债务负担。国有企业资产负债率普遍过高，据1996年的资料，国有企业资产负债率高达83%以上，负债额达上万亿元。其原因，一是"拨改贷"使企业一开始就债台高筑；二是国家长期以来不注入资本金，不增加流动资金，使企业不仅投资靠贷款，流动资金也几乎都靠贷款，由于经营管理不善，不少企业的贷款利率往往高于企业投资利润率，使企业穷于偿付利息而压得喘不过气来。

（二）结构的不合理。中国经济持续19年的高速增长，带来了消费结构、生产结构和区域结构的变化，导致许多国有企业严重亏损。

1. 生产结构的不合理。它突出表现在两个方面：一方面是结构的落后性，国有企业在"传统产业"中所占的比重较大。国有企业特别是大中型国有企业，绝大部分是在建国后前30年建成的，多数处在近些年由于结构变动地位相对下降的传统行业，如纺织工业、煤炭工业、冶金、机械等领域，因此，有较多的国有企业受其行业结构特点的影响，在结构转变过程中处于极为不利的境地。这些行业的国有大中型企业，虽然经过几十年的积累，在技术、规模、人员素质等方面形成一定的优势，但面对消费结构和产业结构的变化，自身调整的滞后，最终导致国有企业大面积亏损。另一方面是结构的趋同性，1996年投资项目快速调查资料表明，目前全国30个省、市、自治区中，产品生产重叠度较高的有：电视机（29个地区）、汽车（23 个地区）、洗衣机（23 个地区）、电冰箱（23 个地区）以及纺织、啤酒、卷烟、塑料、化肥、自行车、钢铁、摩托车、化学纤维等，这种结构的背后就是社会失去合理分工的效益。在社会总投资一定的条件下，必然又表现为投资项目的小型化，从而丧失了规模经济效益。以汽车生产为例，我国 300 多家企业的年生产能力为 145 万辆，还不及日本丰田汽车公司年产量的 1/4。即使是一些大中型项目的规模与国际比较也明显偏小，如我国发电机组装机容量的大中型项目标准为 2.5 万千瓦以上，而国际上一台机组容量就超过 30 万千瓦。在这种情况下，企业之间的竞争既表现为过度竞争，又表现为市场竞争力弱，企业经济效益低下，亏损严重在所难免。

2. 国有企业区域布局上的不利性。从区域布局上看，较早建成的国有企业大多数处在老工业区内，随着区域结构的变化，有一部分国有企业原来的区域位置显得不合适，如一些不处在棉产区的中低档棉纺生产企业，一些企业地处能源、水源、交通紧张或不适合大企业发展的城市中心地带等，发展条件受到限制。还有一些国有企业由于非经济方面的原因，在创建初期就有明显选址不当的问题，最有代表性的是大批分布在交通不便、配套条件极差地区的"三线企业"，这些企业受对外交流制约因素较多，加之对市场需求变化的信息反应迟缓和军工企业向民用领域的转变，使得这些企业在市场经济条件下难以为继，人力资源流失、设备老化等问题极为突出。可以说，上面提到的几类企业中有相当一部分若不在行业转移和区域转移上动作，很难从根本上摆脱困境。

（三）企业内部自身原因也是导致国有企业亏损的一个重要因素。

产品没有市场，销售不畅是一个非常明显的表现，到 1996 年 11 月末，全国产成品占压达 5430 亿元，比年年初增加 800 多亿元，其中大部分是由国有企业生产的。据有关研究资料，1996 年国有企业产销率不及 94%。在市场经济条件下，企业的产品必须通过市场交换才能实现自己的价值，马克思形象地称之为"商品生产者的惊险跳跃"，如果跳不过去，"被摔死的不是商品，而是商品生产者"。国有企业由过去的与市场隔绝，一下子变得与市场直接联系起来，在短期内还有诸如思想观念、管理方式等众多方面的不适应，必然被市场无情地抛弃，透过国有企业产品销售不畅的表象，我们可以看到产生这一问题的深层次原因。

1. 国有企业经营观念滞后。以往在计划经济体制下所形成的传统观念大大落后于激烈竞争的市场经济的客观要求。随着国民经济的迅速发展，我国的供给能力大大加强，已基本上消除了"短缺"现象。企业的生产经营活动不再仅仅是受资源的约束，还受到来自市场的约束，且这种约束日趋增强；居民消费也正处于由"温饱"向"小康"的过渡阶段，对消费的选择性增强；对企业生产提出了更高的要求，这使得习惯于靠数量扩张的传统生产经营方式遇到了前所未有的挑战，这也就要求企业的生产经营活动必须由以政府为中心转向以市场为中心。而国有企业在长期的生产经营活动中，重视的只是实物指标，主要是"速度信号""数量信号"，完成政府交给企业的任务，而对资产负债率、投入产出率、投资回报率、资金周转率、成本利润率等这些本来反映企业效益的重要指标漠然视之。因而，在这样的条件下企业的性质完全变了，国有企业成了只关心实物量指标完成的单纯的生产单位——制造工场，而不是真正意义上的企业——企求利润的事业。与此相反，一些非国有企业的经营则能灵活地适应市场需求，与国有企业激烈地争夺市场份额。因此，企业必须彻底转变观念，适应市场经济的要求，建立全新的企业经营理念、经营战略、经营策略、决策方式、组织结构和管理模式，追求管理的现代化。

2. 国有企业内部管理基础工作落后。据有关部门抽样调查表明，目前国有企业管理滑坡情况相当严重，在基础管理方面25%的企业有所提高，30%的企业保持原状，45%的企业滑坡；在专业管理方面，23%的企业有所提高，40%的企业保持原状，37%的企业滑坡；在现场管理方面，20%的企业有所提高，27%的企业保持原状，53%的企业滑坡。企业内部管理工作的滑坡，不仅使现代管理思想、方法和手段的实施失去了基础，而且直接影响到产品开发、生产、销售的全过程，最终造成国有企业经济效益大幅度下降。（1）陈旧的设备、落后的技术水平、管理上的漏洞、惊人的物资消耗使产品丧失了市场竞争力。据有关方面近年对1000家大中型国有企业的抽样调查结果显示，我国国有大中型企业的主要设备生产技术水平与国际水平相比，存在十分明显的差距。样本企业中现有的设备生产技术水平，达到国外 80 年代中期水平的占 28.8%，达到国外 80 年代初期水平的占 30.4%，达到国外 70 年代中期水平的占 17.0%，达到国外 70 年代初期水平的占 18.7%，而达到或超过国外 90 年代初期水平的不足 4.2%。总的状况是，2/3 的国有大中型企业与国际水平存在 10—20 年的差距。除了技术设备的落后，目前，企业还面临着外部燃料、原材料、运输涨价的压力。加之生产过程管理的漏洞、基础管理工作的不健全、现场管理的跟不上，导致物资消耗居高不下，损失浪费惊人。我国主要的工业产品能源、原材料消耗比国外先进指标高 30%—90%，我国同样的原材料、能源所创造的价值，仅相当于发达国家的 1/6—1/4。近年来，中国的经济总量，虽有明显增长，但整体素质不高。以 1994 年为例，中国每百元工业增加值，消耗的能源总量是日本的 32 倍，高消耗导致高成本，造成价格竞争上的劣势。(2) 产品质量水平的下降，严重影响了国有企业的经济效益。国有企业虽已实行了多年的全面质量管理，但由于管理基础工作的滞后，各项规章制度不能全面落实，质量管理在实施中大打折扣，反而出现了目前产品质量水平下降的现象。根据国家技术监督局的调查，在近几年的高速经济增长中，工业品的合格率由 1992 年的 80% 降到 1994 年的 70%，每年至少要使国家损失 2000 亿元，质量投诉高达 40 万件，劣质产品造成的损失相当于工业总产值的 15%—20%。生产过程中的不良品损失率高达 10%。据估算，大概相当于全国国有企业职工 1400 万人拿着工资，享受着福利，每天上班的工作就是专业消耗能源、浪费材料、磨损机器、生产着劣质产品。质量是企业的生命，劣质产品在激烈的市场竞争中是不会取胜的。
(3) 产品开发及市场营销方面的不足，也是导致国有企业亏损的一个重要原因。我国许多企业的产品保持几十年一贯制，但是市场的需求是不断发生变化的，如果产品不能适应这种变化，势必就要被淘汰。当前理论界及企业界普遍存在着这样的错误观点：产品卖不出去，原因在于市场疲软。其实真正疲软的不是市场，而是产品。另外，市场营销工作在企业中尤为薄弱，很多企业只是把它狭义地理解为推销和采取一些不正当手段。随之产生了不重视市场调研、不重视产品寿命周期分析、忽视营销策略的选择以及忽视名牌战略，对这些重要管理手段的忽视，最终会使企业在市场竞争中处于劣势，失去市场份额。

三、扭转国有企业亏损局面的对策

在市场经济条件下，企业是一个开放的系统，企业的各项生产经营活动受到内部条件和外部环境两个方面的影响。因此，为提高国有企业经济效益，扭转目前国有企业严重亏损的局面，必须从内外两个方面入手，塑造国有企业发展的良好的外部环境和建立企业内部管理的新体制。在国有企业改革过程中，如何正确处理宏观体制和微观基础的相互作用这是首先必须解决的问题。国有企业改革中目前存在着"以改代管"的问题，必须引起重视，纠正"只要企业搞了改革，就会适应市场经济要求"的错误看法。对当前进行的企业改制、资产重组以及加强企业管理等工作，我们认为其目标是一致的，就是促进企业长远发展，追求更高的生产率，这是一个大前提，而在整个实践中必须要有创新，创新是企业发展的动力。熊彼特曾说过，市场竞争的实质就是创新竞争，创新竞争同其他竞争相比，"其效力差别就像大炮轰和徒手推门相比"，在企业的发展过程中必须使制度创新、技术创新和管理创新三者统一起来，发挥它们的合力。因此，在对策的选择上，应当以企业改制和资产重组为突破口，以技术创新为保障，加强管理，努力实现企业管理的现代化。

（一）对国有企业实施战略性改组，以资本为纽带，通过促进存量资产的合理流动和重组，实现国有企业资源的重新调整，形成具有较强竞争力的跨地区、跨行业、跨所有制、跨国经营的大型企业集团。

实施国有企业战略性改组，能够在国家财政紧张的情况下进行存量结构的调整，以适应经济发展过程中的生产结构、区域结构和消费结构的变化，但在改组过程中，要立足于企业改组结构的合理性和结构的先进性，立足于开发新技术、新产品，贯彻"抓大放小"方针，加大结构调整的力度。结构调整的中心就是提高国有资产的经营效益，实现由数量型扩张向质量效益、结构优化的转化，使国有企业进入一个新的成长时期。

同时，在国家产业政策的引导下，发挥优势企业的作用，通过对现有经济资源的重新配置，实现国有资本从分散的中小企业向大型和特大型的企业集团发展，从低效的劣势企业向高效的优势企业发展，从一般竞争性领域向需要由国有经济发挥作用的战略性领域集中，这样就能提高国有企业的活力，并极大地提高企业的市场竞争力。从世界范围看，名牌产品几乎都是本行业中规模位居前列的企业生产的，因为只有规模上去了，在产品开发、生产成本降低、营销渠道、广告宣传等方面才能取得优势。

国有企业能够通过战略性改组，实现结构调整，并通过贯彻"抓大放小"的原则形成一批具有市场竞争力的企业集团，达到国企重组后的"大规模、高层次"要求，这无疑为处在困境中的国有企业提供了一条出路，也必须以此为突破口，扭转目前的亏损局面，再创国有企业的辉煌。

（二）塑造良好的外部环境，为国有企业改革创造条件，促进国有企业的发展，提高经济效益，实现扭亏增盈。

应当结合市场经济和国有企业改革的趋势制定一系列配套改革措施，推进相关的配套改革，包括社会保障制度的建立和完善、政府机构改革、金融体制改革、投资体制改革以及进一步完善财税体制、外贸体制和价格体制改革等。这些配套改革必须迅速进行，有人把它比作打开鸟笼门，让笼中之鸟返回到大自然中去。有些配套工作现在还跟不上，其中最突出的是社会保障制度没有很好建立，影响到企业优胜劣汰机制的形成，制约着国有企业真正成为独立的法人实体和市场竞争主体；同时企业还承担着沉重的社会负担，使国有企业改革难以深入，维持着低水平的生产经营，最终导致巨额亏损。国有企业高负债率问题的解决也是刻不容缓的，从外部环境来说，把金融体制改革和投资体制改革推向深入是当务之急。总之，各项配套改革的落实，是处于困境中的国有企业所迫切需要的。

（三）落实技术创新思想，加强对国有企业的技术改造，积极开发新产品，推进企业技术进步，以适应市场需求多变的实际。

在国家统计局 ETO 系统关于亏损企业目前迫切需要做好的工作调查中，分别有 9.8% 和 14.4% 的人认为应当是进行技术改造和开发新产品。企业应具体采取以下措施：

1. 培养、稳定和吸引更多的技术工人。企业兴旺当然要靠职工技术素质的提高，国有企业处于国民经济的主要地位，技术工人的数量和质量不仅对企业发展影响大，且对企业在市场经济中的竞争和生存产生较大影响。据调查，目前国有企业技术工人拥有比例仅为 42.9%，低于三资企业的 51.2%，也低于集体企业的 49.1%，且国有企业技术工人流失状况严重。针对这一情形，加强职工培训势在必行，职工培训应贯穿在职工整个就业期间，不断地给他们补充新知识，以满足市场竞争对现代企业职工提出的要求。例如，日本企业的终身雇佣制，和这一制度紧密联系的就是企业职工终身的不断培训，并在培训的投入上不惜工本。因此，只有努力提高职工的思想文化业务水平，才能改善企业的整体素质，在市场竞争中胜人一筹，正如美国管理学家彼得·德鲁克在《巨大变迁时代的管理》中所说："获取知识和应用知识的能力，将成为竞争力的关键。"

2. 搞好设备的更新改造。面对国有企业设备陈旧、落后的现状，结合市场竞争对企业"硬件"提出更高的要求，设备的更新改造工作刻不容缓。在设备的更新改造过程中必须注意两方面的问题：一是设备的更新改造不是目的，而是手段，进行这一工作的最终目的是提高企业技术开发能力，生产出适销对路的产品，而不是单纯追求设备的先进性；二是设备的更新改造要量力而行，阶段和重点突出，并随企业经营状况的好转而稳步提高，这一点对于国有企业来说尤显重要，国有企业要尽量本着"少投入、多产出"的原则，有效地进行设备的更新改造，不能因为这一工作的进行，反而背上更沉重的债务负担，陷入更加不利的境地。

3. 大力开发新产品。大力开发新产品，以新产品占领市场是企业保持长久生命力的源泉。世界上经营成功的企业都比较重视新产品的开发，基于新产品开发失败率较高的实际，国有企业应当从如下几个方面引起重视：首先，应当准确评估新产品的潜在市场，在对市场进行调查并科学预测的基础上，制定新产品开发计划。不了解顾客及市场需求的变动情况，而贸然开发生产新产品必然导致失败；其次，重视新产品的设计。当前不少投放市场的新产品之所以失败，一个重要原因在于新产品本身有缺陷，如由于技术上或设计上的错误，造成产品品质低劣、功能不全，以及颜色、味道、外观、规格、包装容量不适当，产品本身过分复杂，或者同市场现有产品相比没有突出优点，显不出优势。因此，国有企业在新产品设计方面应注意这些问题；再次，制定合适的价格策略。定价是决定新产品成败的关键因素之一，价格定得过高或过低，都会给企业造成不利，在新产品的生产过程中一定要重视成本控制，当新产品的成本高于预计成本时，所定价格必然缺乏竞争力，难于在市场上立足。

(四) 加强企业管理，进行管理创新，努力实现企业管理的现代化。

为提高国有企业效益，改进和加强管理势在必行。管理创新，实现企业管理的现代化自然也就是题中应有之意。美国著名的管理学家德鲁克认为，管理创新将是创新的"新领域"，在社会发展中要起到越来越重要的作用。针对国有企业管理的现状，我国许多经济学界人士深深忧虑："现在就是把鸟笼打开，鸟也未必会飞。"因此，加强企业管理，追求管理创新，实现管理的现代化迫在眉睫。钱德勒曾说过，技术潜力的实现是一个组织性问题，技术创新可能带来的规模效益只有通过管理、组织、协调后才能获得。对于加强管理、追求管理创新、实现管理的现代化，本文主要谈以下两个方面：

1. 管理思想的现代化，是实现企业管理现代化的前提。国有企业必须摆脱传统经营思想的束缚，建立适应市场经济需要的现代企业经营思想。(1) 树立市场观念。市场是联系生产厂家和消费者的媒介，必须要适应市场、研究市场，进行市场的调查、分析和预测，分析市场需求、产品的生命周期、市场占有率，紧跟市场变化，以市场为导向，以产品为龙头，形成以销、供、产为系列的经营活动；同时还要注重研究潜在市场，创造出更多的用户，每一个企业都必须有强烈的为用户服务的意识。一个没有用户的企业，就没有存在的必要。(2) 树立竞争观念。市场经济环境下，企业只有敢于竞争、主动竞争、善于竞争才能生存下来，国有企业必须由与市场隔绝转变为直接面对竞争。目前的竞争集中表现在产品品种的竞争、产品质量的竞争、服务的竞争、信息的竞争以及企业信誉的竞争。因此，在竞争中企业必须做到扬长避短、发挥优势，加强科研能力，努力开发新产品，创造名牌产品，增强销售能力，开拓市场，最终使用户感到满意。

（3）树立战略观念。企业面对市场连续不断地变化，为了求得生存、发展，必须要树立长远目标，要有长远规划。企业战略包括市场战略（指进行市场细分，选择目标市场）、产品战略、资源战略、科技发展战略、人才战略及企业文化战略等方面。企业在制定和实施经营战略时，要树立长远、系统、全面的观念，同时还应具备权变的观念，注意企业战略的相对稳定。（4）树立信息观念。为各项决策收集充分的信息，保证决策的正确性。当前，在一定程度上，企业已把竞争看成是信息的竞争，为了在竞争中取胜，必须要收集有关的政策信息、法律信息、经济信息、社会文化信息、科技信息、地理环境信息、竞争信息、消费者需求信息、商品销售信息及国际市场信息，充分掌握企业经营管理的内外环境，制定出行之有效的经营决策。

2. 管理组织的现代化，是实现现代化的基础。管理组织的现代化包括企业管理机构和管理规章制度两个方面。首先，国有企业必须实现管理机构的现代化，建立起合理的组织机构，适应现代化管理的需要，彻底改变机构臃肿、效率低下、人浮于事的局面，调整目前国有企业组织机构"一线紧、二线松、三线肿"的不合理结构；其次，针对国有企业内部制度化薄弱的通病，彻底根除目前国有企业内部职工与领导、职工与职工之间存在着的"无原则的人情味"，大家相互拿企业东西送人，对各种浪费现象相互容忍等弊病，建立起具有合理性、先进性和系统性的适应市场竞争需要的规章制度。现代企业为了提高对外部市场环境的适应性和企业内部的一致性，普遍以书面化的企业政策、岗位职责、任务标准、工作程序、行为准则为基础，从技术到管理，从生产到经营，从激励到制约的各方面都切合实际地制定和实施定量的标准，建立起明确的规则、程序和制度，涉及工作研究、岗位设计、财务预算、会议程序、报告程序、信息传递、职工培训和民主管理等各个方面，充分利用计算机管理信息系统，把各项专业管理职能和相应的管理方法贯穿起来，建立起有效工作系统的基础和正规化的运行机制，从范围上、深度上和动态上反映市场经济对企业基础管理工作的要求。市场经济是法治经济，现代企业也需要这些具有公司内部法治性质的，由正式的规则和程序以及非正式的惯例组成的管理方式。离开了这些书面化的企业法规制度和工作程序，采取放任管理或随意性管理的办法，无论什么先进的管理方法、技术都难以实施。管理制度的制定，要通过领导、专家和职工群众"三结合"共同制定，并动态改进作业规范和管理规范，配合思想工作，建立企业生产经营活动的客观标准，培养职工的时间意识、标准意识、程序意识，开发人的潜力、发扬民主管理、激励职工的进取精神，增强企业的凝聚力和市场竞争力。

参考文献

［1］约瑟夫·熊彼得：《经济发展理论——对于利润、资本、信贷、利息和经济周期的考察》，商务印书馆 1990 年版。

［2］钱德勒：《看得见的手——美国企业的管理革命》，商务印书馆 1994 年版。

［3］小宫隆太郎：《现代中国经济》，商务印书馆 1993 年版。

［4］哈罗德·孔茨、海因茨·韦里克：《管理学》，经济科学出版社 1995 年第九版。

［5］彼德·德鲁克：《管理的前沿》，企业管理出版社 1988 年版。

［6］杨军：《全国国有企业改革与管理现代化研讨会纪要》，载《经济学动态》，1997 年第 4 期。

［7］郭克莎：《1996 年中国工业增长回顾分析》，载《经济纵横》，1997 年第 5 期。

［8］国务院发展研究中心："国有经济的战略性改组"课题组《实现国有经济的战略性改组——国有企业改革的一种思路》，载《管理世界》，1997 年第 5 期。

［9］潘承烈：《博采众长，为我所用——企业管理国际新趋势》，载《企业管理》，1997 年第 3 期。

［10］徐鹏航：《国企改革如何加快发展步伐》，载《中国国情国力》，1997 年第 3 期。

［11］国家统计局：《关于第三次全国工业普查主要数据公报》，载《经济日报》，1997 年 2 月 19 日。

［12］毛小美：《国有信贷资产大量流失》，载《中国信息报》，1997年5月23日。

［13］《国有企业改革几时水落石出》，载《南方周末》，1997年8月23日。

［14］张义洪、王维亚：《上海国企：技术工人流失严重》，载《上海经济报》，1997年11月4日。

［15］肖华：《严重亏损企业主要集中在八大行业》，载《中国信息报》，1997年6月6日。

本文刊发于《汕头大学学报》1999年第1期；作者：王关义、王钦

企业解困需要信用制度的创新

造成国企困难的原因是多方面的，其中信用危机也是其一。本文对此进行了较为深入地分析，并提出了帮助国企解困需要建立良好的信用制度方面的对策建议。文章很有新意，值得一读。

在我国，国有大中型企业约有 1.44 万个，虽然仅占全国工业企业总数的 4%，但它创造的产值约占全国工业总产值的 46%，在国民经济中的地位和作用都十分重要。由于历史的、外部的和内部诸多矛盾的综合影响，大部分国有企业存在着体制不顺、机制不活、设备老化、包袱沉重等一系列问题，严重制约了企业的市场应变能力，使国有企业改革步履艰难。近年来，国有企业总体经济效益不断下降，亏损严重，形势严峻，这其中有高债务、冗员多、社会负担重等方面的原因，也有信用观念与制度上的原因。本文拟从分析企业信用制度陷入困境的主要原因入手，探讨企业解困在信用制度与观念上的主要对策，以期为国有企业的振兴献计献策。

一、国有企业发展面临的主要困难

国有大中型企业搞不活，从长远来看是机制或体制问题，从近期来看则是负担问题。这其中也有信用观念与制度上与市场经济的要求相距甚远的问题，主要表现在：

（一）国有企业资产负债率高

据 1995 年统计，国有企业的资产负债率平均为 74.3%，流动资金负债率高达 91.5%，资产负债率过高导致企业的债务负担过重，而且企业的资金利润较低，仅为 7.4%，企业缺乏偿还债务的能力。

（二）国有企业被"三角债"所困扰

"三角债"是中国的特有词汇，专指各种逾期贸易信贷，包括应付、应收款和在途资金。"三角"的意思是这些债务发生于多个企业之间，即企业 A 对企业 B 欠债，企业 B 对企业 C 欠债，企业 C 又对企业 A 欠债。据有关资料，我国的"三角债"总额自 1988 年 8 月的 789 亿元增加到 1991 年 8 月的 2265 亿元，年均增长 42%。1993 年年底，全国建工企业被拖欠工程款高达 308 亿元，1996 年增加到 600 多亿元。由此形成一个怪圈：宏观紧缩→流动资金短缺→三角债→产品积压→流动资金短缺……不少企业已被"三角债"所拖垮。

（三）国有企业存在严重的信用危机

现代市场经济本身是一种信用经济，并不是无序经济，正如有的专家提出的："市场经济所要求的信任，并非简单的对个人品德的信任，更基本的是对市场经济中人们对他人、对社会、对市场负责任的能力的信任。"一个没有信誉的市场经济是不堪设想的，而在市场经济中，一个没有信用的企业将永远不能在市场上站稳脚跟，信用是一种无形资产，它会为企业带来市场和利润，所谓信用，是指企业的经营行为所获得的社会评价和名声，创造一个健康的企业信用体系是建立社会主义市场经济体制的重要内容之一。但是，目前在现实生活中已产生了大量严重威胁市场经济历史进程的损害企业信用的经营行为。赖账和欠债在国有企业间表现严重，不守信用，特别是相互拖欠，形成"三角债"；企业用不正当竞争，以假冒伪劣商品进行欺诈；偷工减料，以次充好，欺骗消费者，以至于产生"市场经济要不要讲信用"的困惑。邓小平同志曾特别指出："一切企事业单位，一切经济活动和行政司法工作，都必须实行信誉高于一切，严格禁止坑害勒索群众。"早在18世纪富兰克林就疾呼："信用就是金钱。"这些论述都包含着深刻的哲理。目前在现实生活中存在的这种失信行为是市场经济不够发展，市场机制不够完善的一种表现。

人类社会的各种活动都是由一种道德观念维系起来的。古人做人的一项基本训条是："人无信不立。"可见，重诺守信这一准则极为重要，而整个商业社会则是由一个信用体系架构起来的，是什么原因导致我国当前信用观念和道德水准的下降？一般地讲，这种信用上的欺诈及由此引发的道德秩序的混乱，在从传统经济向市场经济转轨过程中极易发生，而我国目前正处于向社会主义市场经济转型的关键时期，新旧道德秩序随生活方式的改变而产生的冲击，使人们在道德观念的约束上会感到无所适从，因而整个社会有可能进入一种不讲信用的道德素质不高的状态。可以说，企业间的失信行为，其根本原因是经济运行机制问题。经济运转不良，资金流动渠道受阻，金融信用出现混乱，企业之间层层拖欠，由此影响到人们的信用观念，当整个社会的信用体系遭到破坏，道德水准下降，经济活动将无法维持运行。诚实和信用需要有良好的环境来培育。一个企业在生产经营活动中，以信为本，以诚待人，会使人产生安全感和信任感，赢得公众的广泛支持和赞赏，反之，若企业重利轻义，失信于民，坑蒙拐骗，让假冒伪劣产品进入市场，虽然暂时会谋取一些利益，但终究会失去市场，丧失消费者的信赖，失去自身发展的空间，等于自取灭亡。因此，企业要提高竞争力，就必须坚持信用第一的原则。

二、国有企业摆脱困境的信用对策

市场经济是竞争经济，也是协作经济，实际上竞争与协作都与讲信用紧密联系。信用附着在企业上，体现于整体企业的行为中，它是企业的灵魂，是企业在发展中形成的"自我性格"。因此，一个优秀的企业家应坚持信用高于一切，才有利于企业的发展壮大。正如日本企业家松下幸之助所说："不论我们做什么事，最要紧的是要讲信用。一个企业如果能得到大众的信任，而被认为：'那家公司生产的产品，一定没问题。'那么这个企业就已经先立于不败之地了。"发展社会主义市场经济，要把道德竞争纳入市场经济的轨道，要对企业的生产经营者进行道德竞争的教育，使其树立儒商伦理，讲究忠厚诚实，倡导利他主义。

恪守企业的经营信誉，是提高企业形象的根本保证。坚持信用第一，要从以下几方面做起：

（一）公民信用意识的培育

市场经济本身就是一种信用经济，而不是一种无序经济，世界上没有随心所欲、无法无天的市场经济，从市场经济发展的历史看，越是竞争充分，越是趋于完善的市场制度，越是需要全社会高度的信用意识做保证，欺诈与背信绝不是市场经济的内在要求，而是市场经济发育之初，市场机制不够完善的一种表现。现实生活中出现的相互拖欠、"三角债"、商业欺诈、假冒伪劣商品泛滥等活动，只能严重地危及市场经济秩序的发育，正基于此，我国现阶段市场经济的发展和建设，应当在全社会范围内大力宣传信用意识，培养公民和企业家恪守信用，运用舆论力量教育人们守信经营，弘扬以信用为核心的良好的市场经济发展观，倡导正确的商品交易价值观，这是信用制度创新的社会基础。

（二）企业应牢固树立"顾客就是上帝"的思想

著名的日本松下电器公司创始人松下幸之助在创业之初，就提出了所谓的"自来水哲学"，其核心是产品使用要方便，价格要低廉，所以其产品更易为消费者接受，更易挤垮对手，霸占市场。世界经济发达国家经济发展的历史证明，在市场发育比较成熟的阶段，由于存在激烈的市场竞争，每个企业为了获取更多的利润，它们无一例外地首先考虑消费者的利益，把更多的消费者吸引到本企业的市场领域，提高其产品的市场占有率，谋求消费者对企业的支持。据有关统计资料，城乡居民储蓄存款余额1996年年末全国达到3万多亿元，这表明居民的社会潜在购买力是相当巨大的，因此，客观上要求企业必须树立"顾客就是上帝"的思想，一切生产经营活动都应从消费者的需求出发，彻底消除消费者在购物过程中遇到的风险和不便，如表现在假（假冒商品）、劣（商品质量差）、少（数量不足）、虚（价格欺诈）、难（商品维修退货中遇到的困难）、气（商店服务不佳，令顾客受气）等方面的问题，只有这样，企业才能取信于民，取信于社会，才会有良好的社会形象，也才能谈得上长远的发展。

（三）从经济上建立信用保证和惩罚制度

社会主义市场经济的运行不是一种自发的、绝对自由的经济，而是一种法制经济，在市场经济运行过程中，不仅有一只无形的手在起制约作用，还有一只有形的手也在起制约作用，这种有形的手就是来自政府的经济政策和经济立法，为此，政府必须制定相关的奖惩制度，并充分发挥质量技术监督、管理部门和消费者协会的作用，发挥各种新闻媒体的督导作用，为社会、为企业营造一种良好的信用氛围环境，从长远发展的观点看，政府只有倡导讲信用，才能形成良好的社会风气，企业只有守信经营，企业才能取得公众的信任，才能得到较多的订单，获得巨大的经济效益。一个对社会负责的企业，社会必有回报。

（四）构造信用方面的法规体系，并严格执行

在法制建设上，应当制定出完善的规范企业及商品交易行为的法规，并严格付诸实施，对损人利己、假冒伪劣、商业欺诈、违背合同等不良行为依法进行惩治，当前所存在的一系列信用方面的问题，一方面反映出我国的市场发育还不够完善，市场竞争还不够充分和公平，市场的法律还不够健全，同时也要求信用制度的创新应当有完备的法律保证。据上海市的调查，"三角债"中的债务人除确因一些客观因素无力偿还外，大多数是抱有侥幸心理，能赖则赖，能不还尽量不还，"躲为贵，逃为高"，对于目前信用方面存在的这类问题，除通过正常法律途径解决之外，还可借助新闻媒体给赖债者曝光，使这种失去信誉的企业和人在社会上无立足之地。

（五）建立企业资信的评估认定制度

企业资信的评估和认定不仅是对企业的综合评价，而且还可以为银行信贷提供充分的依据，对消费者来说也是一种保护，通过这种资信评定，可以迫使一些资信差的企业努力改善经营水平，加强科学化管理，以良好的企业形象与产品形象参与市场竞争，对于那些债台高筑、管理混乱，靠欠账骗账过日子的企业来说，通过资信评定，使其难以生存，最终实现在全社会范围内优化资源配置、端正商品交易行为的目标。

本文刊发于《发展》1997 年第 7 期；作者：王关义、段杰

企业并购商誉问题分析

在当前日益完善的产权交易活动中，企业并购商誉会计成为一个重要难题。本文从商誉在会计中的一些基本研究入手，探讨了并购商誉的具体会计处理方法，并提出了一些对我国企业并购商誉的认识。

一、会计中的商誉研究

1891 年，Francis More 第一次根据经济学关于商誉的定义，将商誉为企业带来的优势与收益之间的关系结合起来，指出商誉的价值应根据超额利润（Superior Profits）确定的见解。20 世纪 20 年代，这一见解成为会计文献中的主流观点。佩顿和利特尔顿曾指出："如果一个企业有超额收益能力——就是说，从购买者的角度计算，能获得超过有形资源的正常或代表性的利率，且这一超额收益能力不能通过特定的因素加以解释，这就说明该企业拥有商誉或整体上拥有无形价值。"但自 20 世纪 20 年代后，会计界又开始对"超额收益能力"观点提出异议，一些学者认为，商誉能为企业带来"超额收益"，应是商誉对企业收益影响的结果。而商誉的存在是因为企业具有某些无形资源，如杰出的管理队伍、良好的社会形象、稳定的顾客关系等，正是这些无形资源的存在，才使企业能够获得超额收益。

美国当代著名会计学家亨德里克森较全面地总结了会计学界对商誉的三种有代表性的观点：（1）商誉是对企业好感的计价。即表示对企业有利的经营关系、雇员关系、顾客关系或企业的有利地理位置、销售网络、良好管理声望等因素的计价；（2）商誉是超额获利能力的现值。即代表企业超过正常投资报酬率的预期未来净收益的贴现值。当然，这里所说的"超额收益"，应是指在较长时期内能获得较同行业平均盈利水平更高的利润，因为短期超额盈利只能被认为是偶然利得，难以确认商誉；（3）商誉是一个总计价账户。这种观点认为，企业超额收益体现的是一种持续经营价值（A Going Concern Valuation）。然而，将"超额收益"全部作为商誉是不妥当的。商誉应是企业总体价值与单项可辨认资产（单项有形资产和可辨认无形资产）的未来现金净流量贴现值的差额；从收购的角度看，当收购成本大于被收购方可辨认净资产的公允价值时，即企业整体价值大于各部分资产价值总和时，为保持账务平衡，计入一个特定的总计价账户，即为并购商誉。

以上三种观点，实际上侧重于从会计计量角度来考虑商誉，反映了会计界对商誉计量方法的不同认识，代表了商誉的各种会计观。

在我国《企业会计准则——基本准则》中将无形资产定义为"企业长期使用而没有实物形态的资产，包括专利权、非专利技术、商标权、著作权、土地使用权、特许权、商誉等"。同时无形资产又可分为可辨认无形资产和不可辨认无形资产。可辨认无形资产包括专利权、非专利技术、商标权、著作权、土地使用权、特许权等；不可辨认无形资产是指商誉。可见，我国一直把商誉作为无形资产对待，并进行核算和反映。

二、企业并购商誉的确认和计量

（一）并购商誉与自创商誉的联系与区别及其初始计量

商誉从来源看，可分为外购商誉和自创商誉，企业的商誉决不会是在合并时产生，而是基于被合并企业由于过去的事项或交易而形成的。并购商誉是建立在购买一家公司的产权交易中体现出来的。购买商誉与非购买商誉在性质上并没有多大差别。严格地说，内在商誉应是并购商誉的基础，并购商誉是内在商誉的转化，但从价值量上看，购买商誉是产生于对企业的主观估价，是建立在特定时点的市场交易基础之上，这在一定程度上影响了购买商誉的价值量，导致并购商誉与内在商誉存在一定的区别：

1. 并购商誉是在收购交易中形成的，即通过收购价格减去可辨认净资产公允价值的差额确定，但是收购价格并不是企业的真正体现，因为收购价格除了原企业内在商誉影响外，还要受并购双方讨价还价的影响。收购价格的波动并不真正反映商誉的变化。

2. 购买商誉的出现，并不是对企业内在商誉的反映，而是实务中进行会计处理的一种"被迫"选择，它反映的不是真正所购买的商誉。

3. 并购商誉，实际上是并购中的会计溢价。并购企业之所以愿意支付比被并购企业可辨认净资产公允价值更多的价格，这并不仅仅是因为被并购企业有商誉的存在，而且还因为企业的并购动机和对并购效应的预期所致，因为被并购企业的市场价格受并购市场的供求关系影响所致。

4. 并购商誉是根据购买交易日的购买价格与可辨认净资产公允价值的差额计算的。而在交易日之后，无论是购买价格，还是可辨认净资产公允价值都会发生变化。如果说交易日的并购差价是并购商誉的话，最多也只能反映在交易日这一时点的商誉。更为重要的是，并购商誉所购买或分享的是被购买公司过去形成的商誉，随着并购的完成，原被收购企业是否继续能维持其优势也存在一定的不确定性。

从上面可见，目前不能确认内在商誉，而只确认并购商誉，并购商誉价值不等于真正的内在商誉价值，但又包含了内在商誉的因素。

由于商誉仅仅作为企业并购交易的一部分，不能单独地购买，因此并购交易成本成为商誉初始计量的基础。由于商誉不能独立于企业而存在，使得商誉的计量存在一定困难。也正是这种计量困难，使我们在会计实务上不得不对购买商誉按收购成本的剩余额即收购成本的公允价值超过所收购的净资产的公允价值的差额进行初始计量。

（二）商誉的后续确认与计量

在外购商誉的会计处理方面，各国的规定在不断变化，而变化的趋势是在商誉会计处理方面能达成共识的内容日益增多。如：1970 年，美国会计原则委员会公布的第 17 号意见书规定：除非公司认为另一种系统的方法更为合适，应按直线法将外购商誉系统摊销。1989 年国际会计准则委员会在其颁布的第 32 号征求意见稿《财务报表的可比性》中，将外购商誉的会计处理进一步限定为只将其资本化为一项可摊销资产，并且明确规定最长摊销期限不得超过 20 年，英国会计原则委员会于 1990 年颁发的第 47 号征求意见稿中规定：只允许采用系统摊销法处理，并规定商誉的摊销期一般不超过 20 年。

当前，在商誉被初始确认进入财务报表后存在 3 种后续确认和计量方法：

1. 将商誉立即注销。该方法对初始确认与后续确认区别在于商誉在被注销之前只是暂时确认为一项资产。之所以这样处理的理由是商誉在初始确认后具有很大的不确定性。然而，在商誉确认记录为一项资产后立即予以注销是令人困惑的。因为，如果商誉在购买日无任何价值可言，那么，它就应该是立即注销而不应该是开始记录为一项资产而随后予以注销；如果商誉初始是有价值的，除非发生灾害，没有任何事件能立刻使其变得毫无价值，因而，该种方法是不恰当的。

2. 将商誉不摊销但进行减损评价。其支持者认为商誉的价值一般只会增加而不会下降，从而商誉不是一种耗费性资产，对价值不会下降的商誉进行摊销将会使财务报告失去其真实性。他们认为商誉不应该进行摊销，但应该进行价值减损评价。这种处理方法同样是不恰当的，因为差额的要素，可能具有与"持续经营"企业本身相同的无限有效寿命。但是，记录为商誉的某些要素却可能具有有限寿命，初始确认的购买商誉中包括非核心商誉的资产要素，它们则是应该摊销的消耗性资产。同时，仅价值减损栏作为商誉后续计量方法，也是难以行得通的。因为，与其他进行价值减损栏的资产不同，商誉并不具有独立的现金流量。

3. 在有效的经济寿命期内进行摊销。该观点认为：

（1）摊销商誉就是将分摊到商誉的成本进行分配以实现收益与费用的恰当配比。

（2）所有的旧商誉是一种被耗费的资产，而且被新商誉重置，因此旧商誉必须进行摊销。

（3）商誉的寿命估计不能达到可靠的满意程度，也无法知道商誉被耗费的方式，因而在不确定期间进行摊销是唯一务实的解决方法。该方法是一种相对科学、合理的方法，因为购买商誉中的一部分具有有限寿命，应该在其寿命期内进行摊销。然而，由于一部分商誉是非消耗性资产而具有无限寿命，这部分商誉不应该进行摊销，会计上只需进行价值减损评价，所以说比较科学的方法是对购买商誉进行摊销同时进行商誉价值的减损评价。

三、对我国并购商誉会计处理的一些认识

在当前面临日益完善的企业并购，我们也将别无选择地面临商誉会计这一难题。目前，我国已有若干文件对并购商誉的会计处理做了规定：财政部财会学（1997）30 号《企业兼并有关会计处理问题暂行规定》要求："采用有偿方式兼并的，按照各项资产评估确认的价值，借记所有资产科目，按照成交价高于评估确认的净资产的差额，借记无形资产——商誉"；采用有偿收购的，"按支付价款借记长期投资科目，贷记银行存款等科目"，同时，根据《合并会计报表暂行规定》及《合并会计报表》规定，收购企业编制合并报表，合并时，母公司对子公司权益性资本投资额与子公司所有者权益总额中母公司所拥有的份额抵销时所发生的差额，计入"合并价差"作为"长期投资"的调整项目。而在《具体会计准则——企业合并》中又将购买溢价确认为"商誉"，并按直线法在不超过十年内摊销，同时，要求在第一个资产负债表日，对商誉的未摊销额进行检查，当商誉未摊销额预计不能从未来收入中收回时，应将预计不能收回的金额确认为费用，计入当期损益。

从上面规定看，存在以下几点值得商榷的地方：

1. 同样作为产权交易的兼并与收购，其交易特征应是相同的，但在并购溢价的账务处理上却不一致。

2. 在兼并中，未考虑负商誉的处理方法。然而现实中负商誉确实存在，特别是当企业并购突破所有制界限后更不可避免。

3. "合并价差"的计算过于笼统。它应是购买价与所购企业净资产公允价值之间的差额，而在我国"合并价差"只笼统反映"长期投资"与占子公司所有者权益份额之间的差额。

4. 在"合并价差"中也包括母公司对子公司权益性资本投资额小于子公司所有者权益总额中母公司所拥有的份额。如果这包括并购"负商誉"的话，那么这种处理就更不合理了。

参考文献

［1］项有志：《企业并购会计》，立信会计出版社 2000 年版。

［2］傅冠强、伍千奎：《购买商誉的几个会计问题》，载《财务与会计》，2001 年第 6 期。

［3］于卫兵：《建立商誉会计需要解决的几个问题》，载《财务与会计》，2001 年第 11 期。

本文刊发于《华东经济管理》2003 年第 3 期；作者：邹福勇、王关义

企业无形资产的评估管理对策

一、建立健全无形资产评估管理体系的必要性

随着社会主义市场经济体制的逐步建立，特别是知识经济时代的到来，迫切需要建立适合我国国情的无形资产评估制度。而在目前国有资产大量流失的情况下，重视无形资产评估工作，建立一套符合经济发展实际的无形资产评估理论和操作体系就更显得必要。

1. 国有无形资产严重流失，迫切需要建立健全企业无形资产评估管理体系。资产评估是维护社会主义市场经济秩序、促进公平交易、防止国有资产流失的重要手段。国有资产占有单位在发生公司制改建、对外投资合并等行为时，必须遵照国家现行法律法规的要求，聘请中介机构进行资产评估，不得有意或借故规避评估程序，不得借评估行为作假侵吞国有资产。但是，据有关统计资料，近十多年以来，仅从开办中外合资企业的过程中流失的国有无形资产至少达 2000 亿元；而从科研单位、大专院校流失的国有无形资产则更难以推算。表现为：不少单位无形资产管理混乱，不入账，造成流失；企事业单位科技人员分流，不仅带走自身的知识和技能，原单位的科技成果、市场信息、供销网络等无形资产也随之流去；不少国有大中型企业开办中外合资企业，无形资产不评估造成的资产流失等现象极为严重，迫切需要建立健全无形资产评估管理体系。

2. 无形资产评估管理过程中的中介服务体系不够完善。承担资产评估工作的各类中介机构，应严格按照国家有关法律法规规定的评估程序、评估方法和标准，客观公正地进行资产评估，不得违规执业或出具虚假评估报告。各级财政部门应认真履行职责，加强对资产评估活动的监督管理。随着越来越多的技术成为独立存在的知识形态商品，面向经济建设主战场，打破了传统的封闭僵化的科技成果推广模式，大量的科技成果的应用，为国民经济的持续高速发展起到巨大的推动作用。但本应之发展相配套的资产评估等一整套中介服务体系还比较滞后。因此，只有建立健全无形资产评估这一专业性的市场中介机构，才能使无形资产评估行业逐步纳入法制化的轨道。

3. 完善无形资产评估体系，是我国经济发展和实现与国际惯例接轨的重要环节。作为一个发展中国家，我们需要适度地从国外引进先进的技术、品牌、商标等无形资产，以提高我国商品的质量和信誉，占领国际市场。然而，在我国，无形资产作为一种特殊财产，专业从事无形资产评估业务并有效地开展工作的无形资产评估机构较少，远不能满足市场经济发展的需要。因此，只有按照国际惯例，加快无形资产评估业的发展步伐，有效地开展对各类无形资产的评估，才能为我国的经济发展创造良好的外部环境。

二、企业无形资产评估管理中存在的问题

我国企业无形资产评估管理中存在的主要问题表现在以下几个方面：

1. 无形资产评估工作的失范问题比较严重。无形资产评估是在一定的法律、法规指导下进行的，以国家的政策规范为依据，无论什么性质的企业，无论何种形式的无形资产的评估，都不能违背国家的法律规范。同时，无形资产评估是一种种类多、内容复杂的工作，在当前评估工作的实践中，往往在范围、方法和程序等方面随意性较大，同一种资产，不同的评估机构得出的结论差距巨大，影响评估工作声誉。另外，评估工作也受到多种非科学因素的干扰，缺乏科学而统一的规范约束。

2. 无形资产评估机构和管理体制不够健全。在我国，现行资产评估管理体制是以国家国有资产管理委员会为最高统一领导者，以地方国有资产管理部门、评估机构的行政主管部门、评估客体单位的上级主管部门为分级管理者，以评估协会与自律性管理为辅助，以各类从事资产评估业务的评估机构为管理对象，以资产评估资格、过程与结果为管理的主要内容。在这种体制下，严重影响了评估结果的公正性和公平性。目前，虽然已经设立了有关无形资产评估管理部门，但是有些部门对国有资产进行管理的职能并未完全行使，也有些部门在明确职能、权限、责任范围上模糊不清，采取不正当手段招揽评估业务，或为了收费而一味地迎合企业，只象征性地到企业走走过场，使无形资产评估工作无法顺利开展，评估机构不健全，自然会影响到评估结果的准确性和公正性。

3. 从事无形资产评估工作的人员素质较低。同有形资产的评估相比，无形资产的评估要复杂得多，在评估过程中，经办人的主观因素所占比重也较大。评估行业的职业道德要求评估机构和评估人员要本着对社会、对客户负责的态度，尽一切努力使评估工作做到严肃、认真、科学、公正，避免评估工做出现随意性。但是目前我国从事无形资产评估工作的人员年龄结构普遍老化，专职人员过少，全国从事评估工作的从业人员有近 4 万人，很多人员只是经过简单的培训就仓促上岗，评估水平很低，人员结构也不尽合理，各家评估机构水平参差不齐，这就严重影响到无形资产评估质量。所以必须制定相应的从业资格条件，以保证建立一支稳定的、训练有素的评估队伍。另外，少数评估人员在评估中无视国家法规和职业道德，对于无形资产评估结果的确定不是根据科学方法和客观事实，而是按照被评估单位的某种需要去做，导致评估结果严重失实。

4. 对无形资产评估工作的认识有待提高。由于无形资产本身不具有实物形态，又不能直接来增加社会物质财富，加之长期以来人们对于无形资产的相关知识缺乏了解，对无形资产的研究也起步较晚，因此对无形资产的重要性缺乏必要的认识。为进一步推动我国无形资产评估事业的发展，学习和借鉴国外先进的评估经验和方法，应该举办多种形式的有关无形资产知识的培训和理论研讨班，提高对无形资产评估工作的认识。

三、建立健全无形资产评估管理体制的措施

无形资产对企业发展的影响越来越大，随着国民经济的发展，国有企业无形资产的种类和数量将与日俱增，对企业的影响将更为深远。然而，在实践中，无形资产的流失已经不容忽视。为了加强对无形资产的评估，构筑适合我国国情的无形资产评估管理体系，需要做好以下几个方面的工作。

1. 提高法律意识，建立健全无形资产的法律保护体系。目前，急需要普及无形资产知识，提高法律保护意识，以便能更好地重视无形资产的保护。要尽快建立和完善无形资产评估业的政策法规体系，使其有法可依。资产评估是市场经济的产物，为了适应市场需要，我国已经制定了有关保护知识产权的专利法、商标法、著作权法和计算机软件保护条例等，一些地方也相继出台了一些地方性的政策或法规，如河南、深圳等地颁布的"无形资产评估管理暂行办法"等，有力地推动了地方或行业的无形资产评估业的发展。但是，随着无形资产内容的不断增加和范围的扩大，各种形式的无形资产均需要有相应的法律保护，应结合无形资产评估的现状，制定切合实际的具体执行办法和条例，更好地保护无形资产所有者的权益。

2. 建立健全无形资产评估管理体制和无形资产评估制度。改革开放以来，企业对诸如专利、专有技术、商标权、商誉等无形资产越来越重视。然而，由于我国至今还没有完全建立起一整套关于无形资产形成、占有、使用、交易及其保值增值的法规制度，造成无形资产的宏观管理混乱，缺乏一个统一的行政归口管理部门，影响了无形资产的合理流动和有效利用。为此，应尽快按照科学、统一、效能的原则，建立健全无形资产评估等产权服务组织；培养和造就一批富有经验的评估专家队伍；在规范评估方法、标准和规则的基础上推动技术市场、产权交易市场的健康发展，保障无形资产的增值；建立无形资产运营的监管系统，建立健全无形资产评估制度，防止无形资产的流失。

3. 加强无形资产评估人员的培训。无形资产评估是一门综合性科学，要搞好无形资产评估工作，在评估队伍的专业结构上，要求多学科、多门类，在无形资产评估队伍建设中，人员配置需注意财会专业与技术专业人员的配合。无形资产评估业具有较强的专业性、综合性、创造性及复杂性等专业特征。这就要求无形资产评估业的从业人员必须具有扎实的专业知识，严谨的科学态度，广阔的知识视野，丰富的实践经验和较强的工作能力等。然而，我国目前无形资产评估业的从业人员中大多是科技人员或财会人员，需要认真学习和研究无形资产评估的理论、方法和技巧，学习有关政策、法律、法规和新的评估知识。

4. 实现无形资产评估行业与国际接轨。处于起步阶段的无形资产评估业远远满足不了国民经济的发展需要，更不用说与国际惯例接轨。所以，迫切需要对无形资产评估从业人员进行系统培训，建立起规范的技术评估师资格认证制度，为无形资产评估业的健康发展创造良好的社会环境。具体地说，就是国家首先制定法规，界定和规范技术评估师的权利、义务和责任等。在政府部门的指导、支持、准许、监督之下，由技术评估协会具体地实施培训、考试、审查、认定和取消技术评估师的资格；取得资格的人员，即可依法独立上岗执业，并接受无形资产机构的管理，逐步建立起比较规范的现代技术评估师制度，做好无形资产的各项基础工作，不断提高无形资产的管理水平。

本文刊发于《企业改革与管理》2006 年第 1 期；作者：王丽芳、王关义

国有商业银行的营销误区及治理对策

银行营销是商业银行增强自身竞争力的有力手段，文章分析了国有商业银行在实施营销策略时存在的误区，如重内部效率轻外部效率，重存款轻贷款、轻中间业务，重客户开拓轻客户管理等；提出了开展关系营销、内部营销、建立客户服务中心等相应的治理对策，以利于国有商业银行面对激烈的金融市场竞争提高自己的经营水平。

自交通银行重组及中信、招商等一批商业银行建立以后，随着工、农、中、建四大国有银行由分业经营向综合经营转轨，以及加入 WTO 中国承诺逐步向国外投资者开放银行业，允许外资银行进入中国市场，我国银行业的竞争日益激烈。银行营销作为银行业经营管理的一种全新理论和方法，作为其经营战略的一个重要手段而被各家商业银行推崇备至。然而，国有商业银行在运用银行营销策略方面，还存在着认识上和操作上的误区，亟待改正。

何谓"银行营销"？1972 年 8 月英国的《银行家杂志》（THE BANK-ERS）对此定义如下："所谓银行营销是指把可盈利的银行服务引向经过选择的客户的一种管理活动。"也就是说，银行营销是银行业以金融市场为导向，利用自己的资源优势，把银行产品和服务销售给客户，以满足客户的需求并实现银行的赢利目标的一系列管理活动。银行营销作为市场环境中竞争优势的新要素为银行业所运用，成为当前银行业经营制胜的重要保证。随着我国市场经济体制的逐步确立，经济运行的高速增长及对外开放政策的逐步扩大，国有商业银行一方面面临着不断扩大和层出不穷的市场需求，另一方面也面临着改革中出现的巨大困难和挑战。业内人士分析认为，中资银行（包括非国有银行）能够与外资银行抗衡的竞争优势，主要有庞大的国内分支网络、对国内政策与市场的熟悉以及大量本地客户的信心资源；与外资银行的差距，最主要的并不在金融服务的技术与硬件，而在服务观念和营销理念上落后。

一、国有商业银行的营销误区分析

误区一：片面强调内部效率，忽略外部效率。对产品制造业来说，传统的管理思想一般包括下面一条：要降低产品单位成本、提高效率，必须降低生产和管理成本。这似乎被各行各业奉为提高企业竞争优势的"金科玉律"而广泛采用。可是，对于服务业来说，效率至少是两维的，包括内部效率和外部效率，比较复杂。前者与企业的经营方式、劳动力和资本的生产率有关，传统管理思想的"提高效率"更多的是提高内部效率。后者则是客户认识企业产出和经营的方式，也就是客户感知服务质量的程度。

在我国银行业，普遍存在着企业一旦发生财务问题或遇到竞争加剧时，就片面强调提高内部效率，而往往造成了外部效率的降低。在近几年的裁员事件中，国有商业银行在有关内外部效率的决策上就暴露出这样的问题。以工商银行广东省分行为例，1999 年该行在全省的员工为 4 万多人，2001 年年底，工商银行在全国范围裁员达 7.5 万人。也是 2001 年，央行金融研究局局长谢平曾在一次研讨会上透露，在未来几年中，工、农、中、建四大国有商业银行将裁员 20%—30%。事实表明国有商业银行已认识到竞争的残酷，在千方百计提高企业效率。一方面内退、分流一部分人员，一方面引进大学生和留学生，以提高员工素质，提高服务质量。这些都是无可厚非的。但是，令人痛心的是被裁去的那部分人员，他们往往年龄偏大但在一线能与客户沟通且经验丰富。银行服务质量的优势在很大程度上取决于这部分员工的客户关系和工作业绩。此类裁员造成的直接后果是裁掉了一批业务娴熟的操作人员，保存了一个人浮于事的臃肿的管理机构；引进了一批高学历的毕业生，却潜在地为外资银行进入培养了本地人才。

误区二：片面追求"关系"，忽视真正意义上的关系营销。银行间竞争日趋激烈，组织和优化客户成为竞争的焦点。"中国社会是人情社会"，一些银行为了吸引更多的客户资源，采取一系列不正当的做法，"拉关系"甚至违规操作。例如，变相地打"利率战"，送纪念品、给回扣，甚至采取贬低竞争对手抬高自己的做法，同客户建立一种为一己私利而互相利用的关系。这既牵制了银行过多的人力、物力、财力，又容易导致内部管理出现黑洞，滋养腐败蛀虫。随着经济体制的完善和市场的成熟，这种落后的拉客手段，必将为高水准的竞争服务所淘汰。近来，北京、上海等地银行推出的预约服务、到期电话提醒服务、代理收费一条龙服务等都是对营销策略的有益探索，也预示着国有商业银行一场"服务质量"革命即将到来。

误区三：重视客户资源开拓，忽视客户资源优化管理。有资料表明，外资银行的利润80%是由20%的客户创造的，而中资银行的利润60%是由10%的客户贡献的。国有各银行都深知黄金客户的重要性，采取各种手段（甚至违法违规），或"推"或"拉"，尽可能为自己争得更多的低成本低风险的资源。另一则数据却表明：对某一银行服务不满意的客户有20%会在最初两年退出，而赢得一个新客户的花费则是维持一个老客户的5倍。中资国有银行普遍存在着重客户资源开拓，忽视客户资源优化管理的倾向，重视产品销售，忽视售后服务。"打江山难，守江山更难"，如何争取和培养忠诚客户是银行营销管理的首要任务。事实上，近20年国际银行业的发展表明，客户忠诚度对银行利润的影响较市场份额举足轻重，忠诚客户的多少在很大程度上决定着市场份额的"质量"。在激烈的竞争中，银行只追求市场"数量"是远远不够的，而市场"质量"即客户忠诚度，才真正体现利润的含金量。美国一些学者调查发现：忠诚客户每增加50%，所产生的利润增幅可达25%—85%。

误区四：注重存款营销，忽视贷款营销和中间业务营销。长期以来，存款一直被当作"立行之本"，组织存款更成为银行间争夺的重点，各行为此使尽浑身解数。但是，对贷款和中间业务各行却异常冷静，甚至吝惜贷款。笔者曾见到某国有商业银行的红头文件，把下属某支行大量吸收存款作为先进典型通报表扬，对贷款和中间业务却只字未提。存款、贷款和中间业务是银行业的三大基本经营项目。如果只重视存款，而忽视贷款、中间业务营销，甚至把上存资金当作银行追求安全性与盈利性的目标，不仅有悖于商业银行的基本职能，也扭曲了银行营销的真正目的。对国有商业银行而言，如何放贷款才是现在最主要的问题。吸收存款越多则负债越高，只有把存款放出去，银行才能盈利。中间业务具有表外性、服务性以及风险小、成本低、利润高等特点，必将成为外资银行与中国银行业争夺的重点。我国商业银行发展中间业务面临的形势十分紧迫。我国金融业实行分业经营，银行、保险、证券等金融机构各立门户，泾渭分明，业务比较单一。银行中间业务收入仅占其总收入的10%不到。目前，外资银行在其开展的一些中间业务，如国际结算等方面，显露出强劲的竞争力，市场份额已达40%左右。

误区五：强调员工操作规范性，忽视客户参与性。银行服务是一个连续的过程，具有不可分离性。服务提供与消费过程是同时进行的，银行员工提供服务即是顾客消费过程，两者不可分离。银行提供的服务并不是具体的物质产品，而是抽象的不可感知性的活动。在服务过程中消费者和供给者必须直接发生联系，客户也只有参加到服务的全过程中才能最终获得满足。但是，在实际操作时存在着以下问题：

（1）忽视了客户在服务过程中的核心地位，把自己的员工而不是客户作为服务的管理对象。银行更多的是关注员工是否严格按规定办理每一项业务，而忽视了客户是否准确无误地按规定独立完成相关操作。这样，一旦出现问题，客户往往并不责怪自己的不当而是归咎于银行，银行方面也觉得委屈。于是，相互之间不信任的情绪便产生了，客户也失去了继续往来的信心和兴趣。

（2）服务提供与客户要求脱节。银行的服务提供与客户的服务需求、消费是同时进行的，并不存在准备的过程。这便对一线员工服务的应变能力提出了很高的要求。在实践中常常出现以下两难局面：客户不会使用自动柜员机或机器发生故障吞没了他的取款卡，放弃自动柜员机去排队取款又感不便，于是客户拂袖而去，使服务过程中断。诸如此类，将为以后外资银行介入竞争提供出间隙。

误区六：盲目挤占市场，忽视目标定位。当今不少银行办成了金融百货店，力图为顾客提供最完备最方便的产品以提高市场占有率。商业银行不同于一般制造企业，金融产品的同质性、服务与产品的同一性、员工与客户的直接接触性，决定了银行业很难仅单纯以产品或价格取得竞争优势，而必须辅以高质、多样化、个性化的服务。事实上，对消费者来说，购买任何一家银行的产品所获得的利益和效用大体相同，能够体现差异的也只在销售服务。产品和价格差异难以明确区别，客观上决定了银行取得差异优势的关键在于服务质量。面对前所未有的激烈竞争，各银行均投入了可观的人、财、物力，引进先进设施和经营品种。不过与大量的投入相比，各银行并没有获得与之相匹配的竞争优势。靠政策、靠网点吃饭，仍是国有商业银行生存的重要手段。究其原因，这是在参与竞争时忽视准确的目标市场定位，未能有效开展银行服务营销造成的。

误区七：注重外表包装，忽视形象经营。随着经营环境的日趋复杂，竞争日趋激烈和经营风险不断加大，越来越多的银行开始由以往的单纯追求业务成绩转变为重视形象经营，并以此促进业务的开展。但在开展形象经营的过程中，仍存在着忽视其内涵和企业文化建设的问题。不少银行大搞高级门面装修，热衷于穿行服、唱行歌等活动，服务大厅的环境氛围则良莠不齐。要么电子显示板形同虚设，要么地面肮脏污秽，要么填单不整、缺笔短墨。企业精神、员工素质、价值观念等一系列内在形象的培植都被置之脑后。形象经营模糊甚至错位，必然影响到客户对银行的识别。

二、国有商业银行的治理对策

对策一：开展关系营销。关系营销源自 20 世纪 80 年代欧洲工业品市场和服务市场的经营实践。该理论认为市场营销是企业和客户、竞争者、政府机构等一系列营销对象发生互动作用的过程，企业应当维持和发展与客户的信任、互利、长期稳定的良好伙伴关系。关系营销与目前普遍存在的"拉关系"有着本质的不同。要成功开展关系营销，至少应在以下方面下功夫：

（1）开展维持和发展忠诚客户的营销业务。市场竞争的实质就是争夺客户，忠诚优质的客户更是银行利润的主要创造者。应以优惠的价格、优质的产品、优良的服务，来换取客户的长期信赖和忠诚。

（2）发展与竞争者的合作关系。本着为顾客创造价值的理念，即使与竞争对手，也应从大局出发，在某一方面或局部利益上建立合作关系，避免无益或恶性竞争，达到共存共荣之目的。例如，中国建设银行山西省分行与中国工商银行山西省分行联手采取措施，促使多头开户企业偿还贷款。

（3）重视对政府开展营销公关活动，使商业银行的经营活动取得政府的理解和支持。

（4）正确处理与媒体的关系。媒体是沟通商业银行与社会联系的重要纽带，也是银行获得信息的重要渠道。应当与媒体保持联系，争取合作，建立信任，获得支持。

对策二：建立客户服务中心。如何在吸引更多新客户的同时又培育出更多的忠诚客户呢？一方面要继续保持完善的人工服务，另一方面还必须借助现代科学技术建立客户服务中心（call center），以适应市场需求形势的变化。

随着 IT 业的迅猛发展，银行业的服务和竞争已经扩大到全球范围。专家预测：世界银行业将朝着"自助化"和"网络化"方向发展。客户服务中心正是顺应这种潮流的产物，成为实现"客户至上"，"服务为本"经营理念，赢得客户信赖的有力手段。客户服务中心通过计算机和电话语音技术结合，可为客户提供集中和规范化的服务。通过中心与银行业务系统衔接，可以为客户提供金融查询、转账和交易服务。客户服务中心不是简单的电话银行，它可以提供更多的个性化服务。例如，可根据客户规格的高低，实行分级管理。可以把大客户、优质客户、老客户转入专人服务系统，由业务水平更高的人员接待办理业务。

建立客户服务中心的目的，除吸引新客户、培育忠诚客户之外，还包括拓宽与客户的联系，获取并分析客户更多的需求，向客户提供理财建议，推荐金融产品等。总之，客户服务中心既能提供便捷安全的服务并降低成本，也可克服柜台营销辐射半径小、经营费用高、营业时间有限、服务质量难以把握等老大难问题。客户服务中心的建立使得自动化金融服务成为现实，银行营销模式也将发生革命性变革。

对策三：大力提高服务质量。银行服务质量取决于顾客对服务预期与实际感受之比。这种质量较有形产品质量更难被消费者准确评判，因为不仅要关注服务的结果，还要涉及过程。改善服务质量应着眼于以下方面：

（1）创建服务兴行的理念。据专家预测，随着市场和信息科技的不断发展，服务竞争将取代产品和价格竞争，成为经营制胜的法宝。必须注重服务意识的提高。这一方面能鼓舞士气，团结人心，另一方面能引导决策，开拓创新。

（2）做好内部营销。内部营销指银行必须有效地训练和激励其与客户接触的员工，和全体服务人员共同合作，以提高客户的满意度。事实上，内部营销必须超前于外部营销。一方面应当培养员工的共同参与意识、共同价值理念和共同的归属感，并努力为员工创造个人发展的机遇和条件，另一方面应当建立明确的责任分工、畅通的信息系统、科学公正的内部考核制度，并树立群策群力的合作意识，以保证各项政策的持续贯彻。通过开展内部营销使员工个人的需求获得满足，才能焕发他们的工作热情，为顾客卖力服务，顾客也才会增加忠诚度。与忠诚客户打交道反过来会使员工感到更满足，形成互动的良性循环。

（3）延伸服务过程。提供有效的服务，争取客户最大的满意，就要把对服务质量的管理延伸到服务过程中对客户行为的管理，随时保持与客户的密切沟通。帮助客户正确地扮演他们的角色，辅导他们参与服务过程，获得应有的金融知识和技巧，使得服务提供与消费过程关系更和谐。

对策四：服务产品有形化。让无形产品有形化，使消费者感知服务产品的存在，提高享用服务产品的效用，是现代服务业发展的重要策略。银行业服务产品有形化，可以通过三个方面来实现：

（1）服务品种有形化。通过增添服务设施等硬件条件，如 ATM、POS 等来实现业务服务自动化和规范化；借助区分服务品种的票券、牌卡来代表消费者的不同需求，变无形服务为有形服务。

（2）服务环境有形化。服务环境和场所虽不构成服务产品的核心，也不会增加价值，但它能给客户以"先入为主"效应，成为服务产品不可缺少的部分。一个功能齐全、整洁明亮的环境会增加消费者办理业务的信心，从而对银行产生信赖感。反之，则会使消费者产生反感，对银行心存疑虑。因此，营造良好的服务环境，是刺激和扩大对无形产品需求的一项重要举措。

（3）服务员工"有形化"。银行员工与消费者直接接触，他们的气质性格、言谈举止将直接影响到服务营销的实施。为了保证服务的有效性和高质量，应对员工进行相关的业务培训，使他们掌握必备的技能技巧，保证他们所提供的服务与企业的经营目标相一致。总之，银行应学会运用组成服务的有形化要素突出服务特色，尽可能把无形转化为有形服务，以增加客户"服务消费剩余"。

对策五：定位目标市场。和一般的企业一样，商业银行在未进入竞争领域前，应通过对市场的细分去发现商机和目标市场。对有前景的市场机遇，当然并不一定全都付诸行动。只有那些与银行经营目标、资源优势和战略定位相一致且具比较优势的，才能成为自己的目标市场。在此基础上对自身进行更准确的市场定位，确定自身的竞争地位和资源配置份额，才能使银行在竞争中做到有的放矢，点面结合。

银行制定定位策略，可以分三步。首先，管理者必须明确在服务上与同业竞争者的差异点。找到服务差异点，就可以为本行设计一系列有新意的服务，鲜明地同竞争者区别开来。例如，某城市的各家商业银行几乎都零零散散地为客户提供理财服务，唯独工行找到了差异点。它成立了专门的"客户理财服务中心"并广做宣传，产生了轰动效应，使该市市民感受到只有到工行才能真正享受"理财服务"。其次，管理者必须下功夫选择最重要的服务差异点进行市场定位。例如，美国联合泽西银行与纽约大通银行进行竞争，泽西银行营销人员发现大通银行发放贷款的行动比较迟缓，便将本行定位为"行动迅速的银行"，靠"行动迅速"这个最重要的差异点进行了正确的市场定位，一举获得成功。第三，管理者必须想方设法传递自己的"定位"，让客户真实感受差异化服务。客户只有切身感受到银行的服务特色，才能在其心目中树立起该行独特的形象。

对策六：塑造企业形象。所谓形象经营是通过一系列手段促进银行内部门之间、员工之间以及银行和客户之间的信息交流和传播，从而塑造自己的最佳形象，并为社会认同和接受。但形象经营需要一个长期复杂的过程，是企业精神、企业行为和视觉系统和谐统一的成长，应摈弃形象经营只重视视觉识别系统的浅层次尝试，着重处理好以下工作：

（1）对本行的产品形象、员工形象、社会责任形象进行全面准确的调查，在此基础上导入 CIS 营销战略，通过科学方法确定切实可靠的战略目标。

（2）培植有特色的企业精神和经营理念。经营理念作为银行形象经营的核心内容，应体现本行追求的价值观念和风格。因此，要做好营销市场定位、经营观念培育、精神标语确立等工作，并制定出形象推广计划。

（3）视觉识别系统应借助新闻媒体、机构外形设计、标语等手段对本行员工、金融产品和服务、整体形象进行包装，强化客户对本行品牌的认同和接受，保持本行对外界鲜明的经营形象。

总之，应当把形象经营贯穿到银行经营的全过程，从里到外、上下一心把自己的整体形象向外界推介，使公众始终保持清晰的认知度和健康良好的印象。

正如一位银行行长所说："对中国银行业而言，如果有一个敌人的话，那不是别人，就是我们自己。"在当今银行业面临市场化、国际化和知识化带来冲击的情况下，商业银行营销能否走出误区，能否正视自身的缺陷，把握和实施正确的市场营销策略，对提高经营管理水平，增强自身竞争力具有重要意义。

参考文献

［1］吕国胜、吴国生：《现代金融服务——变革传统经营理念的尝试》，中国金融出版社 2000 年版。

［2］刘永章、叶伟春：《银行营销》，上海财经大学出版社 2001 年版。

［3］王良平：《银行客户经理》，广东经济出版社 2001 年版。

［4］钱用道：《现代商业银行市场营销理论与实务》，东方出版社 2000 年版。

本文刊发于《北京印刷学院学报》2004 年第 1 期；作者：王关义、黄艺坤

勇于承担社会责任的企业才能健康成长

　　企业不仅是社会财富的创造者，也是自然资源的消耗者。长期以来，企业应当承担什么样的社会责任一直是人们关注的问题。企业社会责任，包括维护股东、雇员、供应商、顾客、消费者的利益以及政府代表的税收利益、环保利益等。企业是否履行社会责任不仅关系到各利益相关者的经济利益，也影响着企业自身的健康成长。一个缺少社会责任意识的企业不可能永续经营。

　　有人认为，企业存在的目的就是追求自身利润最大化，实现股东价值最大化，以确保其在竞争中立于不败之地，企业承担社会责任会增加企业成本，削弱企业的竞争力。这种思想导致一些企业不愿意承担增加利润之外的其他社会责任。随着社会的发展和消费者意识的提高，在经济全球化的世界经济体系中，企业绝不能单一追求利润而不顾其社会影响，不能将企业经营活动带来的环境污染、偷税漏税、商业欺诈、假冒伪劣等问题置之度外。企业作为一个商业组织，不能独立于公众利益之外，企业的经营行为必须具有社会意义。因此，企业承担社会责任已经成为企业持续经营的客观要求，企业要想获得市场主动权并且确保长久发展，必须在关注利润最大化的同时勇于承担社会责任。

　　履行社会责任能够提高企业生产效率。企业履行了社会责任，不仅有利于调整企业与职工、消费者、政府、社区等社会构成要素之间的关系，还可以激发员工的生产积极性和创造性，提高劳动生产率和经济效益，使公众了解企业，从而树立可信赖的企业形象，提高企业的知名度，为企业的生产经营活动创造一个良好的社会发展环境。所以，企业履行社会责任与企业可持续发展、稳定成长是协调统一的，有利于维护企业长远利益。企业履行社会责任的行为对企业不仅只是付出，同时也是一种收获。

履行社会责任能够为企业的成长提供坚实基础。企业在获取盈利的同时，必须以保护和改善生态环境为前提，节约资源，保护人类赖以生存和发展的环境，从而达到企业长久稳定成长与发展的目标。企业通过履行对生态环境的责任，一方面有助于保护地球的生命系统和自然资源，另一方面确保企业生产所需的各种燃料、原材料供给充足。同时，企业承担社会责任，不仅能使员工在心理上产生一种凝聚力，而且还符合社会的道德观和价值观，与社会文明发展的方向同步并协调一致。经济全球化和日常商务往来也要求企业遵循共同的伦理价值观，认同并践行企业社会责任。

履行社会责任能够为企业的成长提供良好的外部环境。企业是社会经济的基本组成，企业追求的是长期发展，而非短期盈利。企业履行社会责任，主要是调整企业在盈利过程中与其他社会成员之间的利益冲突与摩擦。它可以帮助企业获取和保持持续的生存能力和成长能力，同时，这也是企业兼顾自然资源、生态环境的协调发展的有效途径。从利益相关者的角度来看，企业履行社会责任，能够改善职工工作生活条件，保护生态环境，社会各阶层人群各安其所，企业与供应商、顾客之间诚信友善，进而为企业的持续生产经营创造良好的外部环境。

履行社会责任能够提高企业的市场竞争优势。企业承担社会责任，一方面对内增加企业的凝聚力并赢得股东的支持，保证企业的核心竞争力；另一方面对外树立良好的企业社会形象，保证企业的长远发展、持续成长。企业需求是企业行为的内在动因，而企业履行责任又是一种比较特殊的企业行为。一方面，企业存在需求，就需要通过一定的企业行为去实现它们；另一方面，企业通过履行社会责任这一特殊的企业行为，才能得到社会的认可和支持，从而为企业的生存、发展与成长，即满足企业需求铺平道路，从而推动企业的不断发展。

本文刊发于《人民日报》2012 年 4 月 26 日；作者：王关义、赵睿

企业社会责任及其成长性关系研究

企业不仅是社会财富的创造者，也是消耗资源、污染环境的责任单位。长期以来，企业应当承担什么样的社会责任一直是理论界和实践中关注的热点问题。传统企业社会责任理论以古典经济学的"经济人"假设为基础，认为企业存在的目的就是追求自身利润最大化，实现股东价值最大化。然而，随着社会的发展进步和消费者意识的提高，在高度全球化的世界经济体系中，越来越多的人意识到企业承担社会责任的重要性。本文通过实证研究，对企业社会责任及其成长性之间的关系进行了粗浅的探讨。

20 世纪 80 年代以来，企业社会责任运动由西方发达国家起始并迅速波及全球。长期以来，企业应当承担什么样的社会责任一直是热点话题。传统企业社会责任理论以古典经济学的"经济人"假设为基础，认为企业存在的目的就是追求自身利润最大化，实现股东价值最大化。然而，随着社会的发展进步和消费者意识的提高，在高度全球化的世界经济体系中，越来越多的人意识到企业承担社会责任的重要性。因此，企业承担社会责任已经成为企业持续经营的主要趋势和方法，企业要想获得市场主动并且确保长久发展，必须在关注利润最大化目标的同时承担相应的社会责任。

一、企业社会责任及成长性关系的理论分析

可持续发展战略站在一个地区、一个国家，甚至是全人类利益的高度来看待发展，是一种新的发展观。它的出现对企业提出了新的要求——即企业要想连续不断地成长、具有高的成长性，已经不能再单纯地以追求利润最大化为发展目标了，而必须在追求经营业绩与股东权益的同时兼顾企业的声誉及社会责任。

（一）企业履行社会责任是企业成长的客观前提

1. 企业履行社会责任为企业的成长性提供了物质基础。企业通过履行对生态环境的责任，一方面保护地球生命系统，另一方面企业生产所需的各种燃料、原材料供给充足，使企业避免因原材料不足引起工厂正常的生产活动被迫中断，以及企业职工身心健康受损的消极影响。

2. 企业履行社会责任能够为企业的成长性提供良好的外部环境。企业履行环境责任指公司在盈利过程中与其他社会成员之间的利益冲突与摩擦的调整，它可以帮助企业获取和保持持续的生存能力和成长能力，同时，这也是企业兼顾自然资源、生态环境协调发展的有效途径。

3. 企业履行社会责任是实现企业高成长性的重要保障。企业承担社会责任，不仅能使员工在心理上产生一种凝聚力，还符合社会的道德观和价值观，与社会文明发展的方向同步并协调一致。企业绝对承受不起让社会失望的代价。

4. 企业履行社会责任有利于树立良好的形象，从而促使企业快速发展。积极参与支持社会公益和社会福利事业，应对社会灾害事件所做的社会捐助以及在生态环境及资源保护方面有过特殊贡献的企业，必定会获得社会公众对其企业文化、产品、服务的好感，从而达到提高企业公众形象的目的。

（二）企业成长有利于推动企业履行社会责任

企业履行社会责任在推动企业持续成长方面发挥着独特的作用。引

导企业积极履行社会责任，有利于推动企业的连续成长。企业履行社会责任表面上看起来会引起企业短期成本费用的增加和利润的减少。但从长远考虑，企业履行社会责任有利于得到社会公众和顾客的认可，有利于促进企业扩大产品销路，提高销售收入。企业的高成长为企业改进设备和提高劳动生产率，扩大生产规模提供了良好的外部条件。因此，企业履行社会责任与企业利润的实现并不是反向关系，而有利于企业利润的增加，企业承担社会责任成本与企业成长是辩证统一的，其关系如图1所示。

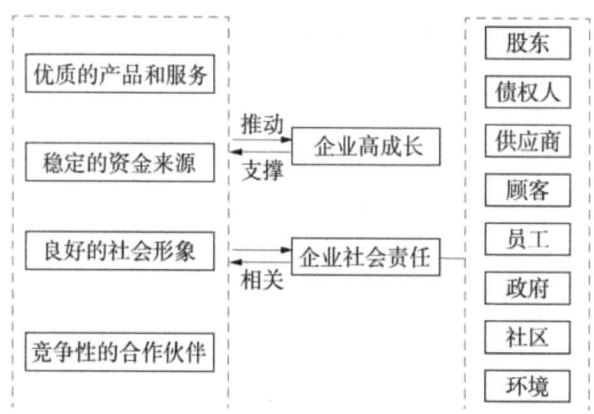

图1　企业社会责任与企业成长性间的关系图

目前，很多跨国公司每年都会发布社会责任 CSR 报告，研究结果表明，这一做法不是传统的公共关系宣传，而是跨国公司新的经营战略，或者说是新的国际市场竞争规则。因为，实践社会责任能给企业的发展带来巨大的推动力和市场竞争优势。甚至有学者认为，企业的责任竞争力是继人才、技术、管理等要素之外，企业需要锻造的一个新的重要的竞争力。可见，企业履行社会责任已经成为企业持续成长的重要组成部分。持续高效的成长为企业提供了丰厚的物质基础，使得企业能有足够的人力、物力、财力资本去更好地履行社会责任。因此，企业承担社会责任与企业成长性之间存在着辩证统一、相辅相成的关系。

三、企业社会责任与企业成长性关系实证研究

（一）研究假设

本文包括如下两个假设：

H_1：履行社会责任的企业，其财务可持续增长能力可能较强、企业可持续成长能力较强，符合社会影响假说。

根据社会影响假说，高度的社会行为将导致高度的财务行为。而此假说认为企业需借着满足利益相关者的需求，来增加财务行为的表现。倘若不能满足利害关系者的显著需求，将导致市场的不信任感，进而影响企业的财务状况，增加企业的财务风险溢酬，使企业财务可持续增长能力减弱。Pava and Krausz（1996）[①] 与 Preston and O'Bannon（1997）[②] 的实证研究支持此假说。

H_2：企业履行社会责任后，对其可持续成长能力的影响可能会持续1—2年，符合时间滞后效应理论。

根据时间滞后效应理论，企业高度的社会行为，会使企业树立良好的社会形象，增加其名声指数，即为企业注入更多的无形资产，使企业在未来一段时间内享受其社会行为带来的财务影响。

（二）变量设计

本文以制造业的上市公司为研究对象，主要选用财务报表中的：经营毛利率、成本费用利润率、主营业务收入增长率、资产增长率、单位员工主营业务收入以及单位员工占用资产六项指标来衡量企业成长性（见表1）。

---

① Pava M. L., Krausz J. "Criteria for evaluating the legitimacy of corporate social responsibility". *Journal of Business Ethics*, 1997, 16(3), pp.337-348.

② Preston L. E., O'Banner P. The "Corporate Social-Financial Performance Relationship: A Typology and Analysis". *Business and Society*, 1997, 38, pp.109-125.

表 1 本文使用的衡量企业成长性的变量

变量	变量类型	指标名称	计算公式
因变量 Y	企业成长性	经营毛利率	S 年主营业务利润/S 年主营业务收入
		成本费用利润率	S 年净利润/S 年营业成本费用
		主营收入增长率	(S 年主营业务收入－上年主营业务收入)/上年主营业务收入
		资产增长率	(S 年资产总额－上年资产总额)/上年资产总额
		单位员工主营业务收入	S 年主营业务收入/S 年员工总数
		单位员工占用资产	S 年总资产均值/S 年员工总数

对所选指标的说明：

1. 本文考虑了成长变量的时滞效应的长度。不少学者在研究企业成长问题时都没考虑到时滞效应。本文在考虑到企业的社会责任对经营活动所发挥的作用一般会延迟几个年度，本文收集了制造业上市公司从 2006—2009 年连续四年的成长数据。

2. 本文对成长指标的选择。成长指标的选择是一个仍旧存在争议的问题。Ardishvili 和 Delmar 等（1998）曾对成长性评价指标进行了归纳，包括：资产、雇员、市场份额、物质产出、利润和营业收入等。从实际看，最广泛的应用是资产、营业收入和雇员人数指标。

3. 本文使用多个指标的相对数对企业成长进行衡量：主要是考虑到不同公司的经营管理模式的选择导致了成长性的外在表现不同，如有些公司在销售增长方式表现很好，另一些公司更关注经营效率的提升。而绝对数的使用容易使结果失真。为了确保更加全面的测量出成长的差异性，有必要从多个维度用相对数进行考察。

4. 本文没有选择权益净利率指标。是因为在国内学者对我国上市公司的研究中，发现存在"配股生命线"等问题，这就使得权益净利率度量企业真实成长能力的可靠性值得商榷，故本文未选用该指标。

本文的研究着眼于企业社会责任中各变量对公司成长能力的影响作

用。企业社会责任变量涵盖的内容很多，基于上文对现有文献的研究，以及考虑到数据的可获得性，本文仅限于考察所有者权益支付率、利息支付率、税收贡献率、员工获利水平、应付账款周转率、单位耗材创收比例、就业贡献率、主营业务成本比例这八个较有代表性的指标，以其作为自变量（X_i, $i=1, \cdots, 8$）。此外，考虑到公司规模可能也会对公司成长能力产生一定影响，因此本文将在控制这一因素的作用下，仅对上述 8 个指标与因变量企业成长指数的相关性进行研究。

因此，本文所涉及的主要变量包括公司指数因变量、企业社会责任自变量以及企业规模控制变量三部分，各变量设计、定义等（详见表2）。

表 2 变量设计详表

变量	指标名称	计算公式
因变量 Y	企业成长指数	加权平均综合值
自变量 X	所有者权益支付率	股利和现金支出/股东权益平均总额
	利息支付率	利息支出额/负债平均总额
	税收贡献率	支付的各项税费/平均资产总额
	员工获利水平	支付给员工及为员工支付的现金/主营业务收入总额
	应付账款周转率	（主营业务成本+期末存货−期初存货）/平均应付账款
	就业贡献率	企业员工总数企业所在地区就业人数
	主营业务成本比例	主营业务成本/主营业务收入
	单位耗材创收比	主营业务收入/（存货减少+购入商品或劳务支付的现金）
控制变量 Z	企业规模	期末总资产的自然对数

（三）数据来源及模型设计

本文选取 2006 年到 2009 年我国沪深两市制造业公司为样本进行实证分析。在本文成长性分类中所用到的数据，全部来源于巨潮资讯网，以及中国上市公司资讯网、中经网和中国证券监督委员会官方网站等。

1. 剔除制造业中，三年里所有的 ST 公司以及存在任意变量缺失值的公司。

2. 运用主成分分析法对企业成长性综合变量的处理：首先，计算各指标分年度相应的相对数 Y_i，分别为六个原始变量，其中 $i = 1$，$2 \cdots 6$，表示的是某一公司的经营毛利率、成本费用利润率、主营收入增长率、总资产增长率、单位员工主营业务收入、单位员工占用资产。其次，为消除宏观经济的影响，对各指标 Y_i 进行中位数调整，即得到新的数据组 Y'_i。然后，对 Y'_i 进行标准化处理，得到标准化的数组 Y_i^*。最后，对 Y_i^* 指标进行因子分析，采用主成分法对因子载荷矩阵进行估计，并使用方差最大化对因子矩阵进行旋转，得出主成分因子以及因子得分 IOG

$$Y = IOG = S_j = \Sigma F_{jk} D_j$$

同理可求得企业社会责任的综合变量 CSR。

其中：S 表示综合得分，F 为某一主成分的因子得分，j 为第 j 个主成分，k 为第 k 家公司，D 为与主成分相对应的方差贡献率作为的权重。

3. 回归模型。本文利用多元线性回归考察企业社会责任对公司成长性的影响，为了全面的考虑公司成长能力的影响因素，本文还引入控制变量——资产规模。总体函数的回归模型设计如下：

$$Y_{kt} = \alpha + \Sigma \beta_i X_{ik} + \gamma Z_k + \mu_{kt}$$

其中：k 表示第 k 家公司；i 为第 i 个自变量，$i = 1$，$\cdots$，8；Y_{it} 表示成长指数 IOG；Z_k 为控制变量；μ_{it} 为随机变量；t 为数据收集年度。

需要说明的是，考虑到企业社会责任对公司成长能力的影响具有滞后效应，故模型中的成长因子为时间跨度从 2006 至 2009 连续四年的成长指数，对应的均是相应的 2006 年企业社会责任变量。因此，自变量的选择仅为 2006 年数据。

本文涉及的数据处理和假设检验全部通过 $EXCEL$ 和 $SPSS$16.0 完成。

（四）数据分析及假设验证

1. 企业社会责任综合变量与企业成长性变量关系研究。（1）构造综合变量 CSR。通过计算得出指标特征值及累计解释率，见表3，通常应尽量选取特征根大于1的因子，因此，提出 4 个公因子。

表 3 方差解释表

Component	Initial Eigenvalues			Extraction Sums of Squared Loadings			Rotation Sums of Squared Loadings		
	Total(%)	of Variance	Cumulative(%)	Total(%)	of Variance	Cumulative(%)	Total(%)	of Variance	Cumulative(%)
1	2.194	27.426	27.426	2.194	27.426	27.426	1.827	22.841	22.841
2	1.371	17.133	44.559	1.371	17.133	44.559	1.646	20.569	43.410
3	1.038	12.972	57.531	1.039	12.972	57.531	1.106	13.827	57.237
4	1.001	12.509	70.040	1.001	12.509	70.040	1.024	12.803	70.040
5	.918	11.471	81.511						
6	0.673	8.407	89.919						
7	.448	5.596	95.515						
8	.359	4.485	100.000						

Extraction Method Princinal Component Analysis.

利用各公因子对应的方差贡献率为权数进行加权平均计算,可以建立上市公司企业社会责任评价模型,计算整理后的评价模型的表达式为:

$$CSR = 0.2743 * U_1 + 0.1713 * U_2 + 0.1297 * U_3 + 0.1251 * U_4$$

其中,CSR 表示企业社会责任的综合指标,$U_1 - U_4$ 表示提取公因子的得分。为了对企业社会责任进行综合描述,研究中采用回归方法求出因子得分函数,$SPSS$ 输出的函数系数矩阵为表 4。

表 4 因子得分矩阵

	Component			
	1	2	3	4
所有者权益支付率	−.129	0.568	.012	−.014
利息支付率	−.024	.520	−.098	−.045
税收贡献率	.465	−.022	.165	.044
员工获利水平	.432	−.229	−.116	−.196
应付账款周转率	−.015	−0.030	0.021	.913
单位耗材创收比	.030	.022	−.521	.243
就业贡献	.097	−.056	.773	.171
主营业务成本比例	−.403	−.083	.016	−.111

$U_1 = -0.129 * X_1^* - 0.024 * X_2^* + 0.465 * X_3^* + 0.432 * X_4^* - 0.029 * X_5^* + 0.03 * X_6^* + 0.097 * X_7^* - 0.403 * X_8^*$

同理可得因子得分:U_2,U_3,U_4。

(2)综合变量相关分析

表 5 CSR 与各年度成长指数相关分析

		IOG06	IOG07	IOG08	IOG09
Pearson	CSR	0.23[***]	0.300[***]	0.322[***]	0.312[***]
Correlation	企业规模 06	0.133[***]	−0.062[*]	−0.037	−0.026[***]

注:[***]、[*]分别表示在 1%、10%水平上显著。

从表 5 可以看出,企业社会责任综合指标 CSR 与 2006—2009 四年的企业成长指数 IOG06、IOG07、IOG08、IOG09,在 1%的置信水平显著正相关，且相关系数分别为 0. 233，0. 300，0. 322，0. 312。

说明企业承担社会责任对企业自身的成长有显著的正向作用。综合指标相关性的稳定性检验，验证了前文的研究假设 H_1：企业承担社会责任与企业成长性之间的正相关性，即企业承担社会责任越多，越有利于该企业自身的成长。

2. 企业社会责任单变量与企业成长性关系研究。

（1）各自变量与企业成长综合变量间的相关性分析，见表 6。

（2）单变量的回归分析。具体回归系数见表 7。

由此可得方程组：

$$
\begin{cases}
IOG_{06} = -2.347^* X_7 + 0.078^* + Z + \mu_{06} \\
IOG_{07} = 0.864^* + X_3 + 0.648^* X_4 - 1.781^* X_7 + 0.722^* X_8 + \mu_{07} \\
IOG_{08} = 1.009 + 0.573^* X_3 + 0.680^* X_4 - 0.750 X_6 - 1.855^* X_7 + 0.350^* X_8 + \mu_{08} \\
IOG_{09} = -0.418^* X_5 - 0.635^* X_6 + \mu_{09}
\end{cases}
$$

由此可知：

第一，所有自变量间的相关系数，绝对值最大为 0. 545，小于 0. 8，所以自变量间的共线性问题不严重；

第二，多数企业的社会责任指标，如：所有者权益支付率、利息支付率、员工获利水平，单位耗材创收比，在 2006—2008 年间不管对当期还是后期的成长指数都表现出同向的相关性。这说明企业在当期对所有者、债权人、企业员工以及社区所做的贡献都对当期以及后期的企业成长呈现积极的影响作用。

第三，税收贡献率这个指标表示的是企业对政府的贡献率。2006—2008 年间这个指标与前三期的成长指数显著相关性，同时对当期的成长指数表现出显著性的消极影响，但对后两期成长指数呈现出显著的积极影响。分析其原因应该是，制造型企业当期所交税款增加了制造类企业当期的财务成本从而影响了企业的财务绩效。但后期，税款的支出对企业的成长性还是表现出明显的积极作用的。

表 6 各自变量与因变量间相关系数

	自变量/因变量	IOG06	IOG07	IOG08	IOG09
Pearson Correlation	所有者支付率 X_1	0.175***	0.143***	0.112**	-0.019
	利息支付率 X_2	0.234***	0.195***	0.196***	-0.006
	税收贡献率 X_3	-0.100***	0.068**	0.069**	0.007
	员工获利水平 X_4	0.120**	0.210***	0.095**	0.014
	应付账款周转率 X_5	0.176	0.006	0.000	-0.248***
	就业贡献率 X_6	0.402	-0.054*	-0.054*	-0.064*
	主营业务成本比例 X_7	0.000***	-0.525***	-0.514***	-0.019
	单位耗材创收比 X_8	0.000***	0.218***	0.251***	0.042*
	企业规模 Z	0.216	-0.100**	-0.059**	-0.065

注：***、**、* 分别表示在 1%、5%、10% 水平上显著。

表 7　自变量与因变量的回归系数

自变量/因变量		IOG06	IOG07	IOG08	IOG09
	常数项 C	0.193	1.135	1.009**	0.722
	所有者支付率 X_1	-0.314	0.514	-0.672	-0.094
	利息支付率 X_2	0.184	0.022	0.279	-0.138
	税收贡献率 X_3	0.045	0.864**	0.573*	-0.016
Unstandardized Coneffificients	员工获利水平 X_4	-0.176	0.648*	0.680**	-0.331
	应付账款周转率 X_5	0.002	-0.013	-0.003	-0.418***
	就业贡献率 X_6	-0.643	-0.557	-0.750*	-0.635*
	主营业务成本比例 X_7	-2.347***	-1.781***	-1.855***	-0.107
	单位耗材创收比 X_8	0.004	0.722**	0.350**	0.012
	企业规模 Z	0.078***	0.009	0.021	-0.028

注：***、**、*分别表示在1%、5%、10%水平上显著。

第四，主营业务成本，这项表示企业对顾客贡献的指标，在2006—2008年三期都表现出明显的负相关，分析原因应该是制造型的企业不够重视对新产品的开发或者对新技术的使用，所以投入成本过多的企业，其成长性反而受到限制。

第五，就业贡献率，也就是企业对当地社区的贡献，在当期表现不甚明显，而在后期表现出显著负的相关性。分析其原因，应该是由于宏观经济影响所致。2008年的金融危机对不同行业的制造业均有不同程度的影响，很多公司到现在都没恢复元气，因此不同企业在员工数量上的变化可能比较明显。但这也仅是猜测，具体原因还有待于深入分析。

第六，应付账款周转率，是企业对供应商的贡献。这一指标在2006—2008年三期对企业成长指数均无显著性相关。但在2009年，应付账款周转率与该年度企业成长指数表现出显著相关性，且相关系数为负，即表示应付账款周转率对2009年的企业成长指数产生消极的影响。分析其原因，应该是企业的应付账款应该控制在一个合理比例，从而不仅保证在近三年企业发展成长拥有充裕的资金，还要保证企业在长期的成长中拥有充裕的资金。

综上可知，这部分验证了研究假设，企业承担社会责任对企业成长性具有滞后1—2年的影响。

五、研究结论

(一) 理论研究

企业的需求层次模型表明，企业需求层次与企业履行社会责任的层次密切相关，企业存在怎样的需求，同时就必须相应地履行相关的社会责任。企业需求是企业行为的内在动因，而企业履行责任又是一种比较特殊的企业行为。一方面，企业存在需求，就需要通过一定的企业行为去实现它们；另一方面，企业通过履行社会责任这一特殊的企业行为，才能得到社会的认可和支持，为企业的生存、发展与成长，即满足企业需求铺平道路，从而推动企业的不断发展、持续成长。

利益相关者理论认为，企业目标不再是利润最大化或者股东利益最大化，即企业不再是仅对股东负责，而是对包括股东在内的，如员工、政府、社区等其他利益相关者均承担相应的责任。从利益相关者的角度出发研究企业履行社会责任对企业成长性产生的影响，使企业认识到履行社会责任不仅是企业的义务与责任，更能为企业的持续良性发展提供正确的方向和不竭的动力。企业履行对利益相关者的社会责任不仅是企业持续成长的必要条件，而且还会促进经济、社会、生态的和谐发展，具有重要的理论意义和现实意义。

（二）实证发现

本文以我国沪深两市 568 家上市公司为样本，对企业社会责任与企业成长性之间的关系进行了实证研究。在研究中，考虑到企业社会责任对企业成长能力的影响具有时滞效应，其效应会在一个较长的期间内得到反映，因此模型中的因变量成长因子，为时间跨度从 2006 年到 2009 年连续四年的成长指数，对应的自变量为 2006 年企业社会责任变量，从而检验企业社会责任对企业成长能力的影响。本文通过研究，主要得到了以下结论：

结论一：企业社会责任综合指标对企业成长性影响的实证分析表明，二者在 1% 的置信水平下显著正相关，说明企业承担社会责任对企业自身的成长有显著的正向作用，即企业承担社会责任越多，越有利于该企业自身的成长。且当企业的业绩提高时，两者之间的正相关关系更强。因此，实证结论与理论研究中的企业需求理论分析的结论相一致。当企业履行经济责任满足自身的生存需求后，应该参与更多的社会活动，以满足其发展需求与社会需求，即企业会更多地履行相应的金字塔较高层次的社会责任，从而增强企业的持续成长能力。

结论二：企业社会责任单变量对成长性影响的实证分析表明，大部分企业社会责任变量与企业成长性之间呈正相关关系，其中所有者权益支付率、利息支付率、单位耗材创收比，不管对当期还是之后 1—2 期的成长指数都表现出相关性，这说明企业对所有者、债权人以及环境所做的贡献对企业当期及以后的 1—2 期成长都呈现积极的影响作用。员工的获利水平这一指标与当期成长指数相关性不显著，但对后期的成长指数表现出显著性的积极影响，说明企业对员工履行社会责任会在以后的成长中获得价值回报。

参考文献

［1］王关义：《现代企业的社会责任与永续经营》，中国企业社会责任问题学术研讨会暨中国企业管理研究会 2005 年会会议论文集，2005 年，第 356—364 页。

［2］王关义：《论现代企业社会责任》，载《经济管理与研究》，2006 年第 3 期。

［3］赵大翔、李晓丽：《高新技术创业企业的成长性评价》，载《华北电力大学学报》，2003 年第 1 期。

［4］许晓明、陈啸：《企业需求、企业能力与企业社会责任的匹配探讨》，中国企业社会责任报告，中国财政经济出版社 2006 年版，第 117—137 页。

［5］刘长喜：《利益相关者、社会契约与企业社会责任——一个新的分析框架及其应用》，复旦大学，2005 年。

［6］刘俊海：《公司的社会责任》，法律出版社 1999 年版。

［7］卢代富：《企业社会责任的经济学与法学分析》，法律出版社 2002 年版。

［8］吴世农、李常青、余玮：《我国上市公司成长性的判定分析和实证研究》，载《南开管理评论》，1999 年第 4 期。

［9］Milton Friedman，*The Social Responsibility of Business is to Increase its Profits*，*The New York Times Magazine*，September 13，1970.

[10] Jensen, Michael C. and William H. *Theorem of the Firm：Manage Behavior Agency Cost and Ownership Structure*, *Journal of Financial Economics*, 1976：117-135.

本文刊发于《北京印刷学院学报》2011 年第 5 期；作者：王关义、赵睿

论企业价值观管理

价值观管理是企业管理的有效工具，通过价值观管理能够培育企业的核心竞争力，延长企业的生命周期。企业目前价值观管理中存在两方面的问题，第一，管理企业价值观存在问题，主要表现为很多企业的价值观缺少个性，并且企业在价值观的定位上出现偏离；第二，依据企业价值观进行管理存在问题。本文在此基础上提出了强化企业价值观管理的途径。

一、价值观管理培育企业核心竞争力

彼得·德鲁克认为："管理，作为一门学科，作为一门实践，它涉及人与社会的价值观。"随着社会的发展，企业面对的环境在不断地变化，管理的模式增加了新的内容，管理实质上也是对人的价值观的管理。因此，只有注重企业价值观管理，企业才能适应已经发生了重大变化的市场，才能获得高持续性的竞争优势，才能培育和加强企业的核心竞争力。

（一）价值观管理能够增强企业的生存能力

企业价值观管理是企业安身立命的根本，它决定着企业当前的生存和未来的发展，对增强企业的生存能力具有至关重要的作用。美国国际商用机器公司总裁小托马斯·沃森在《一个公司和它的信念》一书中指出："一个伟大的组织能够长久生存下来最主要的条件并非结构条件或管理技能，而是我们称之为信念的那种精神力量，以及这种信念对组织全体成员所具有的感召力……任何组织若想生存下来并取得成功，它就必须建立起一系列牢固的信念，这一切是经营政策和行动的前提。"企业价值观形成的前提条件是需要，企业为了生存和发展，就需要通过向社会提供产品和服务而获得利润。企业的需要有高低层次之分，不同的企业对需要层次的追求不一样。有些企业停留在低层次需要水平上，片面追求利润，奉行这种价值观的企业是短命的；有的企业追求高层次需要，注重企业的形象和社会地位，通过承担社会责任来满足自己的需要，最终成为长寿企业，赢得了社会的尊重。因此，一个企业要持续增长必须实施价值观管理，这样才会在激烈的竞争中立于不败之地。

（二）价值观管理能够培育企业的向心力

价值观管理能够增强企业的凝聚力，使员工的价值得到充分体现。多数企业在创业之时，团队精神较突出，但随着企业规模的扩大，企业人心不齐的现象便凸现出来，此时，企业价值观对统一员工的意志，降低管理成本具有重要作用。企业价值观影响个人对目标的选择，只有员工的目标真正融入到企业的目标之中时，企业上下才能齐心协力。当员工共享企业价值观时，才会发挥其积极性与主动性，在共同愿景的支撑下，他们才会为了共同的目标自觉地凝聚在一起。价值观管理能够增强员工对企业价值观的认同度，并将企业价值观转化为个人的人生价值观，使企业获得巨大的凝聚力，提高企业的竞争力与环境适应力。

（三）价值观管理能够约束企业员工的行为

在现实生活中，不少企业制定许多的规章制度来约束员工的行为，但是在一定的诱因下，当面临多种选择时，一些企业员工会做出不利于公司的事情。为了规范员工的行为，企业价值观管理就显得尤为重要，它能够在员工中形成一种无形的准则，从而规范群体行为。企业价值观管理能够为企业员工提供共同价值尺度，把员工的利益同企业的利益紧密联系在一起，加速企业的发展，减少企业前进道路上的不利因素。现实中，企业价值观管理能够更深层次地指明企业发展的根本方向，规范企业员工的日常行为，提高他们解决问题的能力，降低企业经营中的风险，指导企业走向共同的目标。

二、企业目前价值观管理中存在的问题

企业价值观管理包括管理企业价值观与基于企业价值观的管理两个方面的内容。目前，我国企业价值观管理在这两方面还存在很多的问题。

（一）管理企业价值观存在问题

不少企业的价值观缺少个性。不同的企业，其发展历史和未来的前进方向是不相同的，因此，其价值观管理的理念也应该是不同的。但是，当前，我们企业的价值观缺少个性，不同企业的价值观大同小异。不少企业的价值观表述词"创新、服务至上"等根本反映不出企业的个性。一个企业的价值观应该有其独特性，应该与自己的历史传统、管理体制和生产经营相适应，如果不能与其他企业加以区别，企业价值观就不会为员工真正认同。

不少企业在价值观的定位上出现偏离。价值观管理是现代西方企业为了适应新的环境与新的竞争而提出的，是当代企业管理模式逻辑发展的一个新阶段。长期以来，一部分企业把利润放在首要位置，导致企业价值观的目标取向存在偏差。在企业利益和社会责任面前，它们首先选择企业利益，以损害利益相关者的利益为代价，最终失去了社会和市场的信任，失去了生存和发展的根本。在政治利益方面，为了获得政治名誉，他们不择手段，采取各种手段伪装企业的价值观，导致了企业的短命。

（二）依据企业价值观进行管理存在的问题

企业价值观的培育机制不健全。价值观的培育是企业生存发展的保障，关系到企业的前途命运，但目前不少企业在价值观的培育方面存在很多问题。首先，很多企业领导者对自己的价值观认识不清，更不用说通过

自己的行为去引领下属了。其次，企业领导者和员工没有全面深刻地认识到价值观的重要性，仅仅认为企业价值观是一种理念。虽然有些企业提炼出了自己的价值观如创新、奉献等，但这些价值观根本不具有操作性。最后，一些企业缺乏有效培育价值观的手段，在价值观塑造和整合方面，他们说的多、做的少，一部分企业照搬照抄别的企业的价值观，忽略自己的特色。一部分企业提炼出了自己的价值观后，不辅之以相应的制度和方法，将其加以实施，致使企业价值观的作用不能真正发挥。

企业价值观的塑造不完善。企业价值观的塑造有助于形成集体忠诚，激发员工的自觉性。我国一些企业在塑造价值观时，往往偏重外在有形的方面，没有将价值观与企业的经营管理过程相结合，致使企业价值观流于形式。一些企业通过举办各种活动来宣扬企业的价值观，但这些更多的是形式上的模仿学习，尚不能深层次地体现企业的特色。同时，在企业价值观的塑造方面，许多企业并没有对自身情况进行认真分析，也缺乏正确的认识，致使企业价值观的塑造只是体现在口头上，这就造成企业价值观的内容和形式相脱离，结果扼制了企业的繁荣和发展。

（三）企业价值观在执行上出现偏离

企业价值观是在一定的社会背景下产生和发展的，随着经营环境的变化而变化。现实中，我国一些企业不能根据经营环境的变化及时调整价值观，企业公开倡导的价值观积极而高尚，但实际做法却背道而驰。他们表面上宣传实施以顾客需求或社会互利为导向的价值观，而实际做法却严重偏离企业价值观。美国安然公司是企业价值观执行出现偏离的典型代表，它曾被认为是新经济时代传统产业发展的典范，但是为了达到或者超过华尔街的预期，保持两位数的赢利增长，安然公司掩盖真实的财务状况，用虚假的手段制造利润。安然公司放弃了企业的基本价值观，放弃了核心业务而去从事投机性和风险性很高的金融衍生品业务，最终走向败落。

二、强化企业价值观管理的途径

美国学者斯蒂芬·P.罗宾斯提出："价值观管理是管理者建立、推行组织共享价值观的一种管理方式。"价值观管理是对企业员工思想意识的管理，是对企业精神文化的管理，对于企业的发展具有重要意义。

(一) 在管理企业价值观方面强化企业价值观的管理

确立有个性的企业价值观。一个企业的价值观应该有其独特性，应该与自己的历史传统、管理体制和生产经营相适应，只有这样，企业价值观才会为员工真正认同。企业价值观的选择应该结合自身实际，真正渗透到企业的经营管理之中，反映自身特色的个性，指导企业的发展，为职工所认同和接受。由于历史文化和政治经济环境的不同，东方企业注重集体主义，强调个体对群体的责任、奉献和义务，而西方企业强调个人主义，强调实现集体价值不能以牺牲个人利益为代价。个人主义价值观能够充分发挥个人的潜能，有利于优胜劣汰，同时，它又很容易导致自私自利和人际关系的冷漠，从而损害企业组织整体的利益。集体主义价值观有利于维护集体的利益，但它容易形成随大流、墨守成规、盲目服从的习惯，从而阻碍竞争、创新和改革，延缓企业变革和发展的进程。因此，在确立企业价值观时，我们在将价值观与企业自身实际相结合的同时，应该吸收东西方企业价值观管理之长，归纳提炼出符合我国企业发展的核心价值观。

正确定位企业价值观。企业价值观渗透到企业经营管理活动的全过程，它指导企业在取得利润之外，还应该担负起社会责任，为社会做出贡献，体现企业在社会中的价值。如果企业仅仅追求利润，而不去思考利润的源泉，那将是舍本逐末。企业价值观的正确定位应该基于企业对自身所处环境的全面剖析，包括企业内外环境、宏观微观环境。这些环境要素都会根据企业对它们的行为反过来对企业产生影响，它们对于企业价值观的定位有着不可估量的作用。

（二）在依据企业价值观进行管理方面强化企业价值观的管理

培育现代企业价值观。在企业价值观管理中，企业领导不仅要积极倡导企业价值观，还要以身作则，率先垂范，因为他们是企业价值观的直接体现者，在员工眼里，企业领导者的一举一动代表了企业的真正价值观，如企业领导们处理冲突的标准、决策时的价值权衡等都是现代企业价值观的凸显。在知识经济时代，企业价值观发生了深刻变化，培育现代企业价值观需要提高员工的素质，使员工不容易接受现代企业的价值观，将价值观内化为自己的思想和行动。只有企业领导和企业员工深刻认识培育现代企业价值观的重要性，企业才能发展得更加强大。

塑造员工与组织匹配的企业价值观。企业在招聘员工时，应该将价值观真正融入到员工选拔的过程中，在员工选拔规划制定、实施，选拔前的宣传，以及选拔的整个进程中都进行企业价值观的匹配。在企业价值观的指导下，企业应该将合适的人安排到最合适的岗位上去，选择与企业价值观相匹配的员工，并用相应的制度和措施管理员工，将企业价值观真正落到实处，落实到员工的日常工作中。因为与企业价值观不匹配的员工只会增加企业培训、监督的无形成本，甚至对公司造成巨大的损失。

大力倡导企业价值观。企业价值观的倡导可通过专门的活动来进行，以强化职工对企业价值观的理解和认同。要增强企业价值观的感召力，企业价值观的倡导也需要通过一些象征性的事件、仪式、典礼和树立典型人物来进行。"没有富于表情的活动，任何文化都将消亡。缺乏典礼或仪式，重要的价值观就不起作用。典礼之于文化，犹如电影之于脚本、演奏会之于总乐谱，或舞蹈之于理想境界，都是舍此便无法用其他手段表达的。"这些活动可以向员工传递价值观管理的真实性及企业价值观对企业的价值。此外，为了使企业价值观广为传播，企业可以通过统一厂服，设定厂耻日、厂荣日等形象教育来潜移默化地教育职工，以加强企业价值观的管理。

参考文献

［1］陈秀鸿：《试析中国企业价值观建设的得与失》，载《福建教育学院学报》，2000 年第 2 期。

［2］方光罗：《论现代企业价值观的认识和培育》，载《商业时代》，2008 年第 3 期。

［3］朱青松、胡小东、夏艳芳：《员工与组织匹配视角的企业价值观塑造模式》，载《软科学》，2013 年第 2 期。

［4］〔美〕阿伦·肯尼迪、特伦斯·迪尔：《公司文化——公司生活的礼节和仪式》，生活·读书·新知三联书店 1989 年版，第 90 页。

本文刊发于《管理观察》2014 年第 6 期；作者：鲜跃琴、王关义

企业投资风险：衡量与控制

一、企业投资风险的界定及衡量

（一）投资风险的界定

投资风险是指由于各种难以和无法预料或控制的因素作用，使企业投资的市场收益率偏离预计收益而使企业财务收支方面产生剧烈波动，从而使企业财务有蒙受经济损失的危险或可能性。投资的市场收益率偏离期望市场收益率的程度越小，则该投资的风险越小。如果该项投资的市场收益率偏离期望市场收益率的程度越大，则该投资的风险越大。投资风险一般又可以分为系统风险和非系统风险，系统风险一般是指扣除多样化投资分散的那一部分风险后剩下的风险，是企业多样化投资所不能分散的那一部分风险，而非系统性风险则是指企业多样化投资所分散的那一部分风险。投资风险与投资收益成正比，投资风险越大，投资的收益越高，投资的风险越小，投资的收益越低。企业的各项投资有不同的风险程度，既然风险程度不同而得到同一投资利润率的机会如果相同，则大家都会去选择风险小的投资，在这一领域就会出现经济学上所谓的"羊群效应"，各企业一哄而起，重复建设，这种产品的市场很快就会供过于求，导致价格和投资收益率下降，风险因此而逐渐加大。对于这一问题，理论界做了长期的研究，得出了如下公式：

期望投资收益率=无风险的投资收益率（K）+风险补偿利率 $f(x)$

这一公式表明，期望投资收益率包括两部分，一部分是无风险的投资收益率，如将钱存入银行或买国家发行的公债，到期连本带利肯定可以收回，这个无风险的最基本的利率，可以吸收公众节约储蓄。而另一部分风险补偿利率则和风险的大小有关，用数学公式来表示：

风险补偿利率=f（风险），它是风险的函数，

$$\frac{df（风险）}{d（风险）}\frac{df(x)}{dx}=\frac{dy}{dx}>0$$

风险越大，利率越大。这是由于企业拿了投资者的钱去做生意，结果使投资者承受风险，因此他要求报酬高，以故一般的期望投资利润率也包括风险补偿利率。

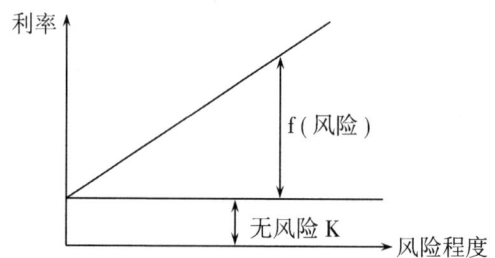

图 1　包括风险的利率和风险的关系

（二）企业投资风险的衡量

国外众多学者认为，风险是可以衡量的，且将其定义为"报酬之变异程度"，变异程度越高，则风险越大。企业投资风险的衡量通常通过如下几个步骤。

（1）概率 P。又称几率，是指假定某种情况出现可能性的大小，若以 P_i 代表第 i 种状态的概率，则 P_i 有两个特性：①$P_i \geq 0$（对于 i 的任何值）；②$\sum_{i=1}^{n} P_i = 1$。

（2）期望值。若 X_i 是一个随机变数，被赋予的值 X_i 之出现概率为 P_i，则 X 的期望值以 EX 表示：

$$EX = \sum_{i=1}^{n} X_i P_i$$

（三） 方差 δ^2 和标准差 δ

方差 δ^2 和标准差 δ 都是反映在不同风险条件下的收益值（利润值）与期望值（EX）之间上下差异程度的指标。投资收益的方差、标准差与投资风险成正比，投资项目的方差和标准差越大，概率分布的密集性越差，表示同等条件下各种情况之间的离散程度就越大，相应的投资风险也就越大，反之，若方差和标准差越小，概率分布越密集，则表明投资方案的各种可能情况比较集中，投资者把握的可能性较大，投资风险则较小。投资收益率方差、标准差计算公式：

$$方差 \, \delta^2 = \sum_{i=1}^{n} \, (X_i - EX)^2 \times P_i \tag{1}$$

$$标准差 \, \delta = \sqrt{\sum_{i=1}^{n} \, (X_i - EX)^2 \times P_i} \tag{2}$$

式中：X_i 为投资在 i 条件下可望产生的收益；EX 为投资的若干种可能加权平均期望市场收益；P_i 为投资在 i 条件下损益发生的概率。

（四） 变异系数

它是标准差值 δ 对期望值的比例关系，与投资风险成正比。变异系数越大，投资风险越大。变异系数越小，投资风险则越小。

计算公式：变异系数 $CV = \dfrac{\delta}{EX}$。

变异系数虽然能表示风险大小，但不能用于比较不同方案的风险程度，因为在标准差值相同的情况下，由于期望值不同，风险程度也会不同。

二、投资风险的控制

投资风险是客观存在的，对于企业高层领导来讲，最要紧的是想办法改善概率，提高收益，以达到减小和控制风险的目的。关于投资风险的控制，主要可采取如下几种措施：

（一）建立和完善投资风险防范机制

1. 风险预测系统

在企业的投资决策活动中，要从财务的角度预测风险。虽然财务人员未必事必躬亲，但企业的各项预测信息，包括市场调查、销售预测、生产预测、成本预测，最终要体现在财务效益预测上，因此，各职能部门，都应当分析本部门工作中可能产生的风险，报告给财务部门，以便采取防范措施。

2. 风险识别系统

风险识别是风险管理的基础，只有正确地识别风险，才能掌握风险运动的规律，避免投资失败而造成的损失，风险的识别就是分析风险的来源以及产生的原因。当风险即将发生时，企业应当做出灵敏的反应，企业某一环节出现问题，应及时沟通情报，避免问题成堆。例如，销售部门如果预测出明年某产品销路不佳，就应会同生产部门及时研究调整投资计划，采取转产、停产或减产措施。

3. 风险处理系统

对于投资过程中可能出现的风险，应有一系列预备方案，当投资风险发生时，可启用备用方案。

4. 风险的评估和反馈系统

风险发生以后，如何认识和评估风险。例如，同一项投资决策，实施后出现问题，有人认为这是执行中的失误，有人认为是决策不当，对风险认识不清，往往会重蹈覆辙，所以，在风险发生以后，应当由有关部门、有关人员组织评估，从中总结经验，吸取教训，同时反馈给有关部门，以防风险再次发生。

（二）根据控制方法，制定投资风险的控制计划

一般说来，可以采取以下方法和措施：一是避免风险。就是回避某种风险，这种风险往往程度高，难以把握，它的实际运用要受到一定条件的

限制，常常要放弃某些经济活动，从而失去与这项活动相联系的利益，所以，避免风险是一种消极的控制方式；二是风险降低法。风险降低法的一种策略是通过付出一定代价来减少损失出现的可能性，降低损失程度。如通过给予客户现金折扣以加速应收账款的回收。另一种策略是采取措施增加企业抵御风险损失的能力。如降低产品成本，提高产品质量，增强竞争力，有利于降低销售风险；三是风险分散法。企业可通过联营，多方位、多元化经营来分散市场竞争中所带来的竞争风险。具体来说，企业可通过同其他企业联营，利益共享，风险分担。或者可以实行多角化经营战略，多投资一些不相关的项目，多生产经营一些利润独立或不完全相关的商品，使厚利和薄利项目、旺季和淡季、畅销商品和滞销产品，在时间上、数量上互相补充或抵消，弥补因一方面的损失给企业带来的风险，企业在一定时期里的总利润风险就能够因较多的投资项目或众多的商品而减小。因此，提倡多角化经营，以降低各投资项目之间，各种产品在性能、用途、市场销售状况上的联系，以期降低风险。这种多角化经营可以提高市场竞争力和应变能力，增加灵活性和稳定性，尽可能避免在市场结构性不景气时，因主营产品被淘汰而使企业面临巨大的风险，从而达到化解风险的目的。

（三）加强全过程的投资风险管理，建立财务信息系统，努力化解风险

1. 对投资风险进行事前控制

企业在实施某一方案前进行决策时，既要考虑可能获得的利益，又要兼顾风险，通过对投资风险的存在及其原因的客观分析，大量运用概率分析、风险决策法等，制定富有弹性和留有余地的管理措施，保证发生意外时能有效的应付。

2. 对投资运行过程进行事中控制

在生产经营活动中，运用定性分析和定量分析法，观察、计算、监督投资风险状况，及时调整出现的偏差，有效地阻止或抑制不利事态的发展，将风险降低到可控制的范围。

3. 对投资风险进行事后控制

以分析资料为依据，制定未来的风险管理计划，对于已经发生的风险，要建立风险档案，并从中吸取经验教训，以避免同类风险的继续发生。对于已经发生的损失，应及时消化处理，若长期挂账，就会给企业今后的发展留下隐患。

本文刊发于《数量经济技术经济研究》2000 年第 3 期；作者：王关义

应用价值工程，降低皮鞋成本

美高皮鞋厂是西北皮革行业的重点生产厂家，年产各式胶粘皮鞋40多万双。近几年来，面临以质量求生存，以品种求发展，以成本求利润的经营环境，该厂在不断推出新品种，加强质量管理的同时，以降低皮鞋生产成本为核心，广泛推广价值工程，收益显著。1985年，在不影响皮鞋功能和质量的前提下，以化学革和再生革代替了猪底革和单里革，使每双皮鞋成本平均降低了0.5元，全年节约开支20多万元。1986年，针对中筒靴成本过高、利润偏少这一问题，该厂又开展了价值工程活动。

一、对象选择

该厂采用成本比重法来确定价值工程对象。中筒靴的单双部件的构成及其成本如表1所示（表1中消耗牛皮的部件计算成本时，牛皮价格为41元/m^2）。

表1　2017A14男牛面中筒靴原材料消耗分布表

序号	部件或组成要素	单位	耗量	成本（元）	比重（%）
1	靴筒	m^2	0.20	10.66	31.5
2	里子（毡里）	m^2	0.41	6.44	19.03
3	内底（托底、膛底）	m^2	0.055	2.255	6.67
4	靴跟	双	1	1.63	4.82
5	前帮	m^2	0.1	4.1	12.1

（续表）

序号	部件或组成要素	单位	耗量	成本(元)	比重(%)
6	后帮	m^2	0.1	4.1	12.1
7	里革	m^2	0.053	0.52	1.64
8	拉链	条	2	1	2.95
9	外底(大底或前掌)	双	1	1.19	3.52
10	半托底	m^2	0.058	0.61	1.8
11	主跟、内包头	kg	0.12	0.72	2.12
12	铁勾心	双	1	0.1	0.29
13	通垫	m^2	0.053	0.52	1.54
14	合计		33.845	10	

从表1可以看出，靴筒、里子、内底、靴跟、前帮，后帮和里革七个部件的成本占去总部件成本的87.76%，因此，降低这些部件的成本，不仅能降低中筒靴的成本，增加企业利润，而且可以提高中筒靴的市场竞争能力。

二、功能定义及整理

中筒靴起着防寒，防湿，防止脚直接被撞击，摩擦及美观装饰的作用，分析其功能可表述为：

基本功能：防寒取暖，保护脚面。

辅助功能：配合着装，防雪防水。

使用功能：雪晴两用，穿着柔软舒适。

美学功能：式样健美，款式新颖。

为进一步了解产品的功能，还要对各个部件或各构成要素作进一步的分析。

中筒靴各构成部件功能定义为：

靴筒功能：保护脚和小腿，美化紧固。

里子功能：取暖，防寒，穿着舒适柔软。

靴跟功能：支撑人体，增加身高。

内底功能：抵抗和排除脚汗气对皮靴寿命的影响，托力，支撑，连接鞋帮。

前帮功能：连接后帮，装饰皮靴。

后帮功能：连接前帮、筒子和外底，有装饰作用。

里革功能：连接筒面、筒里子，装饰筒口。

拉链功能：穿脱方便，装饰靴身。

外底功能：连接内底，抵抗行走时的摩擦。

半托底功能：托力，支撑。

主跟，内包头功能：支撑，定形。

铁勾心功能：增加内底硬度，防止靴子走形。

通垫功能：增强皮靴卫生性能。

三、功能评价

该厂采用0—1强制打分法，得到了中筒靴各部件的价值系数（见表2）。

表2 男牛面中筒靴各构成部件价值系数分析表

部件名称	功能得分	功能系数	成本	成本系数	价值系数
靴筒	10	0.128	10.66	0.33	0.4
里子	9	0.115	6.44	0.19	0.605
内底	5	0.064	2.255	0.067	0.95
靴跟	3	0.038	1.63	0.048	0.79
前帮	12	0.15	4.1	0.12	1.25
后帮	11	0.14	4.1	0.12	1.16
里革	1	0.012	0.52	0.015	0.80
拉链	3	0.038	1	0.029	1.31
外底	7	0.089	1.19	0.035	2.54
半托底	3	0.038	0.61	0.018	2.11
主跟、内包头	8	0.102	0.72	0.021	4.85
铁勾心	4	0.05	0.1	0.003	16.67
通垫	2	0.025	0.52	0.015	1.67
合计	76	1.00	33.85	1.00	

从表 2 中可以看出，前帮、后帮和拉链的价值系数比较接近于 1，这表明它们的功能与成本支出是相称的，不必考虑功能的改善或者成本的降低，外底、主跟、内包头、铁勾心以及通垫的价值系数大于 1，这表明其功能的实际成本比其必要成本小，很可能存在功能不足的现象，要求今后必须在改进零部件的功能上下功夫，靴筒、里子、内底、靴跟和里革的价值系数小于 1，表明实现其各自功能的实际成本超过了必要成本，生产时支出了过高的成本，必须设想出新的方案，力求消除不必要的成本开支。

四、方案制订

在明确了改善的对象以后，该厂召集了销售、设计和生产部门的有关人员，进行了反复的讨论，提出了如下降低成本的方案：

1. 由于靴筒部位的主要功能是保温和美观，受外界的摩擦和撞击相对较小，不易损坏，以牛皮为原料生产出的中筒靴在使用过程中往往会出现筒子寿命远远超过底子寿命的现象，加上牛皮筒子重量大，成本高，弯折后容易出现折皱，薄厚不均匀，整体协调性、伸缩性、可塑性都不及合成革好，故决定以合成革代替牛皮。

2. 在内底（又名托底）生产方面，他们对天津、青岛等地生产的同类产品进行了解剖，发现这两地生产的皮靴托底均用再生革材料代替以往传统的猪牛皮托底，并没有影响皮靴的寿命和功能，而成本却大大降低，因此，决定以青海、武威两地生产的再生革材料取代原来的天然革托底。

3. 以人造毛里子代替原来的毡里，不仅可降低成本，而且还可增加保温性和舒适性。

4. 以塑木跟代替原来的木跟包皮（牛皮）。

五、新方案实施的效果评价

新方案实施一年多来，取得如下效果。

1. 从技术上看，通过材料代替，不仅没有降低中筒靴的质量，没有对工艺过程带来困难，相反，由于再生革材料本身含有一定成分比例的浮胶，解决了胶粘皮鞋生产工艺中一直存在的猪牛天然革油性大，影响黏合强度的问题。1987年，皮鞋合格率高达99.97%，一等品率维持在98%以上，就中筒靴本身的技术性能来看，替代后的方案要比原方案好。

2. 从经济上看，通过价值分析，中筒靴成本大幅度下降，同时，也减小了对天然革的需求量，减小了来自原材料供求方面的压力，为企业节约了大批经费，推算结果见表3。

表3　中筒靴单双成本动态

成本项目		原材料	辅助材料	燃料及动力费	工资及附加费	车间经费	加工费	企业管理费	单双成本
金额（元）	改进前	33.845	0.8	0.185	2.81	1.429	1.623	3.67	44.362
	改进后	24.37	0.8	0.185	2.81	1.429	1.623	3.67	34.887
单双成本差额(元)		9.475	0	0	0	0	0	0	9.475
单双成本降低率（%）		27.99	0	0	0	0	0	0	21.36

年节约额：

$$1986\ 年节约额=\left(\begin{array}{c}改进前单双\\中筒靴成本\end{array}-\begin{array}{c}改进后单双\\中筒靴成本\end{array}\right)\times 年产量$$

$$=(44.362-34.887)\times 7898$$

$$=74833.55(元)$$

1987年，该厂计划生产中筒靴26800双，但在5月末，根据市场需求动态又调整为37000双，若以这个产量水平计算，则全年可节约350575元（9.475×37000）。

3. 从市场竞争的动态看，由于中筒靴价格适中，市场需求量大大增加，1986年，根据用户订货情况计划生产中筒靴一万多双，1987年，急骤增加到 26800 双，后又调整到 37000 双，大大增强了企业活力和市场竞争能力。

六、开展价值工程活动的经验

通过对中筒靴开展价值分析，该厂的经验是：

1. 侧重在产品设计阶段开展工作。设计是产品生产过程的第一道工序，也是决定产品先天质量和成本的关键环节，据国外资料认为，产品成本 70%—80% 是由设计阶段决定的，产品投产以后大幅度降低成本是比较困难的，设计上的节约是最大的节约，基于这一思想认识，在皮靴设计上，该厂不但要求设计人员必须掌握自己设计的皮靴的尺码、型号、底长、围长、跟型和结构，而且要熟悉每个部件的功能是什么、成本支出多大、投入市场后有无竞争能力，为了实现在设计过程中降低成本的目的，设计部门还制定了《原材料辅助材料测定书》，其中具体规定了构成各种皮靴的必要部件的原材料及辅助材料消耗标准，规定了每个部件生产时的活劳动消耗标准。

2. 进行功能成本两方面的综合分析，改变了传统的成本分析与功能分析相脱节的现象，在功能不变的条件下，坚决剔除皮鞋部件上的过剩功能。例如，具有相同功能的皮鞋外底，本厂的天然胶含量为 33%，而武威皮革厂的却只有 11%，发现这一情况后，测试部门立即对之进行了理化性能测定，决定降低外底中的天然胶含量，这样，每双外底的成本预计可降低 10%—15%。

3. 在皮鞋生产过程中，严格按照不同部件的功能控制成本支出，既考虑到不同部件的质量要求，又合理地使用原材料。例如，在生产中筒靴选料时，运用主次部件的样板，在皮张的不同部位选料，考虑到前帮位于鞋的前部，在穿用时经受曲折和摩擦，因此，要求必须选划粒面细致、光滑的优质料；靴筒位于皮靴上部，受外界摩擦和撞击次数少，程度轻，故在选料时主要强调其外表光滑，厚度均匀。

4. 点面结合，以点带面，及时推广对中筒靴进行价值分析所取得的经验。1987 年，决定在高低筒靴生产上也进行材料替代，以合成革替代牛皮做筒子，以人造毛里子代替毡里，这无疑又会降低高低筒靴的成本，增加企业盈利。

本文刊发于《价值工程》1987 年第 6 期；作者：王关义

日美企业特征及经营策略比较

日、美、欧三方所做的关于企业"未来的生产战略"的调查发现，日美在追求企业改善方面上，有两点不同：（1）日本企业往往采取自下而上的改善，以生产现场职工为主体；美国企业崇尚以决策层和管理专家为主体，推行自上而下的改善模式。（2）日本企业将改善重点放在运作业务的改进上；美国企业则更看重经营战略的改善。

表 1　生产成本构成

	日本	美国
直接材料费	63.5%	51.4%
能源费	5.6%	5.3%
直接劳务费	13.8%	13.7%
生产间接费	17.1%	29.6%

表 2　经营战略的方向

日本	美国
1.新产品开发	1.新产品开发
2.市场占有率的提高	2.市场占有率的提高
3.多角化经营	3.多角化经营
4.开拓新的市场	4.开拓新的市场
5.介入流通环节	5.企业购买
6.企业收购	6.从产业界撤退
7.从产业界撤退	7.介入流通环节

表3　生产战略的优先度

日本	美国
1.降低成本	1.确保设计的质量
2.着重适应产品形式的变化	2.遵守向顾客的交货期
3.确保设计的质量	3.提供高性能的产品
4.提供高性能的产品	4.缩短向顾客的交货期
5.遵守向顾客的交货期	5.降低成本
6.适应量的变化	6.强化售后服务工作
7.缩短向顾客的交货期	7.着重适应产品形式的变化
8.强化售后服务工作	8.适应量的变化

表4　经营管理者所关心的问题

日本	美国
1. 确保生产出高质量产品的工艺能力	1. 确保生产出高质量产品的工艺能力
2. 原材料利润率低下、损耗严重	2. 生产间接费的高涨
3. 新产品开发程序落后	3. 新产品开发程序落后
4. 生产技术落后	4. 销售预测的薄弱
	5. 原材料利润率低下、损耗增大

表5　日美企业所重视的效率改善活动

日本	美国
1.多品种小批量生产的效率化	1.直接作业者高昂的士气
2.作业的自动化	2.安全管理
3.QC 小组/质量管理小组	3.生产管理系统的改善
4.对新产品生产工艺的开发和引进	4.对外部定货业务的质量管理
5.安全管理	5.产品质量管理

本文刊发于《管理工程师》1999 年第 5 期；作者：王关义

重温丰田生产模式

丰田生产方式在中国的流传和推广至今已有 20 多年的历史，但成功的案例几乎是绝无仅有。在很多没有结果的喧嚣过去之后，十分有必要重新解读丰田生产方式，因为它的确可以创造出巨大的价值。

一、丰田生产方式的精髓

丰田生产方式（Toyota Producti on System），在不同的场合下还可以称为看板管理、准时化生产、精益生产等，其根本出发点和落脚点是彻底杜绝企业产、供、销过程中的一切浪费，最大限度地降低成本。丰田生产方式以其显著地提高日本企业生产效率的奇效而被全世界的企业家所推崇。20 世纪 70 年代以来，随着总结日本战后经济起飞的成功经验，日本式经营、丰田生产方式、精益生产方式等不仅成为各国企业家所关注的话题，而且也成为各国探询日本奇迹的理论家所研究的一大热点问题。

丰田生产方式是一种以通过消除所有环节上的浪费来缩短产品从生产到客户手中时间的生产理念。它是丰田汽车公司在过去几十年的实践摸索中逐步完善起来的一套理论体系。其目标是降低生产成本，提高生产过程的协调度，彻底杜绝企业中的一切浪费现象，从而提高生产效率，提高质量，降低成本，保证交货，为企业带来较高的收益回报。

"二战"以后，由于资金匮乏，无法生产出更多的汽车零部件，于是，丰田公司在"自动化"的基础上发明了"看板管理"，即从配件厂、辅件厂到主机厂形成了一条流水线式的生产体系，也就是所谓的"准时化生产"，美国人称它为"精益生产方式"，英文缩写为 TPS。一直以来，丰田生产出的汽车以其高品质以及良好的稳定性和可靠性而被世人所喜爱。很多企业对于精益生产和丰田生产方式的关系一直感到困惑，有的专家认为两者是一回事；还有的认为精益生产是理论，丰田生产方式是方法等，甚至出现了是实施精益生产还是丰田生产方式的疑虑。还有不少人认为，丰田是只"黑匣子"，无论是研究开发、生产技术还是组织管理方面，都处于"黑匣子化"状态。

丰田生产方式的精髓到底是什么？我们认为，精益生产理论就是人们通过对丰田生产方式等日本生产管理的特征进行深入研究后得出的根本原则和管理理念，并将眼光面向整个价值流。所谓价值流，即产品从原材料供应到最终交付给用户的所有过程，包括原材料供应过程、零部件供应过程、非生产供应过程、生产现场和产品销售代理过程，还包括产品的设计过程。精益生产的原则不仅适用于汽车制造业，也适用于其他行业。当然，由于汽车制造业的共同特性，尤其是在生产过程的改进中，精益生产和丰田生产方式在实施中很多方面是类似甚至是相同的。根据这种思维原则建立的生产方式就是精益生产方式。丰田生产方式是日本丰田汽车公司的生产管理方法，具有其自己的特点，侧重于生产过程的管理，它是一个庞大的体系。

尽管丰田生产方式是一个庞大的体系，但简要地说，它的精髓可以概括为"自动化""准时化"和"强烈的危机意识"。所谓"自动化"是指"生产线一旦出现故障立即停机，以保证不出次品，不让人成为机器的奴隶"；所谓"准时化"是指"在必要的时间内生产出必要数量的必要产品"；所谓"强烈的危机意识"是指"企业从上到下全体员工都意识到来自各方面的压力，自觉地参加到生产的全过程中去，随时发现问题，解决问题"。具体来说，丰田生产方式的精髓主要表现在如下几个方面：

1. 鲜明特色的纲领。丰田的纲领是："上下一心，努力工作，实现产业报国；致力于研究、创造，走在时代潮流的前面；力戒华而不实，追求实质刚健；发扬温情友爱，建设美好家庭。"这些纲领也是丰田社训的重要组成部分，成为丰田模式的基本理论基础，对激发员工的创造力和积极性起到巨大的作用，成为丰田成功的精神支柱。

2. 明确的目标。就是降低成本，增加收益，高质量地进行生产，最大限度地使顾客满意。丰田生产方式是生产产品一系列合理的方法，这里所说的合理，是意味着它对整个公司产生效益。为了实现这个目标，丰田生产方式将降低成本作为最基本的第一位目标。降低成本目标，换句话说，也可以称为提高生产率的目标。为了实现这个基本目标，应该彻底消除生产中的浪费现象（过剩的库存和过剩的人员等）。

3. 三大支柱的稳固支撑。就是准时化生产制度、人员自觉化和严格的标准化。准时化（JIT）生产，即以市场为龙头，在合适的时间，生产出合适数量和高质量的产品，JIT 以需要拉动生产为基础，以平准化（Leveling System）为条件。所谓拉动生产是以看板管理为手段，采用"取料制"即后道工序根据市场需要进行生产，对本工序在制品短缺的量从前道工序领取相同的在制品量，从而形成全过程的拉动控制系统，绝不多生产一件产品。

4. 持续不断的改善活动。改善是 TPS 的基础，可以说没有改善就没有 TPS。丰田生产方式，在追求降低成本最终目标的同时，还包括各种不同的目标（数量管理、质量保障、尊重人格等），所有这些目标，都要通过丰田生产方式的基础——持续不断的改善活动来实现。使丰田生产方式真正取得实效的，就是改善活动。这里的改善是指从局部到整体永远存在着改进与提高的余地。在工作、操作方法、质量、生产结构和管理方式上要不断地改进与提高，消除一切浪费。TPS 哲理认为，不能提高附加价值的一切工作（包括生产过剩、库存、等待、搬运、加工中的某些活动、多余的动作、不良品的返工等）都是浪费。这些浪费必须经过全员努力不断消除。持续改善（Continuous Improvement）是当今国际上流行的管理思想，它是以消除浪费和改进提高的思想为依托，对生产与管理中的问题，采用由易到难的原则，不断地进行"改善—巩固—改善—提高"的循环，经过不懈的努力，以求长期的积累，获得显著效果。

二、丰田生产方式在我国的应用

基于中日两国历史上形成的交往习惯和两国文化背景的相似性，中国在 20 世纪 70 年代末期和 80 年代初期，实行对外开放战略，学习日本等发达国家推动经济发展的经验。在这种宏观背景下，丰田生产方式（TPS）也于 1981 年被引入中国，政府和不少大中型国有企业不仅聘请丰田汽车公司的专家来中国传授经验，而且还派员到丰田去取经。丰田生产方式在中国的流传和推广至今已有 20 多年的历史，在这 20 年中，应该说：对丰田汽车，我们是非常熟悉的；但对丰田公司，我们又是非常陌生的，丰田的研发、生产以及它的管理多不为外人所知，以致人们称丰田为"一只黑匣子"。

长春一汽曾于 20 世纪 80 年代初就派出一个 40 人的代表团对丰田的生产方式进行现场考察学习达半年之久，回来后即在一汽的各个分厂推行 TPS，取得比较好的效果。此外，还有湖北东风汽车公司、上海易初摩托车厂的精益生产都收效甚佳。国内其他一些企业也试行过 TPS，然而大多未能成功。丰田方面对在中国企业实施 TPS 的评价恐怕更令人失望。不久以前，有专家就这一问题采访过丰田生产调查部的斋藤广美主管，可他甚至举不出一个中国企业成功实施 TPS 的案例。2000 年年底，来华访问的 TPS 嫡系传人、丰田汽车公司生产调查部长林南八仅举出了一个 TPS 在中国成功实施的案例——VCD 组件生产企业川景电器公司（音译）。与 TPS 在中国的命运相反，在美国，TPS 显示出了其强大的活力。通用从在加州与丰田的合资厂那里学到了 TPS；福特汽车公司从丰田在美国的企业里挖人，做成了 TPS 的福特版；克莱斯勒学习福特；全球最大的汽车零部件生产商德尔福也实施了 TPS，结果是惊人的。TPS 没有国籍。林南八举例说，他曾考察过德尔福在波兰的工厂，那里没有接受过丰田的指导，但却将 TPS 实施得非常彻底，其水平之高令人吃惊——现场管理人员能回答任何刁钻的问题。

```
┌─────────────────────────────────────────────┐
│                丰田生产方式                    │
├───────────────────────┬───────────────────────┤
│ 准时及时制             │ 自动化                │
│ ·按工序准时流动        │ ·明确问题             │
│ ·减少作业             │ ·强化改进             │
│ ·减少库存             │ ·向高水平努力         │
│ ·均衡生产             │ ·异常管理             │
│ ·明确问题             │                       │
├───────────────────────┴───────────────────────┤
│              均  衡  生  产                    │
└─────────────────────────────────────────────┘
```

那些学习和实施丰田生产方式未能成功的企业，原因固然是多方面的，但如何正确理解 TPS 的精髓是其中最为关键的问题，不少企业失败的原因就在于对丰田生产方式的理解不够完善和准确，运用过程更生搬硬套，主要表现在如下几个方面：

1. 缺乏推行 TPS 所需的强烈的危机意识。企业管理层的危机意识和紧迫感是实施 TPS 的前提，遗憾的是，向我们的国企领导们灌输危机意识的工作已做了多年，可就是效果不佳。如何使国企领导具有强烈的危机意识？进一步的问题是，如果国企的领导由上级主管部门任命，那么，他们的危机意识是更倾向于企业本身的生死存亡呢，还是更倾向于小心翼翼地遵守官场上的游戏规则——使自己的经营管理不致违背上级的要求或触犯某位上级的利益？如果国企领导自信政府最终会出来为企业喂奶、输血、解困，他们又能有多少危机意识？如果国企领导的自身利益在相当程度上与企业的生死存亡无关，他们又有多大必要苦心费力地去每天寻找商机和解决危机的方策呢？从中国推广 TPS 的情况来看，通常只有合资企业对实施 TPS 感兴趣。而不少国企对推行 TPS 如何才能取得实效往往缺乏足够的兴趣，认为自己本来就好好的。这与对企业干部的考核制度有关。在这种制度下，企业经营的好坏是第二位的，经营者用不着为实施一种新的生产方式而冒险，按部就班地行事，即使做不好，大不了也只是换一个岗位。高层管理者缺乏危机意识，即使实施 TPS，也会半途而废。美国人用了 15 年才发现 TPS 并不仅仅是一套技术和工具，而是一种系统的思维方式，其实施成败的关键在于企业高层领导是否真正相信这个理念，营造与之相适应的文化氛围，并能持之以恒地层层落实下去。

2. 对于 JIT 的理解没有做到全面准确。丰田生产方式不仅仅是准时生产与看板管理，如果仅仅从形式上去效仿看板管理是不能成功的。JIT 是 TPS 的核心问题之一，拉动生产是 JIT 的主要手段。但是 JIT 是不能脱离人员自主化和持续不断的改善而独立存在的。因而 TPS 的实施必然是一个企业整体的、长期的行为。它是一个系统管理，是一个全员参加的、思想统一的、不断改进的系统过程。TPS 的推广从局部试点开始，毫无疑问是正确的，但绝不能局限在局部，不能孤立存在。

3. 推行丰田生产方式需要较好的管理基础。改善是 TPS 的基础与条件，推行 TPS，首先要从持续改善入手。目前，天津丰田技术中心在丰田公司与天津汽车公司合资的企业正在推行 TPS，他们就是先从改善入手，而不是马上推行 JIT。原因何在？首先是因为改善是贯穿于 TPS 的产生、成长和成熟的整个过程。其次，JIT 的实行需要有较高水平的管理基础做保证。如快速换模，先进的操作方法，合理的物流系统，科学的定额和期量标准，员工素质与设备完好率高等，所有这些条件必须具备，才能实行 JIT 生产。

4. 质量管理脱离生产过程。质量管理不是独立存在的体系，它必须融于生产过程。我国的企业都设有专门的质量管理部门，这样一来，使质量管理形成了相对独立的管理体系。而质量管理是不能脱离生产现场的加工操作及包装、运输的全部过程的，必须融为一体。

5. 工业工程（IE）体系缺失。丰田汽车公司生产调整部部长中山清孝指出："丰田生产方式就是工业工程在丰田公司现代管理中的应用。"可以说工业工程是丰田生产方式实现的支撑性技术体系，特别是改善活动依托的原理与方法主要是 IE。因而，中国企业要推行 TPS，特别是建立适合国情、厂情的 TPS，就一定要从推行工业工程入手，否则很难成功。

6. 生产不够均衡化。生产均衡化是实现适时适量生产的前提条件。所谓生产均衡化，是指总装配线在向前工序领取零部件时，应均衡地使用各种零部件，混合生产各种产品。包括生产的品种、数量、时间三方面的均衡。为此在制订生产计划时就必须加以考虑，然后将其体现于产品投产顺序计划之中。中国宏观上出现的由短缺向相对过剩的转化，加之不少企业整体管理水平低，对市场前景缺乏科学的预测，仓库积压严重，也有不少企业完全处于存货式生产状态，市场销售状况忽高忽低，有的企业生产任务季节性强，有的企业还由于生产能力过剩和没有订单而处于停产状态，很难实现生产的均衡化，这也是推行 TPS 难以奏效的重要原因。

三、学习丰田生产方式的要诀

基于中国企业在推广丰田生产方式过程中存在的问题，企业要更好地运用丰田生产方式，大幅度提高生产效率，应注意如下几个方面。

1. 推行丰田生产方式必须进行大量的宣传和改进工作，丰田生产方式是一个完整的体系，不能片面从某一个方面来理解和实施，而是要对整个价值流进行全面的改进。这就要求加强在这方面的宣传、培训和交流，正确地理解。另一方面，丰田生产管理方式与我们所熟悉和惯于使用的"大量生产"方式有着很大的区别。在实施过程中涉及企业的全体员工，需要他们的积极参与和全力配合，只有这样才能真正取得成效。这就要求企业的全体员工要充分认识精益生产会带来巨大效益，尤其是高层管理者，应对其实施给予不断的强化和支持。

2. 丰田生产方式是舶来品，需要国产化。尽管 TPS 没有国籍，但我国许多情况与国外不尽相同，所以在国外成功实施的技术和管理方法对我国的企业不一定适用，盲目照搬国外成功的经验给我们带来的教训实在是太多，也太深刻了。切不可简单照搬国外成功的管理方法和生产方式，而是要通过精益示范中心这样的科研机构与企业充分合作，根据丰田生产方式的特征和我国企业的实际情况，对丰田生产方式不断进行研究和实践，使之更加适合中国的国情。

3. 加强对员工的培训，大力推行生产的同步化。培训既是推行 TPS 的突破口，又是 TPS 自始至终的工作内容，应在全公司范围内培训 TPS 的理念。同时要注意研究国内外推行过 TPS 企业的成功经验与失败教训。按照 TPS 的要求，大力推行生产的同步化，工序间不设置仓库，通过"后工序领取"的方式（即生产计划只下达至最后的工序，通过看板这一管理工具拖动其他各个工序），前一工序的加工结束后，使其立即转到下一工序去，装配线与机加工几乎平行进行，产品被一件一件地、连续地生产出来。在铸造、锻造、冲压等必须成批生产的工序，则通过尽量缩短作业更换时间来尽量缩小生产批量。

4. 企业家要有强烈的危机意识。从一定意义上说，TPS 是危机的产物。当公司内认为没有问题的人越来越多时，情况是最危险的；事实上，对企业来说，每天都有危机。所以，强烈的危机意识是实施 TPS 的前提，而及时暴露被掩盖的问题或危机则是 TPS 的基本原则。在强调危机意识时，要特别强调企业最高管理层的危机意识。

参考文献

［1］高立宪：《打开日本产业发展的"黑匣子"——〈丰田方式〉》，载《中国经营报》，2001 年 8 月 28 日。

［2］齐二石、刘子先：《丰田生产方式及其应用》，载《企业管理》，1998 年第 3 期。

本文刊发于《企业管理》2003 年第 6 期；作者：王关义

影响企业生产战略转移的因素分析

　　生产战略是企业设计的一套运用自己资源的政策或计划，用以支持企业的长期竞争战略。它着眼于企业所选定的目标市场；谋求在既定目标导向下制定企业建立生产系统时所遵循的指导思想，以及在该指导思想下的决策规划、程序和内容；使得生产系统成为企业立足于市场，并获得长期竞争优势的坚实基础。因此，对于生产战略的管理显得极为重要。生产战略的管理，是一种崭新的管理思想和管理方式。其管理的重点就是制定生产战略和实施生产战略。而制定和实施生产战略的关键都在于对企业外部环境的变化进行分析，对企业的内部条件和因素进行审核，并以此为前提确定企业的生产战略目标，使三者之间达到动态平衡。

　　生产战略的管理，又是一个动态的管理过程。在初步确立了生产战略之后，需要考虑许多因素对其可能带来的影响而做出相应的调整，特别是在高度竞争、高度创新的市场经济条件下，企业有时不得不做出生产战略的转移。在一定程度上，企业生产战略的转移是一个主动适应的过程，通过转移促进了企业的进一步成长和壮大，很多知名的大型跨国公司就是通过成功的生产战略转移而取得巨大成功的。例如摩托罗拉公司是依靠汽车音响和电视机起家，后来断然放弃这两项业务，转变为一家产销微处理器、无线电话、双向无线电与呼叫器的公司，一举成为震惊世界的"移动电话之王""BP机霸主"。芬兰的诺基亚过去是森林产品和橡胶工业的巨头，主要生产火柴和胶鞋。1992年，他们开始在旧金山一间很小的办公室里开发高新技术设备，并获得巨大成功。现在，它已成为世界上生产移动电话和高级电脑监督程序的主要公司。

鉴于此，影响企业生产战略转移的因素可分为两大类：企业外部因素和企业内部因素。

一、企业生存外部因素的变化

国内外政治法律环境的变化。虽然市场竞争法则已被引入众多的行业，但一些政治因素的变化或多或少也对企业生产战略的转移有着直接或间接的影响。如价格控制、政府补贴、差别税率的变化，产业政策的调整等等都影响着企业生产战略的转移。同样，法律、法规作为国家意志的强制表现，对于规范市场与企业行为起着直接作用。如禁止生产一次性不可降解泡沫餐具这一法规的出台，就使得很多企业不得不调整生产战略改产可降解纸质餐具。

国内外宏观经济环境的变化。如国民消费水平、投资水平、就业水平、储蓄利率等的变化。任何一个企业在制定其生产战略时都不可能不考虑这样一个因素。企业在生产过程中面临各种经济条件、经济特征、经济联系等客观因素，其变化将影响企业生产战略中的产品决策和生产组织方式的变革等。李嘉诚之所以由房地产转向电讯和基础设施等的投资，正是由于看到了信息产业的发展前景和内地经济增长方式的转变而做出的战略选择。

市场需求及竞争状况的变化。企业所处行业由于过度竞争导致生存环境恶化，产品价格大幅度下降。它直接影响着生产战略的转移。例如电脑中的存储器是美国一公司研制的，但1965年日本的半导体公司以低廉的价格进入美国市场后，使得美国这家公司连续8个月严重亏损，最后这家美国公司果断地放弃存储器，开始研制电脑中的核心部件——芯片，使公司走出了困境。目前美国这家公司的产品占世界芯片市场80%的份额。

技术进步。新产品、新工艺、新材料、新能源的出现，从两方面影响着企业的生产运作。一方面是对新产品和新服务的影响，另一方面是对生产方法、生产工艺、业务组织方式本身的影响。技术进步既使企业面临挑战，也提供了机遇。随着技术进步的发展，企业生产战略必须做相应的调整和转移，如引进国外先进生产技术、进行技术开发与改造、研究与开发新产品和对原有产品的升级换代等，比如显示器已经由 CRT 的生产转向 TFT-LCD 的生产。

供应市场的变化。供应市场主要是指企业所投入资源要素的供应，如原材料市场、劳动力市场、外购件供应市场等。这个因素的变化对企业生产战略的转移有着极大的影响，往往导致生产区域的战略转移。NIKE 之所以将制鞋工厂迁移到东南亚，与东南亚国家劳动力市场价格低廉不无关系。

二、企业内部因素的变化

企业能力的变化。企业能力对生产战略的影响主要在于企业在运作能力、技术条件以及人力资源等方面与其他竞争对手相比所占有的优势和劣势。企业在成长过程中其企业能力也随之成长。例如企业在技术力量逐渐雄厚、设备逐渐完善、人员素质不断提高的情况下，可以由原先生产技术含量较低的产品转向生产高、精、尖产品。又如企业生产应变能力增强时，可以集中力量开发和生产与本企业工艺接近、产品结构类似、制造原理也大致相同的产品，如长虹集团由最先的电视机生产转向冰箱、手机等领域的生产。

产品线及竞争地位的变化。许多企业在早期购入国外先进生产线时，产品市场占有率高，竞争优势明显。随着生产线的逐渐老化和产品技术含量的不断降低，尤其是外来竞争者开发出更为先进的同类产品，企业优势地位不断受到挑战。这时，企业就必须进行大的生产战略转移。如购进更先进的生产线，开发出更为先进的产品或者退出该领域从事其他领域的生产。

财务状况的变化。对于一个成长初期的企业来说，流动资金短缺是企业所要解决的头等大事，开发出一种产品并扩大其生产能力是保证其成长的主要生产战略。随着企业步入青春期或成熟期，企业财务状况逐渐好转，出现大量闲余资金，这时企业生产战略就有可能向多元化方向发展，通过利润来源的分散化增强其抗风险能力。世界上大多数知名的跨国企业都是这样转移而成长起来的。

三、企业生产战略转移过程中所存在的问题

对新产品市场过于乐观的估计。企业在进行生产战略转移时，往往是看到了另一个产品的巨大市场潜力。很多企业往往在对市场需求、容量未做仔细考察的情况下，就盲目上马，认为只要产品上市就会有消费者，而没有注意到市场容量的大小和饱和程度，陷入市场陷阱，另外，现有的产品生产企业会对新进入的竞争者设置种种障碍或进行激烈反击，很多企业往往思想准备不足最终只有退出该产品市场或付出极为昂贵的进入代价。

对企业能力的盲目自信。许多企业在做大做强的过程中，对企业能力越来越抱有过高的自信，认为只要肯做，什么项目都能成功。未能充分估计企业的资金实力状况、制造技术柔性和人力资源的可获得性等就进行大跨度的生产战略转移。例如巨人集团，曾经因为巨人汉卡而在计算机领域取得非常大的成功。而在其后期发展中，它试图增加其新的利润增长点，寻找新的产业支柱，而决定进军生物工程领域，建造巨人大厦，等等，结果反而限制了原有事业的发展，丧失了原有的竞争优势。

过度无关多元化发展。过度多元化甚至过度无关多元化发展，往往不是减少而是增大了企业经营风险，结果是形成不了多元化的优势，相反却把企业拖垮。如 1988 年创立的广东太阳神集团公司，在残酷的市场竞争中，凭借保健品口服液在 1993 年销售额达到 10 亿元。从 1994 年开始，"太阳神"开始进入多元化发展时期，一年内上马了包括石油、房地产、化妆品、边贸、酒店业在内的 20 个项目，成立了新疆、云南、广东三家经

济发展总公司和山东弘易公司，投入 3 亿多元资金，"几乎全打了水漂"。同时保健品口服液的市场占有率由 1990 年的 63%，跌至 1997 年的不到 10%，1997 年销售额仅为 2 亿多元。

四、针对企业生产战略转移的建议

"切勿用两只脚同时试探水域的深浅。"也就是企业在生产战略的转移决策中要减少风险，降低成本。(1) 彻底放弃原有生产方向，转向全新生产领域；(2) 通过内部生产结构的调整，逐步舍弃原有的生产方向，迈向新的生产领域；(3) 生产区域的战略转移。对于第一种形式，企业采取的是破釜沉舟，脱胎换骨的改革方式，其风险往往很大，只有当企业陷于绝对的困境时才可以使用。而往往大多数企业采取的是第二种方式，实现生产战略的逐步转移，有进有退，逐步过渡。这是一种稳妥的转移方式，可以降低转移的风险，减少改革的代价和阻力。对于第三种方式，可以看做是生产战略的局部转移，风险相对更小。

根据所处行业的经济特性和竞争环境，以及它们的变化趋势，谋求企业在产业链上纵深发展和相关业务的关联性发展。企业在面临生产战略决策的选择时，必须找出企业的核心竞争力和行业成功的关键因素，寻找行业变革的驱动因素、竞争对手的市场地位和战略、竞争成功的关键因素、行业未来的利润前景等，从战略的角度考虑行业的情况，确定企业的发展方向。如四川的巨湖集团，由一个小型饲料厂发展起来，在面临越来越多的公司包括国外著名企业，如正大集团等不断加入饲料行业的压力下，充分利用自己先进的技术和经营管理经验，采用低成本扩张战略向肉制品加工业转移，从而延伸了以饲料业为起点的产业链，成功地实现了企业在产业链上的纵深发展，成为大型农产品加工企业。

抓好技术的引进、吸收和生产战略的衔接问题。企业进入新的生产领域的前提是掌握该领域高于行业平均水平的生产技术，因此往往采用购并或合作的方式来获得。如何将新的技术加以消化，和企业现有的技术相融合，与企业的生产能力相匹配，是企业在生产战略转移过程中必须要考虑的问题。另外，要做好企业生产战略的衔接工作。为了平稳地从一种生产战略转移到另一种新的生产战略，除了要做好企业组织结构和职能部门的调整外，还要做好职工的思想工作，让他们认识到生产战略转移的必要性和重要性。

本文刊发于《经营与管理》2003 年第 8 期；作者：何志勇、王关义

企业技术创新的对策分析

本文从技术创新的概念出发，探讨技术创新的本质特征，指出它既是一种技术行为，也是一种经济行为。我国当前企业的技术创新工作还很落后，存在一系列问题，针对这些问题提出了若干在技术创新方面的有效对策。

一、引　言

当前，人类正在逐步进入一个以知识和智力资源占有、配置、使用或消费为经济增长的时代，即新经济时代；原材料、资本等生产要素有所下降，而技术知识则日益成为重要的战略资源。企业的发展不像工业时代那样以机器、分工、自然资源（物质资源和能源）的占有为基础，而是以技术的占有为基础，以创新为动力。目前，我国经济体制改革中，实现经济增长方式由粗放型向集约型转变是其必然要求；而要实现经济增长方式的转变，必须提高技术创新能力。

二、技术创新的内涵

所谓技术创新，就是将内在的或外在的知识创新的成果纳入经济系统；更确切地说，就是作为经济系统微观基础的企业，应用创新的知识和新技术、新工艺，采用集约化的生产方式和经营管理模式，提高产品质量，开发生产新的产品，提供新的服务，占据市场并实现市场价值。因此，技术创新的主体是企业。企业技术创新有以下五个方面的内容：

（1）开发新产品或提高产品新的质量，即产品创新；

（2）引入新的生产方法、新的工艺，即工艺创新；

（3）开拓新的市场；

（4）开拓和利用新的原材料或半成品的供给来源，即利用和开发新的资源；

（5）采用任何一种新的工业组织形式和管理方式，即组织结构创新。

从以上技术创新涵义及其本质特点可见，技术创新是企业对生产要素、生产条件、生产组织进行的重新组合。

三、企业技术创新面临的问题

（一）企业创新主体地位不够明确

由于我国计划经济体制的惯性，在向市场经济体制的转型过程中，出现技术创新的主体模糊不清和错位的现象，技术创新主体大多是科研院所，属于"科研院所主导型"技术创新体系。而在市场经济条件下，技术创新的主体应是企业。这一问题虽已得到明确，许多大型企业已建立或正在形成技术创新中心，但还有很长的一段路要走。

（二）企业技术创新意识较差

企业创新氛围对技术创新有积极的促进作用，但目前有相当多的企业经营者创新观念仍然淡薄，这是企业技术创新能力低下的一个重要原因。陈旧的创新观念导致企业重外延式发展，轻内涵式提高；企业重视技术、设备的引进和更新，轻视软技术的消化吸收和自主创新；重视上新项目、铺新摊子等基本建设，轻技术改造和技术进步。

（三）企业技术创新投入不足，创新能力不高

研究与开发经费占国内生产总值的比例，是国际上通常用来衡量科技

投入水平和实力的重要指标。多年来，由于多种原因，我国企业尤其是国有大中型企业"包袱沉重"，中小企业"先天不足"，研究与开发经费投入严重短缺，难以形成技术创新投入的主体。虽然我国研究与开发投入总体呈上升趋势，但与发达国家相比，仅及同期比例的 1/6—1/4，科技创新尚无力从根本上取得重大的发展。据统计，1996 年我国从事研究与开发的总人数和企业研究与开发总人数均居世界前 4 名，而我国科学研究和专利指标的国际竞争力分别列世界的第 32 位和第 21 位。

（四）企业技术创新的组织管理不完善

技术创新是贯穿于市场调研、科研开发、产品生产和营销服务等各个环节的技术经济活动，是一个复杂的系统工程。它涉及企业制度、经营战略、创新管理、技术研发、营销策略和文化建设等内容，是一个全面的企业生产力推进过程。目前，我国不少企业在技术创新组织管理方面存在的主要问题是：①企业对技术创新的组织和管理，基本上还是沿用原来的组织管理模式；②企业开放意识、管理创新意识淡薄，对企业技术创新组织管理的指导思想依然是被动和封闭的；企业信息化程度较低，没有建立信息网络，不能及时为企业提供作为决策依据的经济、科技信息；③企业对技术创新的组织管理由于没有赋予创新行为主体以充分必要的主权，又没有从各方面广泛引入竞争机制，致使企业技术创新系统缺乏活力。

（五）企业技术创新的市场环境不健全

技术创新就是一个始于市场、终于市场的全过程，即形成从市场需求→创新动机→创新实施→创新产品→商品流通→市场需求环节的循环增值链。在这个循环过程中，市场决定着企业技术创新导向。企业技术创新在市场环境方面的主要障碍有：①市场竞争不规范，特别是拿"回扣"和"好处费"等各种不正当营销手段蔓延，把市场竞争引向只重销售手段，不重视科技"含金量"的狭路，造成严重的企业压力错位，从根本上动摇了企业追求技术创新的动力；②假冒伪劣产品和虚假广告充斥市场，投机钻营的形形色色的"公司"扰乱市场，执法不严不力，严重干扰对企业技术创新的导向作用；③行政强行干预和以权谋私、权钱交易以及招标、采购环节上的腐败营私行为得不到强有力的遏止；④企业技术创新的立法和政策不配套。

四、企业技术创新的对策和途径

（一）转变观念，使企业真正成为技术创新主体

有人认为，科研院所、高等学校、企业，甚至中介机构都是技术创新的主体。诚然，科研院所、高等学校都可以为技术创新做出很大的贡献；但是，企业使技术创新转化为现实生产力的重要作用和地位是其他机构或组织所不能替代的，而且企业量大面广，与市场紧密相连，理应成为技术创新的主体。因此，在制定宏观经济政策时，对企业不能只"鼓励发展"，而不"鼓励创新"；对企业技术创新，政府应从政策上和资金上给以大力支持，才能确保企业长期稳定发展。许多发达国家都鼓励企业技术创新。企业要成为技术创新的主体，自身必须加大对创新的投资力度。例如，瑞典产品创新的投资主要来自于企业，1993、1995、1997 年瑞典企业研究与开发的投入占 GDP 比例分别高达 2.5%、2.7% 和 2.9%，基本上占瑞典每年研究与开发总投资的 75%，企业真正成了技术创新主体。而现阶段我国企业技术创新的投资水平较低，技术创新投资意识也较弱。因此，政府应通过立法来促进企业在技术创新中的投资力度，促使企业成为决策的主体、开发的主体、投资的主体、利益分配的主体和风险承担的主体。

（二）加大引进、促进吸收，提高拥有核心技术比重的能力和科技竞争实力

技术创新按照选择的发展战略来划分，可以分为自主创新、模仿创新和合作创新。从总体上看，我国企业的技术水平同先进国家的技术水平存在很大差距，要缩小差距和实现"赶""超"，我们必须学习外国的先进技

术。为此要大力发展国际贸易，鼓励引进国外先进技术；积极引进外资，特别是跨国公司直接投资；建立技术许可制度，充分重视知识产权保护。但是，如果缺乏自主的知识产权，拥有核心技术比重不高，就不可能在全球市场竞争中胜出。因此，要加快建立以企业为主体、市场为导向、名牌产品为龙头、效益为中心、管理为基础的自主创新的技术进步机制。今后相当长一段时期，要把市场对生产要素的基础配置作用真正引入技术创新的全过程，加快科技自身的发展和科技成果向名牌产品的转化；要把引进先进技术和使用权与消化和自主研制结合起来。

（三）采取有效措施，提高企业创新能力，构建技术创新体系

技术创新体系一般由企业创新体系、产学研合作体系、基础研究体系、技术引进体系、重大技术攻关及产业化体系、中介服务体系、政策支持体系等组成。这几个方面，有的要求政府直接参与，如重大的技术攻关及产业化体系；有的要求政府进行引导，如企业创新体系、基础研究体系、技术引进体系、产学研合作体系、中介服务体系等；有的则完全是政府行为，如政策支持体系。因此，政府要制定相应的政策、制度和工作规范，加快构建技术创新体系。改善经济运行环境，建立健全风险投资市场。支持企业技术创新应该制定相关政策，鼓励企业进行有偿担保，化解企业进行技术创新的风险，建设一批创新型大企业和企业集团。

（四）优化市场环境，完善技术创新的政策体系

企业技术创新成功与否，其关键在于创新的市场实现程度。要改善企业技术创新的市场环境，应对当前市场上盛行的不正当的营销行为不能单靠经济运行机制本身的逐渐完善来自然克服，而必须施以必要的法律约束，加强执法力度，强化对市场行为的行政监控和舆论监督，同时要强化政府对市场流通状况的监控，全面推进政府职能的转换。同时，应认真研究企业技术创新的实际状况和遇到的问题，制定和完善促进技术创新的政策、法规和措施，并对已出台的政策进行系统的跟踪调查、综合研究和定

期评估，通过制度化的调研评估，随时修订补充有关政策，尽量使各项政策配套和完善，以形成一套完整有效的创新政策体系。

参考文献

［1］李水周：《推进我国企业技术创新的战略举措》，载《湖南经济管理干部学院学报》，2002 年第 13 期。

［2］姚仁杰：《企业技术创新对策研究》，载《洛阳农业高等专科学校学报》，2002 年第 2 期。

［3］刘明贵：《关于我国企业技术创新的几个问题》，载《信阳师范学院学报》（哲学社会科学版），2002 年第 4 期。

［4］周哲：《浅论企业技术创新的战略选择》，载《湖南大学学报》（社会科学版），2002 年第 1 期。

本文刊发于《价值工程》2003 年第 4 期；作者：邹福勇、王关义

浅析网络经济下企业组织结构变化的特征

网络经济的崛起和快速发展，使企业原有的组织结构受到极大的冲击，各国企业正在不断调整自身的组织结构。企业组织结构日益趋向于扁平化，企业界限日益模糊，出现了虚拟企业，并更进一步朝网络化方面发展。文章讨论了网络经济环境下企业组织变革的必然性，并归纳出企业组织结构的新特征。

现代信息技术的飞速发展在促进社会发展速度提高的同时，也为企业的发展提供了新机遇。现代电信、电子计算机、信息资源三者各自网络化及其相互渗透、联结、联合而形成信息的全方位服务网络，是名副其实的一场网络革命，这一革命不仅仅表现为经济生活中的生产、交换、分配等经济活动，以及生产者、消费者、金融机构和政府部门等经济主体都和信息网络密切相关，不仅要从网络上获取经济信息，依靠网络进行预测和决策，而且许多交易行为直接在信息网络上进行。在信息技术的催化下，全球网络经济初具雏形。这种基于网络技术发展而形成的一种经济潮流和经济形态被称作网络经济，是信息社会的经济最集中、最概括的体现。这种新的网络经济，正在深刻地改变着人民的生活与传统观念，使得网络不仅仅只是信息传递的媒介，也为企业实现其经营活动提供了新场所。企业的传统经营在网络经济时代将逐渐改变为在线经营，企业的成功要素已由原来的原材料优势、劳动力优势、资本优势转移到技术网络优势、知识优势上来。这就意味着企业必须在快速变化的今天找到适应自己的优势和位置，尽快调整自己的组织结构。特别是我国企业起步慢，管理水平低下，很多还停留在集权式组织，更应该抓住这个契机。

一、网络经济下企业组织结构变革的必然性

（一）企业组织结构变革的原动力

交易成本是企业组织结构优化的原动力。吴敬琏曾经指出："经济的核心问题是提高效率，降低成本，而成本是由生产成本和交易成本两个部分组成的。交易成本可以分为信息成本和激励成本。以经验为基础的旧技术的作用主要在降低生产成本上。信息技术的最大好处，是使人与人之间广泛、迅速、便捷地交换信息成为可能，因而可以降低信息成本。"

1. 网络技术降低了企业内部的管理成本。网络技术和 EDI 技术将企业内部连接起来，在采购、制造、财务、市场服务等各部门之间形成了紧密的内部联系。企业高层管理人员通过网络系统，低成本的及时过滤各个基层机构形成的原始信息，管理人员使用电子邮件、远程电视会议等辅助管理手段协调组织活动，支持企业内部各个管理层之间的信息互动式交流和传播，使管理者尽可能接近一线生产过程，提高了管理层获取和处理信息的效率。根据美国通用电气公司的管理实践，在有效的电子商务技术的支持下，企业管理层处理 100—150 人的管理信息的管理效率与常规条件下处理 7—13 人的管理效率几乎一样高，甚至更高（Michael J.Earl, 1998）。

2. 网络技术能够降低企业组织间的交易成本。在以往的商务运作中，高的通信成本、购销成本、协作成本往往极大地增加了企业的负担，阻碍着企业组织间的协作。因特网与 EDI 技术的应用，使企业间的交易成本大为降低，为企业间的协作提供了前所未有的便利。如单证费用与通信费用，EDI 技术自应用以来，使文件传递速度提高了 81%，文件处理成本降低了 38%，因差错减少使损失减少了 40%，节约了大量的时间成本与传输成本。

3. 网络技术改变了企业与消费者之间的联系模式。传统的商务运作模式中，企业与消费者之间往往要经过批发商、零售商等多级营销链，营销链的存在一方面使消费者难以与企业沟通，另一方面也增加了企业的营销费用，提高了商品的价格。而电子商务则使消费者可以直接向企业订购个性化产品，使自己多样化的需求满足成为可能。网络直销改变了"游戏规则"，消费者可以把自己的个性化需求通过各种网络手段，如网上订购、电子邮件等，直接发送到企业那里。点到点的营销使消费者可以根据个人偏好，在线描述自己对产品的要求，向生产企业订制商品。

(二) 企业组织结构变革的现实要求

中国网民总数的快速增长，据统计资料，中国互联网络信息中心（CNNIC）第 19 次中国互联网发展报告中的数据表明，截至 2006 年 12 月 31 日，中国的网民总人数达到了 13700 万人，与 2005 年同期相比，中国网民总人数一年增加了 2600 万人，增长率为 23.4%。中国互联网信息中心（CNNIC）2007 年 1 月发布的中国网民总数（见图 1）。

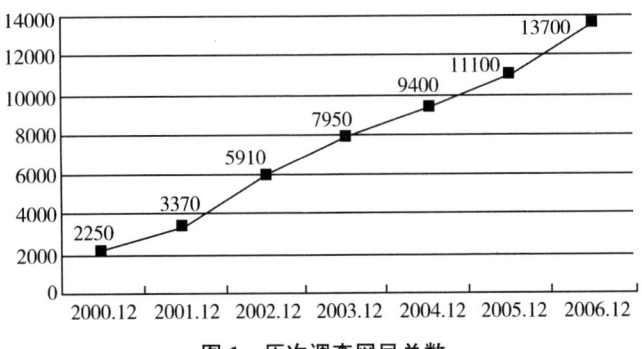

图 1　历次调查网民总数

数据来源：中国互联网络信息中心（CNNIC）。

从以上数据可以看出，网络经济的发展速度是相当惊人的。面对这样一个容量巨大，飞速发展的网络经济市场，竞争的焦点主要集中在谁最先发现最终消费者，并能最先满足最终消费者的需求，谁最先顺利地为消费者提供其所需的商品或服务，谁就是成功者，而要实现这些，企业的组织结构与网络经济相适应是前提。

二、网络经济下企业组织结构的新特征

(一) 企业组织结构的扁平化

网络经济使企业组织结构的存在基础发生了巨大变化。大规模生产逐渐被大规模订制所替代，电子商务使企业之间的交易成本、企业内部管理成本大大降低，电子商务使企业组织结构优化有了新的基础。

1. 企业组织结构将更趋向扁平化。传统的组织结构中，组织决策层与作业层之间存在着庞大的管理中层。管理中层的存在一方面是在信息处理能力有限的情况下，负责信息的收集与传递，起到信息"中继站"的作用，另一方面则因为管理跨度有限，中层管理人员负责对操作层人员的监督与控制。电子商务则使传统组织结构中的中层管理人员失去了存在的基础，例如美国公司在 20 世纪 90 年代的头两年中已经迅速地将其中间管理阶层至少削减了 1/3，企业成为高效的扁平化组织。

首先，电子商务技术的发展使信息处理效率提高。企业内部网络的每一个终端都可以同时获得全面的数据与信息，电子数据表程序、数据库和各种软件基本上使信息的收集、汇总与处理等工作自动化了。而中层管理人员的信息处理能力有限，难以在错综复杂的市场环境中准确、快速地传递与处理信息。其次，电子商务技术的发展使管理人员的管理效率提高。

各种计算机辅助管理软件的应用，使中层管理人员失去了作用。并且，随着受教育程度，综合素质的提高，员工承担的责任和权利更加广泛，也更富于责任感和合作精神，中层管理人员的监督作用逐渐降低。

最后，降低成本的压力最终导致中间管理人员的消失。在传统的组织结构中存在着庞大的中间管理层，带来了巨大的行政管理开支和管理费用，这与企业追求内部管理成本最小化的要求矛盾，企业最终用电子商务技术替代了管理中层，以实现利润最大化，建立企业在管理成本方面的竞争优势。

2. 跨职能工作团组成为企业组织结构的基础。所谓跨职能工作团组是指企业组织内具有不同方面专长的员工构成的，针对特定的工作任务或业务流程而产生的，并具有监督、激励、约束等职能的工作团组。跨职能工作团组直接面向工作任务而产生，实施自我管理，使经济组织进一步扁平化，它取代层级结构成为电子商务企业中组织结构的基础。

跨职能工作团组具有反应快捷性。工作团组直接面向任务而产生，能够快速响应消费者需求。在网络经济时代，消费者可以通过因特网在线描述对产品的特殊要求，跨职能工作团组则可以针对消费者需求，组织团组成员共同分析市场需求，共同研究开发，共同组织生产。

跨职能工作团组能够适应多样化的需求。在网络经济条件下，企业面对的是消费者个性化、多样化的需求，规模生产让位于目的明确的小批量生产。传统的组织结构难以与之相适应。而各个工作团组则分别对消费者的多样化需求做出反应，按照消费者的要求进行研究开发。目前，世界上流行的一种"柔性生产线"就是突出的例子。日本的一些汽车制造厂根据市场需要，将原来一条生产线只能生产一种型号汽车进行改造革新，在一条生产线上可以装配几十种汽车，可以根据顾客的不同要求组建工作团组，研究作业方案，对生产线做出调整，最后把调整步骤输入计算机，以后这些生产线根据需要来自动控制设备和调节生产线上的各种生产活动，使原来主要用于大规模生产的生产线"柔性化"，适合小批量多品种的生产。

跨职能工作团组具有管理上的高效率。工作团组直接接受决策层领导，没有庞大的管理中层，不仅降低了行政管理开支，且运作起来更有效率。在基层管理内部虽设有基层主管，但整个团组提倡开放、松散的工作方式，鼓励团组成员自由发挥，有相当程度的决策和选择自由。基层主管的管理职能从控制转向支持，从监督转向激励，从命令转向指导，双向沟通、交流，尤其突出集中与协调的功能。

（二）企业组织结构的虚拟化

按照德国经济学家 H.J.Bulliger 的解释："虚拟企业是这样一种网络组织，由于信息技术和通讯技术的高度发达，企业之间的合作关系突破了传统的合作关系，而通过网络，应用信息技术和通讯技术进行分散的互利合作，一旦合作目的达到，合作关系便宣告解除，因此这是一种暂时的、跨越空间的合作形式。"

1. 虚拟企业的界限模糊。传统企业为了开展经营活动，往往拥有从原材料供应到运输、后勤、服务等一系列完整的功能，五脏俱全，企业界限明确。而网络经济下的虚拟企业，是由独立的供应商、制造商、生产商及顾客以各自独立的优势为节点而组成的网络，各个成员是出于自身的某种战略考虑或某种利益驱使下而临时组建的动态合作方式。这种网络组织打破了传统企业间明确的组织界限，各成员企业既可以是平等关系，也可以是主从关系，一个企业还可以有双重身份，在一个网络组织是主导，其他成员跟着它的步调行事；而在另一个网络组织里则起辅助作用，这样就形成了一种"你中有我，我中有你"的网络形式。

2. 虚拟企业内部网络成员组织结构精简。对于虚拟企业中各个独立的网络成员而言，他们以各自的某种优势组建虚拟企业，而将其他对企业而言附加值低的功能虚拟化，扩散到企业网络中，借助其他网络成员的力量予以整合，从而大大精简了自身的规模，有助于网络成员保持各自的弹性和创造性。因此企业应尽快确立自身的竞争优势，去掉附加值低的功能，从而可以集中精力将有限的资源用于保持和发展企业自身的竞争优势，形成核心竞争能力。

3. 虚拟企业具有强有力的竞争优势。发达的电子商务技术，低信息费用、交易成本与协调成本，使得各个网络成员可以通过完全充分的信息资源，自由选择合作伙伴。因此，一个网络成员本身是否具有一定的竞争优势，其优势是否能和其他成员形成优势互补，是否可以成为虚拟企业成员的前提条件。而在此基础上组建的虚拟企业必然是将各个成员的优势整合在一起，其结果必然是使得整个网络组织具有任何一个网络成员所不具有的强大竞争优势。

4. 战略联盟将成为企业间竞争合作的基本组织形式。在传统经济时代，企业是把大规模生产过程和大规模分配过程结合于单一的公司之内而形成的。随着经济信息化、网络化和全球化进程的加快，仅强调竞争而不注重合作的传统做法既不能适应市场和客户的个性化需求，也不能增强企业自身的创新能力。企业在不断增强自身核心竞争力的同时，通过缔结战略联盟以实现企业之间合作，将是所有企业的理性而又必然的选择。战略联盟是企业之间为实现某一目的而以协议或联合组成新机构的方式而形成的联盟，它是一种松散的、动态的和开放的企业间的组织形式。企业之间组建战略联盟，可以发挥各自的竞争优势，共同开发产品、共同生产制造、联合销售产品。加盟企业通过网络互相交流，分享各自的高新技术、信息和销售网络，共同分担产品开发设计的成本费用，共同规避市场风险，从而提高各自的核心竞争力。一般而言，战略目标一旦完成，先前组建的战略联盟就宣布解散，一旦出现新的战略目标，新的战略联盟就会形成。因此，在网络经济时代，战略联盟将大大增强企业的自组织性，即企业根据内外部环境的变化而自我调整、自我组合，快速适应的能力将显著提高。

（三）企业组织结构的网状化

网状化组织是一种超横向一体化的组织，是扁平式组织的进一步深化，它把扁平式组织的上层完全去掉，取而代之的是虚拟总部、虚拟委员会，柔性的、灵活的组织应运而生。它突破了组织结构的有形界限，有利于企业内部分工合作，也有利于借用外力和整合外部资源。

在网状组织中，真正作业的是独立的单位，大的集团有大的虚拟总部来控制，小的集团有小的虚拟总部。在这里总部的动作是相当有限的，组织内的单位才是主角。下面先来看一个层级组织与网状组织的比较。

层级组织：当A公司要与B公司进行业务合作时，一定要通过小总部到大总部的参与、同意；到了总部，老总的职能部门会先筛选，最后才是由老总决策。在这一过程中，不仅要消耗大量的时间和人力，而且对附加值没有什么贡献，还很可能误了大事。因为真正专业，了解情况的是A、B公司。网状组织：A、B两家公司可以直接沟通，做事情是遵循集团的协定，而不需要总部参与。A、B两家公司都是独立的实体，应该直接沟通，自己做出决策，在遇到困难的时候才向总部寻求援助。在这里只牵涉到 A、B 公司两个单位，决策时间大大缩短，成本也可以大大降低。

网状组织作为一种新型的组织结构，是现代信息技术发展的产物，它符合社会未来发展的趋势，符合企业发展的方向，具有以下几个方面的优点：(1) 有效地处理多元化经营与专业化生产的矛盾。在企业界多元化经营与专业化生产存在着种种矛盾，实行多元化经营可以使企业规避更多的经营风险，常言说东方不亮西方亮就是对企业多元化经营真实的写照，而多元化经营必将给企业带来资源的分散，特别是整体资金、技术和人力资源的紧张，造成局部投入不足，无法形成规模经济和竞争优势，致使企业生产经营成本上升，利润下降。而实行专业生产，使企业更专注于某一产品，甚至某一产品的某一个小小的零部件，形成适度企业规模和竞争优势。由于专业化生产，使企业生产成本大大减少，利润上升，但这类企业无法适应外界环境的变化，特别是当今风云变幻的市场，无法规避经营风险。而网状组织刚好可以克服多元化和专业化各自的缺点，网状组织可以把一个多元化经营的企业，或一个庞大的企业集团有机地割裂为许许多多相互独立而又相互联系的小企业、小组织，这些组织在一个统一的协议下遵循一定的标准有效地运作；在小企业、小组织内部又可以集中资源，专注于某一产品和技术，形成专业化。(2) 可以有效地提高企业的快速反应速度和企业的弹性。俗话说船小好掉头，网状组织正是基于这一点，将一个庞大的企业集团打散成一个个独立的小实体，以适应市场快速多变的需要。当网状组织中的一个节点，即组织中的成员，随着经营的需要，业务的拓展逐渐长大，这时其业务范围也在不断地扩展和延伸，其结果必将导致业务的繁杂，部门增多，无法集中资源，实现专业化的目的，而网状组织可以在适当的时机，根据市场的需要、专业化的需要进行业务重组，衍生出更多的专业化公司。(3) 可以有效地减少企业运作的成本，特别是没有总部的固定成本。网状组织与层级组织或扁平组织相比，它没有总部的概念，是一个无上级的组织结构或只有虚拟总部、虚拟委员会、虚拟企业，这就大大减少企业营运成本。而在层级组织中或在扁平组织中，一个公司从小到大不断成长，其总部的膨胀和费用开支也是在不断地上升，因而就有了膨胀—精简—再膨胀—再精简这一恶性循环。

网状组织是一种高效的企业组织结构，符合未来社会朝个性化、自由化方向的趋势，有着非常广阔的发展前景。各国企业，特别是我国企业应改变观念，抛弃层级思想的束缚，大胆分权，使各个部门具有充分的决策权，逐步向网状组织靠拢。

（四）企业组织结构的多元化

随着网络经济的发展，竞争程度的日益激烈，消费者的多样化、个性化需求，企业不再被认为只有一种合适的组织结构，不同行业的企业，企业内部不同部门、不同地域的组织结构不再是统一的模式，而是根据具体环境，及组织目标来构建不同的组织结构。还应该考虑到企业目前的状况。如我国大部分企业还是"金字塔型"的层级组织，要它们一下子就要转变成网状组织，那几乎是不可能的。因为网状组织是一种高级的企业组织结构，无论在硬件、软件，还是人员素质上都有很高的要求。所以对我国企业来说，首先应该逐步减少企业庞大的中间管理层，减少管理费用，使组织结构扁平化；其次是集中资源打造企业的核心竞争能力，将一些非必要功能虚拟化到社会中去；最后在企业有能力进行多元化经营时建立网状组织。企业还应该根据自身的战略目标，逐步调整和完善组织结构，使之能更好地为战略目标服务。没有一种完美的企业组织结构，只有最适合当前企业战略目标的组织结构，管理者要学会利用每一种组织工具，了解并且有能力根据某项任务的业绩要求，选择合适的组织工具，从一种组织转向另一种组织。

总之，组织创新是一个动态的过程，组织结构的变革是历史的必然选择。面对未来复杂多变的网络经济环境，企业必须寻求一种代表先进生产力的，并适合自身组织结构，走出一条可持续发展的道路。

参考文献

[1] 蔡国强、梁瑞心：《网络经济下的企业管理创新》，载《科技进步与对策》，2000 年第 17 卷。

［2］葛兆强：《网络经济时代企业变革的八大趋势》，载《经济前沿》，2002 年第 2 期。

［3］孟建国：《网络经济与中国企业制度创新》，载《理论月刊》，2002 年第 5 期。

［4］彭正新：《论网络经济时代企业的组织结构》，载《上海企业》，2001 年第 5 期。

［5］吴敬琏：《网络经济对中国具有战略意义》，载《互联网周刊》，2001 年第 4 期。

［6］杨华峰：《网络经济对现代企业组织结构的影响》，载《科学学与科学技术管理》，2001 年第 5 期。

［7］袁捷、钱庆明：《网络经济下企业组织结构的变革》，载《哈尔滨市委党校学报》，2000 年第 3 期。

［8］张小蒂、倪云虎：《网络经济》，高等教育出版社 2002 年版。

本文刊发于《生产力研究》2007 年第 17 期；作者：王关义、高海涛

论现代公司治理结构中的利益相关者纳入问题

在知识经济时代，一个有效率的公司治理结构不应是"股东利益至上"的单边治理结构，而应该是利益相关者共同拥有剩余索取权和控制权的多边治理结构。通过利益相关者的兴起对于传统治理模式的挑战来探讨利益相关者的纳入问题，并对如何改进当前公司治理结构模式提出相应的建议。

在传统的公司治理结构模式中，"股东利益至上"这一逻辑似乎是天经地义的。几乎世界各国的公司法都认定，股东是公司唯一的所有者，拥有至高无上的权力。无论是经营者的选拔任用，还是公司重大经营策略的制定，股东都具有最终决策权。公司治理结构的安排，就是如何解决好股东与经理人的委托—代理关系；如何激励经理人为了实现股东的利益最大化而努力；如何制约经理人的逆向选择和道德风险。

但是，通过对公司治理理论与现实的研究发现，股东并不是公司唯一的"所有者"。从某种意义上说，公司不被任何人所有，它在法律上是有别于它的股东的人格化主体，股东只是一组对公司拥有利益的一员，公司的任何利益相关者都对公司有要求权（监控权）。这些利益相关者不仅包括物质资本所有者——股东和债权人，而且包括人力资本所有者——经理人和员工，后者在知识经济条件下所起作用显得越来越重要。另外，顾客、供应商、当地社区、政府等都属于利益相关者，公司治理结构所要解决的不再仅仅是股东与经理人之间的制衡，而是怎样在利益相关者间合理配置剩余索取权和控制权的问题。

既然公司不是由其股东所拥有，股东仅仅是对公司拥有利益者之中的一员，那么公司权力的来源也就不仅仅局限于股东的所有权。公司权力的基础和来源在于公司和利益相关者之间的契约关系。公司是一系列契约关系的联结，利益相关者与公司达成的不同契约关系导致利益相关者对公司的要求权不同。本文从利益相关者的兴起对于传统治理模式的挑战开始，探讨利益相关者的纳入问题，并对当前公司治理结构模式提出相应改进建议。

一、利益相关者的兴起对于传统治理模式的挑战

一个有效率的治理结构不应是"股东利益至上"的单边治理结构，而应该是利益相关者共同拥有这一权力的多边治理结构。

首先，从契约理论上看，公司本质上是利益相关者缔结的一组契约，它包括股东与公司签订的实物资产合约；管理人员和员工与公司签订的专用性人力资本合约；债权人与公司签订的资产使用合约；顾客和供应商与公司签订的市场交易合约；社区和政府与公司签订的法律规章条约，等等。按照谁投资谁受益的原则，利益相关者都有权参与剩余权益的分配和经营上的监督。

其次，在现实经济生活中，绝大多数资本所有者只是资本市场上的寻利者，真正与企业休戚相关，关心企业生存与发展的是企业的经营者和员工，企业实际上也是由他们来进行支配。20 世纪 80 年代发生在美国等西方发达国家风靡一时的兼并浪潮，出现了大量的敌意收购、杠杆收购和公司重组等兼并形式。在这一过程中，股东特别是大股东往往置经营者和员工利益于不顾，接受恶意收购者所提出的于己有利的收购协议，谋求自身利益的最大化。这种做法，极大地损害了经营者和员工对企业的归属感和切身利益，造成士气低下，对公司普遍缺乏信任。因此，经营者和员工作为投入其人力资本的利益相关者，有权利有义务与物资资本所有者共享剩余索取权和控制权。

再次，随着生产和交易的社会化，公司越来越成为社会的公司。他们不仅对顾客、供应商、当地社区和政府等都负有不可推卸的责任，而且公司的经营在一定程度上与他们自身的利益密切相关，这些外部利益相关者也拥有监督和约束公司的权力。

（一）顾客

顾客是公司产品或服务的消费者，自亚当·斯密以来，顾客一直被奉为至高无上的上帝。在充斥着相互竞争的产品和服务的市场上，顾客有权根据自己的意愿做出选择卖主和购买的决定，而这些决定，在很大程度上决定了公司价值和利润能否实现。而顾客选择公司的产品或服务，前提是建立在享有安全权、知情权、自主选择权、求偿权等权利基础之上。公司只有在尊重和满足顾客这些权利的基础上，才能留住顾客，与此同时，公司所获得的回报也将是巨大的。如果公司的产品和服务令顾客满意，通常顾客将形成一种对公司产品和服务较强的偏好性，而这种偏好性在短期内是很难改变的。在日趋激烈的市场竞争中，加深公司与顾客之间的心理合同将是很重要的，留住一个忠实的顾客要比赢得一个新顾客更容易。因此，使真正的顾客纳入与参与将是公司在竞争日益激烈的市场上保持长期份额的唯一可靠的办法。

（二）供应商

供应商是公司生产经营所需生产资料的供应者。作为引致投资者，他们的投资是由公司的产量和规模决定的，因此与公司休戚相关。一般来说，供应商与公司利益相关的程度取决于三个方面：第一，交易规模的大小；第二，合同期限的长短；第三，资产专用性程度的高低。具体来说，交易规模越大，合同期限越长，资产专用性程度越高，供应商就越与公司休戚相关。公司运营良好，产量增加，规模扩大，对供应商产品需求就越大。反之，如果公司经营困难，减产、停产甚至破产，对供应商就会产生连锁反应，造成供应商生产线闲置，产品积压，货款无法收回等等。特别是对于那些与公司签有长期供应合同，进行了相应的专用性投资的供应商来说，损失将是难以估量的。这是从供应商的角度看。从公司的角度看，与供应商维持良好的伙伴关系也是十分重要的。公司可以督促供应商改进产品的质量，降低产品的成本，提高供应的效率等。另外，在公司经营困难的情况下，与供应商取得共识，适当延长对供应商的付款期限，从财务上等于获得了一笔免费无息贷款，能够有助于公司摆脱困境。总之，供应商的高度纳入与参与是保证公司顺利运营的重要条件。

（三）当地社区

公司的经营不仅直接影响到所有者、交易者的利益，而且对公司所在的社区也有重大影响。首先，公司可以为当地居民提供就业机会，增加居民收入。公司经营状况好，提供的就业岗位多，居民收入就会提高，当地经济就会发展。反之，则可能导致当地经济的衰退。尤其是公司在做出重大的经营场所的迁移时，更应该考虑这一举措对于当地社区的影响。一些在当地举足轻重的大公司，一旦迁出将造成大量居民的失业，零售和服务业的萧条，甚至治安环境的恶化，给当地社区带来长期灾难性的打击。其次，公司的生产经营活动会影响到当地的环境，特别是一些从事化工生产和污染严重的行业。对于追求安全舒适的居住环境的居民来说，如果这些公司不与之搞好协商，不制定详细透明的安全运作规则的话，他们之间的关系将是脆弱而微妙的，是很难赢得当地社区居民的信任的。最后，公司的生产经营活动必然会导致基础公共设施负荷的加重，如交通、用水、用电、教育等，会给当地居民生活带来不便。

（四）政府

政府作为经济管理的调控者，与公司的利益相关主要表现在如下几个方面。首先，政府的目标之一是促进就业，而公司作为吸纳就业人员的主力军，公司经营良好与否就直接关系到失业大军的多寡，从而关系到社会与政局的稳定。其次，公司作为政府财政收入的主要来源，利润的高低就关系到政府这架机器运转得顺畅与否，关系到国家的综合国力。最后，政府作为庞大公共采购项目和公共工程开支的计划者，可以说是公司最大的一个客户。美国的军工业、航空航天业就是很好的例子。政府可以通过手中大金额的订单，实现对公司经营方针的监督，这可以说是公司"被动"的一个纳入。

二、利益相关者的纳入问题

从上可以看出，一个有效的公司治理机构不应是仅仅体现股东这一唯一利益主体的单边治理机构，而应是一个包含所有利益相关主体的多边式的共同治理机构，这就涉及如何将各种利益相关者纳入的问题。我们可以将利益相关者做一简单划分，分为主要的社会利益相关者，次要的社会利益相关者，主要的非社会利益相关者和次要的非社会利益相关者。本文仅仅讨论前两种社会利益相关者。前者包括股东和投资者，管理人员和员工、客户、当地社区、供应商和其他业务伙伴。后者则包括政府、媒体舆论、社会压力集团等。主要的社会利益相关者对公司的发展和运作有着直接的利害关系，而次要的社会利益相关者在公司声誉和公众地位等方面可能影响力更大。但是，基于公司的主要宗旨而言，公司对主要的社会利益相关者所负的责任相应要比次要的社会利益相关者要大一些。

在竞争日益激烈的市场环境中，针对不断变化的公司经营目标，利益相关者群体中各个主体所占据的地位也不同。对于一些制造型企业来说，供应商可能占有比较重要的地位，而对于一些高科技企业，可能管理人员和员工这些提供人力资本者占有更重要的地位。因此，对于利益相关者的纳入问题，不是一个简单的一次性决策问题，而应是一个复杂的、反复性、重复博弈的周期性决策问题。David Wheeler 和 Maria Sillanpa 提供了一个发展与利益相关者的纳入性关系的一般性方法。

在这个方法中，首先应该由公司高层人员认识到纳入方法的可行性和迫切性，成立一个内部管理审计小组来促进和推动利益相关者纳入和不断改进周期的循环发展。其次，这个小组应该对现有的关于利益相关者的政策、指导方针和程序做一次根本和全面的评价，从而确定审计的范围，哪些利益相关者应纳入审计范围，哪些利益相关者应优先纳入，纳入的层次应是怎样。确定范围之后，应就选择基本标准和业绩指标达成一致意见。因为不同文化和地区对个人利益相关者关系中的最佳做法有着不同的理解和追求，因此除了花时间做调查以外，不一定非要在第一个周期中就为各

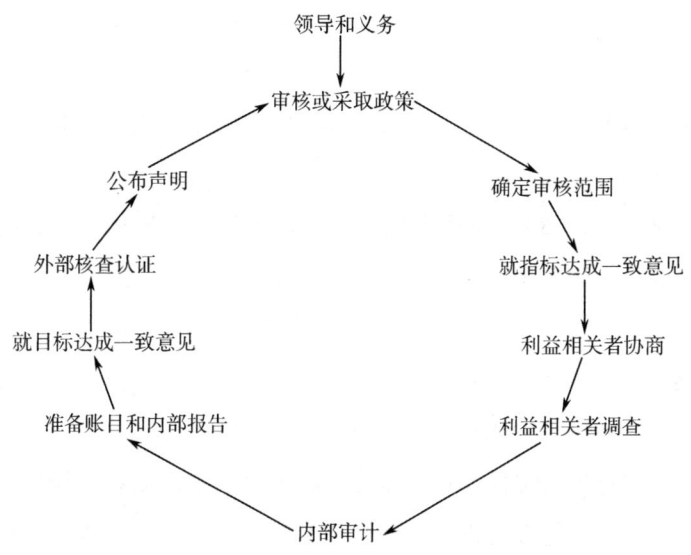

图1　社会利益相关者纳入的一般性周期

个利益相关者集团设定好综合性基本指标和业绩指标，可以随着每个周期的循环连续不断地制订一套更加有用和全面的指标。接着在了解核心利益相关者对此意见和关注点之后，进行更大范围的利益相关者调查，收集整理利益相关者真正所关心和提出的反馈意见，经过内部审核后提出一个内部报告，向利益相关者逐个介绍公司的相关政策、基本标准和业绩指标，通过他们的反馈与公司各部门就战略和局部目标达成一致意见。最终通过独立的外部审核部门进行最终审核，利用各种途径公布公司的社会声明，从而向所有利益相关者表明，公司是一个利益相关者高度纳入与参与的公司，是一个对社会充满责任和义务的公众性公司。

三、改进公司治理结构模式的建议

在解决利益相关者纳入问题之后，怎样设计一个结构合理，能够成功平衡利益相关者利益的治理结构显得很重要。在传统的公司治理结构上，

有三个方面应加以改进。

1. 增加董事会中工人董事、独立董事的人数比例。这种共同治理机制能够确保产权主体有平等的机会参与公司重大决策,最大限度地保护利益相关者的利益。我国公司治理结构采用的是大陆法系的治理结构,建立了职工代表参与董事会决策的制度。这些工人应该主要来自基层一线工人和管理人员,代表企业大多数工人的利益,由职代会经民主选举产生,在董事会中应占有一定比例。基于我国国情,国有企业工人董事约占 1/3 (杨瑞龙,周业安,1998),比例太低,很难发挥作用,比例太高,则很容易产生"内部人控制"的问题。私营企业和合资企业则比例可以适当降低,可定在 1/5—1/4 左右。另外,随着强化董事会的呼声日益高涨,意味着独立董事在监督公司经理层方面独立性的增强。鉴于我国股权分布的现状,众多小股东都采用"用脚投票"而很少采用"用手投票",使股东大会流于形式,很难对公司实行有效的监控,因此可以采取受托人模式,众小股东可委托专门的信托机构或投资公司代为行使表决权。另外,供应商、社区、政府部门都可以在董事会中安排专家成为独立董事来代表他们的利益。

2. 加强监事会的监督作用。基于契约关系的监督权既是一种实际的监督权,也是一种潜在的监督权。所谓实际的监督权是指在对公司的监督中被各利益人或团体实际利用的权利;潜在的监督权是利益相关者对公司的潜在监督能力,利益相关者可以利用也可以不利用这种权利,关键看利益相关者对使用这一权利成本的大小以及利益相关者在公司利益的多少。为减少这种使用成本,在结构安排上,应该加大利益相关者在监事会中的人数比例。工人监事的产生机制应与工人董事相同,股份有限公司应有 1/3 的工人监事,但工人监事不能同时任工人董事,反之亦然。另外,必须有 1—2 名银行代表做监事,以确保债权人的利益。公司规模较小只设 1—2 名监事时,有一名必须是银行代表。

3. 定期接受利益相关者的外部审计。除了公司高层人员主动推动内部管理审计外,公司还必须接受利益相关者的外部审计。利益相关者审计应该是独立于业务部门,并直接向公司的主要董事会和执行领导层汇报。这种模式受财务会计和报告所启发，并被有效地用于社会和环境领域，适用于比较大的公司。这些公司必须设立负责利益相关者会计和审计的专门机构，这些部门的工作人员应该掌握一些相应的专业知识，应该使报告直面公司与利益相关者发生直接联系的业务领域。这样就会产生一种委婉的周期性压力，促成关于利益相关者关系的对话，并激发改进这种关系中的忠诚和纳入的欲望。

参考文献

[1] 大卫·威勒、玛丽亚·西兰琶：《利益相关者公司》，经济管理出版社 2002 年版。

[2] 李维安：《公司治理》，天津：南开大学出版社 2001 年版。

[3] 约翰·凯、奥伯利·西尔伯斯通：《关于"利益相关者"的争论》，*The National Institute Economic Review*，1995，（8）。

[4] 杨瑞龙、周业安：《论利益相关者合作逻辑下的企业共同治理机制》，载《中国工业经济》，1998 年第 1 期，第 38—45 页。

[5] 曾小龙：《论利益相关者与公司监控权基础》，载《教学与研究》，2001 年第 2 期。

本文刊发于《北京印刷学院学报》2004 年第 4 期；作者：王关义、何志勇

第三部分
中国宏观经济发展研究

中国所有制结构的动态分析及相关政策[*]

改革开放以来，我国的所有制结构发生了巨大的变化，本文选用了国民生产总值、工业总产值、全社会固定资产投资、实收资本和资产、从业人员分布等统计指标，对我国所有制结构进行了动态分析，得出了相关结论，并对未来的变动趋势及相关政策进行了探讨。

自从社会主义制度在我国建立以来，基于对社会主义的不同认识，我国的所有制结构也处于动态发展之中，尤其是改革开放以来，与宏观经济体制由传统的计划体制转向市场体制相适应，我国的所有制结构也发生了巨大变化。本文选用了国民生产总值等统计指标，对我国所有制结构进行动态统计分析，得出了相关结论，并对未来所有制结构变动的趋势及政策选择进行了探讨。

一、中国所有制结构的历史演变与分类

（一）中国所有制结构的演变及改革开放初期的调整起点

一般而论，衡量一个社会进步程度的基本尺度是生产力，所有制相对于生产力来说只是形式和表现。关于我国社会主义的所有制结构问题，改

---

* 本文是戴道传教授主持的国家重点科研规划项目的研究成果之一，课题编号：98AJID02；作者为子课题主持人。

革开放以前，大体上经历了两个阶段：第一阶段是建国初期至 1956 年，这期间在所有制结构上是五种经济成分并存，包括全民所有制经济即国有经济、私人资本主义经济、农民和手工业的个体经济、合作社经济、国家资本主义经济。这五种经济成分共同参与市场公平竞争，都得到了相应的发展。在竞争中国民经济也得到了较快的增长，人民生活水平有了明显的提高。但是，1953 年开始的"一化三改"，使公有制和非公有制的比重从 45∶55 变为 1957 年的 99% 的公有制，国有资产遍及到各个行业和领域。第二阶段是 1956—1978 年，在这一阶段，为了使所有制能够"一大二公"，纯而又纯，政府对非公有制经济采取了"斩尽杀绝"的政策，使国有经济的比重增加到 80% 左右，而"准国有"性质的集体经济也从 1956 年的 9.9% 逐渐增加到 1978 年的 22.4%，其他经济成分则几乎绝迹。在这种单纯的公有制条件下，各种经济成分共存而产生的"鲶鱼效应"消失了，市场被人为地取消了，计划经济体制随之加强和巩固起来，一大批国有企业在内无动力、外无压力的情况下，生产积极性不断递减，国民经济增长缓慢，人民生活状况 20 多年没有大的改善。

　　总之，在如何建设社会主义的指导思想上，由于对马克思主义经典理论的片面理解，强调社会主义应当是单一的公有制，急于向单一的全民所有制过渡。在实践中，把发展的目标定位在要逐步消灭一切非公有制经济，因而，我国的所有制结构主要表现为全民所有制和集体所有制两种公有制之间的比例关系，其他经济类型占的比重很小。据统计，到 1978 年，在国内生产总值中，国有经济占 56%，集体经济占 43%，非公有制经济仅占 1%。

　　1978 年改革之初，党和政府就是在这样一种基础上开始调整我国的所有制结构的。依据生产关系一定要适合生产力状况的规律，从我国还处于社会主义初级阶段的基本国情出发，对建国后长期奉行的经济管理体制和社会主义的认识进行了比较系统的反思，对所有制结构进行了重大的调整，打破了公有制一统天下的局面，最终形成了"以公有制为主体，多种所有制经济成分共同发展"的所有制结构。

（二）中国所有制结构的统计分类

我国当前的所有制结构从总体上可以概括为两种不同性质的所有制，一种是公有制经济，另一种是非公有制经济。从国家管理的角度分析，为了准确反映我国所有制结构和国有经济的控股情况，国家统计局制定了《关于统计上划分经济成分的规定》，并于 1998 年下发各省、自治区、直辖市统计局执行。该规定将经济成分划分为两大类别、五种成分类型。第一类为公有经济，其中包括国有经济和集体经济两种成分类型；第二类为非公有制经济，其中包括私有经济、港澳台经济、外商经济三种成分类型。

二、中国所有制结构变动的动态分析

为了理论研究的方便，本文选定了国民生产总值、全社会固定资产投资、工业实收资本和资产、从业人员等指标作为衡量所有制结构变动的统计指标。文中所选用的数字均来自于《中国统计年鉴》和《中国经济年鉴》。

（一）国民生产总值所有制分布的动态变化

根据国家统计局提供的资料，1996 年，我国实现国民生产总值 6.8 万亿元，公有制经济为 5.2 万亿元，占 76%，其中，国有经济 2.8 万亿元，占 40.8%，集体经济为 2.4 万亿元，占 35%，个体、私营、外资等非公有制经济达 1.6 万亿元，占 24%。1997 年，我国实现国民生产总值 74772.4 亿元，其中非公有制经济实现 18096.2 亿元，占整个国民经济的比重为 24.2%。改革开放以来，我国非公有制经济的比重由 1978 年的不足 1% 增长到目前的 24% 以上，这充分表明，在公有制为主体的前提下，其他所有制经济的地位得到更充分的重视，有了比较宽松的发展环境。

（二）工业总产值所有制分布的动态变化

表 1　中国工业总产值所有制分布的动态变化①

指标 ＼ 时间		1978	1980	1985	1990	1995	1997	1998
工业总产值（亿元）		4237	5154	9716	23924	91894	113733	126993
国有及国有控股企业	产值（亿元）	3289	3916	6302	13064	31220	35968	33621
	比重（%）	77.6	75.9	64.9	54.6	33.97	31.63	26.47
集体企业	产值（亿元）	948	1213	3117	8523	33623	43347	45730
	比重（%）	22.4	23.5	32.1	36.5	36.59	38.12	36.01
个体企业	产值（亿元）	—	1	180	1290	11821	20376	20372
	比重（%）	—	0.02	1.86	5.4	12.86	17.92	16.04
其他经济类型企业	产值（亿元）	—	24	117	1047	15231	20982	27270
	比重（%）	—	0.5	1.21	4.4	16.58	18.45	21.47

从工业总产值构成来看，我国工业所有制结构的变化表现出如下特征：

1. 国有工业所占比重不断下降。整个 1980 年代及以前平均每年下降约 2 个百分点，而进入 1990 年代以来，平均每年下降约 4 个百分点，下降速度呈现加速趋势。

2. 集体工业所占比例有所上升。1978 年以后的 20 年间，平均每年增长约 0.7 个百分点。集体工业的增长，导致在公有制工业内部发生了变化，集体工业所占比重超过了国有工业所占比重。到 1998 年，集体工业高于国有工业约 10 个百分点。

3. 城乡个体工业快速增长，产值比重不断上升。1978 年以后的 20 年间，平均每年上升约 0.9 个百分点。

---

① 表中的数据是根据《中国统计年鉴》（1999）P423 计算得出的；表中的其他经济类型的企业，是指除国有经济、集体经济和城乡个体经济以外的其他经济类型的工业企业，包括私营经济、联营经济、股份制经济、外商投资经济、港澳台投资经济及其他经济类型的企业。

4. 其他类型包括混合所有制经济在工业总产值中所占比重不断上升。进入 1990 年代以来。平均每年上升 2 个百分点以上。由于其他经济类型中包括股份制经济、外商投资经济和港澳台投资经济等混合所有制，因此，同时在一定程度上也反映出混合所有制经济在全国工业增长中所处的地位不断上升。

（三）全社会固定资产投资所有制分布的动态变化

表 2　全社会固定资产投资（按经济类型）所有制分布的动态变化①

项目＼时间		1980	1985	1990	1992	1993	1995	1997	1998
总投资额(亿元)		911	2543	4517	8080	13072	20019	24941	28406
国有经济	产值(亿元)	746	1681	2986	5499	7926	10898	13092	15369
	比重(%)	82	66	66	68	61	54	53	54
集体经济	产值(亿元)	46	328	530	1359	2317	3289	3851	4192
	比重(%)	5	13	12	17	18	17	16	15
个体经济	产值(亿元)	119	535	1001	1222	1476	2560	3429	3744
	比重(%)	13	21	22	15	11	13	14	13
其他经济	产值(亿元)	—	—	—	—	1353	3272	4045	5100
	比重(%)	—	—	—	—	10	16	17	18

从全社会固定资产投资所占比重来看：（1）国有经济投资总额尽管在绝对值上来看是不断递增的，但其所占份额却在明显下降。平均每年下降 1.4 个百分点。（2）集体经济投资额及其所占比重均呈上升态势。20 年间上升了 10 个百分点。（3）其他经济成分投资额及其所占比重大幅度增长。几乎由改革初期的零增长到相对比重达 18%，尤其是进入 1990 年代，增长更为迅猛。

---

① 表中数据是根据《中国统计年鉴》(1999) P184 计算得出的。部分采取四舍五入法。

（四）工业实收资本扣资产所有制分布的动态变化

表3　全部国有及规模以上非国有工业企业实收资本和资产分布①

指标 项目	实收资本		资产总计	
	数额(亿元)	比重(%)	数额(亿元)	比重(%)
全国总计	26676.6	100	108821.9	100
国有及控股企业	16424.7	61.5	74916.3	68.8
集体企业	2651.9	9.9	11275.7	10.3
股份有限公司	455.8	1.7	1969.9	1.8
外商投资企业	4116.9	15.4	10951.5	10.0
港澳台投资企业	3421.9	12.8	10375.4	9.5

从实收资本和资产两项指标分析：（1）公有制经济仍然占据主导和支配地位。如果加上混合所有制中的公有成分，公有制经济的资本和资产所占比重更高。这也说明，我国国民经济的发展尽管呈现多样化趋势，但公有制经济仍占主导和支配地位。（2）股份制经济、外商投资经济和港澳台投资经济增长迅速。同改革初期相比，增长明显加快。

（五）城镇从业人员所有制分布的动态变化

表4　我国城镇从业人员所有制分布的动态变化（数量单位：万人）②

	1978		1985		1990		1995		1998	
	数量	比重 (%)	数量	比重 (%)	数量	比重 (%)	数量	比重 (%)	数量	比重 (%)
从业人员总计	9514	100	12808	100	16616	100	19093	100	20678	100
国有经济	7451	78	8990	70	10346	62	11261	59	9058	44

---

① 资料来源：《中国统计年鉴》（1999）第432—433页，表中数据为1998年情况。

② 此表中的相关数据是根据《中国统计年鉴》（1999）第136页数据计算出来的，其中的混合经济中的从业人员包括在股份合作单位、联营单位、港澳台投资单位、外商投资单位的从业人员；私有经济中的从业人员包括在私营企业和个体经济中的从业人员。表中的各类比重相加不足100%，本表未做相应调整。

（续表）

	1978		1985		1990		1995		1998	
	数量	比重（%）	数量	比重（%）	数量	比重（%）	数量	比重（%）	数量	比重（%）
集体经济	2048	22	3324	26	3549	21	3147	17	1963	10
混合经济	—	—	38	0.3	162	0.9	883	5	1665	8
私有经济	—	—	—	3.7	671	4	2045	11	3232	16

从对表 4 的分析中可以得出如下结论：（1）就城镇从业人员分布来看，国有经济从业人员以 1990 年代中期为界，从绝对值上看，先是低速增长，后又转为绝对数减少，原因在于有一部分国有企业职工开始下岗；从相对值来看，国有经济中吸纳的从业人员占城镇从业人员总数的比例也在显著下降，自 1978 年以后的 20 年间平均每年下降 1.5 个百分点。（2）城镇集体经济从业人员数量呈抛物线型变化。这主要是由于城市经济体制改革，从 1990 年代中期开始的企业改制，使一部分集体企业转化成其他类型的企业，从而导致从业人员的减少。但在农村，作为集体经济的乡镇企业从业人员却在大幅度增长，其从业人数 1998 年达到 12537 万人。（3）混合经济中的从业人员增长迅速。这充分反映出以股份制经济、联营经济、外商投资经济、港澳台投资经济为主的混合所有制经济良好的发展远景。（4）私营经济从无到有，并呈现出加速发展态势。特别是党的十五大以后，私营经济的合法地位得以确立，加之政府一系列有利于私营经济政策的出台，使其发展更为迅速。1998 年，全国城镇在私营经济中的从业人员比 1990 年增加 3.8 倍，反映出私营经济在吸收劳动力就业方面所起的巨大作用。

三、中国所有制结构变动的趋势与相关政策

从上面的统计分析中可以得出如下结论，并提出相应的政策建议。

（一）我国国民经济的所有制结构呈现出多元化特征，并将长期延续下去。1978 年改革开放以来，我党从我国社会主义初级阶段的基本国情出

发，正确认识和处理公有制和非公有制之间的关系，给社会主义经济理论带来历史性的新突破。1992年党的十四大明确提出，社会主义市场经济在所有制结构上，以公有制包括全民所有制和集体所有制经济为主体，个体经济、私营经济、外资经济为补充，多种经济成分长期共同发展，不同经济成分还可以自愿实行多种形式的联合经营。1997年9月召开的党的十五大，根据近20年改革开放的实践，对社会主义初级阶段基本经济制度的内涵又做了新的概括，这就是公有制为主体，多种所有制经济共同发展，是我国社会主义初级阶段的一项基本经济制度，在社会主义初级阶段将长期坚持下去。

（二）公有制经济所占比重明显下降，各种非公有制经济的比重大幅度上升，这种趋势今后仍将持续。市场经济的发展是以市场主体的多元化、市场主体之间展开竞争为前提的。多种所有制经济在市场上平等竞争，优胜劣汰。也就是说，要由市场来决定各种经济成分在社会经济生活中的地位和比重。所有制单一，市场主体一元化，何来市场经济？因此，多种所有制经济相互竞争、共同发展应当是一种具有长期性、稳定性的制度安排。

（三）各种形式的混合所有制经济必将得到长足的发展，且增长潜力巨大，政府应当在如何扶持和发展混合经济方面制定相关政策。据最新统计资料，2000年上半年，我国工业增加值比上年同期增长了11.2%，其中国有及国有控股企业增长9.8%，股份制企业和三资企业分别增长了13.8%和14.6%，大大高于国有企业。另据有关资料，1996年，在混合经济中，公有制经济的比重约占三分之一，这部分混合经济中的公有制成分约占全国国民生产总值的7%。这表明，近年来国有经济和集体经济在多种经济成分中的比重虽呈下降趋势，但在混合经济中却呈上升趋势，这种趋势不仅不会削弱，反而会加强公有制的主体地位。

（四）国家宏观政策应当从根本上实现由以往的按不同经济类型制定不同的政策转向按产业发展的先后顺序来制定宏观产业政策，对各种所有制经济加强政策引导和约束，创设平等的竞争环境，使它们在同一条起跑线上共同为社会主义经济的腾飞添砖加瓦。

（五）支持和鼓励非公有制经济的发展。历史的经验证明，单纯的公有制经济不适合我国社会主义初级阶段的生产力发展状况，非公有制经济是我国社会主义经济的重要组成部分。因此，政府应当制定一系列配套措施，鼓励、引导个体、私营和外资等非公有制经济的健康发展。据国家工商局提供的统计资料，1998 年年底，全国私营企业户数达 120.1 万户，个体工商户达 3120.2 万户，全国个体工商业、私营企业从业人员共计达 7823.48 万人。这表明，个体私营经济等非公有制经济的发展，不仅壮大了我国的经济实力，对改革开放以来国民经济的持续、稳定和健康成长产生了积极的影响，而且推动了我国国有企业的改革和发展。同时，随着国有经济的战略性调整，一大批国有中小企业将逐步退出那些非关国民经济命脉的部门、行业和一些竞争性领域，个体、私营经济也将得到更为广阔的发展空间，全国各地都应当把加快私营经济作为经济增长潜力巨大的新的经济增长点给予扶持和鼓励。

参考资料

[1] 张卓元：《中国经济体制改革的总体回顾与展望》，载《经济研究》，1998 年第 3 期。

[2] 张卓元：《所有制结构的重大调整和公有制实现形式的大胆探索》，载《求是》，1999 年第 2 期。

[3]《私营企业 120 万家，个体户 3120 万家》，载《羊城晚报》，1999 年 6 月 28 日。

本文刊发于《汕头大学学报》2001 年第 3 期；作者：王关义

中国经济发展：现状、问题与对策

改革开放近三十年以来，全国各族人民在党中央、国务院的正确领导下，同心同德，扎实工作，国民经济呈现出增长比较快、效益比较好的持续增长的局面，经济社会发展取得的成绩举世瞩目。但由于主客观因素的制约，经济发展中也存在不少问题，应当采取可行措施，推动国民经济持续健康的发展。

党的十七大报告围绕保持国民经济平稳快速发展、推进经济结构战略性调整、建设创新型国家、建设资源节约型环境友好型社会、完善社会主义市场经济体制等方面提出了一系列设想。在实践中，贯彻落实科学发展观，紧紧围绕转变经济发展方式和完善社会主义市场经济体制，继续加强和改善宏观调控，积极推进改革开放和自主创新，提高经济增长质量，是推动国民经济又好又快发展的客观要求。

一、中国经济发展现状

改革开放近三十年以来，在党中央国务院的正确领导下，我国国民经济取得了长足的发展，经济面貌发生了巨大变化，主要表现在以下八个方面。

（一）经济发展速度较快

2000 年，我国人均 GDP 为 7958 元，按当年汇率折算约为 950 美元，若不考虑汇率因素，"人均翻两番"为 3800 美元左右。2006 年，我国 GDP 总量达到 20.94 万亿元，人均 GDP 已经突破 2000 美元，达到 2075 美元，完成了第一个翻番任务。据相关资料，2007 年，中国 GDP 的增长速度将达到 11%以上，是比较高的速度（同期：美国 2.2%；俄罗斯 5.9%；德国 1.4%；意大利 1.2%；法国 1.2%；英国 2.3%；日本 2.1%；印度 7.4%）。

从 2003 年至 2006 年，我国国民经济连续四年实现 10%以上的增长，比同期世界年平均增长 4.9%高出 5.5 个百分点，2006 年比 2005 年又增长 11.1%。国家财政收入由 2002 年的 18904 亿元增加到 2006 年的 38731 亿元，年均增长 19.6%，财政收入占国内生产总值的比重同期也由 15.7%上升到 18.4%。

从 1978—2006 年 28 年期间，人均 GDP 翻一番的时间最短的是 4 年，最长的是 7 年。按最保守的估算，大约在 2013 年就能够实现人均 GDP 达 3800 美元的目标。之后 7 年还有可能再翻一番，谨慎一点预测，到 2020 年，我国人均 GDP 水平会在 4000 美元—7000 美元的区间。这个水平在世界上排位中属于"中等收入国家"的水平。国家会更加富足和强盛，老百姓的生活会更加殷实，经济增长具体情况（见表 1）。

表1 "十五"时期我国国内生产总值及增长速度

指标＼时间	2000	2001	2002	2003	2004	2005
GDP 总量(亿元)	99215	109655	120333	135823	159878	182321
GDP 增长速度(%)	8.4	8.3	9.1	10.0	10.1	10.4

（二）经济总量位居世界前列

从经济总量看，国内生产总值的世界排名继续前移。2005 年我国国内生产总值达到 18.23 万亿元（人均 GDP 超过 1 万元），连超法国和英国，在世界上也由第 6 位跃居第 4 位。2002 年，我国国内生产总值分别相当于美国、日本和德国的 13.9%、37%和 71.8%，到 2006 年，已分别相当于美国、日本和德国的 20%、60.6%和 91.3%。在世界上的排名由 132 位上升到 2006 年的第 129 位，按照世界银行的划分标准，我国已由低收入国家步入中等收入国家的行列。2006 年国内生产总值突破 21 万亿元，比 2002 年的 120333 亿元翻了一番，年平均增加 22635 亿元。相应地，我国国内生产总值占世界的份额也在不断提高，2002 年为 4.4%，2006 年提高到 5.5%。根据世界银行公布的数据，2003 年至 2005 年，中国经济增长对世界 GDP 的贡献率高达 13.8%，仅次于美国的 29.8%，排名世界第二，2007 年，中国对全球经济增长的贡献首次超过美国。在五类基本食品、能源和工业制成品中，四类的消费量美国居中国之后。2005 年年末，我国外汇储备达 8189 亿美元，增长了近 5 倍。截至 2007 年 6 月末，我国外汇储备余额为 13326 亿美元，外汇储备跃居世界第一，经济总量名列世界第四。

（三）人民生活无论从数量上还是质量上看均得到显著改善

（1）城乡居民储蓄存款增长迅速。到 2007 年 6 月末，全国城乡居民储蓄存款余额达到 16.95 万亿元，比 2002 年多出 8 万多亿元。这在过去是很难想象的，这也是十七大报告中首次提出要"创造条件让更多群众拥有财产性收入"的体现。（2）住房情况得到根本性改变，城镇居民住房面积从 2002 年的 22.8 平方米增加到 2006 年的 27 平方米。2005 年年末电话用户数达到 7.4 亿户，是 2001 年的 2.3 倍，居世界第一位；互联网上网人数超过 1.11 亿人，居世界第 2 位，2007 年 11 月，电话用户数超过 9 亿，居世界第一位。（3）城乡居民收入继续较快增长。城镇居民家庭年人均纯收入：1980 年为 477.6 元，1990 年为 1510.2 元，2000 年为 6280 元，2006 年为 11759 元；农村居民家庭年人均纯收入：1980 年为 191.3 元，1990 年为 686.3 元，2000 年为 2253.4 元，2006 年为 3587 元。（4）人民生活质量显著提高。恩格尔系数是指一个家庭用来购买食物的费用占家庭收入的比例。一般来说，越贫困，恩格尔系数越大；越富裕，恩格尔系数就越小。2005 年社会消费品零售总额增长 12.9%。城镇、农村居民家庭恩格尔系数分别下降 1.4 个和 2.5 个百分点。（5）小汽车进入寻常百姓家。1995 年，我国私人汽车拥有量为 249.96 万辆，2000 年达到 625.33 万辆，2005 年达到 1848.07 万辆。每百户城镇居民拥有的家用汽车数量从 2002 年的 0.9 辆增加到现在的 4.3 辆。中国已经成为世界上第一大汽车潜在市场，第二大汽车消费国，第三大汽车生产国。以北京为例：北京市机动车保有量达到100万辆，用了48年时间，而此后净增100万辆只用了6年时间。真正实现了从又快又好向又好又快的转变。

表3 "十五"时期我国农村居民家庭人均纯收入、
城镇居民家庭人均可支配收入增长情况

指标 \ 时间		2000	2001	2002	2003	2004	2005
农村居民家庭	人均纯收入（元）	2253	2366	2476	2622	2936	3255
	比上年增长（%）	100	105.0	104.6	105.9	112.0	110.9
城镇居民家庭	人均纯收入（元）	6280	6560	7703	8472	9422	10439
	比上年增长（%）	100	109.2	112.3	110.0	111.2	111.4

表4 "十五"时期我国农村居民家庭、城镇居民家庭恩格尔系数变动情况

指标 \ 时间	2000	2001	2002	2003	2004	2005
农村居民家庭恩格尔系数（%）	49.1	47.7	46.2	45.6	47.2	45.5
城镇居民家庭恩格尔系数（%）	39.4	38.2	37.7	37.1	37.7	36.7

（四）贫困人口大幅度减少

国务院扶贫开发领导小组办公室发布的《中国扶贫开发报告》显示，1990年至2006年，中国减少的贫困人口占世界贫困人口的70%，2006年，国家扶贫开发重点县农民人均纯收入达到1928元。1978年，我国农村没有解决温饱的贫困人口约有2.5亿人，贫困发生率为30.7%，2006年，这两个指标分别下降到2148万人和2.3%。2000年，我国低收入人口约为6213万人，低收入人口占农村人口的比例为6.7%。2006年，这两个指标分别下降为3550万人和3.7%。国外专家认为，与30年前相比，4亿中国人脱离了贫困，相当于全球脱贫人口总数的大约75%。中国成功减少贫困加速了世界减贫的进程。

（五）国际经济交流规模巨大

2006 年，我国进出口总额 17607 亿美元，比上年增长 23.8%，其中：出口 9691 亿美元，增长 27.2%，进口 7916 亿美元，增长 20.0%。出口大于进口 1775 亿美元，比上年增加 755 亿美元。2006 年新设立外商投资企业 41485 家，实际利用外商直接投资金额 694.7 亿美元。其中：制造业所占比重为 57.7%；房地产业为 11.8%；金融业为 9.7%；租赁和商务服务业为 6.1%；交通运输和邮政业为 2.9%。2007 年，我国外贸顺差达到 2600 亿美元，进口增长速度为 20.3%，出口增长速度达到 25.1%。目前，中国累计对外直接投资 712 亿美元，设立境外中资企业超过 1 万家。但对外直接投资额仅占全球的 0.5%，对外承包工程合同额仅占国际工程发包额的 2.1%，在外劳务人数仅占国际劳务市场的 1.5%。从外贸进出口看，"十五"末外贸进出口总额比"九五"末增长 2 倍，是同期世界主要国家中增幅最高的国家，连续两年位居世界第三位。从主要工农业产品产量看，原煤、粗钢，彩电、冰箱等家用电器，移动电话、程控交换机等新兴电子产品，以及粮食、棉花、肉类等产量均居世界第一位。

表 5　2002—2006 年我国进出口总额及其增长速度

时间 指标	2002	2003	2004	2005	2006
出口额(亿美元)	3256	4382	5933	7620	9691
进口额(亿美元)	2952	4128	5612	6600	7916
进出口总额比上年增长(%)	21.8	37.1	35.7	23.2	23.8

注：表中数据来自《光明日报》，2007 年 3 月 6 日。

（六）城市化率显著提高

2005 年，中国共有建制镇 1.89 万个，平均每个建制镇人口为 3.8 万人。2006 年，我国城市总数为 661 个，其中地级及以上城市 287 个，年年末总人口 36764 万人。这些城市所创造的 GDP 总值为 132272 亿元，占全国 GDP 总量的 63.2%。其中，GDP 总量超过 1000 亿元的城市有 30 个，超过 2000 亿元的城市有 12 个（北京、上海、深圳、广州、天津、佛山、杭州、东莞、南京、重庆、沈阳和武汉）。2006 年，全国城镇人口为 57706 万人，占全国总人口的比重为 43.9%，我国城市化率达到 43.9%，比 2002 年的 39.1% 上升了 4.8 个百分点，年平均上升 1.2 个百分点。分区域来看，我国东、中、西部城市化水平分别为 54.6%、40.4% 和 35.7%。有外国专家认为，在工业化、城市化和社会转型方面，中国过去 20 年取得的成就，欧洲耗费了两个世纪才取得。

（七）科技事业发展迅速

根据国家统计局、科技部和财政部联合发布的科技经费投入统计公报，2006 年，我国科技经费投入继续保持较快增长，全社会研究与试验发展（R&D）经费总支出达到 3003 亿元，比 2005 年增加 553 亿元，增长 22.6%，与当年国内生产总值（GDP）之比为 1.42%，达到历史最高水平。其中，各类企业支出 2135 亿元，政府部门下属研究机构支出 567 亿元，高等学校支出 277 亿元，所占比重分别为 71.1%、18.9% 和 9.2%。国家创新体系、基础研究和科技基础设施进一步加强。2006 年，我国研究与试验发展 R-D 经费支出为 2943 亿元，占到 GDP 总量的 1.41%。一些重点领域取得骄人成绩，神舟六号载人航天飞行圆满成功，龙芯 2 号高性能通用计算机芯片、禽用禽流感基因工程灭活疫苗研制成功。

（八）教育事业发展迅速

据教育部统计，从 1978 年至 2006 年，我国留学回国人员总数为 27.5 万人。2005 年，研究生招生人数为 36 万人，2006 年达到 40 万人；2005 年研究生在学数为 98 万人，2006 年达到 110 万人，2005 年研究生毕业人数为 19 万人，2006 年达到 26 万人。目前，我国在学研究生总数已经超过 100 万人，授予博士硕士学位总数也超过 100 万。2006 年，我国高校在校本科生超过 2500 万人，毛入学率为 22%，我国高等教育实现了由精英教育向大众化教育的转变。

二、中国经济发展中存在的问题

在前进道路上还有许多制约我国经济健康发展的长期性、深层次矛盾和问题，主要是：自主创新能力弱，经济结构不合理；增长方式粗放，资源环境约束加剧；城乡经济二元结构矛盾突出，经济社会发展不协调等，具体表现在以下几个方面。

（一）国民经济的宏观调控能力和水平有待提高

城市化过程中乱占耕地的现象严重，导致城市占地扩张过快对农用耕地的破坏和侵占；城市化改造拆迁过程中来自政府的控制软弱无力，导致不少城市出现私搭乱建，套取国家补偿款项的事件极为普遍。好的环境和制度可以约束坏人变成好人，恶劣的环境和制度可以诱使好人变成坏人。因此设计好的管理制度成为我国经济建设中迫切需要解决的问题。

（二）能源耗费巨大，耕地资源减少，浪费严重

经济发展的粗放型特征依然没得到根本上的转变。我国现代化进程中的能源消耗和浪费现象严重，导致高消耗、低产出，能源利用效率低下。

表6　我国主要资源消耗占世界总量的比例（%）

指标名称	人口（亿人）	GDP 总量（亿元）	一次性能源消耗(标煤)	原煤消耗	钢铁消耗（亿吨）	氧化铝消耗	水泥消耗（亿吨）
绝对量	13.6		24.6		3.88		12.4
占世界总量的(%)	25	55	15	31	30	25	54

2006 年，全国共有耕地 18.27 亿亩，人均仅有 1.39 亩，还不到世界人均水平的 40%。目前，我国 13 亿人口吃饭，再加上工业用粮等，每年粮食消耗量在 4.5 亿吨左右，每年还要增加几千万人口，根据国家统计局和农业部的相关研究，2010 年，我国人均粮食需求量若以 420 公斤计算，

全国粮食需求总量为5.88亿吨，2030年为7.04亿吨。而2006年全国粮食总产量为4.9亿吨。农业专家预测，根据我国农业生产的发展状况，到2010年和2030年，要实现1996年《中国的粮食问题》白皮书粮食95%的自给目标，需要耕地分别为18.24亿亩和18.5亿亩，而目前耕地只有18.27亿亩。我国是一个人口大国，从保障粮食安全和社会稳定出发，必须确立粮食基本自给的方针，18亿亩耕地应该是一个最低警戒线。另据报道，我国土地沙化尽管已由20世纪90年代末期年均扩展3436平方公里转变为现在年均缩减1283平方公里。目前，全国荒漠化土地占国土总面积的27.46%。每年由于城镇建设规划用地，耕地面积减少很快。局部地区土地沙化仍有明显恶化趋势。荒漠化已经成为严重制约我国经济社会可持续发展的重大环境问题。

（三）区域发展不平衡状况加剧

我国的自然地理状况是西高东低，而经济发展水平却是东高西低，东西部地区差距巨大，这种状况多少年来不仅没有得到改善，而且差距仍在拉大。2006年，环渤海、长江三角洲和珠江三角洲三大城市群（包括市辖县）地区生产总值78305亿元，占全国GDP总量的37.4%。改革开放30年来，中央政府先后实施了东部大开放、西部大开发、振兴东北老工业基地、中部崛起等相关战略，力求缩小这种区域发展中的差距，但实际情况却不理想。据统计资料，从2000—2006年，东部地区的江苏、山东、广东三省的地区生产总值分别从8554亿元、8338亿元、10741亿元增加到21548亿元、21847亿元、25969亿元；而西部的青海、宁夏两省区分别从264亿元、295亿元增加到641亿元、707亿元，虽然发展是很快的，但差距也是明显的。2005年西部居民可支配收入占东部地区的比例，在城镇由2004年的69.7%下降到2005年的66.7%，在农村则由2004年的48%下降到44.2%。2006年最高收入的上海市与最低收入的新疆年收入相差10655元。区域间收入差距的不断扩大带来一系列不良后果。低收入水平的地区居民只能处在低的医疗条件、低的教育水平、较差的基础设施和较低的社会保障，也不利于留住人才。

（四）人均 GDP 处于较低水平

如前所述，尽管我国国民经济得到了长足的发展，但由于我国人口多、底子薄的现实，人均 GDP 水平在世界上居于落后位置。2007 年，我国 GDP 总量将达到 3.01 万亿美元。人口 13.23 亿人，人均 GDP 为 2280 美元（见表 7、表 8）。

表 7　"十五" 时期我国人均国内生产总值变动情况

指标＼时间	2001	2002	2003	2004	2005
人均 GDP	8622	9398	10542	12336	13985

表 8　2007 年我国 GDP 总量与人均水平同世界主要国家对比

指标＼时间	总人口	GDP 总量 （万亿美元）	人均 GDP （美元/人）
中国	13.23 亿人	3.01	2280
美国	3.021 亿人	13.98	46280
日本	1.274 亿人	5.29	41480
英国	6050 万人	2.57	42430
德国	8250 万人	3.28	39710
法国	6110 万人	2.52	41200
瑞典	910 万人	4470 亿美元	48950
瑞士	760 万人	4310 亿美元	57040

（五）科技自主创新能力有待加强

据相关资料报道，我国每出口 8 亿件衬衫，才能换回 1 架空客飞机。还有一种说法，中国驶往美国和日本的轮船都是满载，而返回的却是空空荡荡。最近，不少媒体都在关注这样一条消息：中国每年生产的鞋已经突破 100 亿双，在全球 148 亿双总产量中，中国鞋已经占到近 70%。相当于给全世界人民每年一双半鞋还有富余。对于全球消费者而言，中国提供了物美价廉的产品，一些海外舆论也认为，如果没有中国产品，欧美等国家的普通民众，日常开支会大大增加，因此，生活水准会大大降低。但这些廉价的百亿规模并没有给我们带来应有的财富。有如此垄断地位的产量，中国鞋业却一点一点丧失定价权。因此，必须创造民族品牌，只有规模而没有品牌显然就缺乏竞争力。

权威报告显示，我国自主创新的能力有待加强，目前，高技术产业的增加值占制造业的比重很低，我国为 8%，发达国家为 40%。我国几乎全部的光纤制造装备、85% 的集成电路制造装备、80% 的石油化工制造装备、95% 的医疗装备等大型装备依赖进口。原始创新能力较弱。国际科学论文产出仅占世界的 4.38%，论文被引用数仅排在世界第 20 位。在 87.8 万人的研发队伍中，从事基础研究的仅有 7.9 万人。企业用于技术引进与消化吸收的投入比为 1∶0.078，日本和韩国为 1∶5—1∶8。

（六）社会发展中的信用环境较差

信用的一般含义就是指遵守承诺，信用的经济学含义就是金钱。而我国的现实情况是信用环境恶劣。整个社会范围的诚信意识淡薄。"三角债"现象严重；贷款大拖欠、债务大逃亡、暴利大宰杀；活鸡现杀、活鱼现剖、活蛇现剥。债务负担过重。现在国有企业欠银行 3 万亿元，其中不良债务达 1/3；假冒伪劣现象严重，使许多本不该畅销的商品出现。如验钞机、弹簧秤、纯净水、防盗锁、防盗窗、防盗门等。全社会范围的这类失信现象，已经成为发展市场经济的障碍。

三、经济发展的若干思路

党的十七大报告中经济发展代替了经济增长，经济增长主要着眼于总量，更强调经济本身。突出好字，要求速度、质量、效益相互统一。首次把生态文明写入报告，提出推动区域协调发展，优化国土开发格局和主体功能区定位等。强调经济增长在经济发展中不仅要着眼于总量，更强调经济本身，要突出好字，实现速度、质量、效益的相互统一。结合这些精神，特提出如下思路。

1. 加大宏观调控的力度，务必保持经济平稳较快增长的良好势头。面对投资反弹压力依然很大，投资增幅仍然偏高，在建总规模偏大，新开工项目偏多，投资率偏高，部分行业产能过剩的不良后果日益显现，增长方式转变依然滞后等问题，要继续加强和改善宏观调控，继续实施稳健的财政政策和稳健的货币政策加强固定资产投资调控，着力扩大消费需求，促进煤电油运供需衔接，要完善和落实宏观调控政策，保持国民经济平稳发展。例如，近年来，随着创意经济的发展，重视这种新的经济形态是非常有必要的，但各地一哄而上的现实却不容乐观。据估计，现在全国共有创意园 500 多个，且呈加速发展的态势，有不少地方直接将原来的开发区、科技园更名为创意产业园，重复建设，模式雷同，定位模糊，缺乏管理。客观上要求政府职能部门要加大宏观调控的力度，做好前期论证，开展翔实的市场调查，在全国范围内整体科学布局，并制定统一的投融资、产权交易、产权管理等方面的政策。

2. 积极推进社会主义新农村建设。"三农"问题依然突出，粮食增产难度加大，农民增收困难较多，农村生活条件落后，因此，要坚持"多予少取放活"的方针，加快建立以工促农、以城带乡的长效机制，稳定发展粮食生产，改善农村生产生活条件，突出抓好农村"水、气、路、电"等基础设施建设，加快发展农村公共事业，多渠道增加农民收入。

3. 在增强自主创新能力、推进结构调整上下功夫。经济学大师萨缪尔森指出："市场经济最终的主宰是技术与消费者。"技术成为左右市场的重要前提，因此在技术方面，要提高自主创新能力，推进产业结构优化升级。大力增强自主创新能力，推进原始创新、集成创新和引进消化吸收再创新。要以加快产能过剩行业结构调整为突破口，下决心重组一批、改造一批、淘汰一批。力争在促进产能过剩行业控制总量、优化结构上迈出实质性步伐。进一步完善支持重大装备国产化，带动基础产品和零部件的发展。加快发展高技术产业，促进服务业全面发展。

4. 大力发展循环经济，降低资源消耗。在节能降耗、转变增长方式上下功夫，要以提高资源利用效率为中心，采取更有针对性的措施，充分挖掘节能降耗潜力，加快粗放型增长方式向集约型增长方式转变的步伐。积极推进节能降耗，大力发展循环经济。在发展措施上，把调整优化经济结构作为主线，大力发展能耗低、污染少、贡献大的现代制造业和现代服务业。把科技创新作为中心环节，加强重点领域的自主创新，加速推进传统产业高新化和高新技术产业化，注重突破节约资源和保护环境方面的技术瓶颈，推动经济增长要实现由要素推动向创新驱动、由资源依赖向科技依托转变。

5. 市场经济发展环境需要进一步净化。要在信用建设、法制建设等方面采取有力措施，形成良好的市场经济秩序，巩固社会主义和谐局面。以扩大就业、完善社会保障体系、理顺分配关系、发展社会事业为着力点，扎实推进和谐社会建设。特别要进一步加强安全生产管理，加大对煤矿技改、瓦斯治理的投入，强化对矿山、交通运输、危险化学品等重点领域安全生产的治理，坚决遏制重特大事故频发的势头。认真解决征地拆迁、企业改制、库区移民、环境污染方面存在的问题。

6. 推动区域协调发展，优化国土开发格局和主体功能区定位。促进区域协调发展，逐步缩小区域发展差距是深入贯彻科学发展观、全面建设小康社会的重大战略任务。我国地域辽阔，由于历史、地理位置以及经济基础等众多原因的影响，各地经济发展水平差异很大。实行改革开放以来，特别是实施西部大开发、振兴东北地区老工业基地、促进中部地区崛起、鼓励东部地区率先发展的区域总体发展战略以来，各地经济社会发展水平有了很大提高，人民生活得到显著改善，但区域间发展不协调、发展差距拉大的趋势依然没有得到根本的改变。

因此，必须按照市场经济的要求，打破区域壁垒，允许劳动力、技术、资本等生产要素跨区域自由流动，要通过利益机制，强化区域之间的协作，也可适当考虑采取人口迁移政策。

参考文献

[1]《缩小区域发展差距必须注重实现基本公共服务均等化、引导生产要素跨区域合理流动》，载《人民日报》，2007 年 12 月 8 日。

[2] 崔鹏：《收入相差大，都怕入错行》，载《人民日报》，2007 年 12

月 10 日。

[3] 孙永春：《努力在经济发展方式上率先转变》，载《人民日报》，2007 年 11 月 21 日。

[4] 欧阳洁：《不同区域，收入差出一大截》，载《人民日报》，2007 年 12 月 3 日。

[5] 白天亮：《13 亿人共享幸福小康》，载《人民日报》，2007 年 10 月 8 日。

[6] 林英：《18 亿亩，不能再少》，载《人民日报》，2007 年 8 月 26 日。

[7] 法里德·扎卡里亚：《中国：强大而脆弱的大国》，载《南方都市报》，2007 年 12 月 27 日。

[8] 陈栋生：《区域协调，"好"字优先》，载《光明日报》，2008 年 1 月 2 日。

本文刊发于《生产力研究》2008 年第 7 期；作者：王关义

论 21 世纪初期全面建设小康社会的奋斗目标

在我国，对小康社会的认识经历了一个不断深入和发展的过程，确定全面的小康社会的目标是关于对现有社会总体状况低水平、不全面、不平衡等的科学认识和评价，因此是积极可行的；实现全面建设小康社会的奋斗目标尚须我们把握各方面关键环节，不懈努力。

经过改革开放 20 多年的发展，我国已经实现了现代化建设"三步走"发展战略的前两步，人民生活已经实现了由温饱到总体上达到小康水平的历史性跨越，这是中华民族发展史上一个新的里程碑。结合我国所达到小康的实际状况，中国共产党十六大又提出了在 21 世纪头 20 年全面建设小康社会的奋斗目标，这是中国特色社会主义经济、政治、文化全面发展的目标。报告提出要在 21 世纪头 20 年，"集中力量，全面建设惠及十几亿人口的更高水平的小康社会，使经济更加发展、民主更加健全、科教更加进步、文化更加繁荣、社会更加和谐、人民生活更加殷实"。这是对我国现代化建设三步走长远战略目标的细化和落实，是对建设中国特色社会主义理论和实践的丰富和发展。

一、关于小康社会认识上的转变

对于小康社会的认识，经历了一个不断深入和发展的过程，尤其是邓小平同志关于小康的谈话，使小康从古代的理想变成了当今的现实。

（一） 古代朴素的小康思想和意识

小康是一个充满传统文化色彩的概念，据专家考证，"小康"一词，最早出现于《诗经·大雅》，其中有"民劳亦止，汔可小康"的诗句，意思是说人们有劳有逸，日子就能好过。后来儒家把比大同社会较低级的一种社会称之为小康。按照《礼记·礼运》篇的描述，所谓大同社会就是"天下为公"："大道之行也，天下为公。选贤与能，讲信修睦，故人不独亲其亲，不独子其子。使老有所终，壮有所用，幼有所长，鳏寡、孤独、废疾者，皆有所养……是故谋闭而不兴，盗窃乱贼而不作，故外户而不闭，是谓大同。"而小康社会则是"今大道既隐，天下为家。各亲其亲，各子其子，货力为己。大人世及以为礼，城郭沟池以为固。礼义以为纪，以正君臣，以笃父子，以睦兄弟，以和夫妇"。可见，古代人们对小康社会的理解系"家天下"而非"天下为公"，是人们能维持中等生活水准的社会，由此看来，小康概念源远流长。基于如上认识，我们认为，从狭义上理解，小康是指一种生活状况或生活水平，即"富有仍嫌不足，但温饱已经有余"。从广义上理解，它应当包括经济、社会、政治、文化、生态环境等诸多领域。

（二） 邓小平关于小康的论述

1979年12月6日，邓小平在会见日本首相大平正芳时首次使用"小康"这一概念，描述了中国式现代化的进程，他指出："我们要实现的四个现代化，是中国式的四个现代化，我们的四个现代化的概念，不是像你们那样的现代化的概念，而是'小康之家'。到21世纪末，中国的四个现代化即使达到某种目标，我们的国民生产总值人均水平也还是很低的。要达到第三世界中比较富裕一点国家的水平，比如国民生产总值人均一千美元，也还得付出很大的努力。中国到那时也还是一个小康状态。"这一对小康的理解，引发了中国经济发展战略的根本性转变。1984年3月21日，邓小平在会见另一位日本首相中曾根康弘时，又把这种"中国式的现代化"称为"小康社会"，他进一步补充说："所谓小康，就是到21世纪末，国民生产总值人均 800 美元。"虽不富裕，但日子好过。"此后，根据形势的发展，邓小平同志又多次重申小康概念，并把中国现代化建设"三步走"目标的第二步界定为达到小康。1982 年 9 月，中国共产党的十二大确定："从 1981 年到 21 世纪末的 20 年，我国经济建设总的奋斗目标是，在不断提高经济效益的前提下，力争使全国工农业总产值翻两番，实现这一目标，城乡人民的收入将成倍增长，人民物质生活可以达到小康水平。"这是党的全国代表大会首次使用小康概念。1987 年 10 月，党中央从我国的基本国情出发，提出了我国现代化建设大体上分三步走的战略，党的十三大正式将实现小康确定为"三步走"发展战略的第二步目标，即从 1991 年到 20 世纪末，国民生产总值再翻一番，人均达到 800 美元，使人民生活进入小康水平。

由此可见，现代意义上的小康概念，缘于邓小平同志对实现中国式的现代化这一宏伟目标的思考，"三步走"的战略步骤则是把一个贫困的中国变为小康、进而达到富裕的台阶和途径，建设一个"小康社会"始终是中国共产党人的奋斗目标。

（三）中国政府关于衡量小康社会的十六项指标

自从邓小平同志提出在 20 世纪末我国要达到小康生活水平的目标之后，1991 年，党中央、国务院在《关于国民经济和社会发展十年规划和第八个五年计划纲要》中，关于小康的内涵，确定了两个方面：一是小康的社会属性方面，即"是适应我国生产力发展水平，体现社会主义原则的"；二是小康的实现水平方面，即"既包括物质生活的改善，也包括精神生活的充实；既包括居民个人消费水平的提高，也包括社会福利和劳动环境的改善"。

关于我国小康社会的衡量指标，1991 年国家统计局与计划、财政、卫生、教育等 12 个部门的研究人员组成一个课题小组，按照党中央、国务院提出的小康社会内涵，确定了以下 16 个基本检测指标，作为衡量全国居民生活小康水平的标准和小康临界值（详见表 1）。

表 1 衡量小康实现程度的指标与基本标准

序号	指标名称	水平
1	人均国内生产总值(元/人) *	2500
2	城镇人均可支配收入(元)	2400
3	农民人均纯收入(元)	1200
4	城镇住房人均使用面积(平方米)	12
5	农村钢木结构住房人均使用面积(平方米)	15
6	人均蛋白质日摄入量(克)	75
7	城市每人拥有铺路面积(平方米)	8
8	农村通公路行政村比重(%)	85
9	恩格尔系数(%)	50
10	成人识字率(%)	85
11	人均预期寿命(岁)	70
12	婴儿死亡率(%)	3.1
13	教育娱乐支出比重(%)	11
14	电视机普及率(%)	100
15	森林覆盖率(%)	15
16	农村初级卫生保健基本合格县比重(%)	100

*注:按 1980 年的价格和汇率计算,2500 元相当于 900 美元。

这 16 项指标,是从可定量衡量的角度设计的,主要是经济和物质生活方面的指标,但从系统的角度考虑,科学的小康概念绝不仅仅包含这些内容,而是有着更为丰富的内涵。小康不只是一个经济概念,它是以中国风格、中国语言表述的中国特色社会主义现代化建设,既包含政治的内容,也包含文化的内容,既包含物质文明建设,也包含着精神文明建设,是一个全面完整的范畴。

二、对我国当前社会小康状况的科学认识和评价

(一) 对我国小康状况主要指标的分析和评价

按照上述 16 项指标测算，根据中国社科院农村发展研究所杜晓山的分析结论，2000 年全国小康总体实现程度为 96%，东部地区基本实现，中部地区实现 78%，西部地区实现程度却只有 56%。到 2000 年，这 16 项指标中尚有三项指标没有达到小康标准，即农民人均纯收入为 1066 元，实现 85%，人均蛋白质摄入量实现 90%，农村初级卫生保健基本合格县比重实现 80%。国家统计局用综合评分的方法进行测算，1990 年全国小康实现程度为 48%，2000 年为 96%，因此只能说人民生活总体上达到了小康水平。另据国家统计局对小康进程的综合评价，20 世纪末全国总体平均生活水平跨入小康社会的初级阶段，有 3/4 的居民初步过上了小康生活。总体上的小康只能说是刚刚跨过小康的门槛，在 21 世纪前 20 年，我们就是要站在这个起跑线上进行全面建设小康社会的攀登。具体分析评价如下：

1. 人均收入跨入小康水平

2000 年年底，我国 GDP 总量为 89403 亿人民币，人均 7078 元人民币，折合为 860 美元，实现了邓小平设想的第二步小康的目标（设想人均为 800 美元）。从世界范围的横向比较来看，我国经济总量已经居于前列，但人均还不到 1000 美元，刚刚进入中等偏下收入国家的行列。

2. 经济结构实现了重大的调整

经济结构明显改善，第一、二、三产业增加值的结构比重由 1990 年的 6.6 : 60.4 : 33 调整为 2001 年的 4.8 : 49.8 : 45.4。在农产品总量迅速增长的条件下，农业在国民经济中所占比重由 28.1% 下降到 15.9%，农业劳动者占就业人口的比重由 70 下降到 50 以下，高新技术产业和现代服务业迅速发展，传统产业得到提升。

3. 恩格尔系数达到了国际公认的小康水准

按照联合国粮农组织所用的恩格尔系数（居民食品支出占生活消费支

出的比重）指标的判断，当该项指标在 60%以上时为贫困，在 50%—60%这一区间时为温饱，在 40%—50%这一区间时为小康，在 40%以下时为富裕。据统计资料，2000 年，中国的恩格尔系数，城镇居民为 39.2%，农村居民为 49.1%，分别达到了联合国粮农组织提出的富裕和小康标准，初步实现了小康目标。

4. 贫困人口所占比例大幅度下降

城乡贫困人口大幅度减少，2.5 亿农村贫困人口中 85%以上已经脱贫，贫困人口占农村总人口的比重由 30.7%下降到 3%，这是世界消除贫困历史上的伟大创举。

5. 城市化水平显著提高

20 世纪 90 年代以来，中国的城市化水平得到了较大的提高。2001 年市镇总人口占全国总人口比重达到 37.7%，比 1990 年提高了 10.3 个百分点，在城市化水平提高的同时，城市经济快速发展。

（二）对我国小康社会总体状况的科学认识和评价

之所以需要用 20 年左右的时间来全面建设小康社会，是因为我国地域辽阔，发展很不平衡，中西部欠发达地区特别是贫困地区同东南沿海发达地区的发展差距还很大。即使在东部沿海省份，大城市和山区、农村之间，发展水平上也存在不小的差距，我国现已达到的小康，还只是低水平的小康、不全面的小康、发展很不平衡的小康。要使全体人民都过上更加殷实、更加富足的小康生活，仍需要进行长时间的艰苦奋斗。

1. 低水平

我国目前达到的小康还是刚刚步入小康社会的门槛，刚刚达标。人均水平还不高，另外还有相当比重的人口还没有进入小康生活状态。据统计，到 2001 年年底，我国国内生产总值（CDP）已超过 11590 亿美元（按现行汇率折算，下同），但人均 GDP 只有 912 美元，尚不足 1000 美元，这只相当于世界下中等收入国家的下限，从世界范围来看还是很低的，全国居民的消费水平更低，只有 436 美元。而现代发达国家的情况是，"2001年，美国的 GDP 总量为 100804 亿美元，日本为 41552 亿美元（注：汇率：

2001 年, 1 美元 = 121.53 日元, 1 美元 = 8.277 元) ", 是中国的几倍, 人均 GDP 达到 35000 美元以上, 是中国的 38 倍多。另外人均数并不等于每个人都达到了这个水平, 只有百分之七八十的人口进入了小康, 还有 1/4 左右的人口尚达不到这个水平。

2. 不全面

我国目前达到的小康水平主要是从经济方面来说的, 侧重于物质文明方面, 并且还处于生存性消费阶段, 仅仅是指在温饱的基础上, 生活质量有所提高, 达到丰衣足食, 温饱有余。体育、教育、文化、卫生等方面的消费还没有得到有效的满足, 社会保障还不健全, 环境质量还有待提高。2001 年, 我国城镇居民的恩格尔系数为 37.9%, 刚刚越过小康标准的底线向富裕型迈进; 农村居民的恩格尔系数为 47.7%, 基本上属于刚刚入围的小康标准, 而用于发展消费乃至享受消费的比重仍然偏低。目前, 全国还有 3000 多万农村人口的温饱问题没有完全得到解决, 城镇还有将近 2000 万人生活在国家最低生活保障线以下, 还有更多的人口虽然温饱问题得到解决但尚未达到小康, 处在低水平和不巩固的温饱状况, 已经脱贫的还有返贫的可能, 城市下岗职工还有 800 万人。另据国家统计局的资料, 2000 年年末, 全国初步达到小康水平人口比例约为 75%, 表明即使目前低水平的小康状况也还有约 1/4 的人口仍然没有达到。

3. 不平衡

地区之间、城乡之间以及不同社会阶层之间, 收入和生活水平还存在较大的差距, 在小康社会所包含的物质和精神生活的诸多方面以及小康社会建设的各个领域, 达到的水准和发展水平方面呈现出不平衡发展的态势。以地区差距为例, 东部地区进入小康的比重大, 中西部地区则比重小。2001 年, 广东省的 GDP 总量已经超过 1 万亿元, 约占全国总量的 1/8, 而最少的省份只有 139 亿元; 2001 年我国人均 GDP 已经超过 900 美元, 而在经济发达的广东深圳、东莞、顺德、广州等城市, 人均 GDP 已达到 3000 美元以上。我国东部 11 个省市人均 GDP 达到 1600 美元, 而西部 12 个省区市人均只有 610 美元。据相关研究, "2001 年人均 GDP 最高的是上海市, 人均产值达 37382 元, 远远领先其他地区, 排在第 2—10 位的分别是北京、天津、浙江、广东、江苏、福建、辽宁、山东和黑龙江。人均GDP 较低的后十个省区依次为贵州、甘肃、广西、云南、陕西、江西、安徽、四川、宁夏和山西。上海人均 GDP 水平是贵州的 13 倍，北京和天津分别是贵州的 8.8 和 7 倍。中部 8 个省人均 GDP 水平低于东部，但高于西部"。在城乡居民收入差距方面，国家统计局指出，若考虑农民收入中的实物部分以及城市居民收入中的隐性部分，则城乡收入差距不是 3：1，而是 5：1 乃至 6：1。

三、全面建设小康社会的奋斗目标及成功的关键点

基于我国低水平、不全面和不平衡的小康现状，十六大做了更高水平小康社会的描述，报告中用了"经济更加发展、民主更加健全、科教更加进步、文化更加繁荣、社会更加和谐、人民生活更加殷实"六个明确的具体奋斗目标。

（一）衡量全面建设小康社会奋斗目标的定量指标

关于全面建设小康社会奋斗目标的衡量标准，十六大报告中提出了六个更加的要求，但是，要衡量一个目标的实现程度，仅凭这些定性的描述是远远不够的，还必须提出一系列具体的便于衡量和检验的定量指标。结合现有多方面的研究结论，参照国际上常用的衡量现代化的指标体系，同时考虑到我国的国情，可将全面建设小康社会的奋斗目标（主要反映经济方面）用如下 14 个方面的指标进行反映：

1. 到 2020 年，国内生产总值（GDP）力争比 2000 年翻两番，达到 36 万亿元人民币（按现行汇率折算，超过 4 万亿美元）以上，我国经济总量将从目前居世界第六位提高到第三位，仅次于美日两国，使我国的综合国力和国际竞争力显著增强；人均 GDP 在人口自然增长率保持目前水平的前提下由 800 美元增加到 3000 美元，接近中等收入国家的平均水平，这是衡量是否实现全面小康社会目标的根本标志。根据世界银行的划分："人均产出（GDP）500 美元以下为低收入发展中国家；人均产出 1000 美元以下

为中下等收入国家；人均产出 1000 美元以上、3000 美元以下为中等收入国家；人均产出 3000 美元以上、8000 美元以下为中上等收入国家；人均产出 8000 美元以上为工业化国家。"结合这一标准，我们认为，小康社会的国际标准应当是人均产出达到 3000 美元以上的水平，即达到中上等收入国家的水平。

2. 城镇居民人均可支配收入达到 18000 元。过去 20 年，我国城镇居民可支配收入增长了 3 倍，依照这种增长速度，到 2020 年将达到 18840 元。

3. 农村居民家庭人均纯收入达到 8000 元。2000 年我国农村居民家庭人均纯收入达到 2253 元，今后 20 年间，随着农业现代化水平的提高，农民收入有可能增长 3 倍以上，达到 8000 元左右。

4. 基本实现工业化，农业中就业的劳动力下降到 25%以下，农村人口所占比率下降到 50%以下，城市人口的比例上升到 50%以上，第二和第三产业中就业的劳动力上升到 75%以上。

5. 要力争在我国城镇化水平不断提高的前提下，城镇居民的恩格尔系数总体上降到 35%左右，农村居民的恩格尔系数总体上降到 45%左右。

6. 城镇居民人均住房建筑面积达到 30 平方米。2000 年我国城镇居民人均住房面积为 10.3 平方米。

7. 从人类发展指数（即人类生活质量指数）来看，要使人口平均预期寿命、总入学率和人口平均受教育年限、人均绿地面积、空气质量状况等反映人类生活质量的卫生指数、教育指数和环境指数大幅度提高，使人类发展指数超过 0.8，进入中等发达国家行列。

8. 大力推进城镇化进程，走中国特色的城镇化道路，力争 2020 年城镇化率由 2000 年的 36.2%（2001 年为 37.7%）上升到 50%以上，城镇人口比重超过 50%。

9. 调整经济结构，大力发展第三产业和技术密集型产业，使第三产业在 GDP 中的比重由 2001 年的 33.6%提高到 50%左右，使技术密集型产业的产出在工业总产出中占据主导地位。国际上有一个说法，当人均国内生产总值从 1000 美元向 4000 美元迈进时，往往是产业结构剧烈变化的时期，完成这个过程，美国花了整整 100 年，日本用了 70 年，而韩国只用了 25 年。我国要在短短 20 年的时间内完成经济结构的调整，任务是十分艰巨的。

10. 采取有力措施抑制和缩小城乡差距、地区差距和居民收入分配差距，积极推进社会保障体系建设，到 2020 年使我国的人类贫困指数由当前的 14.9%下降到 10%以下。

11. 大学入学率达到 20%以上。目前我国的大学入学率约为 11%，随着"科教兴国"战略的实施，各种社会力量参与办学，我国大学入学率到 2005 年可以达到 15%，到 2020 年力争超过 20%，达到 25%。

12. 每千人医生人数达到 3 人以上。2000 年我国已经达到每千人 2 人，高于世界平均水平，到 2020 年预计每千人将超过 3 人。

13. 建立起一个财力雄厚、覆盖全社会的社会保障安全网，使城镇居民最低生活保障率达到 95%以上。

14. 通过促进就业、社会保障和财政税收的调节和转移支付，使全社会的基尼系数控制在 0.35 以下。

实现上述目标，意味着在 2001—2020 年的 20 年间，我国国内生产总值年均增长率要保持在 7.18%左右，这在我国当前经济总量已经超过 9 万亿元人民币的情况下，无疑是一项挑战性的任务。如果我国的 GDP 能够保持这样一个增长速度．那么我们将创造一个在人口大国连续增长近 50 年（1978 年算起）的世界奇迹。当然，这套指标并没有反映出政治与精神文明建设的状况，原因在于对于这些方面本身就难以设计出一套具体的量化指标。

另外还有一种观点可供参考。有关专家通过系统的研究论证之后，认为中国全面建设小康社会的评价指标体系应当包括经济发展子系统、文教卫生发展子系统和社会发展子系统三个方面。在经济发展子系统中应包括人均 GDP、出口商品中的机械及运输设备的比重、人均可支配收入、居民居住条件、营养结构、社会信息化程度等指标；在文教卫生发展子系统中应包括每百万人拥有科技人员数、全员劳动生产率、每千人口病床数、大学生粗入学率、高等教育人口比例增长率、高中教育普及率等指标；在社会发展子系统中应包括城市化率、收入分配公平度、公民对政府的满意率、财政供养比、可持续发展指数、社会保障覆盖率等指标。还应包括其他方面的内容，如公民素质大大提高，劳动者技能和智能增强，人们的文化素质和职业道德水平上升，居民遵守纳税信用，企业诚信纳税经商，政府文明行政，防治环境污染，保护生态环境，增加并充分利用自由闲暇时间，促进人的全面发展等内容。

（二）全面建设小康社会的目标是积极可行、能够实现的

全面建设小康社会，是一个艰巨而宏伟的奋斗目标。从发展的起点来看，中国经济已经具备持续增长的物质条件、体制基础和政治保证，只要平稳发展，党的十六大所提出的全面建设小康社会的目标一定能达到。原因在于：经过多年来的巨额投资和建设，我国的能源、交通、通信等基础设施更加完备，这是促进经济高速增长的前提和基础；中国已经加入了WTO，在未来一段时期，同世界各国的经济交往将会更加频繁，中国经济发展的国际市场将会更加广阔，利用外资的规模将会大幅度增长，市场和资金对经济增长将会产生更大的带动作用；整个产业尤其是制造业的装备水平将显著提高，生产效率将会明显提高，成本方面会得到明显降低；随着城市化水平的提高，第三产业发展的市场空间将明显拓宽，市场容量也会大大增加；随着"科教兴国"和"可持续发展"两大战略的实施，推动经济高速运行的人才支撑体系将会更加完备，经济发展面临的环境与过去和现在相比将会得到显著的改善。所有这些优势，都会推动和加速国民经济的快速和稳定增长。

关于全面建设小康社会的奋斗目标，专家们保持乐观态度，周天勇认为："在 21 世纪初期的 20 年期间，中国经济的年平均增长速度如果能够保持在 6.5%—7.5%之间，人口总量如能控制在 14 亿以内，即使考虑到东南亚国家发展中的货币相对贬值因素，人均 GDP 依然可以达到 4200 美元，届时，我们就完全可以实现比较富裕的小康社会的宏伟目标。"另有专家认为，从增长速度来看，要达到国内生产总值翻两番的奋斗目标，要求未来 20 年间 GDP 的年均增长速度达到 7.18%—7.3%左右，只要达到这一增长区域，到 2020 年，我国国内生产总值就可以突破 35 万亿元人民币，人均 GDP 达到 3000 美元。而从以往的增长速度来看，达到这一速度是积极而可靠的。

也有不少国内外专家对中国未来 20 年的奋斗目标持怀疑态度，有的还认为经济增长的速度很难达到 7%。这种观点是缺乏科学分析的，同发达国家相比，中国的 GDP 不论从总量上来看，还是从人均水平上来看，都是基数较小的，根据统计增长的基本理论，基数越小，增长的绝对数规模越小，增长速度越快；反之，基数越大，增长的绝对数越大，增长的速度则越慢。以日本和美国为例，目前的人均 GDP 分别为 30000 美元和 35000 美元，若年增长 1%，就意味着每人需增加 300 美元—350 美元，而中国人均 GDP 只有 900 美元左右，即使年均增长 10%，也意味着人均只能增加 90 美元的国内生产总值。中国国民经济发展底子薄，增长的人均绝对数小，但总的经济增长速度必然就快，这种情况必须考虑。

另一方面，从现状分析来看，中国已经站在新的起跑线上，经济发展登上了两大平台，一是经济增长的新平台，2002 年年底，我国人均国内生产总值已经跨上 1000 美元的台阶，这是一个重要的战略起点，国际经验表明，"人均 1000 美元是一个国家经济发展非常重要的战略关口。在这个关口上，有的国家迅速起飞，而有的则长期在这个拐点上徘徊。例如从 1000 美元到 4000 美元，美国花了整 100 年，日本也用了 70 年。而印尼、菲律宾在此起点上人均 CDP 却长期低水平徘徊"；二是经济增长外部环境的新平台，加入世界贸易组织，使中国经济昂首走向世界，中国的国民经济必将在同外国激烈的竞争和更加频繁的交往中成长。中国正处在经济的快速扩张时期，新的技术革命赋予工业化新的内容，以信息化带动工业化，有可能实现跨越式发展，人民生活刚从温饱进入小康，城乡居民收入的增加，消费结构升级和消费水平的提高，也会成为新的经济增长点。经济全球化以及中国加入 WTO，为我们提供了广阔的发展空间。据最新统计资料，2002 年年末，全国城乡居民储蓄存款余额达到 8.6 万亿元，GDP 总量突破 10 万亿元大关，呈现出蓬勃增长的态势。世界经济论坛发布 2002—2003 年全球竞争力报告，中国的微观经济竞争力在 80 个国家中排名为 38，按照可比的计算公式，中国的该项排名从 2001 年的在 75 个国家中排第 43 位上升了 5 位。这表明中国经济增长的态势是良好的，并且这种态势还将继续延续下去。基于这些理由，我们认为，未来期间保持 7% 的增长速度应当是积极可行的。

（三）确保实现全面建设小康社会奋斗目标成功的关键

全面建设小康社会是凝聚人心、鼓舞斗志，加快推进我国现代化建设的行动纲领。顺利实现这个目标，必须注意抓好如下几个关键点：

1. 坚持以经济建设为中心的思想不动摇，不断解放和发展生产力，是全面建设小康社会的根本途径。全面建设小康社会，经济是物质基础。因此要实现这一目标，最根本的就是坚持以经济建设为中心，不断解放和发展生产力。具体而言，就是要走以信息化带动工业化、以工业化促进信息化的新型工业化道路，提高经济增长的效益和质量；要积极推进农业现代化，加快城镇化进程，使城乡经济协调健康发展；要深化国有资产管理体制改革，加快国民经济结构和布局的战略性调整，促进公有制为主体、多种所有制经济的共同发展；要健全现代市场体系，加强和完善宏观调控，充分发挥市场在资源配置中的基础性作用；要坚持效率优先、兼顾公平的原则，深化分配制度改革，健全社会保障体系，实现共同富裕；要把"引进来"和"走出去"有机结合起来，全面提高对外开放水平，以开放促改革促发展；要千方百计扩大就业，不断改善人民生活。

为了保持我国经济的持续快速发展，以下几个问题的解决尤为关键。一是着力解决三农问题，实现农村的城市化、农业的现代化和农民收入的稳步增加；二是不断扩大就业，缓解体制转轨、城市化发展与就业增长之间的矛盾；三是缩小收入分配差距，不断增加中等收入者的比重；四是培养企业国际竞争力，使对外贸易和投资成为我国经济增长的另一个发动机。

2. 坚定不移地实施可持续发展战略，处理好经济发展与人口、资源和生态环境之间的关系。走出一条科技含量高、经济效益好、资源消耗低、环境污染少、人力资源优势得到充分发挥的新型工业化道路。众所周知，环境是经济的载体，环境出生产力，环境出经济，环境出效益。创造一个良好的经济发展的环境，就会吸引大批投资者来投资办厂，经济就会很快发展起来。我国是一个人口大国，除了继续控制人口增长外，还要转变增长方式，降低资源消耗，并选择节约资源的发展模式，使能源、矿产、淡水和土地等资源能得到持续利用。近年来，我国不断加快生态环境能力建设，可持续发展的观念正在逐步深入人心，国民经济持续快速增长，工农业可持续发展能力增强，全国已经建成 102 个国家级生态农业示范县，工业固体废物综合利用率提高了 15.1%，到 2002 年年底，全国 23 万多家有污染的工业企业中，90%以上实现了主要污染物达标排放，环境污染得到有效的控制，1998—2002 年 5 年间，我国年均环保投资近 1000 亿元，投资总额是 1949—1997 年间投资总和的 1.7 倍。生态环境建设步伐加快，1991—1999 年，全国累计完成沙化土地治理面积 800 万公顷，累计新增治理水土流失面积 81 万平方公里，2000 年，森林覆盖率达到 17%。从全面建设小康社会的要求来看，不仅要在吃穿住用等经济方面达到小康，更重要的是城乡居民要有一个处处有草地树木、山清水秀、鸟语花香、街道整洁、空气清新、水体清洁的生活、工作和出行环境，否则，即使人均 GDP 达到了小康水平，但生态环境却因此而恶化，这也是有悖我们的目标的。因此，必须把经济发展与保护生态环境放在同等重要的位置考虑，培养公民的生态环境意识，形成爱护生态环境的良好社会氛围。

3. 积极推进西部大开发，促进区域经济优势互补和协调发展。经济学中的木桶理论表明，衡量一个国家和地区经济发展水平的高低，不是看其水平最高的领域或地区，而是由最低水平决定的。全面建设小康社会和实现中国的现代化，最困难之点不在城市，而在广大农村，特别是经济欠发达的西部地区的农村；不在东部，而在广大的西部地区。因此，必须积极推进西部大开发，加大中部地区结构调整的力度，高度重视和关心欠发达地区的发展，支持以资源开发为主的城市和地区发展接续产业，支持革命老区和少数民族地区加快发展，实现地区协调发展和共同富裕的目标。

4. 加快非公有制经济发展，为全面建设小康社会开辟新的有效的途径。改革开放 20 多年的实践证明，民营经济是中国经济新的增长极，是改善地方经济面貌，增强国家实力，实现藏富于民的有效选择，也是调整经济结构，调动人民群众积极性和创造性的最好方式，是把国家利益与老百姓利益结合起来的现实途径。不少专家建议大力发展中小企业，这是推动国民经济高速增长的有效支撑因素。对比而言，我国目前每千人中中小企业的数量不到 6 个，而一些发达国家每千人中中小企业的数量平均为 50 个，如果我国中小企业的数量从目前的 700 万左右发展到 1500 万个左右，对保持国民经济的高速增长将会产生巨大的推动。从我国中小企业的现状来看，绝大多数是非公有制企业，属于个体和私营经营。个体、私营等各种形式的非公有制经济是社会主义经济的重要组成部分。发展非公有制经济对于充分调动社会各方面的积极性，加快生产力发展，全面建设小康社会有着极其重要的作用。因此，必须大力发展个体、私营等各种非公有制经济，制定有地方特色的优惠政策，鼓励发展民营经济，创造更多的社会财富，增加经济总量，壮大经济实力，促进社会主义物质文明建设，为全面建设小康社会奠定强大的物质基础。各地可以根据自己的具体情况规划民营经济小区，城区周围、主干交通沿线、主要城镇应作为布局的重点。要大力兴办民营企业，逐步形成民营经济片、民营经济带、民营经济区，把民营经济培育成最具活力的增长点之一。

总之，全面建设小康社会是改革开放 20 年来中国社会经济发展的历史延续，客观上要求我们不仅要重视经济的发展，而且要重视社会的全面进步；不仅要重视一系列物质方面的硬指标，而且要着力解决精神方面的软指标，改善软环境，促进人与自然的和谐，推动整个社会走上生产发展、生活富裕、生态良好的文明发展道路。

参考文献

[1] 沈利生：《中国外贸依存度的测算》，载《数量经济技术经济研究》，2003 年第 4 期。

[2] 祁京梅：《从消费潜力看地区奔小康》，载《经济日报》，2003 年 4 月 15 日。

［3］华民、谭慧慧：《全面建设小康社会需要制度创新》，载《学术月刊》，2003 年第 1 期。

［4］周天勇：《全面建设小康社会：21 世纪初的发展战略》，载《光明日报》，2002 年 12 月 3 日。

［5］王梦奎：《全面建设小康社会的宏伟纲领》，载《新华文摘》，2003 年第 2 期。

［6］乌东峰：《论中国小康社会》，载《求索》，2002 年第 6 期。

本文刊发于《汕头大学学报》，2003 年第 5 期；作者：王关义

论科技进步与我国经济增长方式的战略转移

世界各国经济发展的历史经验证明，科技进步是经济发展和经济增长的"发动机"，是推动一国经济高速运转的车轮，自从发达国家工业化以来，科技进步已成为各国经济竞争的主要手段。正是基于此种认识，中共中央关于我国经济发展"九五"规划和2010年远景规划中提出了今后我国经济增长方式的战略性转变，即经济增长要从以往的粗放型模式向集约化方向发展。这一改革战略在21世纪的曙光即将升起之时，奏响了一曲经济发展的号角，能否实现这一根本性的战略转变，其根基维系于科技进步。

一、经济增长的发动机：科技进步

转变经济增长方式的核心是推动技术进步，在世界科技发展史上，德国哲学家莱布尼茨最早想到了思想是可计算的，这可称为电脑文化的始祖，发展到今天，电脑已导致我们社会的变革，电脑已渗透到人类生产活动的各个方面，整个人类社会正在经历着从传统的"人是机器"到"机器是人"的飞跃，这一漫长的历史过程，标志着世界科技史上的巨大飞跃。

1. 展望当今世界，无论是发达国家，还是发展中国家，在推动其经济增长时都非常重视科技进步的因素，科技进步已成为各国竞争的主要手段，成为推动经济发展最活跃的动力，成为影响经济增长的主导要素。世界范围内的经济发展表明，重大技术的突破总是孕育着经济的高速增长。

没有 18 世纪中期的一系列技术发明，就没有英国的产业革命，没有 20 世纪 40 年代一系列的技术成果，就不会有许多新兴产业的诞生，战后日本经济的崛起，主要维系于科技进步。从世界范围看，据有关权威人士估计，1913—1949 年，世界工业总产值的平均增长率为 2%，而其中一半是靠新技术创造的；1949—1973 年，世界工业总产值年增长率为 5%，其中 3/5 是由于科技进步而获得的；80 年代后经济的增长 60%—80% 是依靠科技进步的。

2. 在提高劳动生产率方面，技术创新比资本或人力资源起更重要的作用，资本和活劳动投入对经济增长以及劳动生产率提高的作用在逐年下降。国外一些研究结果表明，资本对生产的贡献在 18%—42% 之间，劳动力素质的贡献在 10%—18% 之间，技术贡献最低为 40%，最高达 75%。

3. 科技进步对经济增长起着重要作用，这是历史的实践所证明的。例如，日本在 1953—1971 年的国民收入增长中，有 55.16% 是科技进步的贡献；美国在 1948—1969 年的国民收入增长中，有 47.75% 是科技进步的贡献；法国在 1950—1962 年的国民收入增长中，有 73.62% 是科技进步的贡献。

4. 科技进步与技术创新是经济系统的内生变量，可以导致新产业的出现，并形成经济发展的崭新势头，科技进步与经济增长之间有着密切的相关关系，它应以能否促进经济增长为判别标准。经济增长既是科技进步与经济非均衡性发展的必然结果，又是科技进步的强大推动力。科技进步的直接结果一般有二：一是新产品的不断问世；二是现有产品成本的不断降低。因此，科技进步等价于劳动生产率的增长。由于新技术的扩散，导致了新兴工业部门的兴起和生产率的提高，科技进步成为经济增长的重要源泉。对于微观企业来说，通过科技进步，以新产品在广大领域内发展开辟新的市场，从而导致了分散化的多部门企业的发展。

5. 科技进步无论是在经济系统以外还是大型研究室中产生，都是增长的"发动机"，经济增长的减慢为科技进步提供了动力，科技进步及其所产生的推动，促使经济从提高劳动生产率并从创新中获得其他好处。以工业部门为例，每个指定的工业部门有其独立的技术进步速率，而且随时间在变化，从而使得不同工业部门之间的产业增长率存在较大的差别，有些工业部门的生产率增长或产出增长率比平均数值高两三倍，而其他一些部门的增长率只有平均数值的一半，这是一种有时被称为"生产率之谜"的现象，它与科技进步变动有关是显而易见的，科技进步是生产率增长速度有差别的主要原因，科技进步的自然轨迹和科技进步率在不同的行业之间是根本不同的。随着技术进步而产生的大规模的替代，某些行业由于基础技术和技术进步一体化的范围具有更大的"增长潜力"，新技术扩散的冲击力，对经济系统的"大冲击"产生一种动力。由于科技进步的不平衡，从而使得产业部门的发展同时表现出一系列加速和缓慢增长的两极。运输、能源、交通等基础行业中的技术对其他行业和部门的增长具有异乎寻常的"乘数"效应。

6. 中国经济近几年的高速成长得益于科技进步。据总部设在马尼拉的亚洲发展银行ADB最近发表的一份"亚洲开发展望——1996"报告书称，今明两年内的亚洲17个发展中国家及地区的国民经济增长，将继续高于世界平均水平，达到7.1%和7.3%，尤其是中国、韩国、新加坡、印度、泰国，经济增长明显加快，这种经济的高速增长无疑是得益于技术进步。

ADB 关于亚洲各国经济增长预测（%）

	国家	1995	1996	1997
1	中国	10.2	8.0	9.0
2	韩国	9.2	7.5	7.0
3	新加坡	8.9	8.0	7.5
4	泰国	8.6	8.3	8.0
5	马来西亚	9.3	8.5	8.0
6	印度	6.2	6.4	6.6

二、传统经济增长方式的代价

经济增长方式的根本转变将是我国未来15年内国民经济运转的主旋律，所谓经济增长方式，就是决定经济增长的各种要素的组合方式和各种要素组合起来推动经济增长的方式。粗放型经济增长方式偏重追求总量扩张和增长速度，重视数量，忽视质量、品种，消耗高，浪费大。

新中国成立 40 多年以来，我国经济建设的总体战略倾向于外延式的扩大再生产，倾向于粗放式经营，大量增加生产要素投入，扩大建设规模，不重视提高生产要素的使用率和经济运行质量，对内涵型和集约型的经济增长方式认识不够，致使经济生活中存在不少问题。

1. 技术进步缓慢、产品老化、设备陈旧。从总体上看，我国工业技术装备水平比发达国家落后 15—20 年，技术进步对经济增长的贡献率只有 28%，而发达国家一般为 60%—80%。我国出口的高科技产品仅占工业品出口总额的 5% 左右，而发达国家则在 40% 以上。因此，推进技术进步，是促进经济增长方式转变的主要问题。据统计，我国重要机械产品达到 80 年代初水平的只占 1/3，世界上大多数国家已淘汰了的平炉炼钢工艺，而我国钢产量的 15% 仍然是采用这种工艺生产的，纺织工业达到 80 年代先进水平的不到 40%，现有工业企业设备中，近 1/5 已经老化，国有大中型企业设备的老化率已达 25%，延期服役率为 39%。

2. 一大批国有企业经营困难，经济效益低下。据有关统计资料，现在，国家每年把固定资产投资和流动资金贷款的 70% 以上投到国有企业，而国有企业实现的 GDP 增量在全部 GDP 的增量中不足 20%，据统计，1995 年全国独立核算之工业企业亏损高达 883 亿元，比 1994 年增长 34.5%，亏损面高达 40% 以上，资产负债率接近 80%。

3. 工业生产中物耗高、产品成本高、资源浪费严重、能源利用率低。以能耗为例，我国火电、水泥、合成氨和钢主要耗能产品的单位能耗比国外先进水平高 30%—80%，每单位国民生产总值的能耗相当于日本的 6.1 倍，美国的 2.3 倍，能源利用率只有 30%，远远低于发达国家 50% 以上的水平，如果能够将我国能源利用效率提高 5 个百分点，每年可以节约 3 亿多吨标准煤。每万元国内生产总值消耗的钢材，我国为美国的 6 倍、日本的 3 倍、德国的 4 倍、法国的 7 倍、英国的 5 倍。工业物耗占工业总产值的比重，已由 1978 年的 64.9% 上升到 1989 年的 71.7%，我国每单位能源消耗所创造的国内生产总值只及世界平均水平的 23.3%。

4. 资源利用效益，尤其是资金利用效益低下。据有关资料，"六五"期间，每增加 1 亿元固定资产投资，年均增加国民生产总值 3.2 亿元，"八五"期间预计下降为 2.3 亿元。

5. 产品质量差。1992 年以前工业产品合格率是 76%，到 1995 年则降到了 70% 以下，全国每年企业生产不合格产品就损失近 4000 亿元。

总之，当前经济生活中的这些问题，归根结底都同粗放式的经济增长方式密切相关，实现经济增长方式的战略转变，通过生产要素的优化组合，通过提高要素和资源利用效益，走集约化经营的道路是解决如上问题，实现战略目标的必由之路。

三、不流泪的经济增长方式：依靠科技进步的集约式增长

集约式的经济增长方式主要是指通过生产要素的合理配置，通过提高要素质量和资源的利用效益，来谋求经济快速增长。科技进步与经济增长之间是辩证统一的关系，科技进步推动经济增长，经济增长反过来促进科技进步。经济增长的需要是科技进步的根本动力，反之，科技进步也需要以经济增长作为保障，也就是说，科技进步需要一定的经济条件作为前提和基础，而经济增长才能保证提供这些有利于科技进步的经济条件。

据有关资料报道，北京西客站工程施工过程中，始终把推广应用科技成果当作大事来抓。其中有 23 项新技术、新工艺、新材料广泛应用于建筑工程中，使工程质量得到提高。两年来，共节省建设资金 1600 万元。日本科技厅目前组织日本有关学者对日本多年来促进科学技术的成功经验进行了分析，并计划在此基础上分析日本未来科技与经济之间的相关关系。报告认为，在吸收国外先进技术基础上，通过一学、二用、三改、四创活动而综合创新的独创技术对日本经济的发展起到了促进作用，经过综合分析，日本科技厅共选取了从 1950 年到 1994 年间对经济发展有重大影响的 128 项独立创新技术。其中 10 项技术最为突出，它们分别是：维尼龙、丰田汽车的生产方式、半导体收音机、方便面、高速铁路新干线、高层建

筑、碳纤维、本田的 CVCC 发动机、日语信息处理机和任天堂家庭计算机。目前日本在基础研究上同美国相比仍有较大差距，这已影响到了日本独创技术的进一步发展，并削弱了日本技术对世界技术市场的影响。以技术贸易为例，近年来，日本技术贸易额中，输出和输入的比例仅为 0.4 左右，输入大于输出，每年有约 4 亿日元的赤字；而美国的输出和输入之比约为 4.0，输出大于输入，每年有约 1 万亿日元的黑字。有鉴于此，目前日本政府已决定向重视基础研究的"新技术立国"方向迈进，并加强对独创技术的开发。同时日本政府还将就科学技术政策大纲等科学技术基本法进行研究修改。

国内外经济发展的实践经验证明，在实现经济增长方式的战略性转变过程中，如下几点必须引起注意：

1. 经济增长一般来说靠三大投入，即：资金投入、劳动投入和技术投入。三种投入与经济增长的关系可以归纳为以下三种类型：一是技术不变，资金、劳动投入增加，产出与投入等比例增长；二是调整资金、劳动、技术三者之间的配置关系，经济可适度增长；三是资金、劳动投入不变，技术投入增加，产出远远超过投入。从世界发达国家经济增长的状况看，日本和韩国都是资源贫乏的国家，其经济发展之所以都取得成功，主要是靠技术投入。60 年代日本经济起飞就主要是靠微电子技术的广泛应用，其技术因素实现的产值增长约占财富增长的 70%。通过资金和劳动力的投入带来的经济增长，是一种粗放型的增长，它具有相对较高的名义经济增长率。通过技术进步导致的经济增长，是一种集约型的增长，是一种最有效的促进经济增长的方式。

2. 推动科技进步既是发挥资源优势，又是实现集约经营的关键所在。从某种程度上讲，中国的矿产资源是比较丰富的，但是，长期以来，由于我们缺乏技术，不少资源一直未能得以很好的开发利用，在市场经济条件下，这是很不适应的。只有资源优势，没有技术优势，就不能形成真正的商品优势、经济优势。国际经济发展的态势也证明了这一点，许多落后国家资源尽管丰富，但经济却不富裕，而日本和西欧一些国家，资源虽然贫乏，却很强盛，其差距主要在技术上。

3. 在处理科技进步和经济增长的关系时，不能把两者看成是不相关的两个领域的问题，而必须把两者有机结合起来，在考虑经济增长时，把科技进步作为最有效的手段，在考虑科技进步时，必须以经济增长为最终目标。我们还应当认识到科技进步是提高效益和高速度结合的"黏合剂"。高效益和高速度并不互相排斥，事实上，在世界经济发展史上，高的科技进步与高的发展速度并存是有例证的。一国经济的波动，并不取决于经济发展速度的高低，而是取决于达到这一速度所采取的何种技术手段。对于以粗放式谋求经济增长的经济，较低的速度也可能发生波动；而对于以科技进步谋求经济增长的效益型，较高的速度也可以保持经济的稳定。

4. 要正确认识政府与科技进步的关系。在我国目前的实际工作中，科技进步的主体并不明确，错误地认为科技进步只是政府的事，只有政府制定优惠政策，投入资金来引导，企业迫于政府部门的压力才动一动，否则，就拼设备、拼技术，不更新、不改造、不培训技术管理人才，只追求短期效益最大，导致大量企业行为短期化。同时，又错误地把政府误以为是科技进步的主体，把二者紧紧地捆在一起，导致本应作为技术进步主体的企业受到"冷落"，缺乏推动科技进步的动力和压力，以政府替代了企业的技术进步职能，增强了企业对科技进步的抵抗能力。我们认为，很显然，即使没有采用专门旨在推动和调整技术进步的政策，作为产业政策和其他政策的后果，政府的政策必然影响到科技进步的速度和方向，政府应当不遗余力地从客观角度影响和引导科技进步，通过资助多项科学技术的研究和发展领域进行直接干预，还可以通过多种方式鼓励采用创新成果。政府支持科技进步的基本原理通常是隐含或明显的，科技进步从来不是"自动的"，而总是多种"干预"努力的结果，政府以科技政策和产业规划进行干预，政府必须介入科技进步的过程，科技进步的路线、速度和后果往往与政府的干预有着直接关系。在许多产业对整个社会有重要意义的活动领域，诸如能源、交通或电讯，个别企业未必能够从向这些领域的技术进步投资中取得效益，这些领域对企业的技术进步投资行为吸引力极小，在这些场合，政府将扮演技术进步的主体，提供资金，组织各项生产要素的合理投入，推动这些领域的技术进步。同样，在产业中以新技术，特别是高技术为基础的投资或研究规模经常使各企业不能筹备必要的资金，也不能承担技术开发的风险，政府应当主动地给以扶持和资助。即使政府的政策中没有对促进或调整技术本身做出规定，政府的每一项产业政策都将对技术进步产生作用。由于大部分研究以及所有的技术创新都是由产业完成的，产业政策与技术政策具有相当大的重叠，而且政府资助研究和发展的合理性与政府直接干预产业的合理性极其类似，政府在对平等与效率的权衡中要控制技术进步的外部效应，政府还有责任发起一些制度创新，建立可行的技术控制机制和技术进步基金，以利于在长波较低的转折点上技术范式的转换。政府对技术进步的涉足，可以分为技术促进政策和技术控制政策，目的在于有效地推动宏观范围内的技术进步。

纵观当今世界，整个社会经济活动都处于科技进步的强烈震撼之下，21 世纪的世界经济竞争，将取决于科学技术，而当今激烈的科技角逐，将取决于对科技的投入，美国华裔物理学家、诺贝尔奖得主李政道博士指出："21 世纪是华人的世纪，中国科技应重新拾回领导地位。"中国经济的高速增长以及实现经济增长方式的根本性转变必须得靠科技进步做后盾。

参考文献

[1] 《亚洲经济增长仍居世界领先》，载《上海译报》，1996 年 5 月 9 日。

[2] 《中国要靠科技成果做后盾》，载《文摘周报》，1996 年 1 月 8 日。

[3] 王关义主编：《中国工业技术进步的现状、问题与对策》，经济科学出版社 1993 年版。

[4] 佘健明：《软科学要把推动经济增长方式的根本转变作为重要任务》，载《软科学研究》，1996 年第 2 期。

[5] 《科技领先促进经济腾飞——日本重视发展独创技术》，载《经济日报》，1995 年 6 月 17 日。

［6］陈宗伦：《西方国家酝酿科技教改》，载《青年参考》，1996 年 5 月 10 日。

［7］方进玉：《克服"矛盾恐惧症"》，载《南方周末》，1996 年 3 月 22 日。

［8］李连仲：《转变经济增长方式的基本途径》，载《求是》，1996 年 第 5 期。

［9］《西客站把科技引入工程》，载《经济日报》，1995 年 6 月 17 日。

本文刊发于《甘肃社会科学》1997 年第 2 期；作者：王关义

我国农村剩余劳动力：现状、成因与出路

　　自农村土地经营制度改革以来，涌现出数以亿计的过剩劳动力，这股剩余劳动力的存在及其在国内大范围的无序流动，引发出许多经济和社会问题。本文在客观描述我国农村剩余劳动力现状的基础上，系统地分析了农村剩余劳动力形成的原因，提出了以工代赈、建立"国土开发改良基地"、设立"农业劳动追加基金"、大力发展乡镇企业、实行农业产业化经营等一系列可行措施。

一、农村剩余劳动力：严峻的现实

　　中国的改革首先是从农村开始的。12 亿人口 9 亿在农村，是我国的基本国情。没有农民的小康，就不会有全国人民的小康；没有农业的现代化，就不会有整个国民经济的现代化。自 20 世纪 70 年代末农村土地经营制度改革以来，长期处于生产要素极少流动的我国农村，一夜间似乎从地下涌现出数以亿计的过剩劳动力，当他们在农村被推出土地、找不到合适的职业后，就大批地向城市和发达地区大规模流动，而城市的人口控制政策和政府的清理、遣返等手段又将他们赶回农村。这股剩余劳动力要素的存在及其在国内大范围的无序流动，客观上引发了许多经济和社会问题。

　　1. 有用的劳动力资源不能为社会创造更多的财富，并且还要消费大量的财富，加重了从业者和社会的负担，浪费了大量的劳动力资源。

2. 这种变相的失业迫使过剩农村劳动力与土地分离，使他们无处"栖身"，加大了精神上的压力。

3. 农业上一个人能干的事由几个人做，使农业劳动生产率难以提高，商品生产难以发展。

4. 数以亿计的剩余劳动力没有一个固定的谋生职业，流落全国，一定程度上影响并将继续影响到整个社会的安定。

5. 这些潜在的失业大军，仅能维持生存的低收入，这就使全国农村生活水平难以提高。

6. 这些过剩的劳动大军在全国大范围无序的流动和渗透，不仅造成大范围的震荡，影响到社会安定，而且也加重了本来就超负荷运营的交通运输业的压力，对现有的交通运输构成巨大的威胁。

7. 农村剩余劳动力大规模向城镇流动，使得城镇原本有限的就业机会更少，就业竞争更加激烈，给城镇青年就业带来更大的困难。

农业是人类生存之本，然而人口爆炸、自然资源因非持续性甚至掠夺性的开发而不断减少，环境遭受破坏和农业发展资金不足等问题，正在给世界农业持续发展带来巨大的挑战。我国是一个农业剩余劳动力大量积存的农业大国。据最新资料，国有企业下岗人数已达1200万，失业和下岗合计，已经占到我国经济活动人口总数的8%以上。专家认为，21世纪的中国农民，将面临着耕地减少、人口增加、就业困难三大挑战，预计在2000年，农村约有13400万剩余劳动力，其总量增长将持续达20年才会回落。我国农业剩余劳动力的出现并不是一种偶然现象，而是以往长期隐蔽于农村社会各种劳动要素相互交织作用的结果，这种过剩及其无序的流动尽管带来不少社会问题，有的甚至相当严重，但它毕竟是我国经济现代化的必然趋势，也是人类社会进步的标志。这种过剩天然地包含着两层内容，即绝对的过剩和相对的过剩。所谓绝对的过剩是指农村劳动力供给总数相对所经营的土地资源及其追加的劳动量而言的过剩，它是农业生产在总体上绝对排斥的劳动力；所谓相对过剩，是指由于农业经济的徘徊萎缩之势以及追加劳动量不足、季节性变化、劳动力素质低下等原因而使一些本来需用的劳动力被排斥出农业生产过程，这是一种暂时而相对的过剩。用理论界惯用的语言讲，就是对劳动力的有效需求不足与有效供给不足同时并存。面对庞大的农村过剩劳动力及其流动的现实，深入分析成因，探索解决这一问题的可行出路，对于制定长远发展战略和规划是极其必要的。

二、农村剩余劳动力：复杂的成因

我国农村剩余劳动力的出现及其大规模无序流动，是有深刻的经济、社会、文化、资源背景的，具体成因如下：

1. 我国是一个发展中的社会主义国家，土地资源相对于迅速膨胀的人口而言已极其贫乏，尤其是在大规模占用耕地使土地资源锐减的情况下，土地对劳动力本来有限的"吞吐能力"越来越小，这一矛盾更加突出。本来有限以及大幅度绝对减少的耕地资源已吸纳不了农村劳动力日益增长的供给，这是导致农村剩余劳动力形成的重要原因。马克思指出："土地是一切生产和一切存在的源泉。"土地是人类赖以生存的立足空间，是一切物质生产的首要条件，离开了土地，就无所谓农业。从整个世界范围来看，伴随着人口的激增，耕地逐渐减少，世界主要国家人均耕地面积为：澳大利亚46亩，加拿大28亩，阿根廷14亩，美国13亩，印度3.6亩，菲律宾2.5亩，荷兰1.9亩，德国、英国1.8亩。中国目前共有耕地14.3亿亩，人均不到1.3亩，仅为世界人均数的1/4。有1/3的省份人均耕地已降到不足1亩。中国土地面积居世界第三，人均耕地面积仅为世界平均水平的1/4，人均草原面积不到世界平均水平的1/2。在全世界26个人口5000万以上的国家中，我国人均耕地仅高于日本和孟加拉国，居第24位，相当于美国的1/9，印度、巴基斯坦的1/2。联合国粮农组织驻华代表库瑞希曾称赞说："一个可耕地面积只占世界7%的国家养活了占世界22%以上的人口，真可谓当代的一大奇迹。"在全国31个省、自治区、直辖市中，土地资源超载地区和土地资源临界地区总面积占全国的80%；且土地资源分布及农村经济的发展在地区上呈现出极度不平衡，93%的耕地集中在不到国土一半、人口却占96%的东南部，而占国土一半以上的西北部却只有

7%的耕地和4%的人口。我国耕地后备资源不足，现有宜农荒地5亿亩，其中可开垦为耕地的只有1.7亿亩。由于人口仍在继续增加，这种人地矛盾将不断塑造出土地资源压迫人口、农村劳动力大量剩余的格局，构成了农村劳动力流动的内在推力。

2. 大包干责任制的大面积推广，一方面，确定了以家庭为主体的用工方式，土地经营面积细分化，对劳动力的质量要求提高，一家一户式的用工方式，使大规模的农田水利基本建设无法进行，排挤出相当数量的相对过剩劳动力；另一方面，它把劳动者劳动的好坏与他们自身的利益紧密结合在一起。克服了以往生产队方式组织劳动扼杀劳动效率的弊端，大大激发了劳动者的劳动热情，大幅度直线地提高了劳动效率，把原来"平均主义""大锅饭"劳动方式下所特有的隐蔽了的对劳动力的"虚假"需求量全部排斥出来，使得以往看来是必需的劳动力现在成为多余，形成过剩。

3. 农业上的技术进步和农业机械化程度的提高，大大增加了农业生产中的技术含量，改善了农业生产条件，提高了农业劳动生产效率。各种农业机械日益代替了以人为动力的劳动方式，相对减少了农业生产对劳动力的需求，把大量的劳动力从传统种植业中驱逐出来。据统计资料，美国和欧洲一些现代化农业国家的农业劳动力已降至总劳动力的4%—2%。1994年我国机耕率为53%，机播率为27%，机收率为14%，农业机械化程度到2000年将达到50%。从近几年我国国民经济增长中的要素贡献可以看出，从1980年到1995年，我国的各类要素贡献中，资本贡献率从10.25%上升到41.89%，而劳动贡献率从4.64%下降到0.77%，中间投入贡献率从53.06%下降到11.72%，可以认为20世纪90年代中国经济高速增长是依靠资本投入支撑的1.41%。另据分析，1978年以后，我国农业生产的增长主要是靠资金和技术的投入，劳动投入在农业生产中的统治地位受到挑战。凡此种种，把农业生产对劳动力的需要量始终压挤在一个狭小的区域内，因而形成过剩。

4. 以家庭为主体的土地经营方式，使得在十分有限的土地资源上追加劳动量不足，产生了大批相对剩余劳动力，同时也导致农业生产条件日益恶化，必要的农田水利基本建设不能进行，已建成的基础设施的更新改造也成了问题，农业发展后劲严重不足。脆弱性的农业生产条件已成为制约全国农业生产增长的障碍；而现有的以家庭为主体的农业生产单位又不可能组织起"出钱、出力"的农田水利基本建设大军。因此，农村经济的发展存在着反差明显的两极，一极是大量的过剩劳动力无活可干，流向城市；另一极却是必要的农田水利基本建设和农村基础设施的改善无人去干。

5. 农村教育上存在的问题，把大量未成年的学龄青少年推入农村劳动力的行列，使他们受不到应有的教育，这不仅降低了农业劳动力的素质，而且也扩充了农村过剩劳动力的队伍。近几年来，尽管我国政府为改善农村教育事业制定了一系列切实可行的政策，投入了大量的资金，并鼓励各方集资兴办农村教育，但终因农村地域广大、人口众多且增长较快而收效甚微。这不仅表现在办学条件仍比较差，而且也表现在农村初级中学和高级中学的数量极少。全国农村中小学平均升学率还不到 70%，致使大量学龄青少年辍学从业，若加上高考落选者，这一人数更多。中国劳动力资源丰富，但劳动力的平均文化素质偏低。1996 年，全国在业人口中的文盲、半文盲占 13%。其中西藏、青海等省区分别高达 60.4% 和 41.6%。在业人口平均受教育年限为 7.297 年，其中各类专业技术人员最高也只有 11.766 年，平均不及高中毕业；最低的农林牧渔从业者为 5.728 年，平均不足小学毕业。20 世纪 80 年代初期高峰时期出生的人口已经相继进入劳动年龄，即将从各类学校毕业走向市场，劳动力供给量比前几年有一定的增加。而市场上对劳动力的需求却出现明显的萎缩趋势，不仅国企改革出现大批职工下岗；集体经济、中小企业在近几年市场冲击中也有很大损失，造成的下岗和失业人数将继续增加；而农村剩余劳动力的转移势头并未因此而减弱。这表明，有大量的农村劳动力仅仅受到了小学和初中文化程度的教育就被赶出学校大门进入农村生产第一线，也有相当一部分加入过剩劳动力行列而到处奔波寻找就业门路。

6. 农业生产是一种自然再生产和经济再生产相互交织的再生产过程，它具有很强的季节性特点，这一特点决定了农业劳动的转化过程（或物化过程）在时间上呈现出高度的密集和松散格局，导致了农业劳动力的季节性相对过剩，农忙时对劳动力需要量骤增，而农闲时却排挤出众多的过剩劳动力，这种暂时相对过剩的劳动力加上总体上本身就存在的剩余劳动力，使得剩余劳动力的来源更加多支。

7. 国家对农业投资的减少以及农产品价格的不合理，弱化了农业生产对劳动力的吸收消化能力，这是诱发农村剩余劳动力产生和移向城市的重要原因。新中国成立以来，我国各级政府组织投入大量的人力、物力和财力进行以农田水利基本建设为中心的农业基础建设，取得了显著的成绩，但从 20 世纪 80 年代中期开始，农业投资比重急剧减少。国家财政用于农业支出占财政支出总额之比，"二五"时期为 12.5%，三年调整期间是 14.7%，"三五"时期为 9.2%，"四五"时期为 10.2%，"五五"时期 13.2%，"六五"时期降为 9.4%。1990 年，国家农业投入占其投资总额的 3.9%，1994 年，国家的农业投入仅占其投资总额的 1.9%。国家对农业投入长期不足，导致农业基础设施失修，农业科技力量薄弱，也降低了农业对劳动力就业的吸收能力，限制了农业对农村劳动力的容量；加之城乡之间差别的扩大，比较收益上巨大的"落差"，诱发了农村剩余劳动力向城市的转移。

三、农村剩余劳动力：可行的出路

农村剩余劳动力的大量存在及其流动，不仅使得劳动者个人失去了经济来源而难以为生，而且造成农村内部、城乡之间的劳动力流动日益频繁。面对这种形势，关闭城门，采取遣返等行政措施，只能收到暂时缓冲的短期效应，而不是治本的根本措施。只要有产生农村剩余劳动力以及诱引其向城镇和大中城市转移的因素存在，农村剩余劳动力及其流动便不会停止；暂时回落的百万农民大流动今后仍然会有周期性的大迁移。因此，立足现实，探索出路才是正确的态度。

我们认为，基于中国 12 亿人中有 9 亿在农村，有数量可观的农村剩余劳动力这一国情，我们不能像发达国家那样让大量的农村剩余劳动力流入城市，主要应立足农业，走以农业内部消化、农村就地吸收、离乡不离土、区域间相互调剂为主的道路，通过农业内部的分工分业发展，把农村经济功能发挥到最大限度，实现小农业向大农业转化，发展农村工业，实行农业产业化经营，使农业劳动力转变为农村工业劳动力。这不但可以避免因农村人口大量流入城市而引起的大城市人口无限膨胀，而且还因农业内部转移起点低，转移成本小，且转移的容量大，可以人力的大量投入替代农业现代化过程中的部分短缺资金问题。那种认为把剩余劳动力转向城市，由大工业吸收的观点是不切实际的。这不但是由于目前我国城市也像农村一样有大量的待业人员；更重要的是我国目前城市国有企业也有大量工人下岗；在我国工业化进程中始终存在着资金和机械化对劳动力就业的排斥，迅速推进的工业化建设未曾也不可能有效地吸纳农村剩余劳动力。在工业发展到具有一定规模和程度之后，资本的有机构成不断提高，吸纳的劳动就业人数相对减少是一条普遍性的规律。

耕地少、人口多，特别是农民多，这种情况当前以及今后相当长的一段时期内难以改变。今后人口不断增加和耕地日益减少的趋势给农业的发展构成压挤之势。面对这种情况，充分利用现有剩余劳动力资源，大规模开展各种农业基本建设，有计划、有步骤地集结农村剩余劳动力，改造低产、劣质土地，改善农业生产条件，并在国内条件比较有利的地区向沙漠和荒漠宣战，扩大可耕地面积，在"离乡不离土"的模式下吸收尽可能多的剩余劳动力是我们应采取的正确选择。否则，农业剩余劳动力大量涌入城市，最终会导致农村的"空心化"和全面崩溃，这绝不是危言耸听。基于我国地域辽阔，各地区社会经济发展的不平衡，解决农村剩余劳动力的途径是多种多样的，然而，从最一般的角度考虑，基点应放在农村，而不是把目标转向城镇，可行的思路是：

（一）走以劳动和智力积累为主的道路

劳动积累是以体力劳动形式为改善农业基础设施和农业生产条件、增强农业后劲而增加的物质收入，它所依托的是劳动力数量扩张和体力总支出的增长，这种积累机制在国家财力拮据、集体资金短缺的状况下，可起到资金积累所起不到的作用，也可以解决部分剩余劳动力。同时，要大力发展农村那些劳动力容量大、投入少的行业，如商业、服务业、饮食业、传统工艺美术品生产等，加强社会化服务体系建设。发展这些行业比较符合我国劳动力资源丰富、资金短缺的国情。

（二）改变财政投向，加大对农业尤其是贫困地区农业基础设施和农业生产条件改善方面的投资

增加对农业的投入是增强农业发展后劲，改善农业生产条件，提高农业生产力水平，吸收农业剩余劳动力的有效途径。据有关资料，1994—1998 年，国家投入农村的扶贫资金总数近 800 亿元，其中投入贵州的扶贫资金总数约 49 亿元，投入四川的扶贫资金总数约 52 亿元。巨额的资金投入，大大加快了农村脱贫致富的步伐，1978—1997 年．我国农村贫困人口从 2.5 亿人减少到 5000 万人。但当前剩下的贫困人口主要集中在黄土高原、地方病高发区、高寒山区、深山区，脱贫的难度较大。为了实现持续和高产的农业现代化目标，结合目前农业生产上劳动追加不足、基础设施及其抗御自然灾害能力比较薄弱的实际，今后较长时期必须立足农业内部，强化劳动积累，加强农田水利基本建设和农村基础设施建设，扩大农业内部对劳动力的吸收消化能力。据有关部门统计，中国的森林覆盖率不足世界平均水平的 60%，有 393 万顷农田、493 万公顷草场受到沙化威胁，水蚀、风蚀面积分别达 179 万平方公里和 188 万平方公里，有 1/3 的耕地受到水土流失的危害，每年流失土壤达 50 亿吨，荒漠总面积达 262.2 万平方公里，占国土面积的 27.3%，荒漠化地区生活着 1.1 亿人口，涉及全国 18 个省区、471 个县，每年都有大量耕地、草地被吞蚀；同时，新中国成立以来，全国共修建水库 8 万余座，现已有 1/3 被淤塞。基于这种现实，应当制定切实可行的措施，吸收农村剩余劳动力从事如下工作：（1）农村交通运输设施尤其是农村县、乡、村级道路以及田间道路建设。（2）农田水利基本建设，山、沟、地的整治和改良工程。（3）土地平整和土壤改良。由于人口的不断增加和耕地的日益减少难以避免，因此，通过平整和改良低产土壤来提高作物单位面积产量，势必成为今后农业发展的重要任务。据有关资料分析，在我国土地总面积中，冷冻土、干旱土、陡坡土、浅层土、滞水土、粗质土、黏重土、贫瘠土、盐碱土、咸酸土、泥炭土等11种有障碍因素的土壤比例高达88.91%。而无障碍因素的正常土仅占11.1%。因此，应当投入大量的劳动力进行全国性的土壤改良工程，分区治理，并要重视土壤、肥料设施建设。（4）农作物、畜禽渔良种繁育基地建设。（5）畜禽防疫体系建设、重大商品粮基地建设。（6）大规模的农业综合开发，扩大耕地面积，逐步吞并或减少不可利用的土地面积，种草种树，改善农业生态条件。（7）经济作物的种植、管理和初加工。

由于上述7个方面的劳动追加工程不需要复杂的技术，农村劳动报酬又比较低，且这些工程与农民切身利益密切相关，容易调动劳动者劳动投入的积极性，加之又有大量剩余劳动力的存在，因此，在现行的政治、经济体制下，大规模开展这些方面的劳动追加以吸纳大量的过剩农业人口是切实可行的。

（三）建立"国土开发改良基地"

结合我国耕地急剧减少这一实际，我们建议在中国大西北地区选择部分靠近黄河的地区、地下水资源丰富的地区、交通沿线地区等具备开发可能的区域，建立"国土开发改良基地"。政府设立和筹集专项资金，招募农村剩余劳动力，有计划、有步骤地向沙漠宣战，向荒地宣战。统计资料表明，从1957年到1986年间，全国累计减少耕地6.1亿亩，净减少2.3亿亩，平均每年减少790万亩，仅1993年全国耕地就减少937万亩，相当于一个青海省的面积，而现在我国每年净增人口1600万，相当于每年增加三个半青海省的人口。如果这种耕地锐减、人口剧增的势头得不到遏制，可以预计，50年以后我国人均耕地将降到0.6亩。一方面，1950年至1989年，中国平均每年洪涝面积1.2亿亩，而干旱面积约3.1亿亩；20世纪90年代平均每年干旱面积更增至3.8亿亩，土地沙漠化以平均每年2460平方公里的惊人速度扩展，总面积已达160.7万平方公里。基于此，我们建议在人口稀少的西北地区，如甘肃的河西地区、青海的柴达木盆地、宁夏的中卫地区、新疆的北疆地区，通过科学的考察和专家论证，选择具备大规模开发的地区，规划出若干个"国土开发改良基地"，政府投资建立移民小区，面向全国招募农村剩余劳动力，以发放工资报酬的形式吸引农村劳动力参与国土的整治，这样既可加快对这一落后地区的开发，同时又能解决大量的农村剩余劳动力。

（四）建立各类劳动积累、劳动追加基金制度

劳动投入的追加和对农业投资的增加，必须制定一系列劳动追加政策，建立集体劳动积累制度，设立强化农业物质技术基础的"农业劳动追加基金"，以保证农业追加劳动的有效进行。对于土地承包经营中增加劳动投入提高地力或新垦扩大农田面积，扩大或加强农田基础设施的要给予一定的价值补偿或优惠政策上的相对补偿；掠夺经营、弃耕抛荒或者挖土打坏改变地貌、破坏土壤结构的要给予必要的处罚，以便调动农户增加有机肥、改良土壤和增加农田基础设施投入的积极性。在用工政策方面，可以制定农业劳动力义务用工法。按多数省的规定，每一农业劳动力每年要出20天的义务工日，全国以4亿劳动力计，即有80亿个劳动日，按一天出工工值5元计，就达400亿元。这不仅可以增加农业的劳动力容量，而且也是一个重大的投入，可缓解资金短缺的矛盾。新建立的"农业劳动追加基金"，必须有稳定的来源和一定的数量，用于改善农业生产条件的追加劳动力方面。保证专款专用；同时，在支出上必须集中倾斜、重点投放，且忌撒胡椒面式的分散使用，避免弱化其作用。

（五）引导并推进由传统农业向现代农业转移的步伐

调整农产品价格。理顺购销体制，鼓励农民立足农村从事农业生产，进行农业现代化物质技术基础建设，加速我国由传统农业向现代农业转移的步伐。在过去较长的时期内，农业生产资料不断提价，而粮食价格一直偏低。全国农业第一县的江苏省兴化县，农民平均每亩投入种子、化肥、农药、柴油、机耕费等合计为219元，1990年上升为250元，1991年为269元；农民纯收入却逐渐下降，1989年每亩净收入仅为124.66元。粮食丰收，农民却不增收；高产穷省、穷县、穷乡、穷户的事例举不胜举。因此，政府应当借鉴日本发展农业的经验，在农产品生

产方面给农民必要的补贴。同时，还应当多方面创造良好的投资环境，引导社会资金投向农业，制定农业投资法规，调节农业投资行为，吸引更多的资金和劳动力投入农业生产。唯其如此，农业劳动力才有用武之地。

（六）大力发展农村教育事业，扩展职业教育面，提高农村人口素质

目前，我国农村剩余劳动力的文化素质和技术素质普遍较差，大多数农民只掌握粗放型、浅层次的种植业技术，对技术要求较高的经济作物、精养畜牧业等却不太熟悉，特别是对农产品的深加工和发展储存、商业、信息等第二、三产业难以适应，这是造成农业对现有剩余劳动力吸收不足的重要原因，也是产生农村剩余劳动力的根源。人口素质的低下，不仅降低了农业生产对劳动力的有效需求，而且也对农业的发展带来巨大的冲击。因此，为了实现农村的全面发展，增强农业对剩余劳动力的吞吸能力，必须强化农村人才培训工作，提高广大农民文化科学素质，加快农村人才、技术多样化的进程。

（七）继续推进农村工业化、城镇化进程，增强对农村剩余劳动力的吸收能力。

改革开放 20 多年来，我国乡镇企业有了长足的发展。目前，乡镇企业创造的增加值已占到国内生产总值的 1/4，农村社会增加值的 2/3，转移了大约 1.3 亿农村富余劳动力，农民人均纯收入净增部分的一半来自乡镇企业，乡镇企业集体资产已占到 80%，乡镇企业成为发展社会主义市场经济的一支先导力量。1978—1996 年，我国创办了 2500 多万家乡镇企业，转入乡镇企业就业的农村劳动力由 2218 万人增加到 1.3 亿人，农村非农就业比重由 10.3%上升到 28%。尽管 90 年代以来，乡镇企业转移农业剩余劳动力的速度明显减慢，但从世界发达国家的经验来看，在整个国家从事工业的劳动力还没有达到 50%以前，工业对劳动力的吸收量是会继续增加的。今后，随着科学技术的发展和劳动生产率的提高，农业中分离出来的

剩余劳动力会越来越多，这将给农村以至整个社会的发展带来巨大的压力。发展乡镇企业，一方面可以把大量的农业剩余劳动力转移到新的产业部门中来，使农村产业结构逐步高度化；另一方面，又能为我国农村振兴以及"农村城市化""农业工业化"开辟广阔的前景。发展乡镇企业吸收剩余劳动力，在一定意义上说属于一种高级就地转移形式，它使农业劳动力直接脱离了农业生产方式，把劳动力转移同工业化过程统一起来。乡镇企业的发展应当综合考虑劳动生产率高低、对劳动力吸纳能力的大小等因素，充分利用资源优势，抓好传统手工艺品生产、建筑材料业、食品加工业、饲料加工业、能源工业及农村生产资料产业的发展，以增强吸收农村剩余劳动力的功能。

（八）实行农业产业化经营，实现由粗放经营向集约经营的转化

农业产业化经营的建设项目应以市场为导向，围绕市场需要而开展经营，以效益为中心，立足当地资源，认清产业的优势及劣势。农业产业化经营不受地区、部门和所有制的限制，把农产品的生产、加工、销售等环节连成一体，利益共享，风险共担，形成有机结合、相互促进的组织形式和经营机制，能够有效地解决千家万户的农民进入市场，运用现代科技扩大经营规模，提高农业经济效益和市场化程度，加快农业现代化步伐，吸收更多的剩余劳动力。

除采取以上措施外，还应当坚决控制农村人口，从劳动力供给方面堵塞剩余劳动力的来源，只有这样，才能从根本上解决农村剩余劳动力及其无序流动问题。

参考文献

[1] 谢香：《明天，谁来种地》，载《文摘报》，1998年10月4日。

[2] 满立业等：《中国的成功，世界的奇迹——我国农业和农村经济改革与发展评述（摘要）》，载《新华社》，1998年11月22日。

[3] 叶依广：《试论中国农业现代化模式的选择》，载《农业现代化研究》，1990年第2期。

［4］中国社会科学院经济研究所宏观课题组：《大调整：一个共同的主题和必然的选择——中国宏观经济分析》，载《经济研究》，1998 年第 9 期。

［5］国家信息中心资料室：《中国国情资料》，载《经济与信息》，1998 年第 12 期。

［6］龚子同：《中国土地利用及其治理前景》，载《农业现代化》，1990 年第 3 期。

［7］李瑞环：《关于农用土地的几个问题》，载《光明日报》，1994 年 7 月 1 日。

本文刊发于《汕头大学学报》2000 年第 2 期；作者：王关义

设立中央政府投资基金，建立国土整治基地

中国西部地区尤其是大西北是我国三大经济带中经济发展相对落后的地域，由于历史和众多因素的制约，决定了开发西部是一项规模宏大、影响长远的系统工程，正基于此，各种开发方案的设计必须立足于这一区情。因此，设立中央政府投资基金，建立国土整治基地是非常必要，也是切实可行的。

21世纪我国经济持续发展的序幕刚刚拉开之际，党中央提出了开发西部的重大决策，由于西部地区的落后有其深刻的历史原因和众多复杂因素的影响，因而决定了西部大开发是一项规模宏大的系统工程，也是一项长期而艰巨的任务。关于开发西部的对策，本文作者认为，设立中央政府投资基金，建立国土整治基地是一项切实可行的策略。

一、设立中央政府投资基金、建立国土整治基地的必要性

经济学理论认为，土地是一切生产和一切存在的源泉，是一切物质生产的首要条件。设立中央政府投资基金，建立国土整治基地，对开发大西北有着极其重要的意义。

（一）基于我国土地荒漠化日益加重的严峻现实

就我国的总体国情来看，根据中国科学院国情分析研究小组的估计，

我国目前共有耕地 1.39 亿公顷，林地 1.16 亿公顷，天然草场 2.87 亿公顷，人均耕地仅为世界平均水平的 1/4，比建国初期减少了一半，有 1/3 的省份人均耕地已降到不足 0.07 公顷，我国政府与联合国开发计划署等组织的合作研究表明，"中国土地的人口承载潜力最多是 17 亿人，前提条件是必须保护耕地，使耕地总量不低于 1.2 亿公顷"，而当前我国面临的现实是，一方面人口在继续增长，另一方面不论是耕地面积还是草场面积都在大幅度减少，原因在于：

首先，土地荒漠化使耕地大幅度减少。据林业局提供的资料，目前，我国荒漠化总面积达 262.2 万平方公里，占国土总面积的 27.3%，每年都有大量耕地、草地被吞噬，荒漠化地区生活着 1.1 亿人口，涉及全国 18 个省区、471 个县区。荒漠化使我国每年 26 万公顷土地退化。1949—1994 年，我国共有 66.67 万公顷耕地退化为沙丘和沙地，每年平均丧失耕地 2.22 万公顷。2000 年春季，"我国西北、华北地区出现 12 次扬沙、浮尘及沙尘暴天气，沙尘影响到内蒙古、陕甘宁、京津塘等省区，部分地区能见度不足 20 米，大气 TSP 浓度超过 200 万平方公里，超过国土面积的 20%。这种恶劣天气发生频率之高、范围之广、强度之大、危害之深都是近 50 年所罕见的，尤其是京津塘以北的河北、内蒙古境内的沙丘正以每年 3.5 公里的速度向南推进，其中一处面积约 20 公顷的沙丘距北京怀柔县仅 18 公里"。

其次，由于工业化、城镇化建设以及乱占耕地等因素导致全国耕地急剧减少。据统计，"从 1957 年到 1986 年间，全国累计减少耕地 0.4 亿公顷，净减少 0.15 亿公顷，平均每年净减少 52.67 万公顷。仅 1993 年全国耕地就减少 62.37 万公顷，相当于一个青海省的面积，如果这种耕地锐减的矛盾得不到遏制，50 年以后我国人均耕地将降到 0.04 公顷"。90 年代初我国开发区热中出现的圈地运动，圈而不用的比例很高，无规划地征地导致大量农田被占。有关专家对农村城镇化进程的考察发现，1949—1980 年 30 年间我国净减少耕地 14666.7 平方公里。1992、1994、1995 这三年，全国每年净减少耕地都在 4000 平方公里左右。

（二）基于我国西部地区尤其是大西北的实际

我国西部地区国土面积约占全国总面积的57%，人口占全国的23%左右。但是，目前人均国内生产总值只相当于全国平均水平的6%左右，尚未实现温饱的3000万贫困人口大部分分布在这一地区。同时，由于历史上频繁的战乱、自然灾害和各种人为的原因，西部地区的自然环境不断恶化，荒漠化灾害日益加剧，并有逐步向东推移的趋势，这不仅对西部地区，而且也将给东部地区的经济社会发展带来严重的不利影响。

因此，不遏制西北地区生态环境的恶化趋势，就不会有全国经济社会的可持续发展。

（三）基于我国1954年和1998年两次特大洪水灾害的教训

新中国成立之后，我国多次发生水灾，其中最严重的要算1954年和1998年两次大洪灾。1954年夏，洪水从四川到江苏，3000多平方公里干堤全线暴发洪水，持续时间长达百日，新中国33000名治水者以淹没江南江北的万顷沃野、使京广铁路中断百日为沉重代价，保住了沿江各大城市，夺得了第一次长江抗洪的悲壮胜利。1998年的长江特大洪水淹没垸地19万公顷，受灾250万人，牺牲1400人，陆海空三军不得不饮马长江，100多名将军、20多万部队云集长江，又一次付出了沉重的代价。在对两次特大洪水的反思中，我们认识到必须对长江源头进行国土整治，减少水土流失，保护和改善生态环境。而不论长江，还是黄河，其源头均在西北地区的青海省，因此，落脚点最终还是要加强对大西北地区的国土整治。

（四）基于我国历史上尤其是建国后开发国土的经验

熟悉历史的人们不会忘记，我国古代曾经繁荣一时的楼兰古国，还有著名的古丝绸之路，由于生态环境的破坏，昔日的西部绿洲变成了今天的荒漠。人们更不会忘记，近代左宗棠对新疆的开发，还有新中国成立后新疆生产建设兵团对新疆的开发，东北地区对"北大荒"的开发等都取得了巨大的成功，积累了丰富的经验，这些开发一个共同的特征就是通过政府有计划地组织对原始处女地实施开垦，这些成功的经验很值得建立国土改良整治基地时借鉴。

（五）基于对国外经验的借鉴

就美国的情况来看，美国在 19 世纪到 20 世纪初工业化的时代，全国的森林被砍伐了大半，许多绿山变成了秃山，河流洪水不断暴发。20 世纪 30 年代，发生了全球性经济危机，美国首当其冲，大量工人失业。罗斯福总统横下决心，把失业工人组成造林大军，浩浩荡荡开到西部和南部植树。人们对罗斯福的这种做法很不理解，说他是大奴隶主，把工人变成没有自由的奴隶，并纷纷议论说下次总统选举谁也不投他的票。罗斯福说，我宁可不再当总统，也要把森林恢复起来。三年过后，以前荒芜的土地上绿树成荫，秃山变成了森林，罗斯福的威信也随着幼树的茁壮成长越来越高，并以极高的票数连任了总统。几十年过去了，美国的森林铺天盖地，人们都念念不忘罗斯福的功绩与远见。美国的经验值得我们借鉴。

二、设立国土整治基金、建立国家级国土整治基地的可能性

任何一项重大决策的制定，都必须立足于当前，并要借鉴历史上以及国外的成功经验，只有具备了比较充分的条件，进行多方面的比较分析，才能使做出的决策获得坚实的支撑。

1. 就自然资源来看，中国的沙漠面积尽管较大，但就其总体情况来看，不论其构成、成因，还是位置，都是有差别的。其中绝大部分深处内陆，人迹罕至，根本就不具备开发的条件。但同时也有相当数量的沙漠靠近河流，靠近交通干线，有的甚至靠近城市，这部分沙漠中有相当数量具备大规模整治的条件。如甘肃景泰、酒泉、宁夏中卫等地区，曾经进行了成功的变沙漠为良田的实践，宁夏中卫的治沙行动还得到了联合国相关组织的高度评价和大力资助，积累了丰富的治沙经验，对于这些成功的经验，应当予以总结并大面积推广。

2. 从人力资源方面分析，有大量剩余劳动力"蓄水池"可以利用。一

是中国当前有数以亿计的农村剩余劳动力，由于农业机械化水平的提高和农村土地经营制度的变革，有关专家估计农村剩余劳动力今后仍将继续增长，一直可持续到 21 世纪中叶；二是我国城市还存在着大量的待业青年和企业下岗人员。建立国土整治基地，一方面可以使一部分农村剩余劳动力有计划、有步骤地加入到国土改良整治的队伍中来；另一方面还可以在一定程度上缓解城市就业的压力，达到一石双鸟之功效；三是我国有不少刑事犯罪人员，可以考虑改变当前的管理方式，进行整体规划，建立若干个大型的国土整治基地，将全国的刑事犯罪人员集结起来，实行军事化管理，对他们进行劳动改造，将功赎过，为国土整治和社会的发展出一份力，在这方面我国历史上曾经有过的流放、充军、戍边等经验很值得借鉴。

3. 从财力方面分析，经过新中国成立以来尤其是改革开放二十多年的发展，我国的国民经济有了长足的发展，人民生活水平有了极大的改善，综合国力大大增强，经济总量跃居世界第 7 位，外汇储备达到 1580 亿美元。就国民经济总量指标来看，1996 年我国国内生产总值为 6.6 万亿元，1997 年达到 7.3 万亿元，1998 年达到 7.9 万亿元，1999 年突破 8 万亿元人民币，据权威部门测算，"2000 年我国国内生产总值将达到 8.6 万亿元人民币，若按现行汇率折算将突破 1 万亿美元"，这表明，我国综合国力已经迈上了 1 万亿美元的大台阶。如今，"我国在 12 天时间创造的国民生产总值就相当于 1952 年全年的总和"。在新世纪向现代化目标冲刺的同时，政府有能力腾出手来开发西部，中央财政也有足够的财力设立国土整治基金，建立国家级国土整治基地，向荒漠宣战。

三、结论与建议

我国的国土开发与管理必须坚持系统管理的思想，在继续加强立法，严格控制城镇建设占用耕地，坚决制止耕地锐减，建立保护耕地的机制的同时，应当开展国土整治运动，通过国土的整治，可以实现环境效益和经济效益的统一。通过上面的分析，本文得出如下结论和建议：

1. 基于我国耕地面积锐减和荒漠化威胁日益严重的现实，建议中央政府设立专项基金，在大西北地区经过全面综合的考察和论证，选择部分靠近黄河及其他河流的地区、地下水资源丰富的地区、交通沿线地区等具备开发条件的地区，建立若干个国家级"国土整治基地"，面向全国招募剩余劳动力，也可考虑集中全国在监狱看管的 5 年以上的服刑人员组成开发大军，实行准军事化管理，有计划、有步骤地向沙漠宣战，向荒漠宣战。政府也可考虑在人口稀少、但具备较好开发条件的地区投资建立移民小区，这不仅能够扩大耕地面积，减轻和遏制荒漠化的威胁，而且还能够把一大批剩余劳动力充分利用起来，同时，还可以对刑事罪犯起到良好的改造作用，减轻其劳动能力的闲置和浪费。也有学者认为，宁愿让 3700 万人靠国家养活，也要"退耕还林"一刀切，保持生态平衡，还有人建议人均耕地 0.07 公顷以下的省市要冻结建设占用耕地。由此看来，在国土整治方面的投资应重点考虑其社会效益。

2. 国土整治是一项长期的系统工程，投资额大，回收期长，必须由中央政府设立专项投资基金予以确保，而不能寄希望于民间投资，具体的国土整治基金来源渠道建议如下：

（1）从现在起，每年从中央财政支出中切出一块，设立专项的"国土整治基金"，比例建议定为当年年度财政收入的 0.5%。据统计资料，我国国家财政收入 1980 年为 1160 亿元，若按 0.5%的比例，则可切出国土整治基金 5.8 亿元；而到 1999 年，我国财政收入已达 11444 亿元，按同一比例则可切出 57.2 亿元的国土整治基金。

另据我们的研究，在 1976 年至 1999 年的 24 年中，我国财政收入的平均增长速度为 11.64%，若以此速度水平为基准，未来 5 年的财政收入与每年可切出的"国土整治基金"如表 1 所示。

表 1　2000—2005 年中国财政收入与可切出的国土改良整治基金

时间(年)	2000	2001	2002	2003	2004	2005
财政收入总额预测(亿元)	12776	14263	15923	17776	19845	22155
按 0.5%可切出的国土改良整治基金数额(亿元)	63.9	71.3	79.6	88.9	99.2	110.9

（2）可以考虑从全国国有企事业单位从业人员工资中开征"国土整治税"，税率建议定为 0.5%。以 1999 年为例，以工资总额为计算基准，我国国有单位职工工资总额为 9876 亿元，当年就可提取 49.4 亿元的国土整治税。若再加上中央财政以 0.5% 的比例切出的那部分"国土整治基金" 57.2 亿元，当年就有 106.6 亿元的资金可用于国土整治。若建立一个国土整治基地的投入为 2 亿元，则可在中国西北地区建立起 50 多个"国土整治基地"。固定资产方面的投入，一个参与国土整治的从业人员一年的收入若按 1999 年城镇职工人均收入水平 5000 元计算，则可雇佣 213 万多人；若每个基地的劳动力按 4 万人配置，也可建立超过 50 个的国土整治基地。若固定资产与流动资产的比例各占一半，即从总额中切出 53.3 亿元投资于固定资产，则还有 53.3 亿元可用于雇佣劳动力，也可雇佣 106 万多人进行国土整治基地的建设，如此大规模的投入和劳动力的区域集结，必将成为振兴西部地区经济一个新的增长点。

此外，从资金来源的角度来看，还可以考虑通过向世界银行贷款和联合国开发计划署争取专项开发资金；同时还应当加强对国土整治基金的科学化管理，做好对国土整治基地的选址和规划工作。

参考文献

［1］《综合国力突破 1 万亿美元》，载《新华社》，2000 年 9 月 19 日。

［2］罗金生：《来自沙尘暴的经济学思考》，载《经济学消息报》，2000 年 7 月 14 日。

［3］洪银兴、孙宁华：《乡镇企业发达地区的农业可持续发展——以苏南地区为背景的分析》，载《宏观经济研究》，2000 年第 4 期。

［4］夏俊：《有关单位研究表明——我国土地最多承载十七亿人》，载《中国土地报》，1997 年 8 月 30 日。

本文刊发于《西北农林科技大学学报（社会科学版）》2001 年第 2 期；作者：王关义

第四部分

中国区域经济发展研究

中国区域经济发展中的失衡与协调

区域经济发展中的失衡是一种普遍和持久现象。新中国成立以来，中央政府采取了多种旨在振兴经济的均衡和非均衡战略，从分析这些战略入手，认为非均衡战略是我国区域发展中延续多年的主导模式，提出了协调中国区域经济发展的若干思路。

中国的崛起已是个不争的事实，持续 20 多年的经济增长使中国成为世界第一大工业生产国、第二大外国直接投资吸引国和第三大贸易国，堪称世界奇迹。人口众多、资源相对不足、区域发展不平衡是中国的基本国情。确定科学的发展战略，促进区域经济协调发展，需要不断反思走过的道路，探索未来发展的思路。

一、区域经济发展中的失衡是一种多发现象

世界范围内经济发展的实践证明，区域经济发展中的失衡是一种多发现象。国家与国家之间、一个国家内部不同地区之间、不同产业之间，发展过程中的失衡现象是非常普遍的。研究表明，不论在财富分布领域，还是在区域经济发展过程中，"二八定律"现象是普遍存在的。20%的人占据了社会财富的 80%，20%的区域占据了经济发展总量的 80%。从世界范围内来看，以美国、日本等为代表的占世界国家数量约 20%的发达国家，却占据世界经济总量的 70%以上，而占世界国家或地区数量 60%以上的发

展中国家，占世界经济总量还不足 15%。2004 年，美国的国内生产总值近 11.67 兆美元，居世界第一，日本居二，中国以 1.65 兆美元，排名世界第七。世界财富的分布极不均衡，排名前 50 位的国家和地区，有 23 个在欧洲和北美洲，15 个在亚洲，6 个在拉丁美洲，4 个在非洲，2 个在大洋洲。

在中国，从历史角度看，区域经济发展中的失衡是长期存在的现象。从建国初期至今，沿海地区经济发展水平相对较高，而广大中西部地区尤其是西部地区经济发展却相对滞后，经济发展过程中的失衡现象一直延续至今。尽管在不同时期，由于中央政府采取了适当的倾斜性发展战略而使这种失衡得到一定程度的修复和改善，但始终没能消除，区域经济发展中的差距依然巨大。在全国 31 个省市自治区中，以广东、江苏、浙江、山东、上海、北京等为代表的少数东部地区，其 GDP 总量占全国的 60% 以上，而以新疆、甘肃、青海、贵州、内蒙古等中西部为代表的多数省份，其经济总量仅占 20% 左右。我国区域经济发展呈现从东到西的巨大落差。由于社会经济发育程度以及其他众多因素的影响，吸引外资方面差距明显。2003 年，我国吸引外资达 570 亿美元，占亚太地区外资流入量的一半以上。然而，东部、中部和西部三大经济带吸引 FDI 的水平却极不均衡。东部 11 个省市 FDI 占到全国总量的 85.73%，中部 8 个省占 11.02%，西部 12 个省区仅占 3.25%。

从发展规律上看，非均衡发展战略是推动经济发展的有效战略。从"一五"时期重点在"三北"（东北、华北和西北）地区安排基建项目开始，经过"三线建设"、沿海地区经济发展战略，到目前正在实施的西部大开发、振兴东北老工业基地战略以及中部崛起战略，我国经济建设的历程，与区域政策的调整变化有着密切联系。

二、非均衡战略是我国区域发展中延续多年的主导模式

关于中国区域发展战略模式的探索，从建国初期就已经开始。建国初期到 20 世纪 60 年代末期，为了消除旧中国区域发展中的失衡和差距，尤其是西部地区经济发展落后的现象，平衡区域经济发展，中央政府采取了

试图消除沿海和内地差距的均衡发展战略,其核心思想是在思想认识上提出了要缩小沿海和内地的差距,开发大西北。在实践上,试图通过加大对西部地区的投资来缩小这种差距。在"一五"时期的"156项"重点工程的区域布局上,重点向西部地区倾斜。1956年,毛主席在《论十大关系》中提出要正确处理沿海和内地的关系,缩小沿海和内地经济发展上差距的号召。改革开放以来,出现了几种特色鲜明的区域发展战略。

(一)经济特区与沿海开放战略

改革开放初期,基于对发达国家发展状况和中国基本国情的认识,在邓小平同志的倡导下,为了加快经济建设步伐,更好地实施对外开放战略,中国改变了以往旨在缩小沿海与内地差距的"均衡发展战略",开始实行"非均衡战略",先后设立了深圳、珠海、汕头、厦门和海南五大经济特区,作为我国实施对外开放战略的前哨,其功能为"技术的窗口、管理的窗口、知识的窗口,也是对外政策的窗口"。形成了"经济特区—沿海开放城市—沿海经济开放区—内地"这样一个逐步推进的对外开放格局。试图通过沿海经济的快速发展以及经济实力的显著增强,形成从东北鸭绿江到广西北海这样一条"弓形"经济强势区,以其辐射和带动内地经济的起飞。

(二)梯度推移战略

这种战略模式的思想提出于20世纪80年代初期,其要点是基于我国经济技术发展中客观存在的不同区域的梯度差异,经济发展战略的制定应结合这种现实,采取分阶段、有先有后的发展模式。主张先发展条件较好的东部地区,经过若干年的发展,待东部地区的经济起飞以后,再分阶段逐步向中西部地区渐次推进。这种观点在理论界提出后,立即遭到西部地区尤其是西北地区实践部门和一些学者的激烈批评和反对,认为具有歧视性。事实上,先进和落后、发达和不发达、优势和劣势等都是比较而言的,都不是绝对的。在某一区域的发展过程中,即便在相对落后的地区,也不是所有的方面都落后,同样,发达地区也不是所有方面都比落后地区强，落后地区在某些方面具有领先或优势，发达地区在某些方面比较落后都是正常的现象，发展中的平推与点跳跃都是可行的模式。

（三）开发大西北战略

由于包括陕西、甘肃、青海、宁夏、新疆在内的西北五省区地域辽阔，自然资源丰富，是我国重要的工业原材料基地，而长期以来，经济社会发育不足，经济发展水平低，资源得不到有效的利用，交通闭塞，人民生活水平低，成为我国经济发展的一大"瓶颈"。为此，在 20 世纪 80 年代中期，中央政府提出了开发大西北的战略，但随着高层领导的变换，这一战略持续的时间很短，没有持续下去，也未取得明显的成效。

（四）西部大开发战略

这一战略开始于世纪之交，其主要背景是：中国西部地区既是一个土地广袤、资源密集的地区，又是一个经济社会相对落后的地区，既是我国大江大河水源涵养地和流域的生态屏障区，又是水土流失最为严重的沙漠化、石漠化地区。经济建设与人口、资源、环境之间的矛盾十分突出。这一情况，固然有不以人的意志为转移的自然条件变迁的影响，又与我国特殊的开发历史和开发道路相关。近现代以来，发达国家的经济发展，一般是工业化与城市化同步，我国城市化滞后于工业化，工业生产力主要向少数超大型城市聚集，投资和优惠政策向东部地区倾斜，导致东西部地区差距扩大。约占国土面积72%的西部地区的落后，对于实现我国经济建设的总目标构成严重的制约，为此，党中央从经济发展的全局出发，提出了西部大开发战略。重点是投资基础设施建设，改善投资环境，以此来提高投资回报率，吸引各方资本的流入。

（五）振兴东北老工业基地战略

辽宁、吉林和黑龙江东北三省是我国的老工业基地，也是国家最重要的商品粮基地，计划经济时代，东北提供了差不多全国三分之一的商品粮，对中国国民经济起到巨大的拉动作用。改革开放以来，尤其是20世纪90年代以来，中国由传统的计划经济模式快速向社会主义市场经济模式转化，由于体制转移的速度、观念、投资和其他众多因素的影响，加之东北三省又是我国国有企业最密集的区域之一，产业结构调整缓慢，企业包袱沉重，大量企业亏损，大量工人下岗，市场竞争力下降，就业矛盾突出，经济位次在全国不断后移，三省GDP占全国的比重由1980年的12.39%下降到2003年的8%左右。严重影响到国民经济的持续协调和可持续发展。为了彻底扭转这种不利和被动局面，从实现小康社会的长远奋斗目标考虑，党中央提出了"振兴东北老工业基地"的号召，开始着手振兴日渐衰退的东北老工业基地。

（六）中部崛起战略

区域协调发展是一个长期的行动。广东、上海、福建等东南沿海地区在20世纪80年代初借改革开放之东风，获倾斜政策之优惠使得经济飞越发展。西部地区自1999年以来，因"西部大开发"的战略在资金与政策上获得国家的大力支持，从而获得了快速增长。东北借助中央政府"振兴东北老工业基地战略"的实施，经济也得到显著的改善，而中部地区却在此时落入一种尴尬的境地——"中部塌陷"。针对"中部塌陷"影响全国区域均衡发展的问题，"中部崛起"首次出现在2005年经济工作的6项任务当中，成为继20世纪90年代初期东部沿海地区率先对外开放，5年前的"西部大开发"、两年前的"振兴东北"之后的又一区域发展战略。

我认为，从推动经济发展的手段和目的角度分析，某个时期侧重于发展某一地区或某一行业，在政策、资金等要素上给予倾斜支持的非均衡发展战略只是一种手段，其终极目的依然是实现区域经济的协调发展。如何实现东中西三大经济带的全面协调发展是全面建设小康社会对区域经济发展提出的新要求，是理论界应当重点研究的主题。

三、协调发展是中国区域发展战略的正确选择

中国区域经济发展中的巨大差距是客观存在的事实，并且短期内很难改变，因此，发展战略的确定必须重视国内各区域之间的协调发展，不应单方面强调优先发展某一区域而忽视其他区域，中国的国情和价值观决定了必须走区域经济协调发展的道路。必须在科学发展观指导下，用系统方法和统筹原则，从多因素、多层次、多方面入手，处理好经济活动、社会活动和自然环境的相互关系。

1. 东部是中国经济发展的火车头，应重点发展技术含量高的制造业和现代服务业，在提高科研成果产业化方面下功夫。实施西部大开发、振兴东北老工业基地是促进我国区域经济协调发展的重要举措，但这绝不意味着要人为地放慢东部地区的发展，或者要求各地区在同一水平上齐头并进。过去的 25 年里，东部地区的快速发展，对带动全国发展、先后实现现代化建设的前两步战略目标，发挥了重要作用。东部沿海地区是我国经济最活跃、生产力最发达、科技实力最雄厚的地区。2002 年，北京、天津、辽宁、上海、江苏、浙江、福建、山东、广东这 9 个东部省市国内生产总值占全国总量的 55%，实际利用外商直接投资占 85%，上缴中央的财政收入占 67%。东部地区充分利用有利条件和基础加快发展，发挥引领国家经济发展的引擎作用，发展高新技术出口导向产业和现代服务业，大力发展外向型经济。战略重点是要突出提高国际竞争力、发挥中心城市的辐射带动作用、促进经济社会协调发展和增强持续创新能力。据汤姆森科技信息集团统计，20 多年间，中国的科技论文发表数增长了 24 倍，在全球的比重也增长了 13 倍。而在 1994—2004 年的 10 年间，SCI 收录的中国论文被引用的总次数在全球排名第 18 位，在亚洲国家居第二位。但从实际情况看，我国科研成果产业化的比率很低，总体上还不到 10%。因此，东部地区应在应用性技术的开发研究和提高科研成果的转化率方面下功夫。

2. 中部地区应重点发展农业、能源和原材料加工业，推进农业产业化，改造传统产业，培育新的经济增长点。中部地区包括黑龙江、吉林、山西、河南、湖北、湖南、安徽、江西 8 个省份，现有人口 4.2589 亿，占全国总人口的 33.16%。中部地区具有承东启西、纵贯南北的区位优势和综合资源优势。中部地区又是我国重要的农副产品、能源、原材料及主要初级产品的生产和输出基地，是我国著名的粮仓，是全国主要的商品粮和饲料粮的供应基地，产业基础较为完备，科技和人力资源丰富，传统工业有相当实力，具有巨大的发展潜力。2002 年，中部 8 省的粮、棉、油产量分别占全国粮、棉、油总产量的 41.91%、34.85%、44.40%；原煤、原油产量分别占全国总产量的 37.38%、36.84%。目前，中部地区的发展水平还比较低，多项经济指标低于人口所占比例或全国平均水平。2002 年，中部国内生产总值总量为 29645.48 亿元，占全国国内生产总值的 28.95%；人均国内生产总值、城市居民家庭人均纯收入、农村居民家庭人均纯收入分别为 6961 元、6370 元、2292 元，分别为全国平均水平的 87.3%、82.70%、92.57%。加快中部地区发展具有不少比较优势。一是区位优势明显，便于东引西进，对于人流、物流、资金流、技术流、信息流在全国范围的顺畅流动和资源的有效配置；二是拥有一批老工业基地和新兴工业城市，工业基础好、钢铁、有色金属、纺织、化工、汽车等在全国占有重要地位；三是中部地区农业生产条件较好，可以发展以农副产品为原料的加工业；四是西部地区的很多重点投资项目如西电东送、西气东输等都跨经中部地区，可以拉动即期投资和消费需求，促进经济增长。

中部地区应从实际出发，调整产业结构、地区结构、城乡结构和就业结构，发展循环经济；把握市场需求变化，发挥比较优势，注重培育优势行业、优势企业和优势产品，着力培育一批主业突出、核心竞争力强的骨干企业，发展一批国内外市场占有率高的特色产品和名牌产品；用高新技术改造提升传统产业，形成以高新技术产业为先导、基础产业为支撑、服务业全面发展的产业格局；实行利益引导机制，努力实现废物资源化，在这方面，安徽铜陵、河南三门峡、山西交城、湖北鄂州以及湖南农村循环经济的发展均走出了各具特色的发展道路，这些成功的经验值得总结和推广。

3. 西部地区开发战略的重点应以国土整治为核心，重视资源效益、环境效益和生态效益。国土整治是缩小区域差距，改善区域发展关系的重要途径。我国现有沙化土地面积 174 万平方公里，占国土面积的 18.1%，集中分布在西部的"老、少、边、穷"地区，每年因土地沙化造成直接经济损失高达 540 亿元，直接或间接影响近 4 亿人口的生产和生活。因此，进行国土整治，是西部大开发战略的重要支点。作为可持续发展的地域空间载体，西部地区既有经济区域的特征，又有自然地理区域的特征，为实施区域可持续发展，还可采用以自然资源分布和生态环境特征为主要标志的跨行政区的分区，如流域区、山区、丘陵区、平原区等。这些自然地理区域，往往又是形成经济区域和划分行政区域的基础。西部大开发是西部地区的可持续开发，应遵循人与自然和谐发展的原则，处理好经济建设与人口、资源、环境的关系。实现经济持续发展，人口适当控制、资源永续利用，环境不断改善、生态良性循环。西部大开发战略实施以来，通过交通、通信、水利基础设施条件的改善，通过"西气东输""西电东送""南水北调"等工程，使西部地区的发展基础得到显著的改善。但在生态环境方面，面临的形势还非常严峻，应大力开展国土整治，努力保护和建设好西部的生态环境，继续有计划分步骤地实施退耕还林还草等生态建设工程，使西部地区基础设施和生态环境建设取得实质性进展，这应是未来西部大开发战略实施的要点。

参考文献

[1] 董峻：《我国防沙治沙实现历史性突破》，载《光明日报》，2005 年 6 月 17 日。

[2] 练玉春：《我国科学界全球贡献和影响力增大》，载《光明日报》，2005 年 3 月 16 日。

［3］刘荣添、林峰：《我国东、中、西部外商直接投资（FDI）区位差异因素的 Panel Data 分析》，载《数量经济技术经济研究》，2005 年第 7 期。

［4］陈栋生：《中国区域经济发展新论》，经济科学出版社 2004 年版。

本文刊发于《北京印刷学院学报》2006 年第 1 期；作者：王关义

中国西部地区经济发展的优劣势分析
及战略支点的选择

一、中国西部地区经济发展优劣势分析

中国西部地区，按照最新的划分标准，它是指包括云南、贵州、四川、陕西、甘肃、宁夏、青海、新疆、西藏九个省区及重庆市在内的广大地区，全区面积为 528 万平方公里，约占中国国土面积的 55%，人口约占全国总人口的 24%。这一地区地域广阔，资源丰富，然而经济发展却远不及东部沿海省区，所以有时也将其称为经济欠发达地区。振兴中国西部经济，探寻促使西部地区经济腾飞的良策，必须对西部地区经济发展中的优势和劣势有个清醒的认识。

（一）中国西部地区经济发展的优势

必须指出，本文所提的优势是一个相对的概念，它是指某一地区的自然环境和社会环境对资源要素的吸引力，从这一观点出发，中国西部地区经济发展的优势主要表现在如下几个方面：

1. 中国西部地区经济开发的历史比较悠久。黄河流域自古以来就是中华民族发祥地，汉代开辟的丝绸之路，唐代的开元盛世，以及其后的朝代更替，在这一地域留下了大量文物古迹，如西藏拉萨的布达拉宫，甘肃的敦煌莫高窟，陕西临潼的秦始皇兵马俑等，都是发展本区旅游事业得天独厚的条件。

2. 中国西部地区面积辽阔，地形复杂多样，有利于发展草原畜牧业。全国四大牧区之中就有三大牧区分布在这里，新疆、西藏、青海的草原面积居全国第一、三、四位，整个西部地区的草原面积约占全国的2/3，畜牧业的发展也为本区轻工业的发展奠定了良好的基础。

3. 西部地区矿产资源储量极为丰富，是资源指向型产业发展的主要依托。本区矿产资源不仅种类繁多，而且储量丰富，拥有可开发的水电资源2亿多千瓦，约占全国总量的85%，有利于水电建设。就矿产资源而言，西部地区已探明储量的矿产有130多种，其中2/3矿产储量居全国前五位。这些矿产资源不仅种类繁多，而且分布相对集中，有利于能源和高能耗原材料工业基地的建设，正基于此．西部地区的能源和原材料成为全国经济发展的后盾。

4. 具备一定的综合开发的基础。新中国成立后，从50年年末60年代初开始，国家就开始了对西部地区大规模的建设，累计投入各项资金到80年代中期已达2000多亿元，使西部地区工业面貌有了一定的改观。新建了1500多个大中型工业企业，建立了900多个科研和开发机构，初步形成了以机械、电子、冶金、化工、建材、能源工业为主要组成部分的一批重工业基地，并拥有一支较强的科技队伍和较先进的技术装备，有很强的生产科研力量。另一方面，交通状况已初步有所改善，兰新、成渝、宝成、成昆、贵昆、川黔、湘黔、黔桂、包兰、兰青、襄渝等铁路的建成，成为西部地区交通运输的大动脉，第二条欧亚大陆桥的全线开通，也为加强广大西部地区同周边的中亚、西亚及欧洲各国的联系提供了便利。

5. 从近期看，国家政策的调整也出现了有利于中国西部地区加快发展的有利因素，主要表现在：

第一，国家加快了对国有大中型企业的改制、改造和改组的步伐，对国有经济比重较大的西部地区工业的发展，对非国有经济的发展和所有制结构的调整，都将产生积极的影响。

第二，国家将进一步加强农业的基础地位，较大幅度地增加对农业的投入，用于商品粮基地及牧区经济的发展，西部地区是我国的主要牧区，因此，将从国家增加对农业的投入中直接受益。

第三，近年来，党中央、国务院和社会各界对西部地区的开发越来越重视，国家通过贯彻产业政策和重点建设项目的配置，加大了西部地区基础设施和基础产业的投入，在一定程度上缓解了西部地区基础设施落后的状况，改善了投资环境，增强了西部地区经济发展的支撑能力。

（二）中国西部地区经济发展的劣势

中国广阔的西部地区与东部沿海发达地区相比，由于受自然、交通、通讯、文化教育、社会进化等因素的综合影响，在经济发展过程中，表现出诸多不利的方面，对于这些不利因素，必须有一个正确的估价和判断，否则，就找不出适合本地区经济发展的良策。

1. 自然条件恶劣，生态环境脆弱，贫困面大。西部地区尽管面积辽阔，但沙漠、戈壁、山地占有很大比重，地表径流合计有 2.13 亿立方米，仅及全国的 1/5。据 1995 年最新资料，直至目前，我国尚有 500 多个贫困县，年收入 200 元左右的 8000 万农村人口尚处于贫困县，而这些贫困县中的绝大部分分布在西部地区。

2. 资源型产业结构导致所得实惠少，效益流失多，墙内开花墙外香。中国西部地区尤其是西北地区的工业主要是与资源开发和利用为主的重工业和能源工业，在目前的价格机制下，能源、原材料等基础工业比较效益明显低于深加工工业，附加价值低，据粗略估算，仅西北地区因原材料及初级产品输出每年损失近百亿元。

3. 社会经济发育程度低，劳动者素质差，生活方式落后，商品观念淡薄。经济上的差距主要表现在经济的总体发展水平较低，以资源开发和初级加工为主要特点的产业较多，初级产品多，综合利用率低，且效益不够理想，许多工业企业由于协作配套不充分，其能力和本应具备的连带效益还没能充分发挥出来，农牧业生产商品率较低。1990 年国家统计局公布的人口普查分析表明，当年全国文盲、半文盲占人口的比重为 15.88%，而陕西为 17.62%，甘肃为 27.93%，青海为 27.30%，宁夏为 22.06%，均高于全国平均水平。另外，每 10 万人中拥有初中和小学文化程度的人数，处于西部地区的西北五省区也低于全国平均水平。这种文化上的落后，必然会阻碍经济发展的步伐。

4. 工业产品比价的不合理以及国家投资方向上的差距，对西部地区经济的发展极为不利。以工业品比价为例，目前的情况普遍是原材料及初级产品价格偏低，而西部地区作为国家的能源、原材料基地，产品多以原材料和初极产品为主，大部分处于产业链条的前端，深加工工业比较薄弱，从而使其廉价卖出，高价买入。就投资而言，投资的地区结构也不尽合理，由东到西是不均衡增长，增势逐渐减慢。1992年沿海地区投资高速增长，在国有单位投资中，12个东部地区完成投资2828亿元，比上年增长49.2%，高出全国平均增长速度8.5个百分点，9个中部地区完成投资1250亿元，增长36.5%，9个西部地区完成投资775亿元，增长30%。

5. 与东部沿海地区及中部地区经济发展相比，梯度差异明显。我国区域经济的形成和发展，主要是由国家的总体经济发展战略尤其是工业布局战略所推动的，长期以来，我国曾经实行以平衡沿海与内地关系为目的的"均衡布局战略"，改革开放以来，国家开始实施"非均衡布局战略"，生产布局的重点转向东部沿海地区，特别是珠江三角洲、闽南三角地区、长江三角洲和环渤海地区，在国家的扶持下，利用政策优势、投资优势、开放优势、产业优势、外资优势及其自然环境的有利地位，使这些地区经济得到了高速发展，而原本经济技术水平已经落后的广大中西部地区，经济增长相对较慢，区域经济发展不协调的问题也逐渐暴露出来，不同区域经济的发展呈现出极度的不平衡态势，差距迅速扩大。

从1980—1991年以现价计算的国民生产总值年均增长速度来看，东、中、西部之比为16.72∶15.2∶14.78，东部地区高出西部地区近两个百分点；国民生产总值比重1980年为52.2∶31.2∶16.5，1991年则为55.8∶29.3∶14.9，东部地区的比重提高了3.6个百分点，中、西部地区的比重则分别下降了1.9个百分点和1.6个百分点。

国民生产总值增长速度1979—1992年全国平均为9%，东部的广东、浙江、福建、江苏、山东在13%—11%之间，而西部的贵州、宁夏、甘肃、青海在9%—6%之间，两者相差4—5个百分点。其中最高最低的省区相差7—8个百分点。

受经济发展水平影响，居民收入的地区差异也在扩大。从东、中、西部看，农民人均纯收入之比，1980 年为 1.39：1.11：1，1991 年扩大到 1.71：1.06：1。目前，我国东、中、西部人均 GDP 比为 1：0.57：0.49，人均国民收入之比为 1：0.60：0.56。地区经济发展速度最快的省区市是东部地区，低于全国平均速度的大都集中在西部地区。当江苏无锡县的乡镇企业产值达到 324 亿元的时候，甘肃全省的乡镇企业总产值在经过长足发展后刚刚突破百亿元大关。1992 年东部地区与西部地区人均国民收入相差达到 960 元，以西北五省区人均国民收入最高的新疆为例，1992 年城市居民人均生活费收入为 1790 元，比全国低 36 元，1992 年农村居民人均收入为 740 元，比全国平均水平低 44 元，1989 年，华东地区的工农业总产值占全国的比重为 38.55%，而国土占了 32% 的西北五省区的工农业总产值只占全国的 4.76%。

东、中、西部的工业生产增长速度也存在着显著的差异，其中，1985—1990 年的年平均增长速度比为 1.39：1.05：1，这种速度差别导致了工业总产值的地区构成发生了变化，东部地区由 1985 年的 60.3% 提高到 1990 年 62.7%，西部地区则由 12.75% 降低到 11.91%；1980 年社会总产值比重东、中、西部的梯度差异为 52.9%、31.4% 和 15.7%，到 1990 年梯度差异扩大，社会总产值比重分别为 58.0%、27.9% 和 14.1%；人均国民收入由 1980 年东、中、西部的 491.4 元、335.3 元和 271.6 元扩大到 1429 元，914 元和 715 元，收入差距明显拉大，且在整个 80 年代固定资产投资增量中，有 60% 投向东部地区。虽然，国家有其发展战略上的考虑，但在事实上扩大了业已存在的区域经济的梯度差异，加大了区域经济的失衡。

二、中国西部地区经济腾飞战略支点的选择

我们认为，面对中国西部这样广阔而复杂的经济带，要加速其经济发展的步伐，必须划小发展单元，构造若干个经济发展的支持系统，从培养经济增长的极核入手，由小到大，以点带面，以经济增长极核的发展和释放的能量带动整个经济带的腾飞。

（一）构造经济发展的支持系统

众所周知，经济的腾飞、社会的发展，绝不单纯是某一种因素作用的结果，而是由若干个相互联系、相互制约的因素共同作用的结果。就经济发展而言，那种单纯考虑经济发展而置其他因素于不顾的做法显然是错误的。我们认为，根据国内外发达国家发展的经验，经济的腾飞同教育和法制之间有着密切的正相关关系。经济、教育、法制三者共同构成一个战略大三角。经济要发展，必须有教育和法制两个支点的支撑。据世界银行公布的1994年世界十个人均产值最高的国家和地区，它们是卢森堡、美国、瑞士、阿拉伯联合酋长国、卡塔尔、中国香港、日本、德国、新加坡、加拿大，这十个国家和地区的国民识字率平均都在90%以上，其中卢森堡、瑞士、日本、德国四个国家的国民识字率均达到100%。这些数字从一个侧面充分反映出教育同经济增长之间的相关关系。这些经济发达国家的法制建设也是极其完善的。据1995年上半年公布的有关研究资料，对中国投资环境的评价，若以5分为满分，对外商的法律保护一项得分为3.16分，人身安全感得分3.69分，财产安全感得分为3.78分，20%的外商反映"立法很全，但执法不严"，这一状况实际上是对我国东部发达地区（因外商主要投资地是上海，广州、深圳、大连、北京、珠海、青岛、天津、厦门、宁波等城市，而这些省市全在东部沿海地区）社会环境的描述，如果对中国西部而言，有关这些方面的评价得分肯定会更低。因此，必须在推动经济发展的同时，重视人才素质的提高和法制的完善。

（二）集中有限的财力、物力和人才资源，培育经济增长的"极核"

具体思路是：

1. 以已有的大中城市为发展极，从培育其自身发展的功能以及向四周辐射、扩散功能入手，以点带面，推动城市周围地区经济的长足发展。新中国成立以来，经过40多年的建设，中国西部地区兴起了不少现代化水平较高的大中城市，如昆明、成都、重庆、西安、兰州、乌鲁木齐等，这些大中城市集中着大量先进的生产设备和优秀的技术人才，未来的发展，应该充分利用现有力量，向外扩散，加强联合，带动周围地区经济的发展。

2. 以培植小型企业群、乡镇企业群为突破口，塑造经济增长的极核。在资源比较丰富的地区，应当从建立众多的小型企业入手，从矿产资源的开发，到深加工、运输、销售等环节，以市场为导向，以价值规律为纽带，建成一些小型企业群，吸引人才、技术、资金等生产要素，带动这些地区的发展。中小型企业的发展，应以"资源型"和"农产品初级加工型"为主要形式，加强对区内优势资源的开采、加工与提炼，扩大对各种农产品的加工增值。在矿产资源的开发方面，美国西部开发的经验值得我们借鉴。

3. 以对优势矿产资源的开发为龙头，培育经济增长的极核。中国的西部地区土地辽阔，矿产资源丰富，正是基于这一特点，历史上对西部的开发往往是以对某一特定矿产资源的开发为契机而展开的。中国西部许多大中城市都是由对某一特定矿产资源的开发而兴起的，如甘肃的白银、金川、玉门，陕西的铜川，四川的攀枝花，云南的个旧，新疆的克拉玛依等。今后的发展，应当立足于天赋资源优势，对现有资源进行大规模的开发，并成龙配套地发展后续深加工工业，增加附加价值。西部地区工业重点应以煤炭、石油、有色金属为重点，集中力量将西部地区建成中国工业原材料和能源基地。

4. 以铁路、公路等交通大动脉为依托，沿线构造经济增长的极核，并逐步扩大辐射半径，带动沿线经济的发展。如前所述，西部地区的交通状况尽管还比较落后，交通网络还比较稀疏，但以铁路为主的运输网络已基本形成，区内铁路、公路等交通设施建设也有一定基础，应充分利用这些交通大动脉带动西部地区经济的发展，并加强本区同周边国家的联系。因为开放型经济的发展总是同交通、通讯、运输等条件联系在一起的。就西北地区而言，要充分发挥铁路这一陆上交通主动脉的作用，要加快形成东从连云港西至阿拉山口的这条第二亚欧大陆桥沿线的开放开发地带，使"陕甘宁青新，联合走西口"的发展战略逐步落到实处。这样不仅有利于西部特别是西北地区的发展，使东西部经济发展不平衡性的矛盾得以缓解，而且有利于西北地区丰富的自然资源的开发利用，使基础产业滞后的矛盾得到缓解。

5. 以对区内河流航运及水力发电的开发为依托，以带动沿河两岸经济的腾飞为目的，构造经济增长的极核。就大的方面来看，像西南地区可以加强对长江等河流的流域性开发，西北地区应加强黄河两岸经济的开发，沿江、沿河培植经济增长的极核。

（三）其他配套措施

1. 建立一种符合市场经济规律的资源要素流转机制，以资源要素的自由流动带动西部经济的发展。目前我们要做的并不是要"调整区域发展政策、改变发展战略重点，把投资强度由小到大向西部调度，把经济发展的战略重点转移到西部，要求国家在产业政策和生产力布局上给西部地区以照顾"，这些都是计划经济的特征。从市场经济来看，应当加强西部地区经济和社会环境的优化，提高单位投资的回报，以收益的极大化来吸引各种生产要素的流入，增强内部"造血"功能。

2. 走出一条资源转换、沿边向西开放的战略。西部地区应当充分利用本区自然资源优势，大力发展深度加工工业，增加附加价值，变资源优势为产业优势，同时，也应改变以往的消极思想，沿边向西开放，一方面吸引外国资本投资于本区，另一方面积极向外扩展，将自己的优势产品输送到周边国家，加强同周边国家的协作。

3. 针对本区贫困面大的特点，集中力量打"歼灭仗"。当前尚未脱贫的农户多集中在自然条件恶劣，抗御自然灾害力量脆弱及思想观念落后的边远山区和少数民族地区。先要从思想上入手，加强商品经济观念的培养，启动脱贫的内因，然后从资金、信息和技术三方面着手，加快农田水利等农业基础设施的建设，改善生产条件，最大限度防止自然灾害的发生，大力发展"短、平、快"，对于脱贫的农户，仍须在技术、信息上给予支援，在资金、信贷和减免税等政策方面继续予以优惠，再扶2—3年，以防"返贫"现象发生。

4. 从宏观上看，国家政府应在西部地区明确一批国家重点支持的经济核心区，作为带动地区经济发展的增长极。同时，还应增加对本区的教育投入，提高劳动者的文化素养，为本区经济的长远发展打好基础。

本文刊发于《经济体制改革》1995 年第 6 期；作者：王关义

缩小中国东西部地区经济发展差距的战略设想[*]

中国经济的迅猛增长是改革开放以来全世界为之注目的伟大创举，在拥有 12 亿人口的中国，由于比较稳妥和顺利地实现了经济体制的转换，使综合国力大大增强，人民生活得到了显著的改善，但是，在国民经济总量增长的坐标图上，东西部地区经济发展中的"落差"却极为显著，如果任其发展下去，不仅会迟滞全国经济发展的步伐，而且有可能引起一系列社会问题和政治问题。因此，对东西部经济发展中"差距"逐步扩大这一问题必须从战略的高度加以认识，并有必要从理论的角度探讨缩小这一差距的方策。

一、中国东西部经济发展中的差距描述

按照最新的划分标准，中国东部地区是指包括北京、天津、河北、辽宁、上海、江苏、浙江、福建、山东、广东、广西、海南在内的 12 个省市，由于这一地区经济比较发达，人口密度较高，以故也将其称为经济发达区。西部地区是指包括四川、贵州、云南、西藏、陕西、甘肃、青海、宁夏、新疆在内的 9 个省区，由于这一地区地域广阔、资源丰富，然而经济发展却远不及东部沿海省区，以故有时也将其称为经济欠发达地区，这种划分的标准一方面考虑到了经济技术发展水平上的不平衡，同时也兼顾

---

  * 中国西部资源环境研究中心资助项目。

了行政区划的完整和地理位置方面的因素，划分的目的在于结合不同经济地带的经济社会发展水平及资源状况，制定出切合实际的战略措施。

中国西部地区面积约为 528 万平方公里，占中国国土面积的 55%，人口约占全国总人口的 24%。建国 40 多年以来，国家政府曾下大力气推动这一地区经济的发展，在投资、人才及基础设施配置等方面给予大力扶持，但是我国地区经济的形成和发展，主要是由国家的总体经济发展战略尤其是工业布局战略所推动的，我国曾经实行以平衡沿海与内地关系为目的的"均衡布局战略"。改革开放以来，国家开始实施"非均衡布局战略"，生产布局的重点转向东部沿海地区，特别是珠江三角洲、闽南三角地区、长江三角洲和环渤海地区，在国家的扶持下，利用政策优势、开放优势、产业优势、外资优势及其自然环境的有利地位，使这些地区经济得到了高速发展，而原本经济技术水平已经落后的广大西部地区，经济增长相对较慢，地区间经济发展不协调的问题也逐渐暴露出来，地区间经济的发展呈现出极度的不平衡态势，差距迅速扩大，这种差距从如下几组数据中略见一斑。

1. 从 1980—1991 年以现价计算的国民生产总值年均增长速度来看，东、中、西部之比为 16.72∶15.2∶14.78，东部地区高出西部地区近两个百分点；国民生产总值比重在东、中、西部的人口比重变化不大的情况下发生了明显的变化，1980 年为 52.2∶31.2∶16.5，1991 年则为 55.8∶29.3∶14.9，东部地区的比重提高了 3.6 个百分点，中、西部地区的比重则分别下降了 1.9 个百分点和 1.6 个百分点。1994 年，全国国内生产总值为 43800 亿元，排前 10 名的省市中，中国西部地区仅有四川一个省入围。当广东、江苏二省的国内生产总值已突破 4000 亿元大关的时候，西北 5 省区国内生产总值总计尚达不到 4000 亿元。1952 年，中国中部和西部的国民收入加在一起，只有东部地区国民收入的 99%，而到 1989 年时只占东部地区国民收入的 84.4%，1985—1991 年，人均国民收入东西部地区差距扩大了 2.01 倍。据"1995 年中国乡镇企业评价排序"结果，评价所依据的主要指标是企业经营规模和利税总额。1995 年全国最大经营规模乡镇企业 1000 家主要集中在东部沿海发达地区，按东、中、西部划分，其分布状况为：东部 913 家，中部 68 家，西部 19 家。

2. 按国民生产总值增长速度来看，1979—1992 年全国平均为 9%，东部的广东、浙江、福建、江苏、山东在 13%—11% 之间，而西部的贵州、宁夏、甘肃、青海在 9%—11% 之间，两者相差 4—5 个百分点。其中最高最低的省区相差 7—8 个百分点。1991 年，西部地区人均国民生产总值是全国平均水平的 70.3%，是东部地区的 51.5%。

3. 受经济发展水平的影响，居民收入和地区差异也在扩大。从东、中、西部来看，农民人均纯收入之比，1980 年为 1.39：1.11：1，1991 年扩大到 1.71：1.06：1。目前，我国东、中、西部人均 GDP 之比为 1：0.6：0.56。地区经济发展速度最快的省区市是东部地区，低于全国平均速度的大都集中在西部地区。当江苏无锡县的乡镇企业产值达到 324 亿元的时候，甘肃全省的乡镇企业总产值在经过长足发展之后刚刚突破百亿元大关。1992 年东部地区与西部地区人均国民收入相差达到 960 元，以西北 5 省区人均国民收入最高的新疆为例，1992 年城市居民人均生活费收入为 1790 元，比全国低 36 元，1992 年农村居民人均收入为 740 元，比全国平均水平低 44 元；1989 年，华东地区的工农业总产值占全国的比重为 38.55%，而国土占了 32% 的西北 5 省区的工农业总产值只占全国的 4.76%。

4. 东、中、西部的工业生产增长速度存在着显著的差异，其中，1985—1990 年的年平均增长速度比为 1.39：1.05：1，这种速度差别导致了工业总产值的地区构成发生了变化，东部地区由 1985 年的 60.3% 提高到 1990 年的 62.7%，西部地区则由 12.75% 降低到 11.91%；1989—1990 年间，东部地区新兴工业总产值增长速度比西部地区高 39%，其中轻工业比西部地区高 44%，重工业比西部地区高 28%，江苏、浙江、广东、福建工业增长速度高达 42.9%、33.4%、33.3% 和 25.6%，同一时期的陕西、甘肃、新疆三省区工业增长速度分别为 11.5%、9.8% 和 9.3%。1980 年社会总产值比重东、中、西部的梯度差异为 52.99%、31.4% 和 15.7%，到 1990 年梯度差异扩大，社会总产值比重分别为 58.0%、27.90% 和 14.1%；人均国民收入由 1980 年东、中、西部的 491.4 元、335.3 元和 271.6 元扩大到 1429 元、914 元和 715 元，收入差距明显拉大，且在整个 80 年代固定资产投资增量中，有 60% 投向东部地区。虽然，国家有其发展战略上的考虑，但在事实上扩大了业已存在的区域经济的梯度差异，加大了区域经济的失衡。

表1　东、中、西部三大经济带各时期国民收入增长速度（%）

时 期	东部	中部	西部
1953—1978	6.20	5.49	5.52
1979—1990	9.67	7.42	7.88

表2　东、中、西三大经济带不同年份有关经济指标占全国比重（%）

年份	东部		中部		西部	
	国民收入	工业产值	国民收入	工业产值	国民收入	工业产值
1952	32.37	47.40	47.40	42.11	20.20	10.69
1978	36.27	43.39	43.56	41.20	20.17	15.41
1990	38.17	47.81	42.10	38.42	19.73	13.77

注：表1、表2数字见李国璋编：《软投入与经济增长》，兰州大学出版社 1995 年版，第 23 页。表中所用西部地区包括内蒙古和广西。

二、缩小东西部地区经济发展差距的战略思想

面对日益扩大的东西部经济发展上表现出来的不平衡态势，要缩小这一差距，必须树立科学而正确的战略思想：

1. 缩小东西部地区经济发展上的差距，必须树立长远发展的思想。中国东西部地区经济发展上所出现的差距，并非一日两日，而是有其深刻的历史背景和自然环境因素制约的。中央关于缩小东西部经济发展差距的一系列政策和措施，应理解为一个长期的历史过程，因为制约西部地区经济发展的因素很多，如教育水平、法制、人口素质、思想观念等，这些众多的因素不可能因此而一下子全面得到解决，中国目前文盲高达 2 亿多人，其中大部分分布在西部地区，成为经济发展的一个负累，诸如此类的改善必然要经历一个长期的改造和转变过程，因此，那种指望于只要中央给予

某几项优惠政策，包括投资倾斜政策，西部地区经济就会马上起飞的思想是不切合实际的。

2. 缩小东西部地区经济发展上的差距，必须以加快西部落后地区经济的发展步伐为主要战略，建立一种符合市场经济规律的资源要素流转机制，通过西部地区生产力诸要素的合理配置，提高投入产出效率，以其快速发展逐步向东部经济发达省区靠近，而绝不能采取抽掉对东部地区经济发展的项目布局和投资，将其转移到西部地区，加速西部地区经济发展，这是一种经济理论界提出的极其有害的思想，其前提是建议中央政府把向东部倾斜的投资、政策等转移到西部地区，加速西部地区的发展，其结果有三：一是立即会降低东部发达省区经济发展的速度，使国家整体经济发展速度减缓；二是以抑制东部地区经济的快速发展来换取西部地区经济发展的加速；三是由于受社会历史背景及自然环境的制约，中国西部地区经济的起飞必将是一个长期的社会历史过程，其艰巨性和困难性是相当大的，即使中央一下子将投资及项目的绝大部分布局于西部，也不可能立即会使西部经济腾飞，收到立竿见影之效，而东部发达地区却因资金及项目向西部移动而经济增长速度减慢，其结果必然会使国民经济处于两难境地：西部地区经济尽管注入大量资金尚不能腾飞，东部地区经济却因其减速增长。因此，目前我们要做的并不是要"调整区域发展政策、改变发展战略重点，把投资强度由小到大向西部调整，把经济发展的战略重点转移到西部，要求国家在产业政策和生产力布局上给西部地区以照顾"，这些都是计划经济的特征。从市场经济来看，应当加强西部地区经济和社会环境的优化，提高单位投资的回报，以收益的极大化来吸引各种生产要素的流入，增强内部"造血"功能。

3. 缩小东西部地区经济发展上的巨大差距，必须加大西部地区科技投入的比重。国内外经济发展的经验证明，科技的投入及科技成果的应用对经济发展起着巨大的推动作用，技术进步是经济增长的发动机。中国西部地区经济发展之所以落后，一个重要原因就是忽视科技进步对经济发展的驱动作用，科技投入偏低。据国家统计局近日提供的信息表明，我国中、西部大多数地区科技投入普遍偏低，已成为制约这些地区经济发展的重要因素。据了解，1994 年全国各地区科技经费投入在 30 亿元以上的有北京、上海、江苏、四川、辽宁、广东等 9 个省、市，其中北京、上海的投入分别达 102.4 亿元和 89.9 亿元，但是，其他地区科技经费投入还很不平衡。东部地区科技经费投入占全国的 64.1%，中西部地区分别只占 18.8% 和 17.1%。因此，结合西部地区经济发展的现状，考虑到未来长远的发展，西部地区各省区应增加科技投入，在促使科技融入经济方面下大力气。

4. 缩小东西部地区经济发展上的差距，加速西部地区经济发展的步伐，必须借鉴日本及东部发达省区的成功经验，大力发展中小企业和乡镇企业，从小到大，由弱到强，逐步增强西部地区经济发展的活力和后劲。众所周知，"二战"结束之时，日本经济濒临崩溃的边缘，很难登上世界经济的大雅之堂，然而，没过多久，日本经济却奇迹般地发展起来，引起了世界的极大关注。促进日本经济高速增长的因素很多，但中小企业的强劲发展，是日本经济保持旺盛生命力并获得巨大成功的重要原因。因为中小企业投资小、建设期短、投资回收快，且适应性强、船小好掉头、星罗棋布，能够满足多方面的需要，具有较强的探索性和开拓、创新性，能够以大企业难以采用的方式方法打入较小市场，善于捕捉和掌握信息，寻找"空穴"。中国社会主义市场经济体制的塑造，必须从培植一大批中小企业入手，星星之火，可以燎原，日本中小企业的发展充分说明这一点。在 1995 年美国幸福杂志公布的全球 100 家大企业的前 10 名中，日本占了 7 个，而这些日本大企业一开始却都是从小型企业起步的。中国西部地区矿产资源丰富，资金短缺，人口素质差，经济发展水平相对落后，创办大型企业必然受到资金因素的制约，因此，更适宜发展中小企业，具体应采取以下措施：

（1）对中小企业应从资金上给予扶持，创办中小企业应采用合伙制和股份合作制形式，以便于筹措资金。中小企业由于其信誉及担保能力比大企业低，向中小企业贷款风险大，为减少贷款特别是长期贷款带来的风险，金融机构往往愿意向特定的大企业贷款，而不愿向中小企业发放贷款，为解决中小企业创办及发展中资金紧张的困难，建议西部地区各省区政府应当设立专门的中小企业金融机构，专门向中小企业提供低息贷款，用于扶持中小企业的发展。目前的关键是有两个方面：一是如何在资金短缺的情况下建立专职扶持中小企业的金融机构和管理机构；二是应制定怎样的金融政策，才能既不与国家宏观金融政策相矛盾，又能促进中小企业的长远发展。

（2）政府应设立专职试验与研究机构，对中小企业进行技术指导，省、地（市）、县及指定的国家试验研究机构的技术人员，应该经常深入现场，为辖区内的中小企业进行切合实际的技术指导。包括技术指导专家小组（由有关技术专家、学者、工程师组成）深入中小企业，对生产技术进行综合考察，指出在生产技术等方面存在的问题，并提出解决方法。

（3）为中小企业提供产、供、需的各类信息，为此应建立中小企业信息中心和国家试验研究机构技术信息库。

（4）定期举办中小企业技术人员和管理人员研修培训活动，提高中小企业的技术和管理水平。

（5）在经营观念上，坚持市场占有率第一，转变利润第一的传统观念，为此应在质量、价格、成本、售后服务等方面采取有力措施，增强竞争能力和打入市场的能力。

5. 结合实行现代企业制度这一宏观大环境及西部地区的实际情况，加大企业改革力度，应从如下方面入手：

（1）学习广东等省经验，拍卖一批效益较好的企业，在不改变国有企业在国民经济中的主导地位的前提下，"由于国家政策没有规定好企业能否拍卖，而传统观念仅能拍卖差企业，而差企业由于设备老化，房屋破旧，在拍卖时往往原有资产值 100 万元，却仅能卖 80 万元，无形中资产被贬值，收回的资金还不足以改造一个企业。可以考虑将一些好企业卖掉，用收回的资金改造更多的濒临破产的企业。广东就是用这个办法仅用 2 年多的时间就使省内不景气的企业改造完成，只需卖掉 1/3 的国有企业，还有 2/3 属于国家，仍是公有制主体，不会变为私有制性质"，国家体改委规划司副司长陆涌华同志的这一观点很适合西部的具体情况，应加以试点并逐步推开。

（2）增加对企业的优惠贷款，降低利率，取消不合理的规章制度，增强产品的竞争能力。优惠贷款是政府历来为促进经济结构中经挑选的行业的发展所实行的长期低息银行贷款，这些贷款的主要对象应选择那些准备购买国产机器、开发新技术、把产品打出国门的企业（尤其是中小型企业）。根据国外发达国家之经验，利率一般定在6%左右。西部各省区应借鉴和学习这一经验，制定出切合实际的扶持政策，并逐步加以落实。

（3）对于那些债台高筑的企业，继续生产出品质很差、没有人要的消费品，这使本来就已堆积过多的存货变得更多，同时也加重了企业间的连锁债务问题，政府只好注入更多的钱来保住这些企业。这样一来，工业生产的增加，其实只会使政府赤字更大，售不出去的存货更多，企业的亏损更大。因此，应坚持将这类企业重新包装，区分不同情况，从调整经营方向、转产、停产、破产、拍卖等方面入手，进行彻底改造。

加快中国西部地区经济发展步伐，缩小东西部经济发展的差距，其战略思想应该是多元化的，以上的讨论只就几个方面做了粗浅的论述，还有不少战略思想值得理论工作者和实际工作者继续加以研究。

参考文献

[1]《经济参考报》1995年7月30日，《幸福》杂志评出全球前一百家大企业。

[2]《经济参考报》1995年7月30日，中西部地区科技投入普遍偏低。

本文收录于《跨世纪的战略抉择：中国西部地区经济发展面临的问题与对策》，（中国西部十省/区经济发展战略国际研讨会论文集），由甘肃教育出版社于1996年版；作者：王关义

1995—1999：中国东西部地区投入产出配比价值系数分析

我国东西部地区在经济发展上的差距是巨大的，系统地分析东西部各省市区投入与产出之间的配比关系，对于中央及地方政府制定相应的投资政策，加强投资管理，提高投入产出效果是积极而有效的。为了便于研究，本文提出了一个崭新的分析指标——投入产出配比价值系数，进而运用这一指标对我国东西部各省市区 1995—1999 年的价值系数进行了定量分析和排序，得出了相应的结论。

世界各国经济发展的实践表明，投资是经济增长的"助推器"，当前我国东西部地区在经济发展上所呈现出来的巨大落差固然有多方面的原因，但投资分布上的显著差距是其中最重要的因素。由于投资在实践中表现出的滞后效应，本文在分析我国东西部各省市区的投入产出配比关系时，没有只选取某一年份的指标数值，而是采用了 1995—1999 年 5 年间的统计数据，从而使计算得出的结论有较长的时间支撑和较高的可信度。

一、1995—1999：中国东西部地区全社会 固定资产投资对比分析

中国经济的高速成长是不争的现实，同样，我国东西部地区经济发展上长期存在的巨大落差也是不争的事实。我们认为，投资上的巨大差

异是我国东西部地区经济发展差距形成的重要原因，具体指标上的对比详见表1。

通过对表1的分析，可以得出如下两点结论：

（1）从绝对指标来看，1995—1999年，我国东西部地区全社会固定资产投资总额差距巨大，差距扩大的势头已经得到初步的遏制，并有了根本性的扭转。五年期间平均投资东部是西部的4.46倍，东部地区高出西部地区59840.72亿元。

（2）从相对指标分析，1995—1999年，我国东西部地区全社会固定资产投资在全国所占的比重差距显著，但呈缩小趋势。主要原因在于中央政府开始实施西部大开发战略，投资有一定的倾斜，从而使这种差距逐步开始缩小。但从五年总的情况来看，东西部地区差距依然惊人。五年间东部地区12个省市区占全国投资总额的比重平均为61.12%，而西部地区10个省市区仅占13.70%，东部地区高出西部地区47.42个百分点。

二、1995—1999：中国东西部地区投入产出
配比价值系数分析及排序

为了便于研究，便于进行省市区之间投入产出效果的横向比较，本文提出了一个崭新的分析指标，即投入产出配比价值系数。在对其含义进行科学界定的基础上，进而选取东西部地区各省市区的国内生产总值和全社会固定资产投资这两个指标，分别计算出各自占全国总额的比重，然后用各省市区的国内生产总值所占比重除以全社会固定资产投资所占比重，计算出相应的投入产出配比价值系数，并对东西部各省市区按同一指标进行优劣排序，作为对其投资效果衡量的尺度。

投入产出配比价值系数的定义为，它是指某一区域在某一时期（通常为1年或若干年内）总产出占统计总体的比重与投入所占比重二者之间的比值，计算公式为：

$$投入产出配比价值系数 = \frac{某一区域总产出占全国的比重}{某一区域总投入占全国的比重}$$

表 1 中国东西部地区 1995—1999 年全社会固定资产投资额及其占全国比重

时间 / 指标 / 区域	1995		1996		1997		1998		1999		1995—1999	
	数额（亿元）	比重（%）	数额（亿元）	比重（%）	数额（亿元）	比重（%）	数额（亿元）	比重（%）	数额（亿元）	比重（%）	数额（亿元）	比重（%）
全国总计	20019.26	100	22974.03	100	24941.11	100	28406.17	100	29854.71	100	126195.28	100
东部地区	12772.61	63.80	14292.7	62.21	15223.73	61.04	16932.03	59.61	17909.10	59.95	77130.08	61.12
西部地区	2391.98	11.95	2881.52	12.54	3353.82	13.45	4167.72	14.67	4494.32	15.05	17289.36	13.70
东西差距	10380.63	51.85	11411.18	49.67	11869.91	47.59	12674.31	44.94	13414.78	44.93	59840.72	47.42
差距倍数	5.34		4.96		4.54		4.06		3.98		4.46	

资料来源：根据《1999 中国经济年鉴》和《中国统计年鉴 2000》中相关数据计算得出。

在总产出方面，本文选取了国内生产总值这一指标，而在总投入方面，选取了全社会固定资产投资这一指标，由此一来，这一公式可进一步引申为：

$$投入产出配比价值系数 = \frac{某区域国内生产总值占全国的比重}{该区域全社会固定资产投资占全国的比重}$$

通过对表 2、表 3 和表 4 的分析，可以得出如下结论：

（1）从东西部地区投资的分布来看，1995—1999 年，整个东部 12 个省市区共计完成全社会固定投资 77130.08 亿元，占同期全国同一指标总额的 61.12%，而西部 10 个省市区完成 17289.36 亿元，仅占同期全国同一指标的 13.70%。从东西部地区产出指标来看，同一时期东部 12 个省市区累计完成国内生产总值 217083.7 亿元，占全国总额的 60.12%，而西部 10 个省市区同期完成 52192.9 亿元，仅占全国同期同一指标总额的 14.45%，还不到东部地区的 1/3。基于此，缩小我国东西部地区经济发展上的差距，最重要的一条是要进一步缩小投资规模与投资收益上的差距，这种缩小的关键点是不能把眼光仅仅盯在向中央政府要钱方面，而应着眼于创设良好的投资环境，提高单位投资的回报率，以此来吸引更多的投资主体投资西部。

（2）从投入产出配比价值系数来看，1995—1999 年，东部地区为 0.98，西部地区为 1.05，两大区域均接近于 1，表明从总体上，我国东西部地区投入与产出基本上是相称的，但仔细一分析，不仅在各年份上存在较大差距，而且在各省市区之间也存在一定的差距。

（3）从东部地区 12 个省市区的 1995—1999 年投入产出配比价值系数计算值来看，从大到小其优劣排序依次为山东（1.29）、辽宁（1.25）、福建（1.14）、江苏（1.06）、广东（0.99）、河北（0.97）、浙江（0.4）、天津（0.8）、海南（0.80）、北京（0.6）和上海（0.6），在这 12 个省市区中，投入产出配比价值系数大于 1 的有山东、辽宁、广西、福建 4 个省区，表明这 4 个省区的国内生产总值占全国的比重远大于其全社会固定资产投资所占比重，以较少的投资实现了相对较多的产出，投入产出效果比较理想。

表2 中国东西部地区1995—1999年国内生产总值表（单位：亿元）

东部地区

地区	1995	1996	1997	1998	1999	五年合计
北京	1394.89	1615.73	1810.09	2011.31	3174.46	9006.48
天津	920.11	1102.40	1240.40	1336.38	1450.06	6049.35
河北	2849.52	3452.97	3953.78	4256.01	4569.19	19081.47
辽宁	2973.37	3157.69	3490.06	3881.73	4171.69	17494.54
上海	2642.57	2902.20	3360.21	3688.10	4034.96	16448.14
江苏	5155.25	6004.21	6680.34	7199.95	7697.80	32737.57
浙江	3524.79	4146.06	4638.24	4987.50	5364.89	22661.48
福建	2160.52	2583.83	3000.36	3330.18	3550.24	14625.13
山东	5002.34	5960.42	6650.02	7162.20	7662.10	32437.08
广东	5381.72	6519.14	7315.51	7919.12	8464.31	35599.80
广西	1497.56	1697.90	1817.25	1903.04	1953.27	8869.02
海南	364.17	389.50	409.86	438.92	471.23	2073.71
合计	33506.81	39532.08	44366.12	48114.54	51864.22	217083.77
全国	58478.1	67884.6	74462.6	78345.2	81910.9	361081.4

西部地区

地区	1995	1996	1997	1998	1999	五年合计
重庆	—	1179.09	1350.10	1429.26	1479.71	5438.16
四川	3534.00	2985.15	3320.11	3580.26	3711.61	17131.13
贵州	630.07	713.70	792.98	941.88	911.86	3890.49
云南	1206.68	1491.62	1644.23	1793.90	1855.74	7992.17
西藏	55.98	64.76	76.98	91.18	105.61	394.51
陕西	1000.03	1175.38	1326.04	1381.53	1487.61	6370.59
甘肃	553.35	714.18	751.34	869.75	931.98	3850.60
青海	165.31	183.57	202.05	220.16	238.39	1009.48
宁夏	169.75	193.62	210.92	227.46	241.49	1043.24
新疆	825.11	912.15	1050.14	1116.67	1168.55	5072.62
合计	8140.28	9613.22	10754.89	11552.05	12132.55	52192.99
全国	58478.1	67884.6	74462.6	78345.2	81910.9	361081.4

资料来源：《中国统计年鉴1999》第62页；《中国统计年鉴2000》第53页、第60页、第61页。

表 3 中国东西部地区 1995—1999 年国内生产总值比较（数额单位：亿元）

时间 指标 区域	1995		1996		1997		1998		1999		1995—1999	
	数额 （亿元）	比重 （%）	数额 （亿元）	比重 （%）	数额 （亿元）	比重 （%）	数额 （亿元）	比重 （%）	数额 （亿元）	比重 （%）	数额 （亿元）	比重 （%）
全国总计	58478.1	100	67884.6	100	74462.6	100	78345.2	100	81910.9	100	361081.4	100
东部地区	55206.81	57.29	39532.08	58.23	44366.12	59.58	48114.54	61.41	51864.22	63.32	217083.77	60.12
西部地区	8140.28	13.92	9613.22	14.16	10754.89	14.44	11552.05	14.75	12132.55	14.81	52192.99	14.45
东西差距	25366.53	43.37	29918.86	44.07	33611.23	45.14	36562.49	46.66	39431.67	48.51	164890.78	45.67
差距倍数	4.12		4.11		4.13		4.16		4.28		4.16	

资料来源：根据表 2 中相关数据计算得出。

表 4 中国东西部各省市区 1995—1999 年全社会固定资产投资额
与 GDP 之间的配比价值系数及排序（单位：亿元）

东部地区	投资总额	投资占全国比重(%)	GDP总额	GDP占全国比重(%)	价值系数	投资效果排序	西部地区	投资总额	投资占全国比重(%)	GDP总额	GDP占全国比重(%)	价值系数	投资效果排序
北京	5040.00	3.99	9006.48	2.49	0.62	11							
天津	2483.23	1.97	6049.35	1.68	0.85	9							
河北	6878.55	5.45	19081.47	5.29	0.97	7	重庆	1393.80	1.11	5438.16	1.51	1.36	1
辽宁	4910.95	3.89	17494.54	4.85	1.25	2	四川	5310.66	4.21	17131.13	4.75	1.13	3
上海	9398.39	7.45	16448.14	4.56	0.61	12	贵州	1167.98	0.93	3890.49	1.08	1.16	2
江苏	10795.04	8.55	32737.57	9.07	1.06	5	云南	2709.72	2.15	7992.17	2.21	1.027	6
浙江	8462.41	6.71	22661.48	6.28	0.94	8	西藏	193.88	0.15	394.51	0.10	0.671	10
福建	4481.33	3.55	14625.13	4.05	1.14	4	陕西	2152.41	1.71	6370.59	1.76	1.029	5
山东	8735.80	6.92	32437.08	8.98	1.29	1	甘肃	1251.75	0.99	3850.60	1.07	1.08	4
广东	12551.21	9.95	35599.80	9.86	0.99	6	青海	445.15	0.35	1009.48	0.28	0.79	9
广西	2500.45	1.98	8869.02	2.46	1.24	3	宁夏	454.96	0.36	1043.24	0.29	0.81	7
海南	892.72	0.71	2073.71	0.57	0.80	10	新疆	2209.05	1.75	5072.62	1.40	0.80	8
合计	77130.08	61.12	217083.77	60.12	0.98		合计	17289.36	13.70	52192.99	14.45	1.05	
全国	126195.28	100.00	361081.4	400.00	1.00		全国	126195.28	100.00	361081.4	400.00	1.00	

资料来源：根据表 1 和表 2 中的相关数据计算得出。

(4) 从西部地区来看，各省市区之间的投入产出效果差距也是极其显著的。1995—1999 年，按投入产出配比价值系数大小排序，依次为重庆 (1.36)、贵州 (1.16)、四川 (1.13)、甘肃 (1.08)、陕西 (1.029)、云南 (1.027)、宁夏 (0.81)、新疆 (0.80)、青海 (0.79) 和西藏 (0.67)。其中重庆、贵州、四川 3 省市投入产出配比价值系数均大于 1，表明这 3 个省市同期国内生产总值占全国的比重大于其固定资产投资占全国的比重，投资效果比较理想。

(5) 从对东西部地区 1995—1999 年投入产出配比价值系数的计算分析过程还可以看到，在东部地区的 12 个省市区中，投入产出配比价值系数小于 1、投入产出效果较差的只有 4 个，只占该区省市区总数的 3.3%，而在西部地区的 10 个省市区中，投入产出配比价值系数小于 1、投资效果较差的就有 4 个省区、占到该区省市区总数的 40%，这也是西部地区经济发展落后于东部地区的另一种合理解释。

本文刊发于《数量经济技术经济研究》2002 年第 4 期；作者：王关义

1995—1999：中国东西部地区基本建设及更新改造投资的对比分析

我国东西部地区在经济发展上巨大差距的成因固然有许多方面，但投资额及其在全国所占比重指标上的差距是重要因素之一。本文选取了基本建设与更新改造投资额两大指标，对东西部地区 1995—1999 年 5 年期间投资上的差距进行了比较详细的对比分析，以期为中央及地方政府制定缩小差距的相关措施，谋求区域经济的协调发展提供参考。

中国东西部地区经济发展上的差距是巨大的，西部地区经济发展上的滞后，严重地迟滞了中国经济现代化的步伐。根据经济学上著名的"木桶原理"，我们认为，我国国民经济发展以及实现第三步战略目标的关键点应当是着力于振兴西部地区经济。采取的重要措施之一是逐步增加对西部地区的投资，改善投资环境，提高单位投资回报额，吸引更多的投资主体投资西部。

一、1995—1999：中国东西部地区基本建设投资额对比分析

中国东西部地区投资方面的差距还表现在基本建设投资额这一指标上，详见表 1、表 2。

通过对表 1、表 2 的分析可以得出如下结论：

（1）从绝对指标分析，中国东西部地区基本建设投资额差距显著，但总的趋势是差距逐渐缩小。1995—1999 年 5 年期间，东部 12 个省市区共完

表1 中国东西部地区 1995—1999 年基本建设投资额比较（单位：亿元）

东部地区

地区	1995	1996	1997	1998	1999	五年合计
北京	271.26	313.85	374.32	415.52	445.32	1820.27
天津	161.10	169.59	203.43	262.54	263.04	1059.70
河北	290.99	375.14	479.39	544.05	581.36	2270.93
辽宁	324.88	326.33	394.34	438.07	421.70	1908.32
上海	551.86	644.52	762.00	844.15	786.81	3589.34
江苏	343.05	469.01	567.52	712.66	709.42	2801.66
浙江	306.25	424.24	509.61	619.46	680.35	2539.91
福建	214.01	241.19	274.18	343.63	636.65	1436.66
山东	370.00	451.62	513.57	641.03	713.00	2689.22
广东	894.13	905.23	891.07	1039.91	1191.69	4922.03
广西	157.10	174.46	182.94	240.53	259.65	1014.71
海南	124.30	138.16	126.90	135.74	137.76	662.86
合计	4008.93	4633.34	5282.30	6237.29	6553.75	26725.61
全国	7403.62	8610.84	9917.02	11916.42	12455.28	50303.18

西部地区

地区	1995	1996	1997	1998	1999	五年合计
重庆	—	—	120.87	186.25	190.58	497.70
四川	350.12	417.93	428.58	530.17	551.83	2278.63
贵州	65.73	85.69	95.82	125.99	130.42	503.65
云南	147.79	168.30	225.78	297.88	320.93	1160.68
西藏	31.18	28.73	30.27	35.28	46.04	171.50
陕西	120.76	135.29	173.94	251.00	279.35	960.34
甘肃	62.62	101.42	121.74	157.14	187.49	630.41
青海	31.84	51.39	58.40	72.90	72.75	387.28
宁夏	26.74	37.47	47.28	59.37	69.09	238.95
新疆	182.21	212.88	255.96	332.09	332.75	1315.89
合计	1018.99	1239.10	1558.64	2047.07	2181.23	8045.03
全国	7403.62	8610.84	9917.02	11916.42	12455.28	50303.18

资料来源：《1999 中国经济年鉴》第 902 页；《中国统计年鉴 2000》第 173 页，175 页。

表2 中国东西部地区1995—1999年基本建设投资及其占全国的比重（单位：亿元）

时间 指标 区域	1995		1996		1997		1998		1999		1995—1999	
	数额 （亿元）	比重 （%）	数额 （亿元）	比重 （%）	数额 （亿元）	比重 （%）	数额 （亿元）	比重 （%）	数额 （亿元）	比重 （%）	数额 （亿元）	比重 （%）
全国总计	7043.62	100	8610.84	100	9917.02	100	11916.42	100	12455.28	100	50303.18	100
东部地区	4008.92	54.15	4633.34	53.81	5282.3	53.27	6237.29	52.34	6553.75	52.62	26715.61	5312
西部地区	1018.99	13.76	1239.10	14.4	1558.64	15.72	2047.07	17.18	2181.23	17.51	8045.03	15.99
东西差距	2989.91	40.39	3394.24	39.41	3723.66	37.55	4190.22	35.16	4372.52	35.11	18670.58	37.13
差距倍数	3.94		3.74		3.39		3.05		3.01		3.32	

资料来源：根据表1中的相关数据计算得出。

成基本建设投资总额 26715.61 亿元，而西部 10 个省市区只完成了 8045.03 亿元，还不到东部的 1/3，东部高出西部地区 18670.58 亿元，是西部的 3.32 倍。但从变动趋势上看，差距在逐步缩小，1995 年，东部基本建设投资额是西部的 3.94 倍，1996 年为 3.74 倍，1998 年为 3.39 倍，1999 年降为 3.01 倍，可以预见，由于中央实施西部大开发战略，重视和加大对西部地区基础设施建设投资的力度，东西部地区的差距将会逐步缩小。

（2）从相对指标来看，尽管中国东西部地区之间基本建设投资额占全国的比重差距较大，但总的趋势初步得到了遏制，西部地区所占的比重在逐步提高。1995—1999 年 5 年期间，东部 12 个省市区完成的基本建设投资额约占全国的 53.12%，而西部 10 个省市区仅占全国的 15.99%。但从变动趋势上看，东部地区所占的比重在逐步下降，由 1995 年的 54.15% 下降到 1999 年的 52.62%，下降了约 2 个百分点，而西部地区所占的比重却在逐步上升，由 1995 年的 13.76% 上升到 1999 年的 17.5%，上升了 4 个百分点左右，这主要是由中央政府宏观调控政策发挥作用所致。

二、1995—1999：中国东西部地区更新改造投资对比分析

从更新改造投资指标来看，东西部地区差距显著。

通过对表 3 中的数据分析表明，中国东西部地区在更新改造投资方面呈现出如下特征：

（1）从更新改造投资总额上分析，东西部地区差距显著。1995—1999 年 5 年期间，东部 12 个省区市共计完成更新改造投资 11727.79 亿元，而西部 10 个省市区仅完成 3060.05 亿元，还不到东部的 1/3，东部是西部的 3.83 倍；从差距倍数的变动趋势来看，具体数字为，1995 年东部是西部的 4 倍，1996 年为 3.89 倍，1997 年为 3.94 倍，1998 年为 3.84 倍，1999 年为 3.96 倍。5 年期间东部地区始终保持较高的更新改造投资额，比重始终维持在西部的 4 倍左右这个比例上，而西部地区却始终在这一指标上难以有重大突破。

表 3　中国东西部地区 1995—1999 年更新改造投资数额及其所占比重（单位：亿元）

时间 区域 指标	1995		1996		1997		1998		1999		1995—1999	
	数额 （亿元）	比重 （%）	数额 （亿元）	比重 （%）	数额 （亿元）	比重 （%）	数额 （亿元）	比重 （%）	数额 （亿元）	比重 （%）	数额 （亿元）	比重 （%）
全国总计	3299.35	100	3622.74	100	3921.94	100	4516.75	100	4485.08	100	19845.36	100
东部地区	1967.11	59.62	2121.03	58.55	2330.84	59.43	2612.02	57.83	2696.79	60.13	11727.79	59.09
西部地区	491.62	14.90	545.32	15.05	592.23	15.10	749.8	16.64	681.08	15.19	3060.05	15.42
东西差距	1475.49	44.72	1501.71	43.50	1735.61	44.43	1862.22	41.19	2015.71	44.94	8667.74	43.67
差距倍数	4.00		3.89		3.94		3.84		3.96		3.86	

资料来源：根据《1999 中国经济年鉴》和《中国统计年鉴 2000》有关数据计算得出。

（2）从相对指标分析，东西部地区更新改造投资额在全国所占的比重差距较大，东部地区所占比重始终保持在一个较高的水平，而西部地区所占比重却始终难以有所突破。1995—1999 年 5 年间，东部 12 个省市区更新改造投资占到全国的 59.09%，而西部 10 个省区市仅占全国的 15.42%，二者相差 43.47 个百分点。并且五年期间这种比重的变化态势极不明显，波动的幅度很小。五年期间东部地区占全国的比重分别为 59.62%、58.55%、59.43%、57.83% 和 60.13%，最高和最低数值间仅差 2.3 个百分点，而西部地区占全国的比重分别为 14.90%、15.05%、15.10%、16.64% 和 15.19%，最高和最低数值间仅差 1.74 个百分点，增加的幅度极其有限，这表明西部各省区市对更新改造投资的认识还有待进一步提高，投资力度还需大幅度加强。笔者认为，在这一指标方面存在的巨大差距，对东西部地区经济发展上巨大差距的形成有着正相关影响，应当引起西部地区各级政府的高度重视。

参考文献

［1］王关义主编：《跨世纪的战略选择——中国西部地区经济发展面临的问题与对策》，载《中国西部十省区经济发展战略国际研讨会论文集》，甘肃教育出版社 1996 年版。

［2］何炼成主编：《西部大开发——战略、政策、论证》，西北大学出版社 2000 年版。

本文刊发于《数量经济技术经济研究》2001 年第 9 期；作者：王关义、王忠贤

经济特区的新使命：建成中国可持续发展的示范区

　　20 世纪 80 年代以来，中国开始了从经济社会综合发展战略向可持续发展战略的飞跃，追求社会的长期稳定发展。可持续发展作为一种系统的发展观，它所主张的是人类现实利益和长远利益相统一的、世世代代延续不断地发展，是既满足当代人需要，又不损害后代人满足其需要能力的发展。在可持续发展观看来，衡量一个社会的发展程度，不应仅仅以某种单一的经济指标为依据，而应当以经济的、社会的、文化的、环境的一系列综合指标以及各个子系统之间的协调程度为依据。它所关注的不是人类局部的、暂时的效益，而是人类社会系统整体的、长远的效益，它始终把人类社会系统整体的最优化作为发展的最高目标。

　　可以说，经济特区是中国"非均衡布局战略"的产物。发展到今天，中国的经济特区建设已经走过了 20 多年的风雨历程，作为对外开放的窗口、排头兵和试验场，它始终在大胆创、大胆试、大胆改、大胆干。中国五大经济特区初期所担负的阶段性历史使命虽已经基本完成，但这只是"万里长征走完的第一步"，经济特区的最终使命还远没有完成，特区正在从以往的国内城市经济发展的"领头羊"逐步融入世界经济一体化的轨道，成为中国改革的样板。20 多年以来，深圳、珠海、汕头、厦门和海南五大特区的经济有了长足的进展，特区的现代化水平显著提高。2000 年，五大特区的人口总量为 1908.87 万人，仅占全国的 1.5%，而所创造的国内产值达 3493.08 亿元，占到全国的 3.91%。深圳、珠海、厦门和汕头先后被评为"国家环保模范城市""国家旅游城市"等光荣称号，珠海还先后

2 次被评为"国家卫生城市",获得"国家园林城市""生态环境保护城市""国家级生态示范区"等殊荣。2001 年,五大经济特区中的深圳、珠海、汕头和厦门均被评为"国家环境保护模范城市"。五大经济特区的物质文明、精神文明和环保工作,都保持了健康、文明、向上的格调,取得了令人瞩目的巨大成就。中国五大经济特区物质文明和精神文明建设所取得的成就,不仅是其实现经济社会可持续发展的良好的基础,而且也充分证明了邓小平同志的科学论断:"我们建立经济特区的决定不仅是正确的,而且是成功的。"20 多年弹指一挥间,经过 20 多年的建设,五大经济特区迅速崛起,从根本上实现了从传统的农业社会向工业化阶段的历史性跨越,深圳、珠海、汕头、厦门和海口,均已由昔日封闭的城市变成初具规模的现代化的港口风景城市,成为全世界瞩目的闪亮在南中国海边的五颗璀璨的明珠。中国经济特区建设"墙内开花墙外都香",对中国经济发展所起到的示范、带动作用是不言而喻的。

随着中国全方位、多层次、宽领域对外开放新格局的形成,随着社会主义市场经济体制改革的不断深入,经济特区创办初期所独享的部分优惠政策已经普惠其他地区,在这种情况下,现实向理论界提出了如下问题:一是经过 20 多年的发展,经济特区已基本上完成当初确立的历史使命,当前,中国对外开放的局面已完全形成,在这种新形势下,经济特区的使命是什么?经济特区可持续发展的战略思想如何确定?对于这些问题的回答和研究,不仅是中央和特区政府所关注的问题,而且也是理论界应当重点研究并给予科学回答的问题。

我们认为,在加入 WTO 的新形势下,中国五大经济特区应率先同国际惯例接轨,率先进入国际市场。五大经济特区的新使命应确定为:真正把经济特区建成中国可持续发展的示范区,在实现经济社会的可持续发展方面继续走在全国的前列。

一、中国五大经济特区实施可持续发展战略的必要性和重要性

1. 实施可持续发展战略是中国经济发展战略的革命,是基于中国经济

特区经济社会发展状况而提出的战略抉择。目前，同全国一样，中国五大经济特区也正处于经济增长方式的转变时期，面临着实现社会主义现代化，增强长远发展后劲，提高人民生活水平的历史任务，而相对庞大的人口基数、资源的相对短缺、严重的环境污染、粗放型的发展方式等对今后的经济社会发展提出了严峻的挑战，这昭示着中国五大经济特区实施可持续发展战略选择的必然性。具体到五大经济特区来讲，主要问题在于由于工业化建设和城市人口的增加，城市的外延型扩张极为迅速，对农用耕地的占用越来越多，耕地大幅度减少，城市废水、废气、废液、废渣排放量大幅度增加，大规模的外来人口的迁入以及特区自身人口的自然增长，特区人口急剧膨胀。

当前，特区正处于经济快速增长时期，快速发展的经济与资源短缺的矛盾将日益突出，如不注意合理使用，节约和保护资源，提高资源利用率，那么经济发展就难以维持。中国五大经济特区的区情决定了要走经济、社会、人口、资源和环境协调发展之路，可持续发展是中国五大特区21世纪的必然选择。

2. 实施可持续发展战略是中国五大经济特区实现现代化的必由之路。要充分认识到可持续发展是五大经济特区实现现代化的必由之路，是实践邓小平理论的重要举措。在迈向现代化的今天，要把实施可持续发展战略摆在重要位置，谋求物质文明、精神文明的共同进步，关注人民群众的根本利益和长远利益，在注重当前发展的同时关注社会和人的全面发展。要坚决纠正急功近利、追求"政绩"，不顾长远目标和人民群众根本利益，以牺牲环境、精神文明为代价去换取经济暂时发展的错误思想；要切实改变片面追求速度，不顾发展质量、整体利益的经济至上论的错误认识。

二、中国五大经济特区可持续发展的战略思想

回顾过去，可以看到，特区经济的快速发展总是同打破思想僵化联系在一起的，以五大经济特区为核心的区域经济是宏观经济和微观经济的衔接点，是国民经济的基本构成和支撑基础，没有特区经济的可持续发展，

实现中国经济的可持续发展就缺乏坚实的基础。我们认为，中国五大经济特区可持续发展的总体战略思想确定必须全方位考虑，始终树立可持续发展的理念。具体来讲应包括如下几个方面：

1. 要树立区域可持续发展的理念，经济发展和环境保护协调推进，既反对只顾发展不顾环境治理的短期行为，也反对走先污染、后治理的发展道路。区域可持续发展的理念，不能狭隘地认为仅是工业、农业、能源、基础设施等部门的发展，而应包含生态、经济和社会 3 方面的发展。在此 3 者中，社会的持续发展是指长期满足社会的基本需要，用战略的眼光考虑资源的分配，不能只图眼前的富；经济的持续发展是指一个地区的经济得到长期稳定的增长，并改善经济增长的质量，迅速提高本区域的人均收入，使人民群众切实从经济发展中得到实惠；区域生态的可持续发展，是要求我们在谋求社会经济发展的同时，维持健康的自然过程，保护好生态系统的生产能力和功能，使生态环境始终处于良性循环之中。要把近期和长远的发展结合起来，以经济、社会、科技与人口、资源、生态环境之间的协调发展为目标，使它们之间保持和谐、高效、优化、有序的发展态势，在谋求经济、社会获得稳定发展的同时，使人口的增长得到有效的控制，自然资源得到合理的开发和利用，生态环境保持良性循环，因此，五大特区今后的发展，必须坚持人与自然关系的和谐统一，坚持经济和社会的可持续发展。

（1）经济和社会的发展不能超越资源环境的承载能力。只有这样，发展才是可持续的。要正确处理好长期与短期的关系，没有短期就没有长期，没有长期也无所谓短期，长期是无数短期的积累。特别是随着特区建设的迅速发展，经济发展和环境保护的关系如果不能得到妥善处理，就有可能制约特区未来经济社会的全面发展，甚至危机到后代的发展空间。只要走可持续发展的道路，保持城市生态系统良性循环，才能有效地解决特区经济社会发展与生态环境的矛盾，实现经济社会发展与生态环境的发展相协调。

（2）发展应当是经济、社会和环境的全面发展，而不能把发展仅仅理解为经济的增长。决策时不能只考虑发展速度、规模、产值、收入等目标，要明确经济和社会发展的根本目的是改善人们的生存条件并提高其生活质量，因此，任何发展都不能以浪费资源和牺牲环境为代价，应当在安排好当前发展的同时，为未来的发展创造更好的条件。经济特区实施可持续发展战略就是要继续增强经济实力，关注社会的稳定和发展，重点改进资源的利用效率，以高新技术作为整个城市新的经济增长点，通过实施技术革新和改造，提高各行业的投入产出效率，积极创造良好的生产和生活环境，使子孙后代享受幸福美好的生活。

（3）增加投入，奠定可持续发展的物质基础。必要的投入，是实现可持续发展的物质保证。因此，既要重视总量上不断加大对可持续发展的投入，又要积极探索市场经济条件下的可持续发展的投入机制。应当坚持的原则是，即坚持"污染者付费、开发者保护、破坏者恢复"，努力形成污染制约机制；做到3个确保，确保未来用于工业污染防治、城市环保基础设施建设和环境监理等基本建设的环保方面的投入不低于国内生产总值的3%，确保重点项目的资金投入，确保高起点、高标准、高质量建设，不仅要达到国内先进水平，而且要为与国际接轨做好准备；明确一个提倡，即提倡和鼓励社会集资、捐资治理污染，建设环保工程，鼓励外资投资环保建设项目，充分利用国际上政府间的长期低息贷款。

2. 必须从以往的依靠政策优惠为主转向依靠体制创新、市场机制完善为主。经过20年的对外开放，原来赋予特区的减税、免税等优惠性政策已经扩大到其他许多地区，对特区经济发展所起的作用也大为削减，而在体制创新、金融服务业的对外开放等方面，经济特区仍具有先行先试的制度性和功能性政策条件。因此，经济特区应利用好这方面的政策条件，充分发挥其先发性效应，加快体制创新，进一步转变政府职能，处理好政策、市场和社会协调运作之间的关系，既强化政府对经济发展的导向、调控、服务和监管功能，又抓完善市场机制，健全要素市场和商品市场、有形市场和无形市场构成的市场体系，提高以市场为基础的配置资源的能力。不仅要继续改善交通、通讯尤其是生态等硬环境，而且更要着重创造管理高效、服务规范、法制健全、与国际惯例接轨的良好的软环境，由此形成一种强大的远远超越一般优惠政策的新生力量，推动特区经济的可持续发展。

3. 必须坚持发挥优势、扬长避短的原则，尤其要重视特区比较优势的发挥。众所周知，一个国家或某一个区域，其产业竞争力主要取决于其产品的成本水平，成本越低，竞争力越强，而一个产业在一定时期内成本水平的高低，则主要取决于该产业是否充分利用了本地区在相应时期内的比较优势。对于经济特区来讲，就要充分利用并发挥特区既有的地缘、对外联系、技术、人才、资本、信息等方面的优势，充分利用和整合各种资源要素，充分发挥各种要素的整合效应，谋求经济、社会、生态三统一的综合效益。

4. 坚持经济建设与环境保护统筹兼顾，构建合理的人与自然生态系统，努力提高特区经济发展的质量，真正实现特区经济发展由粗放型向集约型和效益型的转变。按照生态系统发展的观点，在进行经济建设的过程中，注重抓好环境保护，保持两者的协调统一，是坚持经济与社会全面协调持续发展的最基本要求。强调以经济建设为中心，把经济发展放在首位，绝不是片面地追求经济增长，更不能以破坏生态资源和自然条件为代价，在保持经济持续、高速、健康发展的同时，注意保护资源和改善环境，使经济发展和社会全面发展相统一，使人类和自然相协调并得以持续发展。目前，我国总体上粗放型经济增长的方式和掠夺式的资源利用开发方式仍未得到根本的转变，包括特区在内，不少地方监管薄弱，重开发轻保护，重建设轻管护，以牺牲环境为代价换取当前和局部利益的现象仍十分严重。特区今后经济的发展要从以注重追求经济增长速度为重要目标的高速增长阶段转变为以提高增长质量和结构优化升级为主要目标的可持续发展阶段。

5. 牢固树立生态和环保意识，优化特区的生态环境。优化生态环境是一个区域可持续发展空间协调性的具体体现，事实上，五大经济特区各自本身就是相互独立的生态系统，是社会、经济、自然协调发展，物质、能量、信息高效利用的人类聚落空间，是人与自然环境、人与社会环境协调关系的最高体现。人类的社会活动不仅为了达到经济系统中社会总供给与社会总需求的平衡，而且要达到生态系统中自然总供给与人类总需求的平衡。在五大经济特区中，深圳、珠海和厦门已经跻身于国家 12 个 "园林城市"行列。厦门"八五"以来环保投入占全市国民生产总值的 1.85%，远远高于全国 0.7% 的水平，城市环境综合质量的 8 项指标，已全部超过国家"九五"规划要求，大气质量达到国家一级标准；珠海全市 5 万多公顷山地绿化覆盖率达 98% 以上，在已建成的 56 平方千米的城区内绿化覆盖率为 43%，人均拥有绿地 115 平方米，接近或达到发达国家水平，生活垃圾无害化处理率 100%。如果说 21 世纪是生态的世纪，经济特区应当率先垂范，将生态文明提高到更新的建设高度。除大力提倡种树、植草，开辟城市花园，体现特区生活的绿色意识外，还应致力于将水、土、大气的保护森林、河流引入市区，从根本上改善空气质量，创造出"城在森林中、路在森林中、人在花草中"的绿色环境。

经济特区必须建立一整套生态文明的监督、保障机制。它包括：环境影响评价机制，评价企事业建设对环境的影响；排污收费机制。浓度控制与总量控制相结合，对损害环境质量的单位或个人，收取环境损害费；环境保护目标责任制，各级人民政府对本辖区的环境质量负责，并以责任书的形式落实到市长、区长、社区管理者，将任期内的环境保护目标和任务作为考核其政绩的重要内容；城市环境综合整治定量考核机制，考核包括大气、水、噪声、固体废弃物综合利用；城市绿化 5 个方面几十项指标；污染控制机制，以污染物总量控制为目标，集中控制为方向，追求控制后的规模效益；环境污染限期治理机制，由各级政府对污染严重、危害大的污染源下达限期治理达标任务。经济特区应当高扬精品意识，用它去统揽特区发展的速度、规模、布局、环境、效益、质量和特色，以一流的规划、一流的设计、一流的施工"优生优育"出"优精巧"的一流城市，而绝不再用钢筋混凝土堆砌的"森林"去展示所谓的城市现代化和居民的富庶。总之，只有注重包括城市生态结构质量、环境质量、建筑质量和文化氛围质量在内的整体质量的提高，特区的发展才会更实、更稳、更有魅力。

6. 必须正确处理好如下几个方面的关系：

（1）正确处理经济发展与环境保护的关系。构筑五大经济特区可持续发展的生态环境。特区应当坚持"在发展中保护环境，在保护环境中促进发展"的方针，以建设港口风景城市和旅游产业为目标，围绕创建国家环保模范城市和园林城市，大力加强环境保护，使特区在经济快速发展、城市迅速扩大、人口大量增加的同时，环境污染总量没有相应增加，环境质量基本保持80年代的良好水平。在城市环境综合整治方面，全面开展大气污染、水污染、固体废物污染和噪声污染的防治。以厦门特区为例，多年来，大气环境质量一直保持在国家大气质量一级标准，空气污染指数小于50，集中式饮用水水源地水质达标率为97.2%，海域主体水质接近国家海水水质一类标准。在环保基础设施建设方面，建成了交通、能源、供水、排水、污水处理、煤气、集中供热、垃圾无害化处理、园林绿化等一大批环保基础设施建设项目，环保基础设施建设日趋完善。城市污水处理率由1992年的26.13%提高到1997年的52.55%，城市集中供热率达43.68%，生活垃圾处理率达94.88%，工业综合利用率达94.88%，工业废物综合利用率达81.28%，工业废水排放达标率达75.41%，烟尘控制区覆盖率达90.85%，环境噪声达标区覆盖率达62.7%，环境建设各项指标均达到《国家环境保护模范城市的考核指标》的要求。在生态环境保护方面，建立了鼓浪屿万石植物园风景名胜保护区，大屿岛白鹭自然保护区，文昌鱼、中华白海豚、红树林等珍稀动植物保护区等。1997年全市森林覆盖率达34.3%；自然保护区106.21平方千米，覆盖率达7%；全市园林绿地总面积达2439公顷，公共绿地537.78公顷，人均公共绿地9.43平方米，环境管理也切实得到加强。

（2）正确处理经济发展与资源开发利用的关系。创造五大经济特区可持续发展的资源条件。自然资源是有限的，人类对资源的需求却是无止境的。要以有限的资源满足无限的需求，关键是要在经济发展中，注意保护和合理利用自然资源，使再生性资源能保持其再生能力，非再生性资源不致过度消耗且能得到替代资源的补充，从而实现资源的永续利用。必须坚持"保护资源，节约和合理利用资源、开发利用与保护增值并重"的方针和"谁开发谁保护、谁破坏谁恢复、谁利用谁补偿"的政策。一是加强资源保护；二是合理利用资源。一方面大胆利用国内、国际两种资源，弥补自身资源的不足，另一方面在维护生态平衡的前提下合理开发利用自身资源，特别是加强对海洋资源的综合开发，力争将五大特区全部建成国家一类港口，大力发展海上养殖和远洋捕捞业，并通过发展临海工业、滨海旅游和海上资源开发，使海洋经济成为五大特区国民经济的重要组成部分；三是提高资源利用率，大力开展节地、节水、节材、节能等节约资源活动。

（3）正确处理经济发展与人口增长的关系。重视人口规划与发展，坚持发展经济和控制人口两手抓。经济发展中的主要问题，无不与人口的过剩增长有关系。如果没有对人口增长的有效控制，我国经济发展就很难跳出"人口增长—环境破坏—经济贫穷"的恶性循环，可持续发展就无从谈起。经济特区是我国经济社会全面发展的一面旗帜，随着经济的发展，人口总量也在急剧增加，而在经济发展到一定的阶段和规模后，社会总人口的数量和规模必须与社会经济的发展相匹配，不能盲目扩张，否则就会制约整个社会的可持续发展，因此，在制定未来社会可持续发展战略时，应重视人口规划与经济发展、城市建设、环境保护等方面的协调，继续严格控制人口数量，努力提高人口素质，要制定与经济发展、资源承载力、环境质量和人口自身发展规律相协调的适度的人口目标。根据我国经济和社会发展的远景目标，到 2010 年，全国人口要控制在 14 亿以内；到 2030 年，全国人口控制在 16 亿以内。结合国家大的目标，经过科学的定量预测和分析，中国五大经济特区的具体目标为到 2010 年总人口必须控制在 2500 万人以内。因此，在特区未来的建设中，必须始终把执行计划生育国策摆在重要位置，着力在控制人口数量、调整人口结构、提高人口素质上下功夫。力争经过一段时间的努力，到 2010 年，使五大特区的计划生育率达到 99% 以上，人口出生率逐年下降，人口自然增长率大大低于全国平均水平。要大力发展科技事业，广泛开展科普教育，努力提高特区人口的科学文化素质。

本文刊发于《特区经济》2003 年第 2 期；作者：王关义

1980—2000：中国五大经济特区投入产出配比价值系数分析*

　　创办经济特区是邓小平同志在实行对外开放的历史关键时刻做出的一个伟大创举，也是建设有中国特色社会主义的一种尝试。中国五大经济特区经济的腾飞，创造了超越亚洲"四小龙"乃至任何一个资本主义国家经济发展速度的惊人奇迹。本文立足于中国五大经济特区建立以来的相关数据，运用"投入产出配比价值系数"这一指标对五大经济特区的投资效果进行了比较科学的测算和排序，为特区今后提高投资效果提供参考。

一、1980—2000：中国五大经济特区全社会固定资产投资分析

　　经过20多年的建设，中国五大经济特区的经济发展水平有了大幅度的提高，社会面貌发生了显著的变化，综合实力有了明显的增强，并继续呈现出良好的发展态势。诚然，推动特区经济快速发展的因素有许多方面，但投资因素的贡献却是最为重要的因素之一。

　　通过对表1、表2的分析，可以得出如下几点结论：

（一）从全社会固定资产投资额绝对指标来看

　　深圳、珠海、汕头、厦门和海南五大经济特区这一指标均呈现出高速增长的态势，1980—2000年，深圳由1.38亿元增加到619.70亿元，增长

　　* 基金项目：国家科技部软科学研究项目（项目编号Z00022）。

表 1 1980—2000：中国五大经济特区全社会固定资产投资额（单位：亿元）

区域 \ 时间	1980	1981—1985（"六五"时期）	1986—1990（"七五"时期）	1991—1995（"八五"时期）	1996—2000（"九五"时期）	2000	1980—2000合计
深圳	1.38	73.96	204.91	922.21	2447.69	677.12	3650.15
珠海	0.58	20.08	52.40	338.17	445.65	95.08	856.88
汕头	2.11	21.49	88.75	360.86	631.35	112.48	1104.56
厦门	1.22	24.37	64.16	349.49	852.76	175.02	1292.0
海南	3.47	42.07	116.47	540.93	920.60	193.50	1623.54
特区合计	8.76	181.97	525.69	2511.66	5240.46	1195.68	8468.58
全国总计	754.90	7257.94	19744.04	62883.86	139093.75	32917.73	229725.49
特区占全省比重（%）	1.16	2.51	2.67	3.99	3.77	3.63	3.69

表 2 1980—2000：中国五大经济特区全社会固定资产投资占全国的比重及排序

时间 区域	1980			1981—1985			1986—1990			1991—1995			1996—2000			2000			1980—2000		
	数额 (亿元)	比重 (%)	排序	数额 (亿元)	比重 (%)	排序	数额 (亿元)	比重 (%)	排序	数额 (亿元)	比重 (%)	排序	数额 (亿元)	比重 (%)	排序	数额 (亿元)	比重 (%)	排序	数额 (亿元)	比重 (%)	排序
深圳	1.38	0.19	2	73.96	1.02	1	204.91	1.04	1	922.21	1.47	1	2390.27	1.72	1	619.70	1.88	1	3592.72	1.56	1
珠海	0.58	0.08	5	20.08	0.28	5	52.40	0.27	5	338.18	0.54	5	445.48	0.32	5	94.98	0.29	5	856.72	0.37	5
汕头	2.11	0.28	3	21.49	0.29	4	88.75	0.45	3	360.86	0.57	3	631.35	0.45	4	112.48	0.34	4	1104.56	0.48	4
厦门	1.22	0.16	4	24.37	0.34	3	64.16	0.32	4	349.49	0.56	4	852.76	0.61	3	175.02	0.53	3	1292.0	0.56	3
海南	3.47	0.47	1	42.07	0.58	2	116.47	0.29	2	540.93	0.86	2	920.60	0.66	2	193.50	0.59	2	1623.54	0.71	2
全国	745.90	100	—	7257.94	100	—	19744.04	100	—	62883.86	100	—	139093.75	100	—	32917.73	100	—	229725.49	100	—

注：表中相关数据是根据表 1 中的数据计算得出的。

表3 1980—2000：中国五大经济特区国内生产总值（单位：亿元）

区域＼时间	1980	1981—1985（"六五"时期）	1986—1990（"七五"时期）	1991—1995（"八五"时期）	1996—2000（"九五"时期）	2000	1980—2000 合计
深圳	2.70	88.78	471.85	2414.16	6470.57	1665.47	9448.06
珠海	2.61	27.36	124.36	641.83	1322.89	330.26	2118.99
汕头	10.79	81.64	262.07	806.52	2041.93	476.98	3202.95
厦门	6.40	56.17	187.67	739.58	2056.37	501.87	3046.19
海南	19.33	162.65	376.65	1255.39	2228.0	518.50	4042.02
特区合计	41.83	416.6	1422.55	5857.48	14119.75	3493.08	21858.21
全国总计	4470.0	32315.30	72594.40	187039.80	385729.40	88189.60	682148.90
特区占全省比重（%）	0.94	1.28	1.96	3.13	3.66	3.95	3.20

了近 450 倍；珠海由 0.58 亿元增加到 94.98 亿元，增长了 160 多倍；汕头由 2.11 亿元增加到 112.48 亿元，增长了 50 多倍；厦门由 1.22 亿元增加到 175.02 亿元，增长了 140 多倍；海南由 3.47 亿元增加到 193.50 亿元，增长了 55 倍，在五大经济特区中，增长最快的是深圳，20 年间增长了 450 倍，最慢的是汕头，20 年间仅增长了 53 倍，最快和最慢之间差距巨大，先后排序为：深圳、海南、厦门、汕头、珠海。

（二）从五大经济特区全社会固定资产投资占全国比重这一相对指标来看

五大特区占全国的比重由 1980 年的 1.16% 上升到 2000 年的 3.63%，20 年间提高了 2 个百分点以上。1980—2000 年 20 年间五大特区平均占全国的比重为 3.69%。这 20 年的长期发展趋势表明，五大经济特区在全国经济发展中所起的作用在逐步加强，这种上升趋势一直没有改变，并呈现出逐期提高"台阶式增长"的态势。

（三）从五大经济特区所占比重及排序情况来看

1980—2000 年，先后排序发生了巨大变化。1980 年，海南占全国的 0.47%，居五大特区之首（海南在 1980 年时还不是特区，这里只是为了便于比较和分析），深圳占 0.29%，位居第二，汕头、厦门和珠海则分别位居第三、第四和第五。排序为：海南、深圳、汕头、厦门、珠海。从"七五"时期开始，深圳特区一跃而排名第一，而海南特区则退居第二，汕头特区排名第三，厦门和珠海则分别排名第四和第五，这种排序一直保持到"八五"末期。从"九五"开始，深圳和海南的位置没有发生任何变动，但汕头和厦门的排名发生了变化，厦门从原来的排名第四升到第三，而汕头则退居第四，二者发生了互换，珠海特区则一直排在最后。1980—2000 年，全社会固定资产投资的基本格局是"深圳、海南、厦门、汕头、珠海"。另一方面，五大特区之间的差距也在扩大，2000 年，深圳特区所占比重比其他四大特区所占比重之和还高，是珠海特区的 6 倍多，表明中央政府投资集中的趋势在加强。

二、1980—2000：中国大经济特区投入产出配比价值系数分析

投入产出配比价值系数的计算公式为：r=G/F

其中：r 为某区域投入产出配比价值系数；G 为该区域在一定时期内 GDP 占总体的比重；F 为该区域在相应时期内全社会固定资产投资占总体的比重。

当 r<1 时，则表明该区域在某一时期国内生产总值占总体的比重小于其全社会固定投资占总体的比重，该区域投入与产出不相匹配，以相对较高的投资取得了较低的产出，投资效果不够理想，政府应当引起高度重视。今后工作的重点应放在制定如何提高本区域投资效果的政策和措施方面。

当 r=1 时，则表明该区域在某一时期内投入与产出在总额中所占的比重是相匹配的，投入产出效果变动趋势一致，今后工作的重点应放在结构调整上，力争打破这种相对一致的均衡态势，力争使未来的产出所占比重大于投资所占比重。

当 r>1 时，则表明该区域在一定时期内 GDP 产出在总体中所占比重大于其全社会固定资产投资所占比重，该区域用较少的投资取得了更多的产出，投入产出效果较好，政府今后工作的重点应当不断调整投资结构，向高科技、高收益的领域加大投资力度，使 r 更大，以较少的资金投入取得更多的收益。

通过对表3、表4和表5的分析，可以得出如下结论：

（一）从绝对指标分析

五大经济特区的国内生产总值增长很快。合计额由 1980 年的 41.83 亿元增长到 2000 年的 3493.08 亿元，20 年间增长了 83.5 倍，净增 3451.25 亿元。

（1）深圳特区增长最快，由 2.70 亿元增长到 1665.47 亿元，20 年间增长了 616.8 倍；珠海特区由 2.61 亿元增长到 330.26 亿元，增长了 126.5

表4 1980—2000：中国五大经济特区国内生产总值占全国的比重及排序

区域＼时间	1980			1981—1985			1986—1990			1991—1995			1996—2000			2000			1980—2000		
	数额（亿元）	比重（%）	排序	数额（亿元）	比重（%）	排序	数额（亿元）	比重（%）	排序	数额（亿元）	比重（%）	排序	数额（亿元）	比重（%）	排序	数额（亿元）	比重（%）	排序	数额（亿元）	比重（%）	排序
深圳	2.70	0.06	4	88.78	0.27	2	471.85	0.65	1	2414.16	1.29	1	6470.57	1.68	1	1665.47	1.89	1	9448.06	1.46	1
珠海	2.61	0058	5	27.36	0.08	5	124.36	0.17	5	509.08	0.34	5	1322.89	0.34	5	330.26	0.37	5	2118.99	0.31	5
汕头	10.79	0.24	2	81.64	0.25	3	262.07	0.36	3	806.27	0.43	3	2041.93	0.53	4	476.98	0.54	4	3202.95	0.47	3
厦门	6.40	0.14	3	56.17	0.17	4	187.67	0.26	4	739.58	0.39	4	2056.37	0.5333	3	501.87	0.57	3	3046.19	0.446	4
海南	19.33	0.43	1	162.65	0.50	1	376.65	0.52	2	1255.39	0.67	2	2228.0	0.58	2	518.5	0.588	2	4042.02	0.59	2
全国	4470.0	100	—	32315.3	100	—	72594.4	100	—	187039.8	100	—	385729.4	100	—	88189.6	100	—	682148.9	100	—

表5 1980—2000：中国五大经济特区投入产出配比价值系数及排序（单位:%）

区域＼时间	1980				1981—1985				1986—1990				1991—1995				1996—2000				2000				1980—2000			
	产值比重	投资比重	价值系数	排序	产值比重	投资比重	价值系数	排序	产值比重	投资比重	价值系数	排序	产值比重	投资比重	价值系数	排序	产值比重	投资比重	价值系数	排序	产值比重	投资比重	价值系数	排序	产值比重	投资比重	价值系数	排序
深圳	0.06	0.29	0.21	5	0.27	1.02	0.26	4	0.65	1.04	0.625	5	1.29	1.47	0.88	1	1.68	1.72	0.98	3	1.89	1.88	1.0	4	1.46	4.56	0.94	2
珠海	0.058	0.08	0.73	4	0.08	0.28	0.29	3	0.17	0.27	0.629	4	0.34	0.54	0.63	5	0.34	0.32	1.06	2	0.39	0.29	1.28	2	0.31	0.37	0.84	3
汕头	0.24	0.28	0.86	3	0.25	0.29	0.86	1	0.36	0.45	0.8	3	0.43	0.57	0.75	3	0.53	0.45	1.18	1	0.54	0.34	1.59	1	0.47	0.48	0.98	1
厦门	0.14	0.16	0.88	2	0.17	0.34	0.50	2	0.26	0.32	0.82	2	0.39	0.56	0.69	4	0.533	0.61	0.87	5	0.57	0.53	1.08	3	0.446	0.56	0.79	5
海南	0.43	0.47	0.92	1	0.52	0.58	0.86	1	0.52	0.59	0.88	1	0.67	0.86	0.78	2	0.58	0.66	0.88	4	0.588	0.59	0.99	5	0.59	0.71	0.83	4

倍；汕头特区由 10.79 亿元增长到 476.92 亿元，增长了 44.2 倍；厦门特区由 6.40 亿元增长到 501.87 亿元，增长了 78 倍；海南特区由 19.33 亿元增长到 518.5 亿元，增长了 26.8 倍，在五大特区中增长幅度最小。

（2）1980 年，五大经济特区 GDP 总额先后排序为海南、汕头、厦门、深圳、珠海，而到 2000 年时，先后排序演变为深圳、海南、厦门、汕头、珠海，深圳跃居第一，而海南则退居第二，厦门跃居第三，汕头退为第四，珠海则一直排在第五。

（3）从增长的起点来分析，1980 年，海南和汕头两大特区最高，其 GDP 总额几乎相当于深圳、珠海和厦门之和，先后排序为海南、汕头、厦门、深圳、珠海，而到 2000 年时，深圳的 GDP 总额接近于其他四个特区的总和，是珠海和汕头总和的 2 倍多；从增长幅度的高低来看，先后排序为："深圳、珠海、厦门、汕头、海南。"

（二）从相对指标来看

1980—2000 年，五大经济特区 GDP 占全国的比重由 0.94%上升到 3.96%，20 年间增长了 3 个百分点。

（1）深圳占全国的比重由 0.06%提高到 1.89%，净提高 16 倍，提高幅度最大；珠海所占比重由 0.058%提高到 0.37%，是 1980 年的 6.37 倍；汕头所占比重由 0.24%提高到 0.54%，是 1980 年的 2.25 倍；厦门由 0.14%提高到 0.57%，提高了 0.4 个百分点；海南所占比重由 0.43%提高到 0.588%，提高了 0.1 个百分点，提高幅度最小。

（2）五大经济特区占全国 GDP 的比重按提高幅度排序为深圳、珠海、厦门、汕头、海南，而按所占比重的高低排序，1980 年先后次序为海南、汕头、厦门、深圳、珠海，2000 年时则演变为深圳、海南、厦门、汕头、珠海，深圳和厦门的排序提前，而海南和汕头的排序则在后移。

（三）从投入产出配比系数 r 分析

（1）1980 年，深圳、珠海、汕头、厦门和海南分别为 0.21、0.73、0.86、0.88 和 0.92，表明五大特区 GDP 产出占全国的比重均小于其全社会固定资产投资占全国的比重，投资所占比重高而产出所占比重小，五大特区的投入产出效果均不够理想，其中以深圳最差。五大特区的排序为"海南、厦门、汕头、珠海、深圳"。

（2）2000 年，五大经济特区的投入产出系数与 1980 年相比有了极大的改善和提高，分别提高到 1.0、1.28、1.69、1.08 和 0.99，五大特区的价值系数均大于或接近于 1，其中最低的海南也达到 0.99，这表明投资所占比重与产出所占比重基本相当。深圳的价值系数为 1，表明其产出占全国的比重与全社会固定资产投资占全国的比重相匹配，投入产出效果比较理想。珠海、汕头和厦门的价值系数均大于 1，表明其 GDP 占全国的比重大于全社会固定资产投资所占比重，投入产出效果较好。其中五大经济特区按投入产出效果的高低排序，汕头最好，其次依次为珠海、厦门、深圳和海南。与 1980 年相比，汕头和珠海两大特区的投入产出效果改善最为明显。

（3）从 1980—2000 年投入产出配比价值系数的平均状况来看，深圳、珠海、汕头、厦门和海南五大经济特区分别为 0.94、0.84、0.98、0.79 和 0.83，汕头最高，接近于 1，深圳次之，而厦门最低。五大经济特区的先后排序为汕头、深圳、珠海、海南、厦门。投入产出系数均小于 1，表明作为产出的 GDP 占全国的比重均小于全社会固定资产投资占全国的比重，投资效果不够理想，特区政府应当转变观念，把今后工作的重点转移到推动集约型经济增长的轨道上来，在改善投资环境，提高单位投资的回报率方面采取措施，而不应该将眼睛只盯住如何争取和加大投资、如何吸引更多资金投入特区方面。

（四）从投入产出配比系数的变动情况来看

1980—2000 年，深圳特区的投入产出配比价值系数 1980 年为 0.21，此后的"六五""七五""八五""九五"分别逐步提高到 0.26、0.626、0.88 和 0.98，2000 年提高到 1.0，可以看出，1980 年最低，此后的四个五年计划期间均稳定增长，呈现出台阶式发展的趋向，2000 年达到最高 1.0，投入产出效果最好，表明前期的投入正在逐步发挥作用；珠海经济特区的投入产出配比价值系数分别为 0.73、0.29、0.629、0.65、1.06 和 1.28，最低的是 1981—1985 年的"六五"时期，仅为 0.29，最好的是 1996—2000 年的"九五"时期和 2000 年，价值系数分别达到 1.06 和 1.28，表明珠海特区的投入产出状况有了较大的改善，发展后期呈现出较好的势头；汕头经济特区的投入产出配比价值系数分别为 0.86、0.86、0.8、0.75、1.18 和 1.59，其中最好的是 2000 年，高达 1.59，另外，"九五"时期的投资效果也比较理想，投入小于产出；厦门特区的价值系数分别为 0.88、0.50、0.82、0.69、0.87 和 1.08，"六五"时期投资效果最差，"九五"期间有了大幅度的提高和改善，2000 年最好，超过了 1；海南特区的价值系数分别为 0.92、0.86、0.88、0.78、0.88 和 0.99，从总体上看，投入产出效果不够理想，但后期在逐步提高，2000 年基本上接近于 1，表明随着投资环境的改善，先期投资的滞后效应在逐步释放和发挥。

本文刊发于《数量经济技术经济研究》2003 年第 4 期；作者：王关义

中国五大经济特区可持续发展战略重点的选择浅析

可持续发展作为一种新的发展观，特别强调经济、社会、人口与环境之间的协调发展。据有关研究资料显示，"目前我国水、空气、噪声、垃圾污染突出，全国 7 大水系 1/3 以上河段达不到使用功能要求，近一半的城市河段污染严重，近岸海域污染呈加重趋势，城市垃圾年产生量达 1.4 亿吨，无害化处理率较低"，今后 5 年至 10 年是中国全面进入建设小康社会、向第三步战略目标迈进的重要时期，也是中国五大特区全面率先实现现代化，形成可持续发展战略的关键时期。结合国内外经济发展的趋势，立足于五大特区经济社会发展的现状，正确确定五大经济特区未来 10 年期间可持续发展的战略重点意义深远。

五大经济特区各自具体的战略重点

（一）深圳经济特区

为确保现代化目标的实现，未来几年，深圳将分 3 个层次推进经济结构的战略性调整和优化升级，提高地区经济综合竞争力和发展后劲，使深圳成为我国重要的高科技研发中心和制造基地，在国际经济合作与竞争中赢得新的发展空间。

第一层次：在地区经济总体结构上，努力实现高新技术产业和现代服务业的相互推动，共同发展，成为深圳奔向现代化的车之两轮、鸟之两翼。

第二层次：全力发展战略优势产业，着力扶持新兴产业，改造提升优势传统产业。

第三层次：调整优化企业结构，做大做强一批企业，形成创新能力和核心竞争力强的现代化企业群体。

经过 20 多年的建设，深圳已由一个综合性的经济特区发展成为一个区域性的大城市，目前定位为"一个基地"（高科技制造基地）和"四个中心"（国际性区域贸易中心、运输中心、金融中心、信息中心）和"一个胜地"（旅游胜地），今后的发展目标和重点应定位为将深圳建设成为国际性区域营运中心、制造中心、贸易中心、运输中心、金融中心、信息中心和旅游中心。今后的发展重点是应进一步加强同香港在经济、金融、科技等方面的合作与交流，促进两地资金、人员、资源和技术的充分流动和取长补短，以期逐步形成深港互相促进的发展态势，特别是在金融领域，作为国际金融中心的香港和深圳之间合作的潜力巨大。

（二）珠海经济特区

珠海特区应利用毗邻澳门的优势，促进两地技术、知识密集型产业与旅游业的结合与发展，实施"科教兴市"和可持续发展两大战略，力争把珠海建设成现代化的生态城市。具体表现在：一是珠海的重点发展区域是东西两翼的发展，要努力发展这一区域的经济，力争缩小城乡差距。具体来说，就是要着重抓好科技兴农和科技兴海这两个重大项目。尽快改变西区农村的后进面貌，逐步增加当地农民的收入，是推动珠海率先基本实现现代化的关键和难点，必须做好科技兴农的工作。邓小平同志早就强调指出："农业的发展一靠政策、二靠科学，科学技术的发展和作用是无穷无尽的。"要管好用好珠海西区丰富的土地资源，依靠高新科技，逐年增加投入，加快"三高"农业的发展，使当地农民迅速富裕起来，与此同时，还要依靠省委、省政府的积极支持，制定优惠的政策、措施，大力引进有利于改善生态环境和发展海洋经济的高新科技项目，加快万山海洋开发实验区的建设与发展，做好"科技兴海"这篇大文章，东西部地区迅速发展，珠海就会如虎添翼，率先基本实现现代化；二是确定绿色战略，构建合理的自然生态系统，努力提高城市发展的质量，把珠海建设成环境优美的现代化花园式海滨城市。珠海市依山傍海，海岸曲折，山丘绵延，"青山绿水"是其自然风光的显著特点，正是考虑到这一客观情况，从 1993 年起，珠海每年环保投资指数均在 1.5%以上，1997 年全市环境保护投资达 5.08 亿元，占全年国内生产总值的 2.16%，由于政府重视，并投入大量资金，环境保护已经形成系统网络工程——城市绿化工程、城市气化工程、城市环境污染治理工程和"三废"综合利用工程，珠海的城市环境一直保持着良好的水平，今后珠海经济发展的重点的确定以及主导产业的选择必须立足于这一现实和特色，建立良性的生态环境系统，绿化、美化城市，建成点、线、面相结合的城市园林绿化系统；三是工业发展的重点是以国际市场为导向，以出口创汇为目标，以发展高科技产品为重点，大力发展外向型经济，发展的支柱行业是电子、纺织、食品、建材机械。

（三）汕头经济特区

汕头从 1861 年开埠至今已有 100 多年的历史，从 1981 年创办经济特区至今已有 20 多年的历史。基于汕头的历史和现实，汕头曾经是粤东、赣东南和闽西南地区的交通枢纽、进出口岸和商品集散地，国家计委规划的"闽粤赣三边经济协作区"包括 3 省 13 个地市，总面积达 13 万平方公里，总人口达 4000 多万人，拥有丰富的水力、矿产、森林、土地和人力资源，这给汕头特区未来实现经济的可持续发展提供了广阔的空间，汕头应重点发挥京九铁路、广梅汕铁路建成通车并连接汕头港的现成优势，以形成以汕头为主枢纽的中国东南沿海的又一条海陆出口大通道，这样，汕头完全可以以粤东、赣东南、闽西南这个腹地作为依托，这个腹地也可以借助汕头特区这个"窗口"和汕头中心港的"通道"实现互相开放，优势互补，促进共同发展，共同繁荣。汕头作为粤东唯一的经济特区，应当把自己发展成为粤东、闽西南、赣南地区和京九线南端的出海口，并以此为依托扩大港口的辐射面。必须发挥特区对内地的带动和辐射功能，更加积极主动联合邻近地区，加快建设跨行政区域的大交通、大通讯、大口岸，率先建成现代化的交通网络和信息高速公路网络，推进这一区域的金融、贸易、旅游、航运、信息等功能联为一体，造就闽粤赣边腹地"共同市场"，最终将汕头特区建成连接国内外市场的桥梁，成为区域性的转口贸易基地。

汕头未来发展重点的定位，一定要树立起超前意识和竞争意识，起点要高，要力争以世界最新的科技成果为起点，超越发达国家发展过程中的某些阶段，实现跨越式发展。面对全球性的高新技术革命和产业升级浪潮，汕头必须把大力发展高新技术产业作为第一经济增长点，通过外引内联，引进更多的资金、技术和人才，对现有优势的传统产业，如化工、超升电子、医药、纺织服装、机械制造等行业进行技术改造，促使其产业升级；采用高新技术，把具有潜在优势的和未来优势的新兴产业如食品工业、印刷工业、海洋产业、电子信息产业和生物工程产业等发展成为主导产业。积极引进国际先进技术，武装潮汕农业，实现传统农业向现代农业的转化。大胆利用外资，加快发展金融、证券、保险、信息、旅游、商贸、交通、运输及中介服务组织等为完善市场体制服务的第三产业，提高第三产业的比重；实行宽领域开放，要十分重视发挥海外潮人的群体优势，广泛吸纳潮人资本，形成有效、强大的聚财生财能力。

从区域发展上看，汕头特区应重点发展海洋产业，从陆地到海洋。汕头经济特区人均土地面积尽管很少，但跳出陆地看海洋，特区发展的空间会不断拓展。汕头人均耕地仅剩下 0.17 亩，发展的空间极为有限，但是，如果换一个角度看，汕头还有一个比陆地宽广得多的发展空间——蓝色的海洋。今后发展的重点应当立足于这一特色，大力发展海洋经济，再造一个"海上的汕头"，以汕头市海域为中心，以海岸带为依托，建成南澳岛综合开发试验区和潮阳、澄海东西两翼沿岸各具特色的海洋开发区，形成由岸到岛、由近海到远洋的多层复式立体开发新格局。抓住海洋运输业、港口仓储服务业、新兴海洋工业、海洋生物技术产业和滨海旅游业作为重点，滚动推进，逐步形成海洋产业群，使汕头成为发展海洋经济的强市。

加快南澳的开发。南澳是广东省最靠近台湾的唯一海岛县，距台湾高雄 160 海里，距国际主航道 7 海里，每天经过南澳海域的客货轮达 300 多艘次，发展国际中转贸易有着独特的区位优势，南澳也是台胞的祖居地之一，在台湾的南澳同胞有 10 多万人。加快南澳开发，对促进祖国统一大业具有重要意义，因此，建议设立南澳保税区，以开放促开发，把南澳真正建成对台的窗口。

（四）厦门经济特区

一是必须实现发展方向的转换。厦门特区创办之初，国务院在《关于厦门经济特区实施方案的批复》中指出："厦门经济特区应当建设成为以工业为主兼营旅游、商业、房地产业的综合性、外向型的经济特区。"目前，特区要逐步由以往的以工业为主的发展思路中解脱出来，走第二、第三产业并重，进而按第三、第二、第一产业顺序发展的道路；二是第三产业发展的重点应当从传统的房地产业和餐饮业等，转到发展高新技术产业、信息产业、教育产业和科技咨询服务业上来，加快发展港口运输和旅游业；三是从战略上调整工业结构，提升厦门工业的国际竞争力。要以市场为导向、以资本为纽带，着力培育和扶持一批产品有市场的大型企业和企业集团，加大对高新技术产业化的资金投入使厦华、厦新、华联等一批企业在高新技术产业化中发挥先锋作用，要实施名牌战略，创出厦门品牌；四是要加快信息产业发展，培育新的经济增长点；五是全面实施"以港兴市"战略。面对加入 WTO 的契机，要大力发展航运业，提高港口经营的开放度，率先建立以港口为依托的现代物流业体系；六是要提高旅游业的竞争力；七是利用地理优势，加强厦门特区与台湾的经贸合作。厦门应充分利用与台湾密切的地缘、血缘和文化渊源关系，加强闽南厦门、漳州、泉州三角区域的区内联系，建设好特区腹地，并形成对台吸引的合力，使自己的经济实力再上一个台阶。

（五）海南经济特区

海南经济特区地处热带、亚热带，资源丰富，是我国最大的经济特区，海南的面积相当于深圳等 4 个经济特区的 65 倍左右，具有发展经济的地理和资源优势，主要表现在：一是热带气候土地资源，这里光热充足，雨水充沛，适宜多种农作物，特别是热带经济作物、热带水果以及南药和珍贵木材的生长，海南经济特区战略重点的选择，必须立足于这一优势，大力发展具有热带特色的大农业。重点应在发展橡胶、甘蔗和南药为基础的热带经济作物的生产及其深加工方面做文章；二是海洋水产资源丰富。海南岛是一个近大陆海岛，这为大力发展水产捕捞、养殖和海洋产业提供了良好的条件，重点应发展绿色海洋产业和海洋生物资源；三是地下矿产资源丰富，已探明的具有工业开采价值的矿种达 30 多种，附近海域蕴藏着 3 个含油气盆地，总面积达 12 万平方公里，这里是我国最大的富铁矿床，钛矿储量占全国的 70%，这是海南工业发展的基础；重点应当发展石油化工、钢铁冶炼、建筑材料和高新技术产业，以出口导向为基础的产业部门应列为发展的重点；四是旅游资源。海南岛与美国夏威夷同处一纬度，海水清澈，沙滩细白平坦，未遭任何大的污染，被誉为东方的夏威夷，这里独一无二的热带自然风景，为把海南建设成我国具有一定规模的旅游胜地奠定了良好的基础。立足于海南独特的地理位置和自然条件，海南经济特区发展的定位：

（1）热带农业开发基地。海南岛地处热带，约占中国 8 万平方公里热带陆地总面积的 42.5%，13 亿人口的中国对热带资源农产品的巨大需求可以使海南成为中国的热带农业基地，例如橡胶生产基地、热带水果生产基地、反季节瓜果蔬菜生产基地、全国农作物育种基地等，从以往发展的优势来看，热带农业基地一直使海南在全国经济一盘棋上占有重要地位。

（2）热带海岛休闲度假和旅游胜地。海南岛的海岛特色、热带风光、民族风情、奇山异水、灿烂的历史文化以及未受污染的自然环境，使它成为中外游客理想的度假休闲旅游胜地，因此，海南特区要充分利用亚热带气候和自然条件，发挥旅游业方面的独特优势，并将其确定为特区的支柱产业。

（3）国家开发南海资源的基地。主要是应把海南经济特区建成我国南海油气的开发基地和南海渔业的开发基地。无疑，开发南海最好的依托是海南经济特区。海南岛犹如镶嵌在浩瀚南海上的"不沉的航空母舰"，是天生地造的南海资源开发基地，可以为开发南海发挥以下作用：一是作为开发南海的物资供应基地，为南海开发源源不断地提供后勤保障；二是为南海资源的综合利用和加工基地，把南海各种资源，包括油气资源，在海南进行深层次、高附加值的加工；三是作为南海开发产品的推广运销基地，使这些产品畅通地运销内地和世界各地；四是海南岛作为经济特区，可以利用其特殊政策和对外开放的影响力，运用各种渠道，筹集资金，引进技术和人才，从而成为南海资源开发的资金筹措和技术人才储备基地。

开发南海资源可以在海南形成一个关联度极高的海洋产业链。这个产业链的第一个层次，是海洋运输业、海洋渔业、海水养殖业、海盐业、海洋旅游业、海洋生化业、海洋油气业、海洋能源开发业等构成的产业链；第二层次是海洋各业内部构成的产业链。海洋渔业关联渔船、渔具、渔用仪器制造，海产品保鲜、冷藏、加工、储运以及钢铁、机械、仪表、通讯、电机、制冷等；海洋运输业关联材料、造船、信息贸易、港口建设、港口储运加工等。海洋产业链不仅产业关联度大，而且乘数效应高；不仅有规模效益，而且技术含量高、产品附加值高、市场广阔，可以带来海南经济的强劲增长。

在这方面尤其令人振奋的是南海油气资源开发和加工。现在探明，海南岛周边海域油气的年开采量可达 300 亿立方米，现在莺歌海油气开采 34 亿立方米，其中 29 亿立方米输送香港，5 亿立方米供应海南岛。海南用它办了一个 10 万千瓦的发电厂，年产 30 万吨尿素和 52 万吨合成氨的化肥厂，两项总投资约 40 亿元。据此推算，1 亿立方米油气可带来约 8 亿元的投资。如果 50 亿立方米油气供海南加工利用，那是一个什么样的情景呢？100 亿立方米又会出现什么样繁荣投资和局面呢？我们设想把海南作为南海资源的开发基地，首先是设想把海南作为南海油气资源的开发基地，能够激发和推动海南超常发展的海洋产业，首先是指海洋天然油气开采和加工业。只有把海南作为南海资源特别是油气资源的开发基地来建设，按照海南既定的产业布局，在海南"西部工业走廊"建立油气化工基地，加上海南对其他资源的开发和利用，海南的超常发展和繁荣就指日可待。

明天的世界将是更加开放的世界，加入世界贸易组织，对中国五大经济特区来讲，有利有弊，利大于弊。一是有利于更加积极有效的引进外资、先进技术和管理经验，加快特区的技术创新，促进产业结构升级，把经济特区建成为高新技术产业的重要基地；二是有利于扩大特区纺织、服装、玩具、鞋类、工艺品、食品和高新技术产品的出口，成为与国际经济密切联系的外贸出口基地；三是有利于推动特区建立公开、公平、公正的法制环境，率先按国际惯例运作，成为社会主义市场经济的先行区；四是有利于实施可持续发展战略，更好地借鉴和吸取发达国家在工业化、现代化进程中的经验和教训，推动经济与资源、环境、人口的协调发展，成为中国可持续发展的示范区。

本文刊发于《经济前沿》2002 年第 9 期；作者：王关义

中国五大经济特区可持续发展优劣势分析

一、中国五大经济特区发展的优势分析

（一）区位优势

当年设立经济特区，关键的一点就是它们具有明显的区位优势，便于发挥对外窗口这一职能，目前，窗口的政治定位虽然已经消失了，但区位优势不会改变，凭借所处的有利地理位置以及与我国香港、澳门、台湾乃至东南亚经济体间深厚的地缘、人缘、亲缘、血缘乃至深层次的文化渊源，各特区在实际上可继续发挥其沟通内外的桥梁作用。特殊的地理位置，有利的周边环境，便利的交通运输条件，对特区经济的快速发展奠定了良好的基础。深圳、汕头、珠海、厦门和海南五大经济特区都地处中国沿海地区，面向南海和台湾海峡，交通尤其是水运极为畅通和便利。水路可以通往中国香港、澳门和海外各国及其他地区，也可以很方便的通往全国其他沿海城市和台湾；陆路交通方面，高速公路不仅路线分布长，而且密度大，广深、广汕、深汕高速公路以及正在建设中的厦汕高速将五大特区中的 4 个特区紧密联系在一起，铁路有广深九、京九线经过深圳，外连香港，内达各个省市，北京深圳之间可以直达；广梅汕铁路以及鹰厦铁路、梅坎铁路把汕头、厦门与内地紧密联系起来；航空方面，五大经济特区与国内各大城市大都有直达航班，深圳、珠海、

— 422 —

汕头、厦门和海南还有境外的航线，特别是深圳、珠海两大特区与香港、澳门之间陆地互相毗连，水路隔海相望，既有汽车直接往返，又有畅通的海上运输。汕头、厦门和海南均与台湾隔海相望，地理位置十分接近，陆海空交通运输十分便利。随着今后经济的大发展，五大经济特区独特的地理位置和便利的交通运输条件都为特区经济的可持续发展提供了良好的基础和前提条件。

就区位条件优势来讲，紧邻香港、澳门和台湾，有利于及时了解国际市场上的经济技术信息和市场行情，便于就近吸收港资、澳资、台资和外资，引进先进技术设备，发展进出口贸易，强化外向型经济特色。香港、澳门和台湾经济发达，尤其是香港早已成为国际上著名的自由贸易港，"二战"以后，西方发达国家的跨国公司和金融机构争先来港投资，开办工厂和分支机构，使香港发展成为世界性的贸易中心和金融中心，又使香港得以利用世界各国的资源、资金、技术和人才，发展工商业，建立了门类齐全的加工业。20世纪60—70年代，澳门也利用了这些条件发展了工业和金融事业。台湾经济发展势头良好，尤其是计算机和软件业，已形成强大的规模和优势，紧邻香港、澳门和台湾，直接面对国际市场，这种特殊的地缘条件，为特区经济的发展提供了难得的优越条件。随着世界产业升级换代，尤其是亚洲"四小龙"在实现经济起飞之后，在其产业高级化过程中的大量产业转移，为特区经济的腾飞创设了良好的机遇。以深圳特区为例："由于毗邻香港的地缘优势，香港的'三来一补'开始了深圳工业化的进程，香港的资金和信息造就了深圳外向型经济的雏形。在深圳实际利用的外资中，港资占了近3成；进出口贸易中，对港澳进出口贸易占8成；'三来一补'企业中，属港资兴办的占90%，深圳经济的增长与黄岗口岸通关货车的数量是一个不折不扣的正相关，深圳的旅游业、房地产业、金融业无不渗透着'香港因素'的作用。"

（二）独特的历史和与海外交往、对外交往协作方面的优势

五大经济特区都有与港、澳、台和海外通商及其他交往的历史传统，是连接海外市场与国内市场的重要媒介、联结点和桥头堡，成为进出口商品，信息交流的集散地。汕头和厦门两大特区，历史上早已成为我国东南沿海的港口城市和对外通商口岸。深圳与珠海尽管建市不久，但当地居民与香港、澳门早有商业和其他方面的密切交往。特别是除海南之外的四大特区，都是我国著名的侨乡，上千万的华侨旅居中国港澳地区、东南亚各国和世界许多国家，港澳同胞很多来自深圳、东莞、珠海、汕头，仅潮汕地区目前的海外华侨即超过 1000 万人，故有"海内一个潮汕，海外一个潮汕"之说。厦门与台湾隔海相望，也是我国著名的侨乡，现有归侨、侨眷 25 万多人，在海外的厦门籍华侨有 5 万多，也有许多人旅居新加坡、马来西亚和东南亚其他国家，早年到台湾谋生的也为数不少。海南特区也有很多人旅居国外和我国港澳。五大经济特区的很多华侨在国外及港澳台地区经营工商业，并取得了成就，在"血浓于水"的民族情结作用下，许多海外侨胞、港澳台同胞怀着满腔的报国热情，纷纷到特区投资办厂，他们成为特区经济发展的骨干力量。例如，在深圳、珠海、汕头以及厦门特区的外资结构中，港澳台资本占外资的比重 20 多年来一直在 70% 左右，特区创办的前 10 年，这一比重高达 80% 以上。华侨中如陈嘉庚、李嘉诚等，他们与故乡有着各种各样的联系，很愿意同故乡进行工商业方面的往来，同时也出于爱国爱乡的强烈民族乡土感情，也愿意帮助故乡发展经济，合作经营，拓展国外市场，发展文化教育事业，这是五大特区经济可持续发展得天独厚的外联优势。

（三）五大经济特区均有广阔的腹地可以作为依托

五个特区内连广东、福建和海南三个省，这三个省在我国经济发展的总体坐标平面上均地处东部发达地区，不仅物产丰富、文化水平相对较高，而且经济发展起步较早，基础雄厚。五大特区的发展在资源、资金、技术、人才、劳动力等方面，不仅可以得到广东、福建和全国其他省市的大力支援，所生产的产品还可以销往内地；海南地域广阔，资源丰富，又有廉价的劳动力，更有利于外商前来投资、开发和经营。

（四） 独特的地理位置为今后大力发展海洋产业创造了条件

五大经济特区均地处南海之滨，具有得天独厚的土地和丰富的海洋资源、海岛资源和水资源，有利于发展现代化的大工业和旅游、运输、仓储等产业，这是实现五大特区经济可持续发展的独特优势。独特的地理位置不仅为今后大力发展海洋产业创造了条件，而且由于地处南海之滨，风光秀丽，四季气候宜人，又毗邻港澳台地区，这为大力发展特区的旅游业创造了得天独厚的环境。五大经济特区地处南中国沿海地区，汕头特区的一部分地区地处北回归线以南，常年气温平均在摄氏 22 度以上，这为大力发展热带及亚热带农业提供了良好的前景。这些都是实现五大特区经济可持续发展的独特优势。

（五） 良好的基础设施条件，形成了良好的环境优势

（1） 良好的投资环境。五大经济特区具有优越的投资环境，对外来投资有较大的吸引力。特区的创业者在实践中逐步认识到，全球化、区域化、现代化是世界经济发展的潮流。有远见卓识的投资者都在寻找新的发展领域、长远的投资空间。五大特区曾自筹几百亿元资金进行围海造地、架桥铺路、建设港口、修建机场、发展电信，营造了一个适宜大工业、高新技术产业发展的国际性投资环境，拓展了可持续发展空间。近年来还扎扎实实搞好机关作风建设，加强依法行政，推动民主化、法制化建设，使投资软环境也得到了较大的改善，对国内外投资者具有更大的吸引力，为特区经济的可持续发展创造了十分有利的条件。

（2） 社会文化优势。由于经济特区的对外开放不仅起步较早，而且同境外以及全国各地高素质人才的交流机会较多，因此，特区内已初步形成了"勇于冒险，不断进取"的思维方式，经过 20 年的开发和建设，经济特区已经从无到有，在经济实力、基础设施、社会构建、人力资源等方面都形成了一定的基础，使今后的发展有一个较好的起点。早在 20 世纪 80年代初，深圳特区就响亮地提出"时间就是金钱，效率就是生命"的口号。特区内的各大企业积极鼓动员工出新点子，不怕失败。不少企业高层

领导认为，如果一切顺利，反而会使员工丧失很多学习机会，也会使公司失去不少成果。特区的冒险和企业精神还体现于劳动力在区内公司间的频繁性流动，无论是公司内的高级工程师还是一般技术人员，有许多都是外地入区的打工者，他们轻装上阵，能胜任就留下来，不满意就卷铺盖走人，这种人才的流动性有力地促进了特区内企业之间合作文化的形成。

（六）先发优势和国家政府集中力量加快经济发展的优势

经过 20 年的发展，经济特区"先行一步"，五大特区在全国率先突破了传统计划经济体制模式，社会主义市场经济体制的框架已基本建立，统一开放、竞争有序、运转规范的市场体系已基本形成。奠定了较好地与外资合作合资的基础，经济实力已有相当的积累，区域建设和人民生活水准也初具现代化的雏形。对比内地，特区的经济体制和市场机制与 WTO 要求的差距不大，可以更快、更好地适应 WTO 带来的冲击和影响，更及时、更敏锐地抓住 WTO 提供的良好的发展机遇。经济特区受旧体制的牵制少，在改革开放方面先行了一步，经济市场化、国际化程度较高，在经济全球化的趋势下，更易与 WTO 规则和国际惯例接轨，发挥其先发性效应。邓小平同志在"南方讲话"中指出："现在，我们国内条件具备，国际环境有利，再加上发挥社会主义制度能够集中力量办大事的优势，在今后的现代化建设过程中，出现若干个发展速度比较快、效益比较好的阶段，是必要的，也是能够办到的。我们就是要有这个雄心壮志！"中国五大特区 20 年来所取得的巨大成就，除了借助国内外的有利条件外，与充分发挥社会主义制度能够集中力量办大事的优势是分不开的。经济特区尽管在政策上的优惠将逐渐消失，但经济特区的先发优势仍十分明显。今后进一步发挥这一优势，就可以保证特区经济的可持续发展。

（七）特区还具有上升期的后发优势

从总体上看，经济特区发展起步较晚，在竞争中有不利的一面，但有利的条件也不少。处在后发展的位置上，使特区更有利于开拓创新，更有利于建立现代企业制度，更有利于引进高新科技和先进的管理方法，更有利于做好环境保护工作，可以更好地吸引和借鉴先进国家和地区现代化建设的经验教训，择优弃劣，扬长避短，少走弯路，更加有利于特区经济的可持续发展。

（八）高新技术产业的迅速发展，为特区经济的可持续发展提供了强大的推动力

有关专家研究结果表明：当一个地区科技进步对经济增长的贡献超过50%时，该地区的经济发展已开始步入现代化的行列。自1995年开始，科技进步对广东三大经济特区的经济增长贡献率平均已超过40%，深圳、珠海和厦门这一比例更高。2001年深圳经济特区科技进步对经济增长的贡献超过50%，并且还在继续提高，近年来，特区的高新科技产业又有了更大的发展，这将大大加快特区未来经济可持续发展的步伐。

（九）经济特区的人才优势

中国五大经济特区由于经济相对发达，环境优越，吸引了一大批高素质的人才来特区图谋发展，特区已经成为人才的"聚宝盆"。目前，随着五大特区吸引人才政策的逐步实施，世界各地以及国内其他地区的高科技人才也纷至沓来。据统计，深圳和珠海特区内1/3以上的工程师是境外或特区外移民，应届大学生、研究生以及其他高层次的人才纷纷看好特区，特区吸引人才的能力得到增强。五大特区内设有深圳大学、汕头大学、中山大学珠海分校、暨南大学珠海分校、厦门大学、海南大学等众多高等学府，国内一流大学如北大、清华也纷纷在特区开设分院或研究机构，聚集了众多智力人才，这对五大特区经济的可持续发展必将产生重大的影响。

（十）信息与网络优势

由于五大特区内集中了不少世界级的领先企业，是信息技术产业发展的最前沿，同时，特区拥有大量项目合作和商务信息，五大特区相互之间地理位置上的毗连性及其同港澳地区的连接，也为特区信息流的形成创设了良好的环境。

（十一）集聚优势与衍生优势

五大特区衍生小企业的能力非常强，到 2000 年，海南经济特区拥有工业企业 20771 家，其中规模以下的工业企业 20174 家；汕头拥有工业企业 15026 家，其中规模以下企业 14232 家；珠海拥有工业企业 2198 家，其中规模以下 2155 家。从企业数量上来看，特区内的企业绝大多数是小企业，相互之间形成的积聚和烘托效应十分明显。

二、中国五大特区可持续发展中的问题及劣势分析

1. 中国五大经济特区在经济发展的水平方面还存在明显的差距。五大经济特区的经济现代化水平尽管有了显著的提高，但从总体上看，特区的经济仍处于工业化的初期向中期快速转化的阶段，除具有毗邻港澳台、海岛众多的地缘优势之外，除深圳和厦门之外，其他三大特区基础资源还比较短缺，经济总量不足，经济质量偏低，基础工业薄弱，成为制约特区经济发展的突出问题和症结所在。

2. 在五大经济特区中，经济发展与人才分布也不平衡，部分地区如海南、珠海、汕头等特区，不仅人才总量少，而且密度低。由于科技、文化、教育、人才以及工业基础薄弱，在发展的过程中又未重视人才引进，力创品牌，在技术、人才、人文法制环境等方面未形成优势，加之部分特区地处沿海，长期形成的重商贸、轻实业的思想左右，发展过程中缺乏规模实业、名优产品，又要急功近利抢登市场，曾长期存在着大肆进口、倾销国内，以至于走私严重，厦门、汕头和海南三大特区曾经一度走私猖獗。进口远远大于出口，进口和走私商品曾一度风靡全国。在五大特区中，以珠海特区为例，据珠海市人事部门 1996 年《珠海市人才资源状况个人调查表》统计数字反映，全市有专门人才 54613 人，人才密度为 522 人/万人。至 2000 年年底，全市专门人才近 8 万人，但随着全市人口的增加，目前人才密度只有 580 人/万人，均低于北京、上海、天津、广州的水平。人才学历结构也不合理，高学历人才偏低，目前全市研究生学历的人

才占总人才数的比例只有 2%，本科的人才占 25%。20 世纪 90 年代初，曾在全国首创科技重奖，曾经也吸引了大批人才，但此后由于种种原因，不少人才又流失了。尤其是熟悉市场内在规律的企业家、实业家和各种专业人才、管理人才，仍然比较缺乏，没有足够的高素质人才的支撑，成为中国五大特区未来经济可持续发展的重要瓶颈。

3. 部分地区缺乏明晰的产业指向，急功近利，产业选择失当。以汕头和海南两大特区为例，20 世纪 80 年代初期，城市居民人均住房面积汕头在全国 116 座城市中居倒数第三，海口更差。经过大兴土木、房地产热过后，到了 90 年代初，汕头和海口的人均住房面积均已跃居全国前列。尤其是 1992 年小平同志"南方讲话"之后，趁着全国开发区热的兴起，海口、汕头再次把重点产业倾斜于房地产领域，掀起兴建基础设施、住房别墅、高层商住楼的高潮，坚持"以房地产业为龙头"带动特区经济发展的思想，以至于至今这两大特区房地产行业的住房及高层商住楼远远超过城市人口的需要，形成大量房屋闲置。海南特区不得不炸掉一些半拉子工程。这些问题产生的根源都在于利益驱动，缺乏科学规划和明晰的产业指向，把雄厚的资金堆在路边，砌在地上，形成大量不良贷款和资金沉淀，贻误了许多急待开发的高新技术产业和教育等事业的大发展，造成房地产业单骑冒进的态势，投机心态，唯利是图较浓。因此在一些短期性的项目和领域容易发热和高烧，长远发展的意识还不够浓厚，这种思想和观念对特区未来经济的可持续发展构成巨大的威胁。

4. 海洋资源环境形势不容乐观。由于五大经济特区均地处海边，与海洋有不解之缘。因此，海洋资源的丰富度将会对特区经济的可持续发展产生重大的影响。就我国总体上来看，海域渔业资源衰退，珊瑚礁、红树林遭破坏，海岸侵蚀问题突出。我国是一个海洋大国，据相关研究资料，历史上，"我国红树林面积达 25 万公顷，20 世纪 50 年代初约有 5 万公顷，现仅存 1.5 万公顷。海南省周围海域的珊瑚礁生态系统 80% 遭到不同程度的破坏，部分地段已濒临枯竭，并引起严重的海岸侵蚀。自 80 年代以来，海南省海岸线向陆侧移动了近 300 米。海洋生态环境的破坏已严重制约了我国海洋经济的发展。我国海洋捕捞物呈低龄化、低质化趋势"。同时，近年来，深圳、珠海、汕头以及厦门等特区临近海域频繁的大面积发生赤潮现象，严重地危害到渔业生产的发展，国家有关部门不得不从 1999 年开始在我国南海海域实行伏季休渔制度，以缓解过度污染海域和过渡捕捞所导致的渔业资源减少的趋势。

5. 经济特区内部分农村经济发展还比较缓慢，农民收入较低，不仅拖了五大经济特区率先基本实现现代化的后腿，而且影响到特区经济的可持续发展。在五大特区中，海南特区的不少农村，珠海特区、汕头特区的部分农村还需要"扶贫"，不少农民收入仅能维持温饱，与特区城市化水平反差较大。因此，只有坚持可持续发展的思想，加快发展步伐，才能最终改变农村的贫困面貌。

6. 五大特区的经济尽管有了较大的发展，但除深圳和厦门两大特区之外，其他特区的经济总量还不够足，人均 GDP 还远远未达到基本实现现代化的标准。2000 年，深圳经济特区的人均国内生产总值为 3.9739 万元，厦门的人均国内生产总值为 3.8021 万元，珠海的国内生产总值为 330.26 亿元，人均 GDP 为 2.6582 万元，汕头的国内生产总值为 476.98 亿元，人均 GDP 为 1.0509 万元，海南经济特区的国内生产总值为 518.48 亿元，人均 GDP 为 6894 元。珠海、汕头和海南五大经济特区的人均 GDP 均未达到 3000 美元的标准，离人均 5000 美元仍有较大差距，要在未来 5—10 年内增加 2000 美元以上，仍有一定的难度。因此，增大经济总量，提高投入产出效率，适当控制人口，走可持续发展的道路是特区经济发展的正确选择。

7. 经济特区的产业结构和经济素质尽管有所调整和提升，但面对国内外的激烈竞争，产业结构仍然显得很不适应，亟待进一步优化，经济素质也有待进一步提高。五大特区内小型企业所占比重较大，生产水平相对落后，且同大企业之间没有形成合理的分工与协作关系，企业网络及"金字塔"式的组织结构尚未形成。严重影响了特区企业整体素质的提高和竞争力，这方面的劣势在加入 WTO 后会更加突出。特区小型企业较多，从一般意义上讲也符合产业组织发展规律，问题是小型企业与大中型企业及其相互间缺少专业化协作关系，企业间普遍缺乏有效的关联机制。市场经济下大型企业充分发展的同时，小型企业也能得到有效的成长。这是由于小企业是建立在专业化分工协作的基础上，与整个产业组织结构形成有机的联系，在大型企业享受规模经济的同时，小型企业也能分享到社会化大生产和分工协作的利益而不断成长。部分特区内的小型企业多为全能厂，小造纸厂、小建材厂、小啤酒厂、小塑料厂遍地开花，企业间基本不发生直接的经济关系，特别是跨地市的企业分工协作关系更少，这是阻碍特区产业发展的重要障碍。

8. 五大特区人口基数庞大，人口密度较高，就业压力大，对今后经济社会的发展将会产生巨大的压力。到 2000 年年底，五大特区共有 1908.87 万人，人口密度平均为 1251.4 人/平方公里，远远高于全国和广东、福建的平均水平。其中深圳为 432.94 万人，人口密度为 2222 人/平方公里，珠海为 124.89 万人，人口密度为 766 人/平方公里，汕头为 458.83 万人，人口密度为 2223 人/平方公里，厦门为 131.27 万人，人口密度为 839 人/平方公里，海南为 760.94 万人，人口密度为 207 人/平方公里。由于人口基数庞大，虽然出生率在逐步降低，但仍然保持较大的增长量。加入 WTO 后，由于全方位的对外开放，将会有一大批国内外企业涌入特区，特区一些无法与之抗衡的企业倒闭将会进一步加剧，失业率也会增大。表面看来，大批外资的进入对人们就业提供了广阔的空间和机会，但是我们也应该看到，当今外资企业与改革开放之初的"三资"企业有很大区别。就用人方面来谈，"三资"企业主要利用廉价的劳动密集型人才，加入 WTO 后的外资企业需要的将会是中高级专业人才，今后企业技术人才争夺越来越激烈。从特区目前就业队伍看，存在着实践经验多，现代知识少，讲中国话（汉语）多。因此，如果这些员工不及早加强培训学习，提高业务水平，即使是一批又一批的企业涌进特区，绝大多数始终是被埋没在失业大军中。庞大的人口数量对特区资源、环境造成较大的压力，对经济、社会的可持续发展带来一定的负面影响。

9. 从总体上来看，经济特区的建设，取得了有目共睹的成绩，经济特区在全国各地成为富裕、繁荣的象征。但是近年来，由于经济工作指导思想上出现偏差，管理不够规范，导致一些有违社会主义市场经济规律的违法行为屡屡发生。逃税骗税、逃汇骗汇、走私贩私、制假贩假、逃废债务、坑蒙拐骗、"六合彩"赌博等严重扰乱了市场秩序和社会秩序，破坏了经济特区的形象，破坏了经济特区尤其是汕头、厦门两大特区的城市形象。信用是一个地区最有价值的无形资产。信用的受损，最直接、最明显的就是经济利益的损害。以汕头经济特区为例，汕头 2000 年人均 GDP 仅为 10371 元，为全广东省平均水平的 81.8%，比 1995 年下降了 0.6 个百分点。进出口总额方面，汕头从 1995 年占全省的 4.2% 降为 2002 年的 2.5%。由于缺乏足够的信用意识，现在全国不少地方不敢同汕头做生意，不敢要汕头的货，也不敢要汕头开出的发票。汕头经济特区正面临着一场信用危机。因此必须在"重建信用、重塑形象的基础上"，建立正常健康的市场经济秩序，建立一套规范化的公平竞争秩序，让遵纪守法、重合同、守信用成为共同遵守的规则。

10. 经济特区未来发展中以往所特有的优惠政策正在逐步丧失。一谈到经济特区，就会联想到特殊的优惠政策。的确，在过去 20 年的发展过程中，特别是在前十多年经济特区经济起飞阶段，优惠政策对于经济特区的开发和建设，曾起了不小的作用，但是，随着开放的日益扩大和改革的不断深入，优惠政策及其作用在逐步淡化，特别是在加入 WTO 后，"超国民待遇"原则的实施，使得特区以往所固有的特殊政策难以为继。据有关分析，为加入 WTO 铺路，中国将统一中外资企业所得税，中国国家税务总局计划将税率定在 25%—30% 之间，企业所得税统一以后，必将影响目前在经济特区享受 15% 和 24% 所得税优惠的外资企业，甚至触及特区存废的问题，更多先前特别赋予经济特区的优惠政策必将随着我国履行 WTO 被取消，从而在政策优惠意义上，经济特区的特殊优势将趋于消失。又据 WTO 协议规定，WTO 规则在整个关税领土上统一实施，这意味着从法律意义上看，我国各地区的可开放度将被置于平等的地位上，经济特区失去其开放窗口的政治定位。特区不特将成为大势所趋，这使经济特区的继续发展面临严峻的挑战。

对于上述经济特区在新形势下的优势和不足，我们要清醒地正确地估量，并及时采取切实有效的措施，扬长避短，克服不足，发挥优势，全面提高自身的竞争力，以便在 21 世纪初叶中国经济的发展中进一步发挥其示范、辐射和带动作用。

本文刊发于《特区经济》2002 年第 9 期；作者：王关义

东北三省投入产出配比价值系数分析

  自从20世纪90年代以来，随着市场化进程的加速和改革的逐步深入，东北地区成为受灾最严重的地区，经济总量占全国的比重明显下降，大量工人下岗，一批国有大中型企业陷入亏损和十分艰难的境地。造成这种被动局面除观念、体制等因素外，投资也是主要的因素。本文比较系统地分析了东北三省经济建设过程中投入与产出之间的配比关系，得出的结论可供中央政府选择宏观调控的目标和重点时参考。

  东北地区是我国的老工业基地，也是国家最重要的商品粮基地，计划经济时代，东北提供了差不多全国三分之一还多的商品粮，对中国国民经济起到巨大的拉动作用。改革开放以来，尤其是20世纪90年代以来，中国已由传统的计划经济模式快速向社会主义市场经济模式转化，在这个转移过程中，由于体制转移的速度、观念、投资和其他众多因素的影响，加之东北三省又是我国国有企业最密集的区域之一，东北三省产业结构调整缓慢，企业包袱沉重，大量企业亏损，大量工人下岗，市场竞争力下降，就业矛盾突出，经济位次在全国不断后移，工业总产值占全国比重由16.7%下降到9.1%。三省GDP占全国的比重由1980年的12.39%下降到2003年的10%左右，最低的年份只占全国总量的8%（下降4个百分点以上），经济发展速度放慢等问题，严重影响到国民经济的持续协调和可持续发展。

  为了彻底扭转这种不利和被动局面，从实现小康社会的长远奋斗目标考虑，结合东北三省经济社会发展的现实，党中央提出了"振兴东北老工业基地"的伟大号召，拉开了东北三省第二次创业的序幕，表明中国开始着手振兴日渐衰退的东北老工业基地，可以预见，这一战略的有效实施将使东北地区有可能成为中国新的"经济增长极"，有可能成为继珠江三角洲、长江三角洲和京津唐地区之后中国内地经济的"第四增长极"。

本文运用作者提出的"投入产出配比价值系数"这一指标，分别测算了辽宁、吉林和黑龙江三省1980—2003年23年期间以及各个不同发展时期的相关指标，并进行了定量分析和排序，比较科学地评价东北三省的投入产出效果，窥一斑而见全豹，以期对中央和东北三省政府在制定提高投资效果相关措施，选准投资的重点区域等方面提供有益的参考。

一、东北三省全社会固定资产投资指标分析

20世纪五六十年代，中国政府集中了300多亿元固定资产投资创建的以能源、原材料、装备制造业为主的"新中国工业摇篮"东北工业基地，经过50多年的建设，东北三省的经济有了长足的发展，社会面貌发生了显著的变化，综合实力明显增强。近年来出现的一系列问题，除观念、体制等因素外，投资因素的变化也是最重要的因素之一。

1. 从全社会固定资产投资额绝对指标来看，辽宁、吉林和黑龙江三省这一指标均呈现出高速增长的态势，1980—2003年，辽宁由53.5亿元增加到1802.6亿元，增长了近34倍；吉林由20.87亿元增加到1021亿元，增长了48倍多；黑龙江由38.5亿元增加到1208.6亿元，增长了30多倍。东北三省当中，增长速度最快的是吉林，最慢的是黑龙江。

2. 从东北三省全社会固定资产投资占全国比重这一相对指标来看，三省占全国的比重由1980年的12.39%下降到2003年的7.31%，23年间下降了5.08个百分点，下降幅度很大。其中辽宁由5.87%下降到3.27%，吉林由2.29%下降到1.85%，黑龙江由4.23%下降到2.19%。辽宁和黑龙江两省下降的幅度均超过2个百分点。1980—2003年23年间，东北三省平均所占比重为8.50%。这23年投资长期发展趋势表明，东北三省在全

国经济发展中所起的作用在逐步弱化，这种趋势从 20 世纪 80 年代中期开始一直没有逆转，这与宏观经济体制改革以及市场经济体制逐步形成所释放出能量的区域分布是非常一致的。但是也可以看到，从第十个五年计划开始，东北三省全社会固定资产投资占全国比重下降的趋势得到有效的遏制，以往那种下降的曲线出现了明显的拐点，这主要是中央政府所采取的振兴东北老工业基地的相关政策在开始发挥作用所致。

3. 从辽宁、吉林和黑龙江三省所占比重的排序情况来看，没有任何变化。1980 年，辽宁占全国的 5.87%，吉林占 2.29%，黑龙江占 4.23%，比重大小排序为辽宁—黑龙江—吉林。从 1980—2003 年 23 年期间的平均水平来看，辽宁占全国的 3.55%，吉林占 1.84%，黑龙江占 2.41%，比重大小排序仍然为辽宁—黑龙江—吉林。同时，东北三省内部之间的差距也在扩大，23 年期间，辽宁所占比重几乎是吉林和黑龙江两省之和。

二、东北三省投入产出配比价值系数分析

在以往分析其他地区经济发展中的投资效果时，根据价值工程中有关功能与成本匹配关系的科学思想，作者曾提出了一个新的分析指标，即投入产出配比价值系数（r）。

计算公式为：$r = F/C$

其中：r—某区域投入产出配比价值系数；F—该区域在一定时期内 GDP 占总体的比重；C—该区域在相应时期内全社会固定资产投资占总体的比重。

当 $r < 1$ 时，则表明该区域在某一时期国内生产总值占总体的比重小于其全社会固定投资占总体的比重，该区域投资与产出不相匹配，以相对较高的投资取得了较低的产出，投资效果不够理想，政府应当引起高度重视，今后工作的重点应放在制定如何提高本区域投资效果的政策和措施方面。

当 $r = 1$ 时，则表明该区域在某一时期内投入与产出在总额中所占的比重是相匹配的，投入产出效果变动趋势一致，今后工作的重点应放在结构

调整上,力争打破这种相对一致的均衡态势,力争使未来的产出所占比重大于投资所占比重。

当 r>1 时,则表明该区域在一定时期内 GDP 产出在总体中所占比重大于同期其全社会固定资产投资所占比重,该区域用较少的投资取得了更多的产出,投入产出效果较好,政府今后工作的重点应是不断调整投资结构,向高科技、高收益的领域加大投资力度,使 r 更大,以较少的资金投入取得更多的收益。

(一) 从绝对指标分析

从绝对指标分析,东北三省的国内生产总值增长很快。合计额由 1980 年的 600.59 亿元增长到 2003 年的 12460.96 亿元,23 年间增长了 20.75 倍,净增 11860.37 亿元。其中:

(1) 吉林增长最快,由 98.59 亿元增长到 2468.06 亿元,增长了 25 倍,高于平均增长倍数;辽宁由 281.0 亿元增长到 5869.30 亿元,增长了 20.9 倍;黑龙江增长幅度最小,由 221.0 亿元增长到 4123.6 亿元,增长了 18.6 倍,低于平均水平 2 个百分点以上。

(2) 1980 年,东北三省 GDP 总额先后排序为辽宁—黑龙江—吉林,而到 2003 年时,先后排序依然为辽宁—黑龙江—吉林,辽宁始终排东三省之首,几乎是吉林和黑龙江两省之和,是吉林的 2 倍以上。

(二) 从相对指标分析

从相对指标来看,1980—2003 年,东北三省 GDP 占全国的比重由 13.29%下降到 11%,23 年间下降了 2 个百分点以上,其中:

(1) 辽宁占全国的比重由 6.2%下降到 5.02%,下降了 1 个百分点以上,吉林所占比重由 2.18%下降到 2.11%,净下降 0.07 个百分点,下降幅度最小,黑龙江所占比重由 4.9%下降到 3.5%,下降了 1.4 个百分点,下降幅度最大。

(2) 东北三省占全国 GDP 的比重按高低排序为辽宁—黑龙江—吉林,而按下降幅度大小排序为黑龙江—辽宁—吉林。

（三）从投入产出配比系数 r 分析

（1）1980—2003 年 23 年期间，辽宁、吉林、黑龙江三省全社会固定资产投资占全国的比重平均为 8.50%，而同期三省所创造的 GDP 总量却占到全国总量的 10.93%，产出所占比重高出投入所占比重 2.29 个百分点，这表明东北三省的投入产出效果从总体上看是比较好的，所创造的国内生产总值远远大于所占用投资的比重。东北三省过去 20 多年对国民经济发展的贡献和所取得的投资效果必须首先给予充分的肯定，在这方面所积累起来的经验值得总结和推广。

（2）1980 年，辽宁、吉林和黑龙江三省的投入产出配比价值系数分别为 1.06、0.95 和 1.16，表明辽宁和黑龙江 2 省 GDP 产出占全国的比重均大于其全社会固定资产投资占全国的比重，投资所占比重低而产出所占比重大，说明这 2 省的投入产出效果比较理想，其中以黑龙江为最好。而吉林的投入产出配比价值系数小于 1，表明其产出占全国的比重小于投入占全国的比重，投入产出效果不够理想。排序为黑龙江—辽宁—吉林。

（3）2003 年，全国 GDP 总额为 116694 亿元，辽宁、吉林和黑龙江三省分别为 5869.3 亿元、2468.06 亿元和 4123.6 亿元，分别占全国的 5.03%、2.12% 和 3.53%；全国固定资产投资总额达到 55118 亿元，辽宁、吉林和黑龙江三省分别为 1802.6 亿元、1021 亿元和 1208.6 亿元，分别占全国的 3.27%、1.85% 和 2.19%。两项指标相除，则可算出辽宁、吉林和黑龙江三省的投入产出系数，分别为 1.53、1.27 和 1.61，与 1980 年相比有了极大的改善和提高，三省均超过了 1，表明三省所创造的 GDP 占全国的比重高于全社会固定资产投资在全国所占的比重，投资效果比较理想。其中黑龙江的投入产出配比价值系数最高，投资效果最佳。排序为黑龙江—辽宁—吉林。

（4）从 1980—2003 年 23 年间的投入产出配比价值系数的平均状况来看，辽宁、吉林和黑龙江三省分别为 1.28、1.17 和 1.37，黑龙江最高，辽宁次之，吉林最低，但值得引起注意的是，在这样一个长时期内，东三省的投入产出配比价值系数均超过 1，这在笔者所研究过的我国几大区域经济效果中尚不多见，可否称为"东北现象"，值得引起理论界和政府部门的研究和关注。

我们认为，东北三省投入产出效果如此之好，原因固然是多方面的，但与其在技术效率方面的明显优势有着密切的关系，也在一定程度上表明东北三省经济增长的质量是比较高的。何枫、陈荣（2003）认为，测算各个地区的技术效率，能够了解每个地区的经济增长质量。从总体上看，我国平均技术效率呈现出一种稳步上升的趋势，从 1981—1985 年的 0.6359 上升到 1996—2000 年的 0.7134。从东北三省的技术效率来看，在不同时期均高于全国平均水平，意味着东北三省技术基础条件有其自身的优势。

（四）从投入产出配比系数的变动情况分析（1980—2003 年）

（1）辽宁省的投入产出配比价值系数在不同时期分别为 1.06、1.11、1.02、1.04、1.31 和 1.28，可以看出，1986—1990 年（七五时期）最低，为 1.02。此后"八五"时期、"九五"时期以及"十五"前三年均大幅度改善，尤其是 2001—2003 年期间，投入产出配比价值系数最高，说明这一期间的投资效果最为理想。从形态上分析，辽宁的投资效果可以以"七五时期"为拐点，呈现出一种典型的"V 字型"分布。

（2）吉林省的投入产出配比价值系数在不同时期分别为 0.95、1.08、1.19、1.12、1.23 和 1.17，最低的是 1980 年，为 0.95，最好的是 1996—2000 年的"九五"时期，价值系数为 1.23，表明吉林省的投入产出效果有了较大的改善，呈现出较好的势头。从分布形态上来看，吉林省的投入产出配比价值系数是一条小幅度波动的"上坡曲线"。

（3）黑龙江省的投入产出配比价值系数在不同时期分别为 1.16、0.96、1.05、1.35、1.35 和 1.37，其中最好的是 2001—2003 年期间，高达 1.37，另外，1991—1995 年的"八五"时期、1996—2000 年的"九五"时期也比较理想，投入和产出配比系数高达 1.35，投入产出效果非常理想。从 23 年间各个时期的价值系数变动和分布情况来看，黑龙江省基本上呈现出"V 型"（对钩型）分布，前期在下降，但持续时间短，"六五"时期以后，在一段较长的发展期间却一直在上升，并且没有出现反复情况。

参考文献

[1]《中国统计年鉴》《辽宁统计年鉴》《吉林统计年鉴》《黑龙江统计年鉴》，中国统计出版社出版1985—2000年各期。

[2] 王关义：《1980—2000：中国五大经济特区投入产出配比价值系数分析》，载《数量经济技术经济研究》，2003年第4期。

[3] 王关义：《中国五大经济特区可持续发展战略研究》，经济管理出版社2004年版。

[4] 何枫、陈荣：《经济开放度对中国经济效率的影响：基于跨省数据的实证分析》，载《数量经济技术经济研究》，2004年第3期。

本文刊发于《首都经济贸易大学学报》2005年第2期；作者：王关义

东北老工业基地经济发展的优劣势分析

　　由于历史等众多因素的影响，东北三省曾经是中国铁路运输网最密集的区域，也是新中国工业体系建设最完整的区域。大庆油田、鞍山钢铁、长春一汽、中国第一重型机械集团、哈飞集团等数十个大型、超大型企业成为民族工业的脊梁，也使东北地区成为以国有大中型企业为主的重工业基地。然而，改革开放以来，在从计划经济向市场经济转轨的过程中，由于受传统计划经济体制的影响太深以及向市场经济转轨迟缓，国有企业集中的东北三省，体制性和结构性矛盾日益突出，企业活力不足，经济效益下滑，大量工人下岗，发展速度明显落后于后来居上的"珠三角"和"长三角"地区，经济位次不断后移，经济发展上的滞后现象被不少专家称为中国的"生锈地带"。据我们测算，三省的 GDP 总量占全国的比重曾一度由 1980 年的 12.3% 下降到最低时期的 8%，下降幅度高达 4 个百分点以上，工业总产值在全国所占份额也由原来的 16% 降至最低时期的 9.3%。三省工业在全国的排序不断后移：辽宁省从全国第 2 位下降到第 5 位，吉林省从第 15 位降至第 18 位，黑龙江省则从第 7 位降至第 14 位。这种从辉煌到没落的"东北现象"不仅成了东北人的心痛，也成为困扰中国国民经济发展的最大难题。因此，振兴东北老工业基地成为中国新的发展阶段中重大而紧迫的任务，振兴东北各种战略的确定必须立足当地的优势和劣势，扬长避短。

一、东北老工业基地经济发展中的优势分析

与国内其他区域相比，东北三省经济发展具备诸多方面的优势，振兴东北地区经济战略的确定，必须立足这些优势，实现比较优势的最大限度发挥。

（一）具有得天独厚的区位优势

从地理位置方面看，东北三省地处东北亚，背靠华北，地理位置非常优越。毗邻的俄罗斯、朝鲜、韩国、日本等国在资源、市场、资本、技术和先进的管理经验等方面各有所长，而且，东北三省在历史上与这些国家都有往来，彼此比较熟悉和了解，便于沟通和交流。目前我国与这些国家的关系比较友好，大力推进东北大开发，加强与这些国家的经济交往，可以取长补短、优势互补。华北是东北的腹地，有京、津等大都市，有丰富的资源和技术力量，同时还是一个巨大的潜在市场，是东北经济发展的大后方。东北三省在工业、农业、交通和自然资源上有着无可比拟的区位优势，具有发展旅游业和国际产业、资本、信息、技术、人才、资金等要素融合的独特优势。

（二）基础条件较好

东北三省曾经是我国工业化程度最高的地区，曾被誉为中国工业经济的大本营。作为老工业基地，有较好的工业特别是重工业基础，有较好的交通运输等基础设施条件。"一五"时期，在全国重点建设的 156 项重点工程中，辽宁占了 24 项，约占 15.4%，国家先后投资 65.1 亿元，占同期全国基本建设投资总额的 11.8%。改革开放初期，中国大约 60% 的家底布局在东北。工业发展方面，东北三省曾经是中国工业体系和交通运输网络最完整、最密集的地区，有一批像大庆油田、鞍山钢铁等超大型企业，工业发展的基础好，农业发展方面，也具有明显优势。东北三省地处东北平原，土地资源辽阔，总人口只有 1 亿人左右，人均耕地多，农产品商品率

高，长期以来一直是国家重要的商品粮基地，具有大力发展现代农业、推进农业产业化经营的优势；人力资源方面，东北地区的技术人员比例也是比较高的。因此，东北地区发展经济的基础条件优越（见表1）。

表1 东北三省面积、人口及 GDP 占全国比重表

指标\区域	面积		人口（2003 年年底）		GDP（2003 年年底）	
	总量（万平方公里）	点全国比重（%）	总量（亿人）	占全国比重（%）	总量（亿元）	占全国比重（%）
辽宁	14.59	1.55	0.42100	3.258	5869.30	5.03
吉林	18.74	1.95	0.27037	2.092	2468.06	2.12
黑龙江	45.39	4.72	0.38150	2.953	4123.60	3.53
东三省合计	78.72	8.20	1.07287	8.300	12460.96	10.68
全国	960	100	12.92	100	116694	100

（三）面临新的发展机遇

（1）从工业方面看，一方面，经过 20 多年的改革开放，东北计划经济体制遗留给国有企业的老、大、难包袱已基本处理完毕，该合并的合并，该改制的改制，该剥离的剥离，该破产的破产，该转产的转产，留下来的国有企业已经基本转制，初步适应了社会主义市场经济的要求，可以轻装上阵。另一方面，通过近年来国企的改革脱困，通过债转股、破产、主辅分离、兼并重组和建立现代企业制度，使一大批扭亏无望的国有企业退出市场，一批有潜力的企业再现新的生机与活力；从农业方面看，经过农业市场的开放，广大农民已经认识到，必须调整产业结构，推进农业产业化经营，因为东北地多人少，有利于发展规模经营，获取规模效益；从交通和资源方面看，东北的交通建设发展迅速，高速公路联网，铁路提速，水运发展，国内外航空网形成，交通十分发达和方便，为市场交易提供了便利的条件。

（2）信息化和工业化带来了迎头赶上的机会。老工业基地可以越过传统工业化的某些阶段，用高新技术和先进适用技术改造传统产业，推进产业结构升级，发展高新技术产业，实现超越式发展，走出一条科技含量

高、经济效益好、资源消耗低、环境污染少、人力资源优势得到充分发挥的新型工业化道路。

（3）中央政府的全力支持。2003年以来，党中央国务院从我国经济发展的宏观格局出发，将"振兴东北老工业基地与西部大开发战略"称为"东西互动的两个轮子"，使"振兴东北"获得了"国策"地位。中央政府多次召开专题会议，专门研究实施东北地区等老工业基地振兴战略问题，宏观环境非常有利。

（4）2002年以来，以住宅、汽车、电子通讯、城市基础设施建设等行业为龙头，包括钢铁、机械、煤炭、建材等产业在内的一批高增长行业的出现，推动国民经济进入一个新的较快增长周期。在这些高增长产业中，不少是东北老工业基地比重较大或基础较好的装备工业和重要原材料工业，而这种情况是前所未有的。在这些产业的带动下，2003年以来，东北三省经济增长势头良好，三省的工业增长速度在全国处于较快位置。目前正处在新一轮增长周期的上升期，对老工业基地的调整、改造和振兴，是一个难得的机遇。

（四）人才优势

东北三省高等学校和科研机构较为密集，具备发展经济所必需的人才优势。哈尔滨理工大学、吉林大学、大连理工大学等都是我国高校中实力较强的学校，对东北老工业基地的振兴可提供高素质的人才支撑。以辽宁省为例，全省有900多家研究所、有77所高等学校，在校大学生55万人，科技人才实力雄厚。据预测，到2005年，辽宁省每年可培养出15万大学毕业生，培养出4万软件人才，培养出15万经过专门培训的技术工人，这对振兴东北经济是非常有利的条件。多年的工业化建设也培养了大批高素质的产业技术工人、管理人员，为未来的工业振兴提供了充足的人力资源支撑。

二、东北老工业基地经济发展中的劣势分析

诚然，东北地区经济发展具有一系列独特的优势，但从另一方面来看，还存在许多不利因素和问题，成为制约东北地区经济发展的瓶颈。

（一）思想观念陈旧，市场意识淡薄，市场化程度低，制度变迁缓慢

东北地区国有资本所占比重接近70%，因此被称为"最后的计划经济堡垒"。与东南沿海地区相比，东三省最根本的缺陷是计划经济体制、机制和意识影响还较深，市场经济意识淡薄，市场经济体制发育不良，先进的技术、管理、营销网络等要素不足，市场化的融资渠道较少。不少国有大中型企业职工还抱着"铁饭碗"不放。当前的现实是，不少地区，政府机构臃肿、人员超编，而且还都吃着一份稳定的"皇粮"。权威数据表明，东北地区的市场化程度总指数远远低于东部沿海地区，2000年辽宁在全国31个省份中排名第10位，吉林排第18位，黑龙江排第21位。而在政府与市场关系的市场化指数方面，辽宁排在第15位，吉林排第20位，黑龙江排第27位。近年来，政府指令干预国有企业经营活动的现象在东北地区依然存在。振兴东北的最大障碍不在资源、资本和技术，而在于人们的思想观念。由于自然条件比较好，广大农民比较容易获取生活资料，一般都安于温饱，不求继续致富。思想观念上的陈旧对东北经济的发展构成一道无形的约束。

（二）区域内存在不少资源枯竭型城市，成为制约经济发展的一个"病瘤"，短期内很难解决

东北老工业基地不少都是以能源开采为主业的，资源枯竭型城市比较普遍。如阜新、抚顺、本溪等城市过去以煤矿著称，现在多数都面临枯井。近三年来已经有三十多个大的矿井被迫关井，涉及几十万职工和家属的基本生活，而且在采煤区地表建的矿工住房有相当一批发生沉陷，涉及

十万户居民的安危。阜新、大庆、鞍山等这些曾经如雷贯耳的名字如今都或多或少的陷入资源枯竭的危险之中了。以阜新为例，在创造了 50 年的辉煌之后，最终为煤所困，煤炭资源耗尽，15.6 万职工下岗失业，30 万家属生活困难，经济增长逐年放缓。而且随着资源的逐渐减少，矿区下岗职工还将逐年增加，到 2005 年，阜新下岗职工、失业人员将达 17.6 万人，基本上每 4 个人中就将有一个失业人员。在中国几十座资源枯竭型城市中，阜新的问题最为严重，在阜新市 78 万人口中，矿区职工占城市职工的 31%，矿区人口占市区人口的 60%，所占比重远远超过其他同类城市。而对于那些暂时没有下岗的职工来说，日子也并不好过。据称，由于资金紧张，阜新矿务局从 1994 年就开始拖欠职工工资，时间最长的达 16 个月。长期领不到工资，使得多达 19.98 万阜新居民处于最低生活保障线以下，也就是说，每 4 个阜新人中，就有超过 1 个人处于当地确定的贫困线以下，月收入不足 156 元。这对于资源枯竭、经济增长缓慢的阜新来说是一个巨大的负担。再以大庆为例，作为全国最大的石油生产基地和重要的石油化工基地，开发建设 40 多年来，大庆已累计生产原油 16.24 亿吨，占同期全国陆上石油总产量的 44.6%。可是大庆油田在连续 24 年高产稳产后，可采储量远不能满足年产 5000 万吨的长期需要。今后几年，大庆油田产量每年将以 150 万吨左右的速度递减。油田逐年减产，地方经济的增长很难弥补石油生产下降的影响。未来可能会出现地方经济持续增长，而全市经济仍然是零增长甚至负增长的局面。

（三）国有企业历史包袱沉重

东北是我国的老工业基地，国有企业比重高，离退休人员多，历史包袱沉重，加之多年来经济发展滞后，工资水平在全国排序居于后列，养老金的替代率高。东北老工业基地的国有企业在改革和发展的过程中背负了沉重的历史包袱，主要包括企业办社会、富余人员和债务三大负担。据统计资料，2002 年年末，东北三省国有企业办社会机构共有 7183 个，包括企业办的中小学、医院、托儿所及公检法机构等。其中，中央企业在东北三省办社会机构 3476 个，职工 30.07 万人，企业年补助额 129.86 亿元。

三大负担中最为严重的是债务负担。以辽宁省为例，地方国有及国有控股工业企业 1507 户，总资产 3497 亿元，总负债 2331 亿元。从地方国企主要指标来看，利润总额显示出东北三省均为整体性亏损，资产负债率远高于全国平均水平，资产经营状况很不理想。辽宁省近期对空壳企业进行了一次清查表明，企业基本无有效资产，无偿债能力，冗员和债务包袱沉重，实际资产负债率 100% 以上的空壳企业总数为 416 户，负债总额 259.8 亿元，涉及职工总数 27 万人。也就是说要想让这些企业资产流动起来，就要解决以上职工的安置和财务包袱等问题。黑龙江省地方国有控股企业总资产负债率达 86%。辽宁在历史上曾经有 1000 万国有企业职工，现在有退休职工 290 万，享受最低生活保障的人数也有 165 万，有 100 万登记失业人口，有 150 万下岗离岗的职工，在城市里还有将近 160 万处于最低生活保障线下的职工。

（四）国有经济比重仍然很大

在辽宁、吉林、黑龙江三省的工业中，国有资产平均占到 2/3 以上，但创造的价值却不成比例。黑龙江省工业中地方规模以上国有资产占全省的 1/2，但创造的增加值不到全省的 1/4，利税只占全省的 1/10，利润只占 3.2%。"国有"观念形成的"不要白不要"心理给项目埋下祸根。争项目、跑贷款是大部分国有及国有控股企业的普遍现象。不少地方和企业之所以这么热衷争贷款，是因为他们从贷款那天就没想过要还，有一种"不要白不要"的心理。据调查资料，虽然国家实行了"拨改贷"，但不少国企领导心里认为，反正企业是国家的，银行也是国家的，先贷了再说。这对今后经济的振兴都会带来负面影响。

三、振兴东北老工业基地的若干对策

振兴东北老工业基地，必须用新思路、新体制、新机制、新方式，走出加快老工业基地振兴的新路子。要认真总结多年来有关的经验，理顺振兴老工业基地的基本思路。要通过体制创新和机制转换，建立区域内在的经济增长机制，在老工业基地形成富有活力的内在经济增长机制，这是振兴老工业基地最重要的因素。

（一）振兴东北老工业基地，要牢固树立可持续发展的思想

要重视战略分析和长远发展规划，牢固树立市场意识和观念，彻底摆脱对传统计划经济体制的路径依赖，加快市场化改革，使产权、资金、技术、人力资源、生产资料等生产要素主要依靠市场配置，自由流动，这是振兴东北老工业基地的根本出路。首先，必须重视协调发展，既要发展重化工重装备制造业，也要发展轻型工业、电子信息、IT产业和旅游业；其二，既要发展工业也要发展第一和第三产业；其三，既要发展城市也要发展农村；其四，既要重视国有经济的发展，也要大力发展民营经济。要彻底实现政企分开，充分发挥市场机制的作用。政府部门的主要精力应切实转向创造公平、稳定、透明的政策环境，给投资者以稳定的预期；维护市场经济秩序，提供重要公共产品和高效率的服务，为企业发展和经济增长提供条件。要把境内各个城市的特色产业合理分工，避免趋同，实现三个产业的协调发展。目前东北地区的自然环境也不容乐观。突出的表现在境内主要河流如辽河的严重污染，辽西等区域的沙化，水土流失面积扩大。因此必须注意经济建设与环境之间的关系，实现协调发展。

（二）在确立比较优势的基础上，从一批重大项目的建设入手，确定支撑点，构筑支撑东北经济长远发展的支点

发挥东北地区的现实和潜在优势，认清老工业基地有哪些现实和潜在的优势，通过自身改革和对外开放，激发内部要素活力，引入外部可移动要素，通过内外部要素的有机结合，促进新增长点的出现和发展。要通过一批新项目的建设，形成经济上的新增长点，同时也成为新体制和新机制的增长点。建国后第一个五年计划期间，国家重点建设的156个项目，其中有57个落户在东北三省。这些项目对国家经济建设做出了巨大贡献，但目前也因历史原因背负了沉重的包袱。过去由政府运作而非通过市场选择的项目，往往造成"项目建成之日就是停产之时"，继而是企业巨亏，职

工下岗。如吉林省的一号工程——大液晶项目，投资30亿元，当时被认为填补了国内空白，由此推断市场前景广阔，建成后才发现市场需求不足，企业陷入困境。吉化公司的阿尔法——高碳醇项目，也是投资数十亿元，刚开始运转就行将就木，几十亿元打了水漂，填补了国内或亚洲"空白"变成了市场"空白"。还有被誉为我国轮胎行业摇篮的黑龙江省桦林集团有限责任公司的"子午胎项目"，建成后成了每年吞噬成百上千万元资金的技改黑洞。这些项目的共同特点是，没有考虑市场需求的变化。因此，新项目成败的关键还要看市场前景和企业的机制。要把那些具有良好基础和比较优势，符合国家产业发展需求的项目，如造船、石化、钢铁、机械制造等重要领域的项目放在优先发展的位置。如大连造船重工和大连新船重工是中国船舶重工集团公司所属的骨干企业，今后要以发展大型油轮、第五代集装箱船、海上钻井平台等高端产品为重点，加速造船配套工业园建设，使之成为全国乃至世界的造船业基地。目前，国家正式启动了"振兴东北"的100个项目，总投资额达610亿元。项目主要分布在装备制造业、原材料工业和农产品深加工等东北传统的优势产业上，更加突出了东北老工业基地的优势，着眼点放在做强做大优势产业上。通过优势产业的培育，形成东北经济长远发展的支撑点。

（三）通过体制转换和机制创新，为东北地区国有企业的发展创造良好的外部环境

从很大程度上说，改制和创新是未来东北能否振兴的关键所在。温家宝总理指出："要着力推进体制创新和机制创新，消除经济发展的体制障碍……要充分发挥市场在资源配置中的基础性作用，结构调整、技改、重组都应主要依靠市场来决定。"新形势下老工业基地的振兴，是政府转换职能、企业转变体制和机制的过程。体制和机制不变，即使国家给了投入，非但不能解决原有的困难，而且会形成新的包袱，出现"面多加水，水多加面"的不良循环。企业重组和发展所需资金，应当主要通过引入新的投资者和其他市场融资渠道解决。中央和地方政府花钱买机制，企业发展所需资金靠市场，这是两件必须区分开来的事情。统计数据显示，截至

2002 年，中国国有企业的资产总量是 17.4 万亿元，今后要加快国有经济布局和结构的战略性调整，推动企业间的兼并、联合、重组，力争用 5 年时间使符合破产条件的国企基本退出市场。彻底消除传统计划经济体制的束缚。振兴东北老工业基地的战略举措，其成功的关键在于，完全消除这里的计划经济色彩，彻底冲破体制性障碍，包括政企分开，减少行政审批项目，简化程序，减少政府对企业的行政干预，使企业成为市场竞争的真正主体。

（四）立足现状，学习和参考其他地区的经验，培养自身发展的内在机制，推动产业升级，从根本上实现资源枯竭型工业城市的可持续发展

资源枯竭型城市是指矿产资源开发进入后期、晚期或末期阶段，其累计采出储量已达到可开采储量 70% 以上的城市。由于资源产业与资源型城市发展的规律，资源型城市必然要经历"建设—繁荣—衰退—转型振兴或消亡"的过程，因此，资源枯竭城市转型是世界性的难题。资源型城市的产业特征基本上都是支柱产业单一，城市对矿业产业的依赖性很大。拯救类似阜新这样的资源枯竭型城市的唯一出路是经济转型，因此，应结合各个城市的特色和优势，选择和确定未来转换的主导产业。大庆、鞍山、本溪、抚顺等城市也面临着和阜新同样的问题。事实上，"阜新问题"也是中国众多资源枯竭型城市共同面临的危机。据中国矿业协会统计，中国目前已经形成了 390 多座以采矿为主的资源型城市，其中，20% 处于成长期，68% 处于成熟期，12% 处于衰落期。全国约有 400 多座矿山已经或将要闭坑，约有 50 多座矿城资源处于衰减状态，面临着资源枯竭的威胁，面临着如何转型的考验。资源型城市应该坚持多元化的发展战略，另外还应该延长矿产品深加工链，最大限度地提高资源的附加价值，如大庆可以大力发展石油化工及石化产品深加工业；煤城可以实行以煤发电、以电炼铝，煤电铝一条龙等。同时，鼓励其他非矿产业的发展，特别是鼓励第三产业的发展，以培育新的经济增长点。大庆市以同种资源为基础发展替代产业，抚顺市以替代资源为基础发展替代产业，枣庄利用高新技术提升改造传统煤炭产业，阜新退出传统的工矿业发展现代农业等，都是结合自身特点探索的路子。阜新市农村人均耕地约有 0.38 公顷，人均耕地和人均粮食拥有量都居辽宁省首位。阜新的经济转型必须立足于这种优势，发展现代农业。大庆未来发展的主要措施是发展石油化工产业，争取新的大的石油化工项目在大庆建设投产，形成一个特大型化工产品生产基地，逐步使大庆由石油和天然气开采作为第一大产业，转变为由化工产业作为第一大产业，由"油经济"变成"油化经济"，使石化产业成为大庆最大的替代产业和最大的经济增长点。在资源枯竭型城市的转型中，山东枣庄成功的经验值得借鉴。该市已基本改变了原来单一依托煤炭工业的格局。自 20 世纪 90 年代中后期以来，枣庄市进行了一系列的经济发展方向上的调整，首先淘汰落后生产能力——用 3 年时间关闭小煤矿 82 个，压减生产能力 300 多万吨；关闭水泥生产线 43 条，压减生产能力 271 万吨。其次依托资源优势，发展煤炭深加工产业，建成了水煤浆气化等一批依附于煤化工产业链的化工企业，市场竞争力也得以显著增强。同时，枣庄还计划将新材料、生物技术与制药、机电一体化、电子信息等高新技术作为新的发展目标，以改变该城市过于单一的资源型产业结构。可以说，枣庄已走出了一条中国资源型城市的可持续发展道路，枣庄的成功经验值得东北学习和借鉴。

（五）以市场需求为导向，调整产业结构，实现产业结构的优化

产业结构调整是振兴东北老工业基地的客观要求，从一定意义上说也是决定东北老工业基地能否振兴的关键。新项目的建设必须认真进行研究，要研究市场需求与技术需求，减少重复建设，使规划大体上与市场需求相吻合。产业结构调整也要与所有制结构调整相结合。东北老工业基地产业结构的特点是"重"，同时又与所有制结构的"大"结合在一起。东北国有企业多、大中型企业多，因此，有人说东北经济"既得之于大，又失之于大"。解决这一问题的关键在于，在调整产业结构的同时必须进行所有制结构调整。近年来，东北三省尽管进行了许多有益的尝试，但变化不大。近三年辽宁省国有及国有控股企业基本徘徊在 2000 户。黑龙江省

2002 年年初统计，地方大中型企业 484 户，国有独资超过半数，初步实现多元产权的 133 户企业中，72 户国有股绝对控股。很显然，东北老工业基地的振兴光靠国有经济不行，光靠非国有经济也不行，因为东北老工业基地的产业重型结构，决定了它具有较高的进入门槛。因此，必须走国有经济和非国有经济混合发展的道路。调整产业结构需要大量的资金，仅靠中央政府投资显然不够，地方政府财力又十分有限，因而要求做到投资渠道多元化，实现产业资本与金融资本相结合。在这方面国内其他地区的有些经验可资借鉴。相对而言，深圳开发主要靠"三来一补"，同时依靠港澳台资本；浦东开发主要靠金融资本，吸引了大量的国内外资本。珠江三角洲和长江三角洲的经验证明，在中国，一个地区的调整、改造和振兴，资本是最大的瓶颈。资金是经济运行的血液，老工业基地振兴稀缺的资金，但就全国来说并不短缺。资金在各类要素中最具流动性，而且总是流往安全和收益高的地区或行业。所以，东北老工业基地的产业结构调整必须解决好产融结合的问题。可在依靠政府金融或政策性金融的同时，大力发展"市场金融"，充分利用国（境）外资本和民间资本，解决产业结构调整所需的资金问题。

（六）大力发展民营经济，培育富有活力的市场主体

振兴东北老工业基地既要解决国有企业的问题，同时也要大力发展非国有经济，发展国有与非国有相互融合的混合经济。老工业基地国有经济比重高，国有大企业多，这是基本事实。但是，如果向前看，从发展市场经济的要求看，从我国东南沿海发达地区的经验看，不大力发展非国有经济，市场经济的大环境很难培育起来，国有企业改革的外部环境很难改善。非国有经济的发展，一方面自身构成了市场经济的重要组成部分，另一方面，也为国有企业的改造提供就业机会，提供新的投资者，提供替代性的财政收入。国有经济与非国有经济相互融合而成的混合经济，应当成为重要的发展方向。老工业基地自身的经验也说明，仅仅在国有企业自身的圈子里搞改革是没有出路的。民营经济应在东北老工业基地改造进程中发挥积极作用。要鼓励民营资本、外资参与国有企业重组。经验表明，构

造多元投资主体，改变国有企业的股权结构，发展混合所有制经济，建立有效的公司治理结构，形成内部化的财务预算硬约束机制，是使企业自主自立、成为独立的市场主体的重要途径。民营企业在老工业基地振兴中具有不可替代的地位。改善老工业基地经济的所有制结构是形成内在经济增长机制的重要条件。民营企业天然就有产权清晰、权责明确的特征，自主经营、自负盈亏的激励与约束功能十分明显。强有力的产权激励与约束，使他们成为负责任的市场主体。因此政府应当放松对他们的经济性管制，政策应进一步放开。要在投融资、税收、土地使用和对外贸易等方面给他们参与公平竞争的权利。在国企集聚的地区必须消除所有制歧视，承认民营经济的平等地位，释放民营经济的活力。

（七）依靠资源优势，积极引进外资，大力发展外向型经济

振兴东北老工业基地，必须建立开放的环境，实行全方位的开放，不光轻工业要开放，重工业也要开放，还有包括第一、第三产业都要开放。积极引进外资，发展三资企业，对提高区域经济活力有重要作用。2001年东北三省老工业基地进出口总额合计189亿美元，只占全国的5.1%，实际利用外资25.2亿美元，占全国7.9%。开放度不足，从另一个方面则意味着可调动的潜力巨大。东北三省属于沿海沿边省份，具有发展外向型经济的潜力。构筑区域经济对外开放新格局，引导外商直接投资和参与国有企业、特别是大型国有企业的改组改造，不仅可以改善资产质量，接受国际产业转移，拓宽市场，而且可以带来技术、管理，带来新的体制和机制。只有市场主体活力上升，实力壮大，竞争力提高，振兴老工业基地才有希望。

参考文献

[1] 仲大军：《东北何以变成"生锈地带"》，载《改革内参》，2003年第28期。

[2] 严桦：《振兴东北卸下包袱才能轻装上阵》，载《中国青年报》，2004年1月9日。

[3] 何伟：《经济体制改革付昂贵学费，东北三省已具大开发大发展条件》，载《人民日报》，2003 年 8 月 4 日。

[4] 明宁：《开发落后地区的经济优势》，载《经济参考报》，2004 年 1 月 30 日。

[5] 吕志胜：《振兴东北的冲动与行动》，载《经济参考报》，2004 年 1 月 31 日。

[6] 金振荣：《资源枯竭型城市如何转型》，载《光明日报》，2004 年 2 月 7 日。

本文收录于《东北老工业基地振兴与管理现代化研讨会暨中国企业管理研究会 2004 年年会论文集》，（中国企业管理研究会 2004—2005 年度报告），中国财政经济出版社 2005 年版；作者：王关义

1980—2000：广东三大经济特区投入产出配比价值系数分析

改革开放以来，在邓小平同志"杀出一条血路"等关于特区建设思想的指引下，深圳、珠海、汕头三大经济特区以敢为天下先、敢闯敢试的精神和勇气，创造性地推动特区的经济建设，使特区的经济建设取得了长足的进展。当21世纪的曙光刚刚升起，结合特区经济社会发展的现实，广东省委省政府又提出了特区要率先实现现代化的宏伟目标，拉开了经济特区第二次创业的序幕。时至今日，经济特区设立已有20多年的历史，从总体上看，三大经济特区的经济总量取得了令世人瞩目的成就，对我国国民经济的拉动作用也是十分显著的。但在GDP增长的同时，投资也在扩张，究竟三大经济特区投入产出的效益如何？这不仅是理论界应当研究和给予科学回答的问题，而且也始终是中央和特区政府十分关注的问题。本文运用作者最先提出的"投入产出配比价值系数"这一指标，分别测算了深圳、珠海和汕头三大经济特区自1980—2000年期间以及各个发展时期的相关指标，并进行了定量分析和排序，窥一斑而见全豹，以期对三大特区政府在制定提高投资效果，选准发展的关键点提供有益的参考。

一、1980—2000：广东三大经济特区全社会固定资产投资分析

十一届三中全会后，党中央开始实行"非均衡发展战略"，邓小平同志讲："允许一部分人、一部分地区先富起来"，为了借鉴外国的成功经验，加速我国经济建设的步伐，国家开始实行对外开放战略。1980年，党

中央决定在地处我国东南沿海的广东和福建两省，划出几块地方，建设经济特区，作为我国对外开放的"窗口"和"前头哨"，于是，深圳、珠海、汕头和厦门、海南五大经济特区在全国率先迈开了超常规发展的步伐。自1980—2000年，经过20多年的建设，广东三大特区的经济发展水平有了大幅度的提高，社会面貌发生了显著的变化，综合实力有了明显的增强，并继续呈现出良好的发展态势。诚然，推动特区经济快速发展的因素有许多方面，但投资因素的贡献却是最为重要的因素之一。

通过对表1、表2的分析，可以得出如下几点结论：

1. 从全社会固定资产投资额绝对指标来看，深圳、珠海和汕头三大经济特区这一指标均呈现出高速增长的态势，1980—2000年，深圳由1.38亿元增加到677.12亿元，增长了近500倍；珠海由0.58亿元增加到95.08亿元，增长了160多倍；汕头由2.11亿元增加到112.48亿元，增长了近50多倍。三大特区当中，增长最快的是深圳，最慢的是汕头。

2. 从三大经济特区全社会固定资产投资占广东全省比重这一相对指标来看，三大特区占广东全省的比重由1980年的11%上升到2000年的27%，超过全省的1/4，1980—2000年20年间平均所占比重为24%。这20年的长期发展趋势表明，三大特区在广东经济发展中所起的作用在逐步加强，这种上升趋势一直没有逆转，并呈现出逐期提高的态势。

3、从深圳、珠海和汕头三大经济特区所占比重及排序情况来看，1980—2000年发生了巨大变化。1980年，汕头占全省的6.0%，深圳占4.0%，珠海占2.0%，排序为汕头—深圳—珠海，而从"七五"时期开始，深圳特区一跃而排第一，而汕头特区则屈居第2，珠海特区则一直排名第3，排序一直保持深圳、汕头、珠海的格局。同时，三大特区之间的差距也在扩大，2000年，深圳特区所占比重几乎是珠海和汕头两大特区之和的2倍。其中，"六五"和"七五"时期，深圳所占比重均为13.0%，而珠海与汕头所占比重之和分别为8.01%和9%，前者是后者的1.6倍；而到"九五"时期，深圳所占比重为18.0%，而珠海和汕头所占比重之和仅为8%，前者是后者的2.25倍，2000年，深圳占全省的21%，而珠海和汕头加起来才仅占全省6.01%，前者为后者的3.49倍。

表 1 1980—2000：广东三大经济特区全社会固定资产投资额变动表（单位：亿元）

区域 \ 时间	1980	1981—1985（"六五"时期）	1986—1990（"七五"时期）	1991—1995（"八五"时期）	1996—2000（"九五"时期）	2000	1980—2000 合计
深圳	1.38	73.96	204.91	922.21	2447.69	677.12	3650.15
珠海	0.58	20.08	52.40	338.17	445.65	95.08	856.88
汕头	2.11	21.49	88.75	360.86	631.35	112.48	1104.56
特区合计	4.07	115.53	346.06	1621.24	3524.69	884.68	5611.58
广东全省	38.29	548.80	1549.91	7498.19	13555.17	3233.70	23190.36
特区占全省比重（%）	11.0	21.0	22.0	22.0	26.0	27.0	24.0

注：表中数据是根据深圳、珠海、汕头三大经济特区和广东海上的统计年鉴上的数据连续加和计算得出的。

表 2 1980—2000：广东三大经济特区全社会固定资产投资各自占全省比重及排序（数额单位：亿元）

区域 \ 时间	1980			1981—1985			1986—1990			1991—1995			1996—2000			1980—2000		
	数额	比重（%）	排序	数额	比重（%）	排序	数额	比重（%）	排序	数额	比重（%）	排序	数额	比重（%）	排序	数额	比重（%）	排序
深圳	1.38	4.0	2	73.96	13.0	1	204.91	13.0	1	922.21	12.0	1	2447.69	18.0	1	3650.15	16.0	1
珠海	0.58	2.0	3	20.08	4.0	3	52.40	3.0	3	338.17	5.0	3	445.65	3.0	3	856.88	4.0	3
汕头	2.11	6.0	1	21.49	4.01	2	88.75	6.0	2	360.86	5.01	2	631.35	5.0	2	1104.56	5.0	2
全省	38.29	100	—	548.80	100	—	1549.51	100	—	7498.19	100	—	13555.17	100	—	23190.36	100	—

注：表中相关数据是根据表1中数据计算得出。

二、1980—2000：广东三大经济特区投入

产出配比价值系数分析

在以往分析其他地区经济发展中的投资效益时，根据价值工程中的有关功能与成本匹配关系的科学思想，作者曾提出了一个新的分析指标，即投入产出配比价值系数（r）。计算公式为：$r=G/F$；其中：r—某区域投入产出配比价值系数；G—该区域在一定时期内 GDP 占总体的比重；F—该区域在相应时期内全社会固定资产投资占总体的比重。

当 $r<1$ 时，则表明该区域在某一时期国内生产总值占总体的比重小于其全社会固定投资占总体的比重，该区域投资与产出不相匹配，以相对较高的投资取得了较低的产出，投资效果不够理想，政府应当引起高度重视。今后工作的重点应放在制定提高本区域投资效果的政策和措施方面。

当 $r=1$ 时，则表明该区域在某一时期内投入与产出在总额中所占的比重是相匹配的，投入产出效果变动趋势一致，今后工作的重点应放在结构调整上，力争打破这种相对一致的均衡态势，力争使未来的产出所占比重大于投资所占比重。

当 $r>1$ 时，则表明该区域在一定时期内 GDP 产出在总体中所占比重大于其全社会固定资产投资所占比重，该区域用较少的投资取得了更多的产出，投入产出效果较好，政府今后工作的重点应当不断调整投资结构，向高科技、高收益的领域加大投资力度，使 r 更大，以较少的资金投入取得更多的收益。

通过对表 3、表 4 和表 5 的分析，可以得出如下结论：

1. 从绝对指标分析，三大经济特区的国内生产总值增长很快。合计额由 1980 年的 16.10 亿元增长到 2000 年的 2472.65 亿元，20 年间增长了 153.58 倍，净增 2456.55 亿元。其中：

（1）深圳特区增长最快，由 2.70 亿元增长到 1665.47 亿元，20 年间增长了 616.8 倍；珠海特区由 2.61 亿元增长到 330.26 亿元，增长了 126.5 倍；汕头特区增长幅度最小，由 10.79 亿元增长到 476.92 亿元，增长了 44.2 倍。

表3 1980—2000：广东三大经济特区国内生产总值变动表（单元：亿元）

时间 区域	1980	1981—1985 （"六五"时期）	1986—1990 （"七五"时期）	1991—1995 （"八五"时期）	1996—2000 （"九五"时期）	2000	1980—2000 合计
深圳	2.70	88.78	471.85	2414.16	2470.57	1665.47	11113.53
珠海	2.61	27.36	124.36	209.08	1322.89	330.26	2316.56
汕头	10.79	81.64	262.07	806.27	2041.87	476.92	3679.56
合计	16.10	197.78	858.28	3729.51	9835.33	2472.65	71709.65
广东全省	249.65	2035.15	5641.01	18023.30	39880.31	9662.23	75460.65
特区占全省比重（%）	6.0	10.0	15.0	21.0	25.0	26.0	22.67

表4 1980—2000：广东三大经济特区国内生产总值各自占全省比重及排序变动表（数额单位：亿元）

时间 区域	1980			1981—1985			1986—1990			1991—1995			1996—2000			1980—2000		
	数额	比重（%）	排序	数额	比重（%）	排序	数额	比重（%）	排序	数额	比重（%）	排序	数额	比重（%）	排序	数额	比重（%）	排序
深圳	2.70	1.0	2	8878	4.0	1	471.85	8.0	1	241416	13.0	1	647057	16.0	1	11113.53	1473	1
珠海	2.61	1.0	3	2736	1.0	3	12436	2.0	3	20908	3.0	3	1322.89	3.0	3	2316.56	3.07	1
汕头	10.79	4.0	1	8164	4.0	2	26207	5.0	2	80627	4.0	2	2041.87	5.0	2	3679.56	4.88	2
全省	49.65	100	—	203515	100	—	5610.01	100	—	18023.3	100	—	39880.31	100	—	75460.65	22.67	—

注：表中的数据是根据深圳、珠海、汕头三大经济特区和广东省的统计年鉴连续表和计算得出的。

表5　1980—2000：广东三大经济特区投入产出配比价值系数变动及排序　（比重单位：%）

时间 区域	1980				1981—1985				1986—1990				1991—1995				1996—2000				1980—2000			
	产值比重	投资比重	价值系数	排序	产值比重	投资比重	价值系数	排序	产值比重	投资比重	价值系数	排序	产值比重	投资比重	价值系数	排序	产值比重	投资比重	价值系数	排序	产值比重	投资比重	价值系数	排序
深圳	1.0	4.0	0.25	3	4.0	13.0	0.31	2	8.0	13.0	0.62	3	13.0	12.0	1.08	1	16.0	18.0	0.89	3	14.73	16.0	0.92	3
珠海	1.0	2.0	0.5	2	1.0	4.0	0.25	3	2.0	3.0	0.67	2	3.0	5.0	0.60	3	3.0	3.0	1.0	2	3.07	4.0	0.77	2
汕头	4.0	6.0	0.67	1	4.0	4.01	1.0	1	5.0	6.0	0.83	1	4.0	5.01	0.80	2	5.0	5.0	1.0	1	4.88	5.0	0.98	1

注：表中相关数据是根据表1中数据计算得出。

（2）1980 年，三大特区 GDP 总额先后排序为汕头—深圳—珠海，而到 2000 年时，先后排序演变为深圳—汕头—珠海，深圳一跃而成第一，而汕头则屈居第二，珠海则一直排在第三。

（3）从增长的起点来分析，1980 年，汕头最高，其 GDP 总额几乎相当于深圳和珠海之和，而到 2000 年时，深圳的 GDP 总额则是珠海和汕头总和的 2 倍多；从增长幅度的高低来看，先后排序为深圳—珠海—汕头。

2. 从相对指标来看，1980—2000 年，三大经济特区 GDP 占全省的比重由 6%上升到 26%，20 年间增长了 20 个百分点，其中：

（1）深圳占全省的比重由 1%提高到 17%，净提高 16 个百分点，提高幅度最大，珠海所占比重由 1%提高到 3%，净提高 2 个百分点，汕头所占比重由 4%提高到 5%，仅提高 1 个百分点，提高幅度最小。

（2）三大特区占广东全省 GDP 的比重按提高幅度排序为深圳—珠海—汕头，而按所占比重的高低排序，1980 年先后次序为汕头—深圳—珠海，2000 年时则演变为深圳—汕头—珠海，深圳和汕头的排序发生了互换。

3. 从投入产出配比系数 r 分析：

（1）1980 年，深圳、珠海和汕头分别为 0.25、0.5 和 0.67，表明其 GDP 产出占广东全省的比重均小于其全社会固定资产投资占全省的比重，投资所占比重高而产出所占比重小，三大特区的投入产出效果均不够理想，其中以深圳最差。

（2）2000 年，三大特区的投入产出系数与 1980 年相比有了极大的改善和提高，分别提高到 0.76、1.0 和 1.66，其中深圳最低，GDP 占全省的比重小于全社会固定资产投资占全省的比重，投资效果较差，珠海的价值系数为 1，表明其产出占全省的比重与全社会固定资产投资占全省的比重相匹配，投入产出效果比较理想，汕头的价值系数为 1.66，大于 1，表明其 GDP 占全省的比重大于全社会固定资产投资所占比重，投入产出效果较好。

（3）从 1980—2000 年 20 年间的投入产出配比价值系数的平均状况来看，深圳、珠海和汕头三大经济特区分别为 0.92、0.77 和 0.98，汕头最高，接近于 1，深圳次之，而珠海最低，三大经济特区的先后排序为汕头—珠海—深圳。投入产出系数均小于1,表明作为产出的 GDP 占全省的比重均小于全社会固定资产投资占全省的比重,投资效果较差,特区政府应当转变观念,把今后工作的重点转移到推动集约型经济增长的轨道上来,在改善投资环境,提高单位投资的回报率方面采取措施,而不应该将眼睛只盯住如何争取和加大投资、如何吸引更多资金投入特区方面。

4. 从投入产出配比系数的变动情况来看,1980—2000 年,深圳特区的投入产出配比价值系数分别为 0.25、0.31、0.62、1.08 和 0.89,可以看出,1980 年最低,此后"六五"时期、"七五"时期均大幅度增长,"八五"时期达到最高 1.08,投入产出效果最好,"九五"时期却出现了拐点而由升到降,2000 年更降为 0.76,这应当引起特区政府的高度重视;珠海经济特区的投入产出配比价值系数分别为 0.5、0.25、0.67、0.61 和 1.0,最低的是 1981—1985 年的"六五"时期,仅为 0.25,最好的是 1996—2000 年的"九五"时期,价值系数为 1,表明珠海特区的投入产出状况有了较大的改善,呈现出较好的势头;汕头经济特区的投入产出配比价值系数分别为 0.67、1.0、0.83、0.80、1.0 和 1.66,其中最好的是 2000 年,高达 1.66,另外,1981—1985 年的"六五"时期、1996—2000 年的"九五"时期也比较理想,投入和产出基本相称。从 20 年间各个时期的价值系数变动情况来看,在三大经济特区中,汕头的投入产出配比价值系数最高,原因在于与其他两个经济特区相比,汕头特区的发展历史和经济发展的起点均好于深圳和珠海。

参考资料

[1]《广东统计年鉴2001》,中国统计出版社 2001 年版。

[2]《深圳统计年鉴》《汕头统计年鉴》《珠海统计年鉴》,1990—2001 年各期。

[3] 王关义、王忠贤:《中国东西部地区基本建设及更新改造投资的对比分析》,《数量经济技术经济研究》,2001 年第 9 期,第 22—24 页。

本文刊发于《经济前沿》2002 年第 2 期;作者:王关义

广东工业化水平的实证分析

工业化本质是一种历史现象，是一个随着生产力发展而动态变化的过程，工业化水平是衡量一个国家或地区经济发展及其所处阶段的重要指标。本文运用国内外相关理论从各个不同的角度对广东的工业化水平进行了比较全面的分析。

广东的工业化建设同全国一样，也是从建国以后开始的。但直至改革开放以前，全省的工业化水平同建国初期相比尽管有了较大程度的提高，但仍处于比较低的层次。近20多年以来，地处改革开放前沿阵地的广东，国民经济有了长足的发展，雄居全国之首。与此同时，广东的工业生产也实现了"跳跃式"超常规发展，工业化水平有了显著的提高。世纪之交，广东工业化究竟演进到哪个阶段？对于这个问题，只有在广东工业化所处的阶段进行科学的实事求是分析的基础上，才能制定出切合实际的对策，推动广东的社会主义工业化向更高的层次转换。

工业化本质上是一种历史现象，是一个随着生产力发展而动态变化的过程。工业化水平是一个国家或地区经济发展及其所处阶段的重要指标，关于工业化的涵义及其发展阶段的划分，学术界形成众多理论。本文运用这些理论从各个不同角度对广东的工业化水平进行比较全面的分析。分析的基本思路是，先简要介绍各种标准模式或指标，然后计算出广东省相应的指标数值加以判断，得出其处于工业化的哪一阶段的结论。对于各种理论中涉及的时间、币种以及币值间的换算，由于影响因素众多，文中也没有涉及。提出标准模式并非主张工业化发展道路的唯一性，而是提供一个国际背景下的参照系统，为各国研究工业化进程，分析同标准模式的偏离程度提供有关依据。

一、H.钱纳里理论模式与广东工业水平的衡量
（从总量上判断）

（1）H.钱纳里的理论模式。美国著名发展经济学家 H.钱纳里运用多国模型对人均经济总量与工业化进程的关系进行了比较深入的研究，认为工业化是以经济重心由初级产品生产向制造业转移为特征的，研究结论如表 1 所示。

表 1　人均 GDP 与工业化阶段

指标　　　　　工业化阶段		工业化初级阶段	工业化中级阶段	工业化高级阶段	发达经济阶段
人均 GDP 变动范围	按 1970 年美元计算	140—560	560—1120	1120—2100	2100—5040
	按 1982 年美元计算	728—1456	1456—2912	2912—5460	5460—8736

（2）广东工业化水平的衡量。就广东省的经济发展情况来看，改革开放以来，广东 GDP 增长了 10.22 倍，1981 年全省人均 GDP 折合为 322 美元，为劳动密集型轻纺工业上升期，到 1997 年全省人均 GDP 为 1671 美元，全省已总体进入小康社会发展阶段，工业处于发展以资本密集型的能源、原材料工业到以发展技术密集型的汽车、家电、电子、精密机械等高加工度工业为主的转型时期。按照这一指标测算，广东工业应处于工业化中期阶段，即钱纳里标准模式的第二个阶段末期，即将进入经济结构全面转型的第三个时期。

二、霍夫曼比率与广东工业化水平的测定（从结构上判断）

（1）霍夫曼比率。"霍夫曼比率"是指消费品工业净产值与生产资料工业净产值之比。德国经济学家霍夫曼将全部产业分为消费资料产业、资本资料产业与其他产业三种类型，他认为，凡是某类产业的产品有 75%以上是消费资料则归入消费资料产业，75%以上是资本则归入资本资料产业，不能归入上述两类的就归入其他产业。根据他对 20 个国家工业内部结构的时序划分和计算分析，把工业发展过程划分为 4 个阶段（见表 2）。"霍夫曼比率"适用于衡量一定时期的工业化水平，划分工业化阶段。

表 2　霍夫曼比率

阶段 指标	第一阶段	第二阶段	第三阶段	第四阶段
消费品工业资产值与资本品工业净产值之比	5(-1,1) (4,6)	2.5(-1,1) (1.5,3)	1(-0.5,0.5) (0.5,1.5)	1 以下

"霍夫曼比率"越小，工业化水平越高，这一方法的"合理内核"在于表明随着工业程度的提高，加工程度高的产业份额比例将增大。在工业化早期，工业结构以轻工业为主，加工程度低，随着工业化的发展，加工程度高的重化工业和机械加工工业必定优先发展，从而在总产出中的份额会增大。

（2）运用"霍夫曼比率"对广东工业化水平的判断。"霍夫曼比率"中运用的工业分类标准，使用的消费品工业和资本品工业的划分与我国理论研究和实践中所使用的轻重工业的划分方法比较接近，因此，本文将此方法修正为运用轻重工业产值之比，来近似判断和衡量广东工业化水平所处阶段。根据"霍夫曼比率"的计算方法，以工业总产值计算的广东省 1990、1996、1997、1998 年的近似"霍夫曼比率"分别为 2.4、1.8、1.9、1.7。

表3 广东省轻重工业产值比重及近似的霍夫曼比率

时间（年） 指标	1949	1957	1965	1975	1978	1980	1985	1990	1996	1997	1998
轻工业产值比重（%）	87.6	82.13	71.54	60.76	57.3	62.98	67.53	71.31	65.01	66.08	64.05
轻工业产值比重（%）	12.4	17.87	28.46	39.24	42.68	37.02	32.47	28.69	34.99	33.92	35.95
轻重工业产值之比 3＝1÷2(近似霍夫曼比率)	7.1	4.6	2.5	1.6	1.34	1.7	2.08	2.49	1.86	1.95	1.78

注：近似的霍夫曼比率：霍夫曼比率计算运用工业净产值指标，而此表计算用的工业总产值指标；霍夫曼比率用消费品工业净产值、生产资料工业净产值，而此表运用轻工业总产值、重工业总产值。

从新中国成立以后广东工业发展中近似的"霍夫曼比率"指标变化情况看，这一指标呈稳步下降态势，显示出广东的重化工业水平在逐步提高，90年代以来的"霍夫曼比率"平均为2.02，1.5<2.02<3，依此判断，则广东90年代的工业化水平处于工业化的第二阶段。这一阶段是从以轻工业为中心发展到以重化工业为中心，电力、钢铁、机械制造、石化等资本密集型产业开始起主导作用，工业基础设施日臻完善。

三、用"工业化率"指标来判断广东的工业化水平

"工业化率"是社会总产出中制造业份额每10年增长的百分点数。工业化率越大，工业化推进的速度越快。如用工业增加值占GDP的比重变化估算工业化率，则1987—1997年广东的工业化率为11.99%，是钱纳里计算的标准数（3.4%）的3倍，表明广东工业化推进速度比标准模式快。广东的工业化进程，并没有完全遵循"农业—轻工业—基础工业—重加工业—轻重结合高技术加工业—现代服务业"的一般演进趋势，而是直接在

"拿来主义"原则下，引进国外先进技术，利用国外直接投资，加快重化工业和家电工业的发展步伐，采取了超常规的发展方式。

四、库兹涅茨模式与广东工业化水平的判断

（1）库兹涅茨模式。库兹涅茨等人根据农业、工业、服务业三大产业划分，把劳动力的产业间分配同国内生产总值的产业间分配有机结合起来，分析产业结构演进的规律（见表4）。

表4　国内生产总值的产业分布

人均 GDP（1982 年美元）	1 264	2 421	3 703	4 1126	5 1836	6 2752	7 4407	8 7043
第一产业	53.6	44.6	37.9	32.3	22.5	17.4	11.8	9.2
第二产业	18.5	22.4	24.6	29.4	35.2	39.5	52.9	50.2
第三产业	27.9	33.0	37.5	28.3	42.3	43.1	35.3	40.6

（2）广东三次产业构成及工业化水平的判断。改革开放以来，广东的产业结构发生了巨大变化，三次产业产值占国内生产总值 GDP 的比重已由 1978 年的 29.76：46.6：23.63 转变为 1997 年的 13.49：49.87：36.65，第一产业比重下降了 16.27 个百分点，二、三产业比重各上升了 3.27 和 13.02 个百分点。工、农业占总产值的比重由 1978 年的 72.9：27.1 变为 1997 年的 88.2：11.8，工业长期占主导地位，成为经济增长的主要推动力，与库兹涅茨等人提出的指标表对比。广东工业目前大体处于第6到第7个阶段之间，属于工业化中后期阶段，农业下降比较迅速，处于第6—7的转移阶段。因此，从产值的分布状况看，广东的工业化水平已处于中级阶段。工业中传统的食品、纺织和一般日用品工业昔日曾占主导地位，目前早已让位于电子及通讯设备制造业、电器机械及器材制造业。近些年来重化工业开始加速成长，高新技术产业也有了长足的发展。制造业中的石油、化工、医药、化纤、黑色和有色金属冶炼及压延、专用设备、交通设备、电器、电子、仪表等资本、技术密集型行业已占到全省工业总产值的一半以上。

表5　广东三次产业产值构成

指标＼时间		1978	1980	1985	1990	1996	1997
国内生产总值(亿元)		185.85	249.65	577.38	1559.03	6519.14	7315.51
第一产业	产值(亿元)	55.31	82.97	171.87	384.59	341.73	956.82
	比重(%)	29.76	33.23	29.77	24.67	14.45	13.49
第二产业	产值(亿元)	86.62	102.53	229.82	615.86	3269.35	3647.82
	比重(%)	46.6	41.07	39.8	39.5	50.15	49.87
第三产业	产值(亿元)	43.92	64.14	175.69	558.58	2308.06	2680.87
	比重(%)	23.63	25.69	30.43	35.83	35.4	36.65

五、配第一克拉克趋势与广东工业化水平的判断

（1）配第一克拉克趋势。克拉克运用配第的观点，搜集了若干个国家一定时期劳动力在三次产业之间转移的统计资料，得出如下结论：随着人均收入水平的提高，劳动力首先由第一产业向第二产业转移，当收入水平进一步提高时，劳动力便由第二产业向第三产业转移（标准模式见表6）。

表6　劳动力的产业分布

指标＼阶段	第一阶段	第二阶段	第三阶段	第四阶段
消费品工业资产值与资本品工业净产值之比	5(-1,1)(4,6)	2.5(-1,1)(1.5,3)	1(-0.5,0.5)(0.5,1.5)	1 以下

（2）广东工业化水平判断。从广东的实际情况看，农业从业人员的份额有较大幅度下降，从1980年的70.7%降至1997年的40.8%，非农业从业人员从29.3%上升到59.2%。三次产业劳动力结构明显不对称，结构偏

离度偏高，1997 年达到 54.6%。说明劳动力分布不对称，劳动效率较低。根据配第一克拉克趋势判断广东工业化水平大体上处于由第 3 阶段到第 4 阶段的转型时期，即工业化中后期阶段。

表7　广东劳动者就业产业结构（单位:%）

产业 ＼ 时间	1990	1995	1996	1997
第一产业	53.0	41.5	40.7	40.8
第二产业	27.2	33.8	33.4	32.9
第三产业	19.8	24.7	25.9	26.3

从以上的对比分析中可以看到，从不同的角度，运用不同的指标对广东的工业化水平进行分析，结论是广东的工业化水平不是整齐划一的，滞后与超前形成较大的落差，难以同各种"标准模式"一一对应，显示出广东走了一条独特的各阶段特征相互叠加的工业化道路。但从总体上判断，广东工业化已处于 W.罗斯托所说的工业化阶段的中期，即钱纳里模式中的第三个时期，而部分领域则处于工业化初期或后期水平。广东的工业经济目前正处于产业升级的关键时期。

关于广东工业化水平所处阶段的分析，理论及实际工作者有着不同的看法，有的观点认为广东已进入工业化中期阶段，有的却认为广东工业化还处于由初级阶段的过渡时期，还有的认为广东的工业化已处于由中期阶段向高级阶段的过渡时期。对于这些看法，笔者认为，都是从不同角度，运用不同的指标计算得出的，自然各不相同。正确的而现实的观点是既要看到广东工业化过程中的优势和大趋势，更要重视工业化过程中的一些劣势指标，从而采取相应对应扬长避短。

参考文献

[1] 何东霞：《广东经济体制模式评论》，载《管理世界》，1999 年第 2 期。

[2] 钱纳里：《工业与经济增长比较研究》，上海三联出版社 1989 年版。

［3］谭回源等：《广东工业结构问题研究》，载《广东统计年鉴 1998》，中国统计出版社 1998 年版，第 8 页。

［4］李建新：《我国工业化阶段发展分极及其跳跃式发展》，载《经济师》，1999 年第 1 期。

本文刊发于《生产力研究》2000 年第 1 期；作者：王关义

关于汕头经济特区农业产业化经营的思考

一、汕头经济特区农业发展的现状及特点

改革开放 20 多年来，汕头经济特区的农业生产取得了长足的发展，到 1997 年，全市农村社会总产值达 475.49 亿元，农业总产值达 73.4 亿元，第一产业全社会劳动生产率达 594 元，农村经济全面发展，乡镇企业总产值 433.69 亿元，农村非农产业迅速发展，非农产业产值占农村社会总产值的比重由上年的 82.46% 提高到 84.57%。

汕头经济特区农业发展的现状与特点表现在如下几个方面：

（一）发展农业的自然条件优越。全市行政区划包括澄海市、潮阳市、南澳县以及龙湖，金厦、升平、达濠，河浦 5 个区。1997 年拥有人口 413.41 万人，土地面积 2064.4 平方公里，耕地面积 72.34 万亩．其中有效灌溉面积达 62.82 万亩，占耕地面积的 86.8%。年总降水量 1942.3 毫米，年平均气温 22.1 摄氏度，年日照时数 1926.7 小时，森林面积 94.71 万亩，森林覆盖率 32%，海岸线长 289 公里，海水养殖可养面积 46.8 万亩（已养面积 15.07 万亩）、淡水养殖可养面积 10 万亩（已养面积 6.04 万亩），具备发展包括农、林、牧、副、渔在内的大农业的良好条件。正因如此，汕头的农业生产发展不仅速度较快，水平较高，而且在广东省占有极其重要的位置，尤其是渔业生产，由于靠海，条件得天独厚，发展更快。

（二）农业发展的基础良好，农业商品率较高。由于汕头良好的自然条件和较长时期的发展，加之中央正确的农业政策、政府对农业投入的增加、科技进步的影响等众多要素的作用，汕头的农业经济得到较快的发展，有"吨粮市"和"吨谷市"的美称。近年来，由于政府对农业的高度重视，依靠科技进步，使特区农业综合生产能力大大提高，"三高"农业和农业产业化经营有了较快的发展，农业商品率保持较高水平。1997年，全市农业商品率总体水平为78%。其中，种植业58.91%，林业25.69%，牧业87.99%，副业97.9%，渔业94.24%。

农业产业化经营取得了一定的发展。农业产业化经营是以农工商一体化、产加销一条龙为特征的农业发展模式，具有跨产业、市场化、集约化和高效益等显著特征，它包括"农产品生产—农产品深度加工增值—农产品销售"等环节，其中的各个环节是一个有机的系统。农业产业化经营的核心是围绕一个"农"字，只要有农产品的生产（种植），就存在着进行产业化经营的可能。汕头农业的产业化经营从总体上看，目前还处于刚刚起步阶段，但发展速度较快，发展势头良好。在茶叶、渔业、生猪养殖、甘蔗、草莓等众多领域初步形成产业化经营的势头。如潮湘桥区的"一村一品，专业种养"，推行适度规模经营，目前已经形成四宁的冬瓜、西都的家禽、锡美的茶叶、石牌的蔬菜、后径的青梅、埔东的吊瓜等一批专业村，风新和西湖两街道的万头养猪年生猪上市量分别达2万头和1万头，为支持农产品尽快进入市场，提高产出效益，该区还先后兴建和扩建了肉菜市场、水果批发市场、鱼肉菜市场等一批农贸市场。澄海市闻名遐迩的"草莓村"——董坑村，结合地处山麓、交通不便的实际，解放思想，改变过去的耕作模式，1989年从外地引种草莓，获得成功，短短几年发展成为远近闻名的"草莓村"。不仅全村730亩土地全种上了草莓，而且有的农户还向邻村租地，1999年的草莓种植面积超过1000亩，成为粤东地区种植最早、规模最大、效益最好的草莓基地，被汕头市确定为发展"三高"农业的示范村，全村600多农户大多成为万元户，一排排错落有致的二、三层小洋楼取代了昔日的瓦房，实现了生活的小康目标。

表1 汕头经济特区农业发展有关指标

时间(年) 指标	1985	1990	1995	1996	1997
农村社会总产值(亿元)	15.8	51.8	303.9	395.6	475.5
农业总产值(亿元)	8.5	23.8	62.5	69.4	73.4

注：表中数字按1997年现行价计算。

（三）农业产业结构得到极大的改善，除种植业之外的其他农村非农产业发展迅速。汕头农业产业结构得到极大的改善，这不仅表现在农业的产值构成上，而且还表现在乡镇劳动力就业结构的改变上（详见表2、表3），总的趋势是农村中传统的种植业所占比重下降，而林业、牧业、副业及渔业所占比重在明显上升；在乡镇总劳动力中，从事第一产业的劳动力人数所占比重由1978年的92.6%下降到1997年的47.6%，而从事第三产业的人数所占比重由1980年的3.9%上升到1997年的18.9%，这两种趋势符合世界范围内产业结构演进的规律，表明农业现代化程度逐步提高。

二、汕头经济特区推进农业产业化经营的几点措施

尽管汕头有着得天独厚的发展农业的自然条件，但由于人口增长快，加之快速发展的城市化建设对耕地的占用，耕地面积逐渐减少，人均耕地目前还不足0.7亩，农业发展的空间范围狭小，农业增长近年来有减慢的趋势。据统计资料，1995年农业环比增长率21.39%，但到1997年却降为10.87%，因此，未来汕头农业的发展唯有依靠科技进步，进行集约式经营和农业产业化经营。关键在于制定切合实际的措施，加强政府对农业产业化经营的扶持和引导，创设良好的外围环境。

（一）加大对农业产业化经营的投入。党的十五届三中全会通过的《中共中央关于农业和农村工作若干重大问题的决定》中指出，我国"农业的根本出路在科技，在教育"。科技是提高农业劳动生产率、提高农业产业化水平的根本要素。改革开放以来，汕头特区对农业的科技投入是不

断增长的，但从总体上讲，农业对科技的吸纳胃口仍然很大，客观上要求地方政府要加大对农业产业化的科技投入力度，以科技进步为动力，加快农业转型，实行产业化经营。1999 年夏季，汕头经济特区潮阳、澄海等地荔枝大面积丰收，由于荔枝保鲜技术缺乏，使荔枝的深度加工增值难以实现，果农们不得不集中上市，大量供应，导致市场供过于求，价格大幅度下降，每公斤新鲜荔枝市面上零售价格仅卖到 4 元左右，如果从果农手中

表 2　汕头经济特区 1997 年农业产业结构表（按 1997 年现行价计算）

指标＼行业	合计	种植业	林业	牧业	副业	渔业
农村总产值（万元）	733762	312108	3861	154274	91183	172663
所占比重（%）	100	42.5	0.53	21.03	12.43	23.48

表 3　汕头经济特区乡镇劳动力就业结构变化表

指标＼时间(年)			1978	1980	1985	1990	1998	1996	1997
乡镇劳动力总数(万人)			94.1	97.7	121.6	134.7	146.9	149.2	149.9
其中	第一产业	总数(万人)	87.1	85.1	80.9	73.7	69.4	69.6	71.3
		比重(%)	9236	87.1	66.5	54.7	47.2	46.7	47.6
	第二产业	总数(万人)	6.9	9.2	24.5	37.4	50.2	51.1	50.2
		比重(%)	7.4	9.4	20.1	27.8	34.1	34.2	33.5
	第三产业	总数(万人)	—	3.8	16.2	23.6	27.3	28.5	28.4
		比重(%)	—	3.9	13.4	17.5	18.6	19.1	18.9

直接或大批量购买，价格还会更低廉，这种价格水平还不及正常年份的 1/3，严重损害了果农的利益，挫伤了生产的积极性。因此，加大对农业产业化科技投入的力度，政府不仅要增加投入，还要采取如下措施：一是制定切合实际的配套政策，引导和鼓励农业生产的主体加大科技投入的力度，要进行实例启发式教育和宣传；二是要引导农业产业化中各环节的参加者加大投入；三要重视对农业劳动力教育和培训的投入。据有关研究资料，劳动力要素在汕头特区农业发展中的贡献份额最小，而农业劳动力转移程度远远低于发达城市 2% 的转移速度，且有减缓趋势。"七五""八五"

时期的转移速度平均值为 1.62% 和 1.27%。而"九五"时期头两年分别降为 1.19% 和 1.0%。这说明有更多的劳动力将滞留在农业领域,从事农业生产活动,因此,迫切需要加强对他们实用技术的教育和培训,通过他们来推进农业的产业化经营,带动千家万户,形成大规模专业化、区域化。同时还要打破土地经营的均包制,在劳动力转移和自愿基础上实行土地经营权的合理流动,适度集中,逐步形成适度的规模经营。

(二)增加对农村基础设施建设的投资,疏通农产品流通渠道,提高农产品流通水平。流通是农业产业化的中间环节,是沟通农产品生产与消费的桥梁。农业产业化必须按照中央提出的发展各种类型的中介组织。农业产业化经营中的中介组织是农户与市场、农户与消费者、农户与政府联系的桥梁和纽带。它为农民提供产前、产中和产后各种服务,提供机械化耕作、农产品收获、农产品运销、储存、保鲜、加工、销售等专业服务,提高农业生产过程的社会化、商品化和现代化程度。农民进入市场,抗御风险,提高农业收益,靠的就是这些中介组织。农业产业化的中介组织,包括公司、合作组织、专业协会、科技服务机构、农产品批发市场等多种形式.无论发展哪一种形式,都应以市场的需求为导向,适应市场变化。中介组织应当按照农业产业化发展的规律,循序渐进地成长。汕头目前的农业产业化还处于低级阶段,中介组织工作的重点应当是帮助农户开发市场,加工和销售农产品,为农户提供各种服务。在这一阶段,中介机构与农户的关系有相当部分是松散型的。当发展到一定阶段以后,中介组织与农户将通过合同的形式固定下来,此时二者的关系比较密切。再发展到更高阶段时,农户农产品的生产最终将成为中介组织的"第一车间"而稳定下来。此时双方形成"风险共担、利益共享"的紧密型"命运共同体",对中介组织的发展,政府应当鼓励自愿联合、股份合作,切忌采取"拉郎配"的做法,要在创设中介组织成长的环境方面下功夫,从政策、税收的优惠、银行贷款等方面给予必要的扶持。

本文刊发于《特区与港澳经济》2000 年第 1 期;作者:王关义

关于甘肃经济新的增长点

一、重新认识甘肃经济的现状

就甘肃当前的经济发展来看，呈现出如下特点：

1. 生产力水平低。由于自然条件的限制，农业基础薄弱，主要以手工劳动为主，现代化程度低。农业经济发展缓慢，自然资源蕴含的发展潜力尚未发挥出来，工业基地的部分优势也正在消失。当前，全省农业生产中大部分作业是依靠人力、畜力和手工工具完成的。在工业领域，全省 180 多户国有大中型企业中，约有 2/3 以上的企业设备总体上还处于五六十年代的水平，多属传统产业技术和装备，低层次的技术结构所占的比重高达 90% 以上，技术设备老化，效率低下。至于为数众多的小型企业和乡镇企业，采用的大都是传统技术和手工技术，其结果是能耗高、寿命短、效益差。劳动者素质低，据有关研究资料，在全省劳动力总数中，文盲、半文盲比重较高，约占 26%，耕种作业的机械化程度只有 30.9%，机播作业只有 18.4%。

2. 经济结构单一。公有制尤其是国有经济所占比重大，非公有制经济比重小。1993 年全省国有企业产值份额占企业总产值的 71.6%，非国有企业未发挥应有的作用。1996 年全省轻重工业产值比例为 19∶81，反映出产业结构的不合理。1995 年全省独立核算工业企业每百元资本所获得的利润，全国为 7.6 元，甘肃仅为 1.7 元。全省实现产值 500 万元以上的乡镇企业也只有 340 多家，仅占全部乡镇企业的 0.11%，超千万元的也不过 200 家。非国有经济有一定发展，但缺乏活力，市场竞争力低。

3. 经济综合实力较低。1979 年到 1990 年，全省社会总产值由 125 亿元增加到 352.22 亿元，年均递增 9.8%；国民收入由 54 亿元增加到 194 亿元，年均递增 12.3%；1990 年到 1993 年国内生产总值年均递增 15.3%。自我相比，甘肃经济有了长足的发展，但是和全国相比，特别是与沿海发达地区相比，差距还是很大的。1992 年甘肃成为中国快速发展的低谷区，在全国 30 个省市中，GDP 增长率居全国倒数第五位。1995 年甘肃人均 GDP 为 2288 元，还不到全国人均 GDP 的一半，全省工业领域缺少市场占有较大份额的主导产品和实力雄厚的大型企业集团，总体实力略逊一筹，发展后劲不足，经济积累能力较弱。

二、培育经济新的增长点

甘肃经济新的增长点的培育，应当遵循如下思路：

1. 充分利用现有的自然资源，强化农业的基础地位，促进农村经济全面发展。农业是国民经济的基础。甘肃的农业基础不稳与发展潜力巨大并存，因此以特色资源为基础，发展高产、高效、优质农业，推进农业产业化经营和乡镇企业的发展应是农业发展的总体目标。

水资源供需矛盾是制约甘肃农业经济的重要因素之一。引大入秦水利工程的完成，将使甘肃有效灌溉面积大幅度增加，今后农业的发展，应当将秦王川地区当作振兴甘肃农业经济新的增长点来抓；在农业内部，合理安排经济作物与农作物的比例，并要在种植业发展的基础上安排配套的乡镇工业，开展对农产品的深度系列加工，为农业的集约化经营提供新的支撑点和试验区，同时要抓好河西商品粮基地的巩固和发展，抓好陇东、沿黄灌区、徽成盆地等小片商品粮基地的建设，抓好一批油料、林果、畜牧、蔬菜等生产基地的建设，开发一批市场竞争力强的特色产品，如陇南的真菌类生产、河西的瓜果及加工、兰州的百合、永登的玫瑰油、礼县的百里苹果长廊和秦安的郑川桃乡等。

在粮食作物、经济作物生产稳定增长的基础上，将发展名优经济作物和产品作为先导性的发展方向是符合实际的，可以将资源优势转变为商品优势，产生资源效益，形成"生产—加工—销售"一体化，增强市场竞争力。要结合资源优势推动乡镇企业的发展，乡镇企业应该立足于优势资源和市场需求，发展以农副产品为原料的加工企业和运销企业，以名优企业为"龙头"，辐射带动地方经济全面发展；立足于本省丰富的劳动力和低廉成本，适当发展劳动密集型企业，最终使乡镇企业的发展走内涵发展和外延扩张结合的新路子。

2. 发挥老工业基地的作用，调整产品结构，进而调整产业结构，组建大型企业集团。甘肃是我国重要的石油、化工、冶金、机械制造基地，以能源、原材料为主导产业的重工业，加上纺织、仪表、医疗和食品加工等多种行业结构在甘肃工业中占有举足轻重的地位。发展原有优势，努力向产业优势、经济优势转化是经济增长的长期重点。针对工业现状，需要进一步促进精加工、深加工的发展，延长产业链条，逐步改变以生产原材料为主的产业结构。培育甘肃工业新的增长点，关键在于调整产业结构，以增量资产带动存量资产，将优势产业发展成为支柱产业，优良产品形成拳头产品。适当收缩国有经济战线，组建具有较强竞争能力的跨地区、跨行业、跨所有制的，以现代企业制度为方向的大型企业集团，使经济发展中的新增部分主要依靠集约型发展。这也是市场经济发展、市场竞争激烈的客观要求。

总之，要适应市场需求和发展规模经济的要求，对产业和企业进行强力度的改造，首先对已经在全国占有优势的企业抓紧抓好，其次要搞好在西北或西部有优势的企业。目前已有 12 家大型企业集团在组建当中。如亚盛集团、酒钢集团、黄河集团等，这些大型企业集团的组建必将推动甘肃经济向新阶段的发展。

3. 围绕兰州商贸中心建设，完善市场体系，培植经济增长点。兰州是我国西北地区重要的工业城市，被国家列为商贸中心建设的试点城市之一。兰州商贸中心的建设是发展大市场、大流通的要求，也是振兴甘肃经济的需要，应使兰州逐步变成带动全省乃至西北地区经济发展的区域增长极，在建立兰州商贸中心的过程中，绝不能把眼光和工作的重点仅放在大型商场上，而且应选择和扶持一些上规模、管理规范的批发市场与专业市场以及众多小型连锁店的发展。要通过商贸中心的建设来大力发展商业流通，完善市场体系，通过流通领域的改革带动工农业生产的大发展，力争到 21 世纪末将兰州建成具有西北特点的开放型、市场化、社会化、现代化的商贸中心，形成连接各省、沟通西北和全国的市场网络。

三、培育新的增长点的相关措施

培育甘肃经济发展新的增长点，应当制定一系列配套措施，重点应抓好如下工作：

1. 新的经济增长点的培育必须依靠科技进步。粗放型经济增长方式直接导致甘肃产品技术含量低、质量差、经济规模小、名牌少、缺乏竞争力。世界经济发展的经验证明，靠高投入、高消耗支撑经济增长已经无路可走，美国经济学家 R.索洛认为，当国民经济发展到一定阶段后，经济增长与经济发展将主要取决于技术进步。因此，根据现状应抓好石油、煤炭、有色金属、电子等的先进生产技术、节能降耗技术和环保技术的推广工作，同时组织力量着力开发复合材料与新型材料、电子信息、精细化工、生物工程等技术，培育和发展一批科技先导型企业和高新技术产业。

甘肃乡镇企业中以原始手工工艺操作和简陋设备为主的小企业量大面广，由于技术落后，资源加工转换率低，一些极有加工增值潜力的初级产品因技术落后而不得不转移到沿海进行。如礼县大黄等出口药材粗加工在当地，后序加工因增值较高、工艺先进而运往上海加工，这样才能获准出口。相比之下，兰州佛慈制药厂、黄河啤酒厂、蓝星清洗和新兴的百士特等企业的不少产品都是新技术产品，使质量水平都上了档次，这些企业都比较重视立足于新技术发展壮大企业，形成了较大的产业，离开了科技进步就没有这些新兴产业。甘肃大力发展啤酒、医药和食品工业，不仅为本省河西地区的玉米、陇南地区丰富的中药材提供了出路，而且还带动了这些地区农业生产的发展，能够形成全省经济的良性循环系统，应当以这些领域的骨干企业为核心建立"啤酒生产城""医药生产城",只有这样确定出来的经济增长点才具有自己的特色,是很有发展前途的。

从甘肃实际出发,企业要先选准项目,突出重点,用现代科技改造传统产业和产品,努力增强经济增长含量和发展后劲。企业要重点扶持技术水平高,市场前景广,可形成名牌产品或优势产业的成熟科研成果,这是通过科技成果转化形成新的经济增长点的关键。

2. 对国家兴办的产业和民间兴办的产业采取不同的思路。对于服装、食品、小煤炭、建材、造纸、小水电、印刷等行业应当实行国家放弃战略,允许非国有经济介入其中并给予大力扶植,抓大放小,放水养鱼,政府通过制定有关法规政策对其加以引导,让其在市场经济这一大舞台上自生自灭,优胜劣汰。非国有经济的参与竞争,为甘肃经济发展、繁荣市场发挥了一定作用。在副食品加工行业中,以正林公司、永泰丰公司、乌麻园公司、林歌公司为首的加工大板瓜子的台湾独资企业占了大量的市场份额。对于众多的小型项目和技术水平低见效快的劳动密集型产品鼓励私人投资,大力发展民间小型企业,形成众多经济发展的星火点。在这些领域,要适当收缩目前国有经济的范围。对这些领域现有的国有企业可以允许非国有经济对其实行参股、控股、承包、租赁等形式加以改造。

对于那些生产技术水平需求较高,规模效益明显,关系国计民生的行业和重点企业,政府应不遗余力地加以支持和发展,集中财力、物力和人力,兴办大型骨干企业或企业集团,在这些领域形成国有经济的垄断地位。近年来全国经济发展的实践证明,工业总量小、技术含量低是经济滞后地区工业发展的显著特点。如果在一些高科技产业领域,满足于"遍地撒网"求发展,"普降小雨"搞投入,只能永远在低起点、低水平、低效益的恶性循环中重复,必须实施名牌战略,搞好现有企业的嫁接改造,培植和组建大型企业集团,方能在激烈的市场竞争中抢占竞争制高点,跃入经济发展的快车道。

3. 新的经济增长点必须是一个较为系统的完整的概念。新的经济增长点一方面是一些具体的项目或方向,另一方面还应当强调区域联合,确定一批新的经济增长区。通过对这些区域性产业的扶持及其辐射带动作用推动甘肃经济的发展。资源的开发和经济发展不可能在一省范围内同时铺开，只宜采取非均衡协调开发模式，有重点地选择一些小型示范区，给予优惠政策，吸收区外资金，由点到面、由近及远的开发程序，从昔日的点式辐射战略向区域整体推进战略转变。

4. 新的经济增长点培育需要政府大力扶持。政府要贯彻好中央制定的扶持集体经济和非公有制经济的政策，允许各地、各部门根据自己的实际情况大胆实践、大胆探索，不搞"一刀切"，同时对支柱产业、重点企业和名优产品给予一定的政策倾斜。积极创造良好的环境，加快全省经济新的增长点的形成。

本文刊发于《开发研究》1998 年第 1 期；作者：王关义、唐晓云

关于武川建设特色产业集群的建议与思考

产业集群是指在特定的区域中，具有竞争与合作关系，且在地理上集中，在某一产业领域相关的相互之间具有密切联系的企业及其关联单元组成的有机群体。实践证明，建设独具特色的产业集群是突破区域发展瓶颈，牵引区域经济超常规发展的有效途径。文章运用产业集群的基本理论，立足武川县的资源优势，提出了建设特色产业集群，带动武川经济社会又好又快发展的思路和建议。

武川县地处内蒙古自治区中部，大青山北麓，背靠希拉穆仁大草原，南临土默川平原，距首府呼和浩特 33 公里，县境东西长约 110 公里，南北宽约 60 公里，总面积 4885 平方公里。全县总人口 17.1 万人，耕地面积 220 万亩，人均耕地 15.3 亩，人口密度为每平方公里 35 人。近年来，武川县委县政府深入贯彻落实科学发展观，紧紧围绕建设"民富县强、和谐武川"的战略部署，全力推进经济社会和各项事业的发展，取得了显著的成绩。2008 年，全年地区生产总值完成 37.4 亿元，增长 25.9%；固定资产投资完成 29.3 亿元，增长 24.6%；社会消费品零售总额完成 5.7 亿元，增长 22.4%；城镇居民人均可支配收入达到 11960 元，增长 17.3%；农民人均纯收入达到 3834 元，增长 24.5%。三次产业比例调整为现在的 16∶58∶26，产业结构逐步改善。结合武川自然资源和人文资源优势，建设独具特色的产业集群，以产业集群为支点，构建经济发展的"极核"，扩大辐射领域，由点的局部突破带动宏观面上的发展，是彻底摆脱贫困，建设"民富县强"新武川的战略选择。

一、武川建设特色产业集群的必要性

武川县是一个历史悠久的农业大县，也是经济发展比较落后的贫困县。自然资源禀赋和历史发展的痕迹，给本县发展特色产业集群奠定了良好的基础。改革开放以来，"无农不稳、无工不富、无商不活"的观念已被实践证明是正确的结论，因此，要彻底改变武川贫困的面貌，必须走"工业强县"的道路，立足自然资源和人文资源优势，构建特色产业集群，以"以工业为龙头，以农业和第三产业为两翼"，走出一条特色鲜明的"雁行"发展道路。

近年来，我国东部沿海发达地区开始形成了一批有较大影响力的产业集群，成为拉动区域经济发展、提高产业竞争力、实现跨越式发展的牵引机。这种以某种优势产业集群局部点上的集聚和突破，带动区域整体经济社会发展的经验很值得武川借鉴。

集群本意为相同或相似的事物在某地集中出现，早在20世纪70年代或更早的时间，就有国外学者将集群引入经济学的研究中，提出了产业集群的概念，1990年，美国迈克尔·波特教授在《国家竞争优势》一书中重新提出产业集群的概念，并用产业集群的方法分析一个国家或地区的竞争优势，从此，产业集群的概念得到学者的普遍接受。

产业集群是指在特定区域中，具有竞争与合作关系，且在地理上集中，在某一产业领域相关的相互之间具有密切联系的企业及其他相应机构组成的有机群体。从产业结构和产品结构的角度看，产业集群实际上是某种产品的加工深度和产业链的延伸，在一定意义上讲，是指产业成群、围成一圈集聚发展的意思，产业集群的核心是在一定空间范围内产业的高集中度，这有利于降低企业的生产成本和交换成本，提高规模经济效益，提高产业和企业的市场竞争力。发展产业集群可以提高区域生产效率。大量的中小企业集聚于一定区域，可以进一步加深区内生产的分工和协作，可以产生滚雪球式的集聚效应，吸引更多的相关企业到此集聚。扩大和加强集聚效应，可以促进集群内新企业的快速衍生与成长。

武川发展产业集群具有一定的优势和基础，主要表现在资源优势、区位优势等众多方面。近年来，武川县坚持工业强县的思路，大力发展工业经济，积极调整产业结构，依托经济开发区，促进产业集聚，对重点企业进行优化扶持，加强政策引导和行业规划，逐步提升产业集群的发展规模、速度和水平，使以冀东水泥、武川地矿、内蒙古玉金矿业为代表的一批骨干企业迅速成长，初步具备"孵化"特色产业集群的基础。2008 年，全县工业增加值预计实现 18.8 亿元，增长 26.1%；其中规模以上工业增加值预计完成 13.3 亿元，增长 29.8%。武川产业集群的构建必须注意地域品牌形象、政府推动力、集群的独特性、集群的集聚密度、产业链互补功能、集群创新能力等项内容，重视从论证、选址、生产到销售一体化的特色产业结构网络，凸显县域经济特色。

产业集群的最重要特点之一，就是它的地理集中性，即大量的相关产业相互集中在特定的地域范围内。由于地理位置接近，产业集群内部的竞争自强化机制将在集群内形成"优胜劣汰"的自然选择机制，刺激企业创新和企业衍生。在产业集群内，大量企业相互集中在一起，既展开激烈的市场竞争，又进行多种形式的合作。如联合开发新产品，开拓新市场，建立生产供应链，由此形成一种既有竞争又有合作的合作竞争机制。这种合作机制的根本特征是互动互助、集体行动。从而能够与比自己强大的竞争对手相抗衡，"猛虎难敌群猴"。集群使得许多本来不具有市场生存能力的中小企业，由于参与到集群里面，不但生存了下来，而且还增强了集群的整体竞争力。

二、武川建设特色产业集群的建议与思路

产业集群的形成和建立，必须立足当地资源特色和优势。地方产业布局和产业发展也必须考虑产业集群的建设。为把潜在的资源优势转变为产业优势，实现经济快速崛起，结合武川县的实际，特提出培育和建设五大

特色产业集群的设想。

1. 以水泥和矿产资源深加工为主导的特色产业群。武川是呼市地区矿产资源极为丰富的旗县之一，目前已探明储量并具有开采价值的矿藏达 29 种之多，拥有金、银、铜、铁、钨、铅、锌、镁、锗、镉、镍、钼、锰等金属矿藏，煤炭、石灰岩、石棉、石墨、耐火黏土、花岗岩、大理石、白云母、腐植酸等非金属矿藏。其中较有优势的是：铁、金、银、铅、石墨、煤和腐植酸等。武川石材资源丰富，品种齐全，质地优良，蕴藏丰富，潜在巨大的发展空间，储量大，目前发现具有工业价值的大理岩矿点十多处。三种石材总内蕴量为 47 亿平方米。近年来，武川县委县政府依托资源优势，集聚生产要素，激活地下资源，大力发展水泥及矿产资源深度加工产业，全县目前已有上市公司冀东水泥和众多的铁矿石生产加工企业，形成一定的产业基础。主要优势产业为水泥建材业（包括水泥生熟料生产加工，水泥预制品生产加工；石灰岩、花岗岩、辉绿岩、角闪岩、砂石、黏土等工业及民用各类建材业生产加工）、金属（非金属）采选冶炼业（包括矿产资源地质储量勘查、开发、选冶和精深加工利用等）、石材业等产业。金属采选冶炼业、水泥建材业已成为发展工业经济的主导产业、重点产业、支柱产业。因此，围绕这些优势已经显现的特色产业建设产业集群是发挥优势的体现。

2. 以特色农产品深度加工增值为特色的产业集群。武川拥有特色农业资源，武川县相对较高的海拔、广阔的土地面积、传统的种植习惯（拒绝使用化肥）以及农家肥充足等特点决定了其农产品无污染、纯天然的绿色特色。农作物品种主要是小麦、莜麦、荞麦、马铃薯和胡麻、油菜子等。2004 年，武川县被西部 12 省市新闻媒体评为"中国西部特色经济最佳县""中国马铃薯之乡"。主要优势特色农产品资源有：

（1）马铃薯。武川的马铃薯，不仅种植历史悠久，而且享誉全国，2008 年成为北京奥运会"特供绿色"农产品，年均马铃薯产量达一百多万吨，部分出口到蒙古、东南亚等地区。很适合深度加工增值产业的发展。

（2）莜麦。武川是莜麦的主产地，年产莜麦 8000 吨，"武川莜面"在国际国内市场享有盛誉，经科学化验，莜麦植物脂肪丰富，食后能分解出一种亚油酸物质，有防止和治疗高血压、动脉粥样硬化、冠心病等显著功效。

（3）荞麦。荞麦是很好的营养保健品，它富含蛋白质、粗纤维，含糖量低，是糖尿病人的理想保健食品，长期食用荞面可降低血压、血脂。武川独特的丘陵地形地貌很适合荞麦生长，年产荞麦3000多吨，武川荞麦长期出口日本、韩国等国家。

（4）油菜子。是武川县的主要经济作物之一，由于独特的气候环境和优良的土壤条件，其植物油色香、味美，深受城乡居民欢迎。武川种植油菜子年均60万亩，年产量1.3亿斤。

（5）黄芪。武川是黄芪的主要产地，清末民初已获"正北芪之乡"的美称。此外，还有药用价值较高的党参、麻黄等30多种药材。全县年产黄芪50万公斤、党参40万公斤。

因此，利用这些农业优势资源，大力发展以马铃薯等农产品农业综合开发，建设膨化食品、小食品、营养保健品、中草药加工增值的特色产业群前景广阔。

3. 以肉食产品加工和皮革加工业为龙头的产业群。武川县地处大青山北麓，拥有天然优质草牧场373万亩，林地160万亩，属于典型的半农半牧区，周边的达茂旗和四子王旗是我国著名的牧区和草原旅游区，畜产品资源丰富。武川县是农牧业大县，全县年均产猪肉8000吨，羊肉3000吨，山羊绒15吨，羊毛300吨，牛皮16400张，羊皮17000张。2009年，全县拥有各类牲畜80余万头，鉴于武川县独特的畜产品资源，适合发展饲草料生产加工、皮革绒毛加工、肉食加工、皮毛新产品开发、屠宰加工、火腿肠系列产品、皮鞋厂、畜产品流通等畜产品加工和交易产业集群。这类项目的实施可采取"公司+农户"的订单式饲养和收购方式进行，企业可与各饲养户签定购销合同，以市场保护价收购农户的育肥牲畜，并根据市场需求进行屠宰销售，皮革可产生许多加工企业，后续的皮鞋厂、畜产品销售公司也应运而生，这对解决农村贫困、增加就业等有积极作用，经济效益和社会效益巨大。因此，武川具有发展与畜牧业相关的以肉食产品加工和皮革加工业为龙头的产业群的原材料优势。

4. 以风力发电为龙头的能源产业带。由于地处高原，武川具有发展风电的独特优势，是投资兴建清洁能源电厂的理想所在。以利用风能为主的风力发电产业是节约型可持续发展的产业，必将成为武川经济发展的重要支柱。目前，武川的风能项目开发和利用已列入自治区 23 个重点项目序列，中国风电、华能新能源和中国国电项目实现了开工建设，将为县域经济持续快速发展注入新活力。

5. 以特色旅游和红色旅游为特色的服务业产业集群。发展以旅游为特色的文化产业，既能够形成新的经济增长点，又能够满足人民群众的精神文化需求。应大力发展文化旅游业，不断丰富重点旅游景区功能，增加文化含量，提升旅游品位；通过组建、新建等各种形式，推动艺术表演团体、艺术表演场所和演出中介机构面向市场、适应市场，打造精品力作和演出品牌，开拓国际国内市场。武川县旅游资源丰富，境内不仅有哈达门森林公园、大青山避暑山庄、李齐沟自然保护区、井尔沟、德胜沟和大青山抗日根据地遗址以及淖尔梁高山湿地保护区等自然资源，还有非常丰富的人文景观和历史文化，已被国家认定为历史文化名县。此外，还有蜈蚣坝、大梁山和快活林、榆树店大榆树、金代长城（亦称金堑壕）、汉长城、六郎箭等景点供游人观光。立足这些旅游资源优势，重视旅游资源的开发及旅游服务景点的基础设施建设与经营，大力发展旅游服务业，形成旅游产业集群是发挥优势的科学选择。

为确保如上五大产业集群建设，还必须重视生态林牧业建设，重视风蚀沙化治理、防风带建设及其畜牧养殖业。

三、武川建设特色产业集群应关注的关键点

武川建设特色产业集群，不仅要结合资源优势，凸显区域特色，而且必须进行科学的筹划，系统部署，关注细节。

1. 科学规划，合理布局。按照不同产业集群的特点及其产生的影响，科学论证，合理选址。水泥建材和冶金等产业集群，因其能源消耗较高，产生的工业"三废"对周围环境产生的负面影响相对明显，因此，应选址

在远离城镇人口密集区，但交通等基础设施条件相对较好的区域。目前正在重点建设的武川经济开发区是比较好的布点区域；农牧产品深加工产业集群可选址在交通便利，周围农牧产品生产量大，运输便利，离农牧区较近的区域，目前正在建设中的金三角开发区已有十多家企业入区，是比较理想的选点；对于以风力发电为特色的能源产业集群必须根据自然资源条件来定，选址的自由度不大，关键问题是把各类企业划类归位，各自划出不同的经营和开发区域，统筹考虑输变电等基础设施建设的科学性和难易程度来选址；对于特色旅游资源产业集群，既要考虑目前已有的哈得门高山牧场和得胜沟抗日根据地旅游项目已产生的影响，还要考虑几个景点之间的联动及其综合效益的发挥。

2. 重视市场调研和科学预测。产业集群的建设，目的是形成几个优势产业，带动县域经济的全面发展。但任何产业构成的细胞无一例外都是企业，而企业生产产品的前提是科学的市场调查和预测，要广泛收集相关产业领域的市场需求及其变化方面的信息，稳定现有客源，开拓新的市场，抓好宣传和订单，坚持以市场需求为导向，把产业集群的建设一开始就和市场需求紧密联系在一起。

3. 密切与相关高校和科研院所的联系。目前关键问题是对于武川这样的农业大县，不少部门和单位与外部发达地区交流和合作的意向不多，思想上缺乏高度的认识和认同，行动上消极，从而制约了农产品深度加工产业的发展，关注点片面停留在原始农产品的外销上，附加价值很低，经济效益也不够高。因此，围绕马铃薯、莜麦、荞麦、黄芪等特色资源，加大同高校和科研机构的联系与合作，联合研发深度加工增值技术，形成专利，把现有的专利技术尽快向产业化方向转移，这是建设特色产业集群，带动区域经济腾飞的重要措施。

4. 按照国家产业政策指向，统筹考虑。一方面，产业集群的建设一定要符合国家产业政策的要求，对那些能耗高、污染大的国家产业政策限制发展的产业和企业，一定不能重新开工建设和布点，对于国家重点扶持的产业和企业，要加大支持力度。另一方面，产业集群建设要与"三百万"农牧生态富民工程等项目结合起来，把"订单+生产+加工+销售"等环节联系起来综合考虑，延长产业链条，把工业生产的第一车间前伸到农田，与农民签订采购合同，把加工环节的后续到市场，以市场需求后向牵引产业集群的运转，这是产业集群持续成长的支点。

参考文献

[1] 武川县政府办公室：《武川县志》，2007 年版。

[2] 王官诚：《县域经济发展与农村职业技术教育创新》，载《生产力研究》，2007 年第 8 期。

[3] 郭京福：《毛海军：民族地区特色产业论》，民族出版社 2006 年版。

本文刊发于《生产力研究》2009 年第 8 期；作者：王关义

后　记

在《经济管理理论与中国经济发展研究》一书出版之际，想对自己的学习和学术经历进行简单的回顾。

总体上说来，我的经历比较单一，从高校学习到高校工作，期间除到日本留学以及由组织安排在内蒙古挂职之外，一直在高校工作，至今已历36载。我于1981年考入兰州大学经济系经济管理学专业学习，从此步入经济学和管理学的殿堂。大学四年的生活尽管单调而枯燥，却充实而忙碌。良好的学风和严格的考试制度，督促我把大量时间分布于课堂、图书馆和自习室，教师严谨的治学态度，使得课后阅读了许多课堂教学中老师布置的参考书，包括大量马列主义的原著，从而打下了比较坚实的经济管理理论基础知识。1985年本科毕业后直接考取了本校企业管理专业的研究生，成为该校历史上首届管理学专业招收的研究生，师从当时的经济系主任许宗望教授，系统学习和研读经济学理论和管理学基本理论，其中经济学理论曾亲自聆听中国人民大学高鸿业教授系统讲授的经济学原理、西方经济学流派授课的为中国人民大学李宗政教授，他们都是我国经济学界的泰斗。1988年6月研究生毕业并获得经济学硕士学位，此后留校任教，开始了在高校从事教学科研工作的历程。1993年3月在我30岁时因教学科研业绩优秀被破格晋升为副教授，成为兰州大学历史上人文社会科学领域最年轻的副教授，同年被共青团中央和国家教委选拔为优秀青年教育工作者公派赴日本留学访问，1994年回国后担任企业管理和区域经济专业的研究生导师，并被学校任命为该校西北开发综合研究所常务副所长。1998 年调入汕头大学工作，1999 年申报教授并获得成功。2000 年，我以总分第一的优异成绩考入西北农林科技大学攻读管理学博士学位，当时的校长是后来的全国政协副主席陈宗兴（时为陕西省副省长、西北农林科技大学校长），我的博士毕业证和管理学博士学位证书上均盖有他的印章，至今时常引为自豪。2003 年，作为优秀人才，我被引进到北京印刷学院工作至今。

回顾我 30 多年的求学、教学和科研工作经历，我要特别感谢我的两位导师许宗望教授、王忠贤教授。他们严谨治学、严格要求、谦虚而和蔼可亲的态度体现了新中国一代学术大师的良好形象和大家风范，特别是我的博士生导师王忠贤教授在管理学研究方面有很高的造诣，他的学问、为人、师德都使我引以为范，两位导师的教诲使我终生受益。经过对马克思主义政治经济学理论和西方经济学理论的系统学习，为我以后从事经济理论和管理理论方面的研究打下了坚实的理论基础，这些理论或多或少也成为自 1994 年我走上领导岗位以后从事管理工作的指导。

对我本人来讲，真正开始经济管理理论的研究于 20 世纪 80 年代中期，1987 年，研究生求学期间，按照导师的安排和培养计划的要求，我先后深入兰州水泵厂和兰州美高皮鞋厂实习，在兰州美高皮鞋厂实习期间，适逢该厂寻求降低皮靴生产成本的方法，我便把课堂上学到的价值工程的思想运用到皮靴生产过程，指导该厂运用价值工程思想，对皮靴生产的四个部位开展材料的替代。那时，白天我和工人师傅一起上班，深入生产车间，观察皮鞋生产流程，搜集相关资料，召开有设计人员、工程师、销售人员、采购人员以及管理人员等共同参加的座谈会，晚上回到学校后深入图书馆阅览有关介绍皮革和皮鞋生产知识的书籍，从书本上补充专业技术知识的不足，经过半年多的实习，对皮鞋生产的工艺流程和皮革知识有了比较深刻的认识，通过理论联系实际，总结该厂推广价值工程的实践，撰写的论文《应用价值工程，降低皮鞋成本》被国内著名管理杂志《价值工程》录用，当收到编辑部寄来的用稿通知时，那种激动和兴奋至今仍记忆犹新。1988 年，研究毕业后留学任教，在教学工作之余，参与到鲜活的经济体制改革实践中，广泛深入的调研，进行经济管理理论的研究，对经济管理理论充满了热情和兴趣，1992年，我申报的"中国工业技术进步的现状、问题和对策"课题成功获批国家社会科学基金规划青年项目，带领团队对中国工业技术进步问题展开系统的研究，主编出版了国内第一本《国有企业资产评估》（由兰州大学出版社出版），1993年，经过考试和激烈竞争，我有幸被国家教委和共青团中央选拔为优秀青年教育工作者公派赴日本留学访问，回国后又持续展开了经济管理理论和中国经济发展方面的研究，1994年，组织上任命我为兰州大学西北综合开发研究所常务副所长，对中国经济发展、大西北开发、东西部经济发展、区域经济发展等问题展开深入的思考和研究。

要用较短的篇幅在短时间内对我的学术经历和学术观点进行总结和归纳，委实是一件非常困难的事，这不仅因为我从事经济管理理论学习和研究的时间跨度较长，更缘研究内容比较宽泛所致。比较系统的总结和回顾不仅需要充裕的时间，更需要重新梳理和归置，而这对承担繁忙而杂乱的教学科研任务和行政工作的我来讲，确实是一件非常勉强的事。但比较系统地回顾和梳理自己学习和思考经济管理理论和对中国经济发展进行的研究和探索，既是理论研究的需要，也是培养硕士生、博士生和博士后等青年专业人才的重要工作，以自己的成长经历教育青年人树立正确的价值观、人生观和勤于思考的良好习惯会有所裨益。基于此种考虑，利用难得的休息时间，对我的学术历程和学术轨迹进行粗糙的梳理，权当滥竽充数，请教于学界各位师长和朋友。

在36年的学习和探索历程中，我先后2次获得甘肃省委省政府授予的社科成果奖励，获得北京市政府授予的教学成果一等奖，教育部授予的国家级教学成果二等奖，中共北京市委、北京市人民政府授予的哲学社会科学优秀成果二等奖，获得广东省人民政府授予的"南粤教书育人优秀教师"荣誉称号，被评为广东省优秀哲学社会科学工作者、"北京市拔尖创新人才"、"北京市优秀教学团队带头人"、"首都教育先锋先进集体"带头人、"北京市教学名师"、北京市长城学者、北京高校育人标兵、首届北京市新闻出版行业领军人才、全国新闻出版行业领军人才等多项荣誉称号，所编著的《生产管理》《现代企业管理》2本教材分别获得北京市精品教材奖，所编著的《现代企业管理》（第三版）由清华大学出版社出版，该书获得第八届全国高校出版社优秀畅销书一等奖，并被教育部评为"十二五"本科国家级规划教材，所主讲的"现代企业管理"课程被评为北京市精品课程。主持并完成了国家社科规划项目、国家教委留学回国人员科研启动项目、科技部国家软科学研究重大项目、国家新闻出版总署"十一五"规划重点项目、国家新闻出版广电总局重大招标项目、中国科学技术协会重点调查研究项目、甘肃省人文社科规划项目、甘肃省软科学研究项目、广东省人文社科规划项目、北京市人文社科规划项目、北京市教委人文社科规划重点项目等高层次的科研课题二十余项。在经济科学出版社、兰州大学出版社、宁夏人民出版社、甘肃教育出版社、经济管理出版社、清华大学出版社、高等教育出版社、中国财政经济出版社、机械工业出版社、印刷工业出版社、化学工业出版社、中央编译出版社等出版《国有企业资产评估》《中国工业技术进步：现状、问题与对策》《知己知彼、百战不殆——中日中小企业比较研究》《现代财务管理原理与技法》《现代企业管理》《国际财务管理》《生产管理》《现代组织管理》《生产运营管理》《运营管理的革命》《现代印刷企业管理》《管理学原理》《管理学》《现代企业管理》《中国出版业体制改革研究》《中国出版业改革：理论思考与探索》《中国出版业绩效评估研究》《中国出版业管理科学化案例研究》《中国出版业发展若干问题研究》《中国出版业转型与升级战略研究报告》《中国出版业素质升级研究》等专著和教材 50 余部，在《人民日报》《光明日报》《新华文摘》《经济要参》《经济管理》《改革内参》《企业管理》《中国改革》《数量经济与技术经济研究》《中央财经大学学报》等报刊上发表论文 260 余篇。所主持的国家人文社科规划项目"中国工业技术进步的现状、问题与对策"被国家社科规划办评为优秀并在《光明日报》（理论版）上给予重点介绍，主持的科技部软科学研究项目"中国五大经济特区可持续发展战略研究"受到科技部办公厅组织的全国专家小组的高度评价，评价意见刊登在《中国软科学》上，主持完成的国家软科学重大研究项目"中国出版业转型升级战略研究"的成果刊发在国家《软科学要报》上，专报上报中共中央办公厅、国务院办公厅、全国人大办公厅、全国政协办公厅及相关部委、省自治区、直辖市。

社会兼职有：中国企业管理研究会常务副理事长、副会长，全国高等学校出版专业教学指导委员会常务副主任委员，教育部全国新闻传播人才教育培养专家委员会委员、教育部全国新闻出版职业教育教学指导委员会委员，首都企业发展与改革研究会副会长，中国印刷技术协会应用系统分会副理事长，北京文化安全研究基地首席专家，《科技与出版》《印刷工业》《文化软实力》《北京印刷学院学报》等杂志编委，并受聘中国传媒大学、辽宁大学、广东财经大学等多所高校的博士生导师或兼职教授。个人的事迹先后被《科技日报》2007 年 1 月 24 日给予专门报道，先后接受中央电视台"焦点访谈"（2004 年）、北京电视台（2008 年）、《中国新闻出版报》（2009 年）、《国家精品课程网》（2009 年）等媒体采访，先后被《管理观察》《生产力研究》等杂志选为封面人物给予介绍。

《经济管理理论与中国经济发展研究》一书所涉猎的内容是我开始系统学习、思考和研究经济管理理论和中国经济发展问题方面的心得体会，其中一些曾经公开发表，也有部分未曾发表。现在回过头来看，当初不少理论研究的主题已转变成为生动鲜活的现实，不免心生快慰，感觉有必要对我的理论研究成果进行梳理和总结，用自己亲身的经历和思考教育引导青年学生的成长。全书共包括四大部分，主要内容涉及经济管理理论、体制改革与企业发展、中国宏观经济发展、中国区域经济发展等方面。本书各部分主要内容如下：

第一部分的主题为"经济管理理论研究"。内容涉及经济学和管理学的基本理论。

1. 经济学理论研究。主要对市场经济体制进行过长期研究，1993 年，在日本留学期间，在《中国留学生报》上发表文章，提出衡量我国市场经济体制形成的根本标志在于是否真正形成了生产要素自由流动市场和劳动者自由择业市场。参与国家社科规划重点项目"马克思重建个人所有制理论研究"，先后发表了《我国分配体制改革的目标模式》（1989）、《资本论中货币本质论》 （1998）、《要素参与分配：分配领域的重大突破》（1997）、《按劳分配与按生产要素分配相结合》（1997）、《信用：市场经济的灵魂》（2002）等论文多篇，对所有制改革、马克思的货币理论、分配理论等进行了比较系统的思考。

（1）关于分配理论的研究。关于分配体制的改革在学术界首次提出了基于中国传统的儒家文化"不患寡而患不均"的思想以及历史上历次农民起义"均贫富"的思想基础，结合我党在苏区革命的历史，对分配领域长期存在的"平均主义"思想和现象不应一概否定，在劳动量难以度量、协作关系比较密切、各自劳动边界模糊而难以界定的情况下，"平均主义"不失为一种合适的分配模式的思想。

（2）关于产业经济方面的研究。发表了《论科技进步与我国经济增长方式的战略转变》（1997）、《广东工业化水平的实证分析》（2000）、《广东工业：现状、问题及可持续发展》（2000）等研究论文。1992年，我申请到国家"八五"社科规划项目"中国工业技术进步的现状、问题与对策"，该课题的研究成果由经济科学出版社于1993年正式出版发行，被国家社科规划办评选为优秀成果并在《光明日报》1997年4月5日做了重点介绍。该项成果认为：长期以来，以速度为中心的发展战略一直支配着中国工业的发展，由于工业内部产业结构的失衡和扩大再生产形式的外延化，在经济发展长波的上升阶段和波峰阶段，虽然有提高经济效益的一面，但同时也有降低经济效益的负面作用。技术进步是经济增长的内生变量，工业经济的增长既是技术进步与产业非均衡发展的必然结果，又是产业发展的必要条件，对加速中国工业技术进步提出的对策是：（1）加强国家的直接和间接干预，改善政府对工业企业技术进步的管理体制，创造良好的外部环境，推进工业技术进步；（2）构筑以企业为主体的技术进步的运行机制，建立以企业为主体的技术开发体系，强化企业科技投入；（3）大力发展科技风险投资公司，为企业开办科技进步保险，以减少技术开发风险对企业投资产生的压力；（4）加强企业技术进步的责任约束，强制推动企业技术进步；（5）培育和完善技术市场，大力推进生产与科研的"联姻"。

2. 管理学基本理论研究。先后发表了《论企业的社会良心》（1996）、《也谈管理的科学化》（1997）、《日美企业特征与经营策略比较》（1999）、《我国银企关系改革的目标模式》（2000）、《两种不同的银企关系模式：比较与评述》（2000）、《国际长寿企业的长寿基因》（2005）、《长寿企业经营成功的启示》（2005）、《论现代企业的社会责任》（2006）、《现代企业社会责任与永续经营》（2006）等多篇论文，出版了《生产管理（第二版）》（经济管理出版社；2004）、《管理学原理》（经济管理出版社；2009）、《管理学》（机械工业出版社；2011）、《管理学》（清华大学出版社；2015）、《现代企业管理》等教材，对管理科学化及其对中国经济发展以及国家现代化进程产生的作用进行了深刻分析和探讨。对管理学基本理论和企业管理知识进行了初步探讨。提出了企业管理的现代化不是美国化或日本化，而是中国化。目前，中国企业普遍"缺钙"，职业经理人市场尚未形成，对管理科学知识普遍缺乏，致使实行现代企业制度的成效并不如当初想象的那样理想等思想。认为推行现代企业制度，最关键的环节不在产权清晰，而在于管理是否科学等思想观点。在实践中，不少多元化经营的企业却因盲目多元化而陷入困境。多元化经营应是以核心竞争力为基础展开的，只有不断巩固和提高企业的核心竞争力，才能不断增强企业的风险抵御能力。

（1）财务管理研究。先后发表了《试论企业财务决策》（1990）、《企业投资风险：衡量与控制》（2000）、《论风险投资和我国应采取的对策》（2000）、《银企债务问题研究》（1998）、《企业财务风险及其控制》（1999）、《论统一财政支付体制下的内部控制制度》（2007）等多篇论文，编著出版了《现代企业财务管理：原理与技法》（1995）、《国际财务管理》（2000）、《财务管理》（2007）3本教材，对财务管理基本问题进行了比较系统的思考和探索。特别是关于财务风险，分别从风险的成因、风险的识别、风险的判断、风险的防范与控制等方面进行了研究。

（2）生产运营管理研究。先后发表了《应用价值工程 降低皮鞋生产成本》（1987）、《重温丰田生产模式》（2003）、《影响企业生产战略转移的因素分析》（2003）、《企业技术创新的对策分析》（2003）等多篇论文，编著出版了《生产管理》（1999）、《生产管理（第二版）》（2004）、《现代生产管理》（2005）、《运营管理的革命》（2007）、《中国企业生产运营管理案例》（2014）5部书籍，对生产运营管理的理论进行了系统的总结和归纳。认为：随着人们生活水平的提高和科技进步，影响需求的主要因素随消费水平的变化而变化，生产方式和管理模式也随竞争因素的变化而变化，客观上要求对生产方式和生产管理的模式必须进行必要的变革，企业必须不断跟随着进步，不断地更新、重建。

（3）组织管理研究。主持完成了"我国企业组织目标模式研究"（课题编号：RK961-2-120A）和"企业组织管理研究"二项课题（1996—1998），发表了《浅析网络经济下企业组织结构变化的特征》（2007）、《论牢骚对组织建设的负面影响》（2011）等论文，出版《现代企业组织管理》（2007）一书。认为目前我国一大批企业仍然处于比较困难的境地，关键在于企业管理仍然处于传统的以企业为中心的管理阶段，表现在组织方面，强调按职能实行专业化分工，将一个完整的业务过程细分成简单的一系列活动或操作，以提高每个部门和每个人的工作效率。要做到快速响应，这就需要对组织进行重构，推动组织从效率型的"机械组织"向适应型的"有机组织"转变，强化组织管理。探讨了如何规范和调整企业组织结构，强化计划和控制，重视领导行为和员工培育、激励等环节，通过组织学习和组织变革，构建学习型组织，适应外部环境的及时变化，推动现代企业高速高效运转，实现组织的发展目标。

第二部分的主题为"企业发展研究"。 收录了我在推动中国经济管理体制改革和企业发展方面发表的 34 篇论文。主要是：《我国银企关系改革的目标模式》（2000）、《国际长寿企业的长寿基因》（2005）、《长寿企业经营成功的启示》（2005）、《论现代企业的社会责任》（2006）、《现代企业社会责任与永续经营》（2006）等多篇论文，出版了《现代企业管理》（2004、2007、2012、2015）、《管理学原理》（2009）2 部教材。对企业改革和企业发展进行了持续探讨。

1. 关于企业改革与发展方面的研究。先后发表了《市场经济新环境与中国企业的重新改造》《明星和配角：企业和政府的关系》（1992）、《加强科学管理　搞好国有企业》（1997）、《关于国有企业积压物资销售的几个问题》（1998）、《关于国有企业亏损问题的思考》（1999）、《企业技术创新的对策分析》（2003）、《中国企业"三大杀手"》（2003）等多篇文章，系统研究国有企业的改革与发展问题。提出了要对国有企业进行彻底改革，逐步向投资主体多元化方向发展，对国有企业占有的国有资产要进行评估的思想。《明星和配角：企业和政府的关系》一文写出后，不少报刊当时不敢发表，认为这种提法一改长期的"正统思想"，它的问世，得益于1992年的小平同志"南方讲话"，文章对社会主义市场经济新体制下企业和政府之间的关系进行了深入的探讨，提出的这种思想对此后进行的国有企业管理体制改革起到积极的引导作用，这在国内学术界不仅最早，在当时环境下也是一种大胆的尝试。在《市场经济新环境与中国企业的重新改造》一文中，作者提出了通过市场及其规律来导引国民经济整体运行的一种经济模式。在市场经济条件下，若干只"看不见的手"（如价值规律、供求规律、竞争规律等）调节着市场和企业的行为，调节着各种生产要素的合理配置与转移。每个企业都要按照市场信号，在利益的激励和约束下相互竞争，同以往的计划经济模式相比，企业经营活动的风险性明显加大。小平同志"南方讲话"以及党的十四大以后，中国确立了建立社会主义市场经济的方针，以此为出发点来考察中国企业的经营管理模式，必须进行如下几个方面的转换：（1）"明星"与"配角"——企业与政府二者关系改革的目标；（2）企业必须由以往的不重视市场信息、闭门造车之经营方式向高度重视市场情报的搜集、整理和分析，建立灵敏的市场反应系统转变；（3）必须改变计划体制下的管理体制和"从一而终"的单调的、枯燥的职业结构，建立高度灵活、富于弹性的生产经营系统和富于弹性的职业结构；（4）必须从以"利润第一"的经营理念中跳出来，树立"市场占有率第一"的思想。

2. 关于企业寿命问题的研究。先后发表了《国际成功企业的长寿基因》（2005）、《长寿企业经营成功的启示》（2005）、《论市场经济条件下信用与企业长寿》等论文，其中发表在《光明日报》2009年9月22日的文章《"烟花效应"与企业长寿》中，提出的"烟花效应"是指在短期内快速崛起，创造了成长奇迹，被众多企业家效仿，但又很快销声匿迹的企业短命现象。针对我国企业成长中的短命现象，提出了企业获得成长优势，延长生命周期的对策：（1）创立并信奉核心思想是长寿企业的共同特征。重视员工科学理念的灌输和组织文化建设，着力构建学习型组织。（2）推陈出新，不断创新是企业长寿的基石。重视公司薄弱环节的改善，增强自主创新能力。我国企业界曾普遍存在着由"死吃"到"吃死"的现象，一项新的技术发明后，带动一项新的产品或新项目的出现，此后管理者便不求创新和变革，一味依靠规模扩张来追求利润最大化，直到把此新技术或发明"吃死"为止。（3）重视新产品的开发，形成自己的核心技术。（4）高素质的高层管理团队对企业的持续发展构成坚强的支撑。（5）切忌盲目的多元化。"不要把鸡蛋放在同一个篮子里"的格言使不少企业家错误地认为，企业只要实施多元化就能避免危机、降低风险，获得持续发展。在实践中，不少多元化经营的企业却因盲目多元化而陷入困境。从表面上看，多元化可以让企业增强抵抗风险和分散风险的能力，但多元化经营的同时也蕴藏着众多风险。多元化经营应是以核心竞争力为基础展开的，只有不断巩固和提高企业的核心竞争力，才能不断增强企业的风险抵御能力。

3. 关于中小企业发展问题的研究。先后发表了《中小企业：21 世纪经济腾飞的火车头》（1995）、《中小企业融资问题探讨》（2002）、《试论我国中小企业创新的机制、环境及模式》（2002）等论文，1993 年出版了《知己知彼　百战不殆——日本中小企业成功的经验与中国中小企业的发展》一书，对中小企业对战后日本经济腾飞所起的作用进行了科学而客观的分析，比较系统地分析了中小企业的优越性以及市场环境下发展中小企业的积极作用，提出了中小企业"星星之火，可以燎原"、"小的是美好的"的观念，一批量大面广、星罗棋布的中小企业的大发展，这是带动中国经济腾飞的"火车头"。提出了中小企业是市场经济最活跃的主体，中国作为一个发展中国家，作为一个地理大国，21 世纪要全面振兴，赶上发达国家，唯有大力发展中小企业。关于中小企业创新的模式，作者提出了：（1）科技领先创新模式。（2）技术跟随创新模式。（3）创新者为经济元素的关键模式。（4）持续技术创新的发展模式。

4. 关于银企关系问题的研究。先后发表了《我国银企关系改革的目标模式》（2000）、《两种不同的银企关系模式：比较与评述》（2000）、《解决银企债务问题思路新探》（1998）等论文，对构建新型银企关系的目标模式进行了探讨。文章分析了两种不同的银企关系模式：松散型与紧密型——市场经济的两种银企关系模式。通过比较分析可以看出，松散型与紧密型银企关系的主要区别集中于债权与股权在其信用结构中的比重不同。在松散型的银企模式中，银行持有企业的债权比重较小，股权投资则被严格禁止，企业外源融资主要依托于市场；而在紧密型的银企模式中，银行是企业的主要债权人，在一定限度内可以向企业直接投资，企业外源融资对银行中介的依赖性很强。综观这两种银企关系模式，客观地说，各有利弊。从经济发展的角度看，日德模式使企业更注重长远的发展，有利于形成技术与资本密集型的大公司，增强在国际市场上的竞争实力，使其成为国民经济复苏与崛起的支柱产业。相比之下，美国模式下的银企关系限制过多，在一定程度上削弱了它对经济发展的推动作用；但从经济与金融的稳定角度考虑，日德模式由于银企之间相互持股，排斥了市场竞争，容易掩盖财务危机与各种矛盾，当风险积累到一定程度后，很可能出现"泡沫危机"，近年来日本几家银行发生的不良债权危机已经暴露了这一点；相反，美国模式充分发挥了市场机制和法律监管的作用，虽然银行与企业的破产比率较高，但有利于把损失限制在最低程度，不易引起整个经济的剧烈震荡。而从以上比较看，日本—德国模式较英美模式有很大的优越性，不仅英美两国的银行通过信托投资和控股公司来间接实现日本、德国的银行对企业控制功能，两国政府也采取了放松限制的有关措施。对比我国现状，我国银行有监督企业行为的传统，间接融资占主要地位，企业高负债经营，银行组织体系为全国性的总分行体制。从现行状况看靠拢日本—德国的模式会更容易一些。因此，还是应该主要借鉴日本—德国模式的先进经验，并吸收英美模式的长处，发展和构建适合我国实际情况的银企关系目标模式。

5. 关于企业社会责任问题的研究。先后发表了《论现代企业的社会责任》（2006）、《现代企业社会责任与永续经营》（2006）、《勇于承担社会责任的企业才能健康成长》、《企业社会责任及其成长性关系研究》等文章，提出了重视社会责任是企业"长寿"的重要基因，勇于承担社会责任的企业才能健康成长、履行社会责任能够提高企业生产效率、履行社会责任能够为企业的成长提供坚实基础、履行社会责任能够为企业的成长提供良好的外部环境、履行社会责任能够提高企业的市场竞争优势等观点。关于企业社会责任及其成长性关系研究，通过对沪深两市 568 家上市公司为样本的研究，对企业社会责任与企业成长性之间的关系进行了实证研究，得出了以下结论：（1）企业承担社会责任对企业自身的成长有显著的正向作用，即企业承担社会责任越多，越有利于该企业自身的成长。当企业履行经济责任满足自身的生存需求后，应该参与更多的社会活动，以满足其发展需求与社会需求，即企业会更多地履行相应的金字塔较高层次的社会责任，从而增强企业的持续成长能力。（2）绝大部分企业社会责任变量与企业成长性之间呈正相关关系，必须看到，市场经济下的企业与社会有着千丝万缕的联系。社会是企业的生存环境，没有一个好的环境，企业也难以生存。企业的生死存亡、发展壮大或被淘汰出局，都要由社会来承载它成功的喜悦和失败的代价。因此，企业与社会有一个共荣的关系，企业必须重视其社会责任。

6. 关于企业信用问题的研究。先后发表了《企业解困需要信用制度的创新》（1997）、《信息不对称环境下信用体系建设构想》（2009）等文章。提出了信用是市场经济运行的基础的观点，作为一种基本道德准则，信用是指人们在日常交往中应当诚实无欺，遵守诺言的行为准则。信用是现代市场经济的基石，是政府取信于民的基础，是企业发展的生命，是个人安身立命的根本。但是目前我国经济社会中普遍存在的，由于信息交流的不对称、不充分等原因造成的信用缺失现象已成为市场化进程中无法回避的障碍，必须认真对待。文中强调：信用缺失是当前我国经济社会中的一大顽疾。失信行为对市场的运行产生一系列危害，具体表现在：（1）企业特别是中小企业生产及交易活动无法正常运行。（2）银行业务无法正常开展，呆账、坏账居高不下。（3）虚拟资本无法发生与开展，企业和产品信誉屡遭侵权。（4）社会投资环境因此恶化。如何通过有效的制度设计促进信息的正常流转，强化约束和监督机制，降低经济主体的机会主义倾向，化解由于信息不对称、信用缺失而对正常的经济运行造成的危害是解决问题的关键。信用体系建设应着重如下方面：（1）加强法制建设，强化信用管理。政府相关部门应依法行政，促进信息流转，提高失信成本。一是要加强各部门、各地区的沟通与协调，实现信用信息的共享；二要建立、健全信用法律体系，规范信息披露行为；三要建立信用信息数据库和信用服务平台，完善信用约束与监督机制。（2）促进信用服务中介机构的市场化发展，建立社会化的资信服务体系，建立征信数据的开放制度和征信数据的商业化，发展信用服务业。（3）加强产权改革，完善治理机制，规范经营者行为。（4）发挥行业协会组织的信用信息传播、信用风险联防作用。（5）大力倡导、弘扬恪守信用，追求自节、自律等与市场经济相适应的良好道德风尚，建立一套适应市场经济体制的道德体系和社会监督保障机制。树立企业诚信经营意识，提高信用风险防范能力。

第三部分的主题为"中国宏观经济发展研究"。先后发表了《中国经济发展：现状、问题与对策》、《中国所有制结构变动的动态分析与相关政策设计》（2001）、《论 21 世纪初期全面建设小康社会的奋斗目标》（2003）、《论科技进步与我国经济增长方式的战略转变》（1997）、《我国农村剩余劳动力：现状、成因与出路》（2001）、《设立中央政府投资基金建立国家级国土整治基地》（2001）等文章，对中国宏观经济发展的走向以及政策设计进行了思考和探索，提出了一些具体建议和对策。

1. 关于全面建设小康社会问题的研究。全面建设小康社会是凝聚人心、鼓舞斗志，加快推进我国现代化建设的行动纲领。作者认为要确保实现全面建设小康社会奋斗目标成功，必须注意抓好如下几个关键点：（1）坚持以经济建设为中心的思想不动摇，不断解放和发展生产力，是全面建设小康社会的根本途径。全面建设小康社会，经济是物质基础。因此要实现这一目标，最根本的就是要走以信息化带动工业化、以工业化促进信息化的新型工业化道路，提高经济增长的效益和质量。（2）要坚定不移地实施可持续发展战略，处理好经济发展与人口、资源和生态环境之间的关系。走出一条科技含量高、经济效益好、资源消耗低、环境污染少、人力资源优势得到充分发挥的新型工业化道路。（3）积极推进西部大开发，促进区域经济优势互补和协调发展。全面建设小康社会和实现中国的现代化，最困难之点不在城市，而在广大农村，特别是经济欠发达的西部地区的农村；不在东部，而在广大的西部地区。因此，必须积极推进西部大开发，加大中部地区结构调整的力度，高度重视和关心欠发达地区的发展，实现地区协调发展和共同富裕的目标。（4）加快非公有制经济发展，为全面建设小康社会开辟新的有效的途径。

2. 关于农村剩余劳动力问题的研究。自农村土地经营制度改革以来，涌现出数以亿计的过剩劳动力，这股剩余劳动力的存在及其在国内大范围的无序流动，引发出许多经济和社会问题。文章在客观描述我国农村剩余劳动力现状的基础上，系统地分析了农村剩余劳动力形成的原因，提出了以工代赈、建立"国土开发改良基地"、设立"农业劳动追加基金"、大力发展乡镇企业、实行农业产业化经营等一系列可行措施。作者认为，我国农业剩余劳动力的出现并不是一种偶然现象，而是以往长期隐蔽于农村社会各种因素综合作用的结果，但它毕竟是我国经济现代化的必然趋势，也是人类社会进步的标志。这种过剩天然地包含着两层内容，即绝对的过剩和相对的过剩。所谓绝对的过剩是指农村劳动力供给总数相对所经营的土地资源及其追加的劳动量而言的过剩，它是农业生产在总体上绝对排斥的劳动力；所谓相对过剩，是指由于农业经济的徘徊萎缩之势以及追加劳动量不足、季节性变化、劳动力素质低下等原因而使一些本来需用的劳动力被排斥出农业生产过程，这是一种暂时而相对的过剩。用理论界惯用的语言讲，就是对劳动力的有效需求不足与有效供给不足同时并存；关于解决农村剩余劳动力的出路，作者认为主要有：

一是要走以劳动和智力积累为主的道路。劳动积累是以体力劳动形式为改善农业基础设施和农业生产条件、增强农业后劲而增加的物质收入，它所依托的是劳动力数量扩张和体力总支出的增长，这种积累机制在国家财力拮据、集体资金短缺的状况下，可起到资金积累所起不到的作用，也可以解决部分剩余劳动力；二是改变财政投向，加大对农业尤其是贫困地区农业基础设施和农业生产条件改善方面的投资。增加对农业的投入是增强农业发展后劲，改善农业生产条件，提高农业生产力水平，吸收农业剩余劳动力的有效途径；三是建立"国土开发改良基地"。结合我国耕地急剧减少这一实际，我们建议在中国大西北地区选择部分靠近黄河的地区、地下水资源丰富的地区、交通沿线地区等具备开发可能的区域，建立国土开发改良基地。政府设立和筹集专项资金，招募农村剩余劳动力，有计划、有步骤地向沙漠宣战、向荒地宣战，这样既可加快对这一落后地区的开发，同时又能解决大量的农村剩余劳动力；四是建立各类劳动积累、劳动追加基金制度劳动投入的追加和对农业投资的增加，必须制定一系列劳动追加政策，建立集体劳动积累制度，设立强化农业物质技术基础的"农业劳动追加基金"，以保证农业追加劳动的有效进行；五是引导并推进由传统农业向现代农业转移的步伐，调整农产品价格。理顺购销体制，鼓励农民立足农村从事农业生产，进行农业现代化物质技术基础建设，加速我国由传统农业向现代农业转移的步伐；六是大力发展农村教育事业，扩展职业教育面，提高农村人口素质；七是继续推进农村工业化、城镇化进程，增强对农村剩余劳动力的吸收能力；八是实行农业产业化经营，实现由粗放经营向集约经营的转化。

3. 关于设立国家级国土整治基地的研究。在国内学术界第一次提出设立国土整治基地的设想和建议。在《人民日报》上发表了《设立中央政府投资基金建立国家级国土整治基地》（2001）的论文，在《中国财经信息资料》上发表《开发大西北的战略构想：建立国家级国土改良整治基地》（2001）的文章，系统提出了要借鉴历史上屯垦戍边的经验，在我国西部及北部地区建立若干个国家级国土整治基地的设想，提出了"设立中央政府投资基金，建立国土整治基地"的政策建议。中国西部地区尤其是大西北是我国三大经济带中经济发展相对落后的地域，由于历史和众多因素的制约，决定了开发西部是一项规模宏大、影响长远的系统工程，正基于此，各种开发方案的设计必须立足于这一区情。因此，设立中央政府投资基金，建立国土整治基地是非常必要，也是切实可行的。设立中央政府投资基金、建立国土整治基地的必要性表现在：（1）基于我国土地荒漠化日益加重的严峻现实。首先是土地荒漠化使耕地大幅度减少；其次，由于工业化、城镇化建设以及乱占耕地等因素导致全国耕地急剧减少。（2）基于我国西部地区尤其是大西北的实际。（3）基于我国 1954 年和 1998 年两次特大洪水灾害的教训。（4）基于我国历史上尤其是新中国成立后开发国土的经验。（5）基于对国外经验的借鉴。设立国土整治基金、建立国家级国土整治基地的可能性表现在：（1）就自然资源来看，中国的沙漠面积尽管较大，但就其总体情况来看，不论其构成、成因，还是位置，都是有差别的。其中绝大部分深处内陆，人迹罕至，根本就不具备开发的条件。但同时也有相当数量的沙漠靠近河流，靠近交通干线，有的甚至靠近城市，这部分沙漠中有相当数量具备大规模整治的条件。（2）从人力资源方面分析，有大量剩余劳动力"蓄水池"可以利用。一是中国当前有数以亿计的农村剩余劳动力，二是我国城市还存在着大量的待业青年和企业下岗人员，三是我国有不少刑事犯罪人员，可以考虑改变当前的管理方式，进行整体规划，建立若干个大型的国土整治基地，将全国的刑事犯罪人员集结起来，实行军事化管理，对他们进行劳动改造，将功赎过，为国土整治和社会的发展出一份力，在这方面我国历史上曾经有过的流放、充军、戍边等经验很值得借鉴。（3）从财力方面分析，经过新中国成立以来尤其是改革开放三十多年的发展，我国的国民经济有了长足的发展，人民生活水平有了极大的改善，综合国力大大增强，政府有能力腾出手来开发西部，中央财政也有足够的财力设立国土整治基金，建立国家级国土整治基地，向荒漠宣战。作者认为，我国的国土开发与管理必须坚持系统管理的思想，在继续加强立法，严格控制城镇建设占用耕地，坚决制止耕地锐减，建立保护耕地的机制的同时，应当开展国土整治运动，通过国土的整治，可以实现环境效益和经济效益的统一。具体对策为：（1）基于我国耕地面积锐减和荒漠化威胁日益严重的现实，建议中央政府设立专项基金，在大西北地区经过全面综合的考察和论证，选择部分靠近黄河及其他河流的地区、地下水资源丰富的地区、交通沿线地区等具备开发条件的地区，建立若干个国家级"国土整治基地"，面向全国招募剩余劳动力，也可考虑集中全国在监狱看管的5年以上的服刑人员组成开发大军，实行准军事化管理，有计划、有步骤地向沙漠宣战，向荒漠宣战。政府也可考虑在人口稀少、但具备较好开发条件的地区投资建立移民小区，这不仅能够扩大耕地面积，减轻和遏制荒漠化的威胁，而且还能够把一大批剩余劳动力充分利用起来，同时，还可以对刑事罪犯起到良好的改造作用，减轻其劳动能力的闲置和浪费。（2）国土整治是一项长期的系统工程，投资额大，回收期长，必须由中央政府设立专项投资基金予以确保，而不能寄希望于民间投资，具体的国土整治基金来源渠道建议如下：一是从现在起，每年从中央财政支出中切出一块，设立专项的"国土整治基金"，比例建议定为当年年度财政收入的 0.5%；二是可以考虑从全国国有企事业单位从业人员工资中开征"国土整治税"，税率建议定为 0.5%。

第四部分主题为"中国区域经济发展研究"。 收录了我在研究中国区域经济发展方面发表的 17 篇论文。内容既有对中国区域经济发展的总体研究，又有关于缩小东西部地区经济发展差距、西部大开发、经济特区发展、振兴东北老工业基地以及作者工作过的甘肃、广东、内蒙古等省区经济发展方面的思考和探索。

1. 关于中国区域经济发展问题研究。先后发表了《中国西部地区经济发展优劣势分析及战略支点的选择》（1995）、《中国区域经济发展中的失衡与协调》（2005）等多篇文章，主持召开了"中国西部地区十省区（市）经济发展战略国际研讨会"（1995）、出版了《跨世纪的战略抉择——中国西部地区经济发展面临的问题与对策》（1995）一书，主要学术贡献有：

（1）提出了"投入产出配比价值系数"这一分析指标。根据价值工程中有关功能与成本匹配关系的科学思想，在国内学术界第一次提出了一个新的分析指标即"投入产出配比价值系数 r"。计算公式为：$r = F/C$

其中：r—某区域投入产出配比价值系数

F—该区域在一定时期内 GDP 占总体的比重

C—该区域在相应时期内全社会固定资产投资占总体的比重

当 $r < 1$ 时，则表明该区域在某一时期国内生产总值占总体的比重小于其全社会固定投资占总体的比重，该区域投资与产出不相匹配，以相对较高的投资取得较低的产出，投资效果不够理想，政府应当引起高度重视，今后工作的重点应放在制订如何提高本区域投资效果的政策和措施方面。

当 $r = 1$ 时，则表明该区域在某一时期内投入与产出在总额中所占的比重是相匹配的，投入产出效果变动趋势一致，今后工作的重点应放在结构调整上，力争打破这种相对一致的均衡态势，力争使未来的产出所占比重大于投资所占比重。

当 r>1 时，则表明该区域在一定时期内 GDP 产出在总体中所占比重大于同期其全社会固定资产投资所占比重，该区域用较少的投资取得更多的产出，投入产出效果较好，政府今后工作的重点应是不断调整投资结构，向高科技、高收益的领域加大投资力度，使 r 更大，以较少的资金投入取得更多的收益。

运用这一指标，先后在《数量经济技术经济研究》发表了《1995—1999：中国东西部地区投入产出价值系数分析》（2000）、《1995—1999：中国东西部地区基本建设及更新改造投资的对比分析》（2002）、《广东三大经济特区投入产出配比价值系数分析》（2002）等多篇论文。对中国各省区市以及三大经济特区的投入产出效果进行了科学排序。

关于中国区域经济发展问题，作者认为，区域经济发展中的失衡是一种多发现象。新中国成立以来，中央政府采取了多种旨在振兴经济的均衡和非均衡战略，但非均衡战略是我国区域发展中延续多年的主导模式，从发展规律上看，非均衡发展战略是推动经济发展的有效战略。从"一五"时期重点在"三北"（东北、华北和西北）地区安排基建项目开始，经过"三线建设"、沿海地区经济发展战略，到目前正在实施的西部大开发、振兴东北老工业基地战略以及中部崛起战略，我国经济建设的历程，与区域政策的调整变化有着密切联系。改革开放以来，出现了几种特色鲜明的区域发展战略：（1）经济特区与沿海开放战略。（2）梯度推移战略。（3）开发大西北战略。（4）西部大开发战略。（5）振兴东北老工业基地战略。（6）中部崛起战略。作者认为，从推动经济发展的手段和目的角度分析，某个时期侧重于发展某一地区或某一行业，在政策、资金等要素上给予倾斜支持的非均衡发展战略只是一种手段，其终极目的依然是实现区域经济的协调发展。如何实现东中西三大经济带的全面协调发展是全面建设小康社会对区域经济发展提出的新要求，是理论界应当重点研究的主题。协调发展是中国区域发展战略的正确选择，主要思路有：

（1）东部是中国经济发展的火车头，应重点发展技术含量高的制造业和现代服务业，在提高科研成果产业化方面下功夫。（2）中部地区应重点发展农业、能源和原材料加工业，推进农业产业化，改造传统产业，培育新的经济增长点。（3）西部地区开发战略的重点应以国土整治为核心，重视资源效益、环境效益和生态效益。

2. 关于中国东西部地区经济发展对比研究。先后发表了《中国西部地区经济发展优劣势分析及战略支点的选择》（1995）、《缩小我国东西部地区经济发展差距的战略设想》（1997）、《1995—1999 中国东西部地区投入产出配比价值系数分析》（2000）、《中国东西部地区基本建设及更新改造投资的对比分析》（2001）、《中国区域经济发展中的失衡与协调》（2005）等文章，对缩小中国东西部地区经济发展方面的差距提出针对性的建议，对中国西部地区经济发展和振兴提出了构造五个方面战略支点的思想。

关于西部地区经济腾飞战略支点的选择，作者认为面对中国西部这样广阔而复杂的经济带，要加速其经济发展的步伐，必须划小发展单元，构造若干个经济发展的支持系统，从培养经济增长的极核入手，由小到大，以点带面，以经济增长极核的发展和释放的能量带动整个经济带的腾飞。具体建议如下：（1）构造经济发展的支持系统。（2）集中有限的财力、物力和人才资源，培育经济增长的"极核"。具体思路：一是以已有的大中城市为发展极，从培育其自身发展的功能以及向四周辐射、扩散功能入手，以点带面，推动城市周围地区经济的长足发展；二是以培植小型企业群、乡镇企业群为突破口，塑造经济增长的极核。（3）以对优势矿产资源的开发为龙头，培育经济增长的极核。（4）以铁路、公路等交通大动脉为依托，沿线构造经济增长的极核，并逐步扩大辐射半径，带动沿线经济的发展。（5）以对区内河流航运及水力发电的开发为依托，以带动沿河两岸经济的腾飞为目的。其他配套措施有：（1）建立一种符合市场经济规律的资源要素流转机制，以资源要素的自由流动带动西部经济的发展。（2）走出一条资源转换、沿边向西开放的战略。（3）针对本区贫困面大的特点，集中力量打"歼灭仗"。（4）从宏观上看，国家政府应在西部地区明确一批国家重点支持的经济核心区，作为带动地区经济发展的增长极。同时，还应增加对本区的教育投入，提高劳动者的文化素养，为本区经济的长远发展打好基础。

3. 关于中国经济特区发展问题的研究。在国内首次将五大经济特区当作一个独立的单元进行研究，这本身就是一个创新，承担完成了科技部软科学研究项目"2010 年：中国五大经济特区可持续发展战略研究"（课题编号：Z00022）、广东省社科规划项目"广东三大经济特区可持续发展战略与对策"2 项课题的研究，先后发表了《1980—2000：中国五大经济特区投入产出配比价值系数分析》（2002）、《中国五大经济特区可持续发展战略重点的选择浅析》（2002）、《中国五大经济特区可持续发展优劣势分析》（2002）、《1980—2000 广东三大经济特区投入产出配比价值系数分析》（2002）、《经济特区的新使命：建成中国可持续发展的示范区》（2003）等文章。出版了《中国五大经济特区可持续发展战略与对策》（2003）一书，对经济特区产生的背景、所担负的历史使命、经济特区发展的成就与问题、经济特区未来发展的战略定位等问题进行了系统研究。作者认为设立经济特区是中国"非均衡布局战略"的产物，经济特区设立初期作为对外开放的窗口、排头兵和试验场所担负的阶段性历史使命虽已经基本完成，特区正在从以往的国内城市经济发展的"领头羊"逐步融入世界经济一体化的轨道，成为中国改革的样板，提出了经济特区未来建设的目标是建设成为中国可持续发展的示范区，为此，必须从如下方面着手：（1）要树立区域可持续发展的理念，五大特区的发展，必须坚持人与自然关系的和谐统一，经济和社会的发展不能超越资源环境的承载能力。发展应当是经济、社会和环境的全面发展，而不能把发展仅仅理解为经济的增长。增加投入，奠定可持续发展的物质基础。（2）必须从以往的依靠政策优惠为主转向依靠体制创新、市场机制完善为主。（3）必须坚持发挥优势，扬长避短的原则，尤其要重视特区比较优势的发挥。（4）坚持经济建设与环境保护统筹兼顾，构建合理的人与自然生态系统，努力提高特区经济发展的质量，真正实现特区经济发展由粗放型向集约型和效益型的转变。（5）牢固树立生态和环保意识，优化特区的生态环境。

4. 关于振兴东北老工业基地问题的研究。先后在《首都经济贸易大学学报》等杂志上发表了《东北三省投入产出配比价值系数分析》(2005)、《东北老工业基地经济发展的优劣势分析》(2005) 等论文，文章指出：由于历史等众多因素的影响，东北三省曾经是中国铁路运输网最密集的区域，也是新中国工业体系建设最完整的区域。大庆油田、鞍山钢铁、长春一汽、中国第一重型机械集团、哈飞集团等数十个大型、超大型企业成为民族工业的脊梁，也使东北地区成为以国有大中型企业为主的重工业基地。然而，改革开放以来，在从计划经济向市场经济转轨的过程中，由于受传统计划经济体制的影响太深以及向市场经济转轨迟缓，国有企业集中的东北三省，体制性和结构性矛盾日益突出，企业活力不足，经济效益下滑，大量工人下岗，发展速度明显落后于后来居上的"珠三角"和"长三角"地区，经济位次不断后移，经济发展上的滞后现象被不少专家称为中国的"生锈地带"。这种从辉煌到没落的"东北现象"不仅成了东北人的心痛，也成为困扰中国国民经济发展的最大难题。因此，振兴东北老工业基地成为中国新的发展阶段中重大而紧迫的任务，振兴东北各种战略的确定必须立足当地的优势和劣势，扬长避短。通过科学的定量分析后认为东北三省的投入产出效果是比较好的，振兴老工业基地的具体对策是：(1) 振兴东北老工业基地，要牢固树立可持续发展的思想。(2) 在确立比较优势的基础上，从一批重大项目的建设入手，确立发展重点，有限目标，重点突破，构筑支撑东北经济长远发展的支点。(3) 通过体制转换和机制创新，为东北地区国有企业的发展创造良好的外部环境。(4) 立足现状，科学规划，学习和参考其他地区的经验，培养自身发展的内在机制，推动产业升级或替代，从根本上实现资源衰竭型工业城市的可持续发展。(5) 以市场需求为导向，调整产业结构，实现产业结构的优化。(6) 大力发展民营经济，培育富有活力的市场主体。(7) 依靠资源优势，积极引进外资，大力发展外向型经济，实行全方位的开放。(8) 大力发展装备制造业。

5. 关于甘肃经济发展问题的研究。发表了《关于甘肃经济新的增长点》(1998)、《培育甘肃经济新的增长点的基本思路》(1998) 等文章。提出了培育甘肃经济发展新的增长点的具体思路和措施：(1) 新的经济增长点的培育必须依靠科技进步。粗放型经济增长方式直接导致甘肃产品技术含量低、质量差、经济规模小、名牌少、缺乏竞争力。根据现状应抓好石油、煤炭、有色金属、电子等的先进生产技术、节能降耗技术和环保技术的推广工作，同时组织力量着力开发复合材料与新型材料、电子信息、精细化工、生物工程等技术，培育和发展一批科技先导型企业和高新技术产业。（2）对国家兴办的产业和民间兴办的产业采取不同的思路。对于服装、食品、小煤炭、建材、造纸、小水电、印刷等行业应当实行国家放弃战略，允许非国有经济介入其中并给予大力扶植，抓大放小，放水养鱼，政府通过制定有关法规政策对其加以引导，让其在市场经济这一大舞台上自生自灭，优胜劣汰。非国有经济的参与竞争，为甘肃经济发展、繁荣市场发挥了一定作用，必须实施名牌战略，搞好现有企业的嫁接改造，培植和组建大型企业集团，方能在激烈的市场竞争中抢占竞争制高点，跃入经济发展的快车道。（3）新的经济增长点必须是一个较为系统的完整的概念。新的经济增长点一方面是一些具体的项目或方向，另一方面还应当强调区域联合，确定一批新的经济增长区。通过对这些区域性产业的扶持及其辐射带动作用推动甘肃经济的发展。（4）充分利用现有的自然资源，强化农业的基础地位，促进农村经济全面发展。（5）发挥老工业基地的作用，调整产品结构，进而调整产业结构，组建大型企业集团。（6）围绕兰州商贸中心建设，完善市场体系，培植经济增长点。

6. 关于县域经济发展问题的研究。结合在内蒙古武川县挂职的经历，发表了《武川建设特色产业集群的建议与思考》（2009）文章，提出了立足当地资源特色和优势构建产业集群的具体建议，为把潜在的资源优势转变为产业优势，实现经济快速崛起，结合武川县的实际，特提出培育和建设五大特色产业集群的设想：（1）以水泥和矿产资源深加工为主导的特色产业群。因此，围绕这些优势已经显现的特色产业建设产业集群是发挥优势的体现。（2）以特色农产品深度加工增值为特色的产业集群。武川拥有特色农业资源；利用这些农业优势资源，大力发展以马铃薯等农产品农业综合开发，建设膨化食品、小食品、营养保健品、中草药加工增值的特色产业群前景广阔。（3）以肉食产品加工和皮革加工业为龙头的产业群。武川具有发展与畜牧业相关的以肉食产品加工和皮革加工业为龙头的产业群的原材料优势。（4）以风力发电为龙头的能源产业带。（5）以特色旅游和红色旅游为特色的服务业产业集群。发展以旅游为特色的文化产业，既能够形成新的经济增长点，又能够满足人民群众的精神文化需求。

《经济管理理论与中国经济发展研究》一书作者除我之外，还有其他老师以及我指导的硕士生、博士生、博士后共同研究取得的成果，有的文章发表时也署上他们的名字，具体名单为：王忠贤、王钦、段杰、黄皓、王志成、陈黎琴、唐晓云、何志勇、高海涛、邹福勇、赵睿、鲜跃琴等。芦世玲博士和爱人李琴女士先后帮我对本书中涉及的论文进行了全面检索和汇编，并对全书的论文进行了检索、汇总等细致而辛苦的整理工作，编辑王丽芳对书稿进行了细致而艰辛的编校工作。这些学者、学生思维敏捷，思想活跃，在和他们合作研究的过程中我也学到了许多东西，在该书出版之际，谨向他们表示谢意。

作为一名高校教师，一直从事教学科研工作，先后培养了60多名博士后、博士和硕士研究生，在这些研究生中，有的已走上领导岗位，有的在清华大学、中国社会科学院、财政部财政科学研究院等著名高校和研究单位从事教学科研工作，有的已晋升教授或研究员并成为博士生导师，成为所在单位的教学科研骨干或中高层主管，我常常为此而感到欣慰和自豪。本书能够付梓，首先要感谢北京市教委长城学者项目对作者的慷慨资助，同时也要感谢中央编译出版社领导和王丽芳编辑的鼎力支持。

在研究和写作过程中，作者参阅了大量相关研究文献，吸收和引用了同行部分研究成果，这里对这些文献的作者一并表示衷心感谢，书中疏漏和不足之处恳请各位专家和读者批评指正。衷心希望本书出版能够为从事经济管理理论中国经济发展研究的专家学者以及研究生了解中国经济改革与经济发展的历程、进而深入思考中国经济发展深层次的问题产生启发和借鉴之效。

王关义

2017 年 6 月 20 日

王关义教授学术档案

王关义：男，1963 年 12 月出生，陕西富平人。北京印刷学院副校长，二级教授，管理学博士，博士生导师；先后在兰州大学、汕头大学和北京印刷学院等高校任教，主要研究领域为管理学（工商管理）、经济学（产业经济学、区域经济学）。

曾担任兰州大学西北开发综合研究所常务副所长和汕头大学经济管理学系主任；曾被共青团中央和国家教委选拔为优秀青年教育工作者公派赴日本留学访问、被北京市委组织部派赴内蒙古武川挂职任县委常委政府副县长；获得全国新闻出版行业领军人才、首届北京新闻出版行业领军人才、北京市拔尖创新人才、北京市教学名师、北京市长城学者、北京高校育人标兵、北京市级优秀教学团队带头人、首都教育先锋集体带头人等荣誉或称号；先后在《人民日报》《光明日报》《新华文摘》《经济要参》《经济管理》《中国改革》《改革内参》《企业管理》《数量经济技术经济研究》《中央财经大学学报》《国家教育行政学院学报》《前线》等刊物上发表学术论文 260 余篇，其中有 60 多篇被 CSSCI 全文检索。在高等教育出版社、清华大学出版社、中国财政经济出版社、中央编译出版社、经济管理出版社、经济科学出版社、机械工业出版社等著名出版社出版《国际财务管理》《现代企业管理》《财务管理》《现代印刷企业管理》《现代组织管理》《生产管理》《运营管理的革命》《中国出版业体制改革研究》《管理学》《经济管理理论与中国经济发展研究》等学术专著和教材 50 余部，其中有 2 部被评为北京高等教育精品教材，领衔编著的《现代企业管理》（第三版）被评为"十二五"普通高等教育本科国家级规划教材；所带领的"工商管理基础平台课教学团队"被评为北京市优秀教学团队并获得北京市教育工会授予的"首都教育先锋先进集体"荣誉称号，领衔主讲的"现代企业管理"课程被评为北京市"精品课程"；获得包括国家级教学成果二等奖、北京市教学成果一等奖、北京市哲学社会科学优秀成果二等奖、甘肃省哲学社会科学最高奖二等奖在内的十多项高层次奖项二十余项，曾被广东省人民政府授予"南粤教书育人优秀教师"称号；主持国家社科规划项目、国家教委留学回国人员科研启动项目、国家软科学重大项目、北京市哲学社会科学规划项目、北京市教委人文社科规划重点项目、国家新闻出版广电总局重点项目等国家及省部级科研项目 20 余项。曾被国家教委和共青团中央选拔为优秀青年教育工作者公派赴日本留学访问，并先后多次赴瑞士、德国、法国、美国、英国等发达国家以及中国香港和台湾地区多所著名高校考察访问。

社会兼职：中国企业管理研究会副会长、全国高校出版专业教学指导委员会常务副主任委员、教育部全国卓越新闻传播人才教育指导专家委员会委员、教育部全国新闻出版职业教育教学指导委员会委员、首都企业改革与发展研究会副会长、北京文化安全研究基地首席专家等。

主要学术与工作经历：

1981—1985 年：兰州大学经济系经济管理学专业本科；获经济学学士学位。

1985—1988 年：兰州大学企业管理专业研究生；获经济学硕士学位。

1988—1997 年：兰州大学管理学助教、讲师、副教授；研究所常务副所长。

1993—1994 年：共青团中央和国家教育委员会公派赴日本高级访问学者。

2000—2003 年：西北农林科技大学，获管理学博士学位。

1998—2003 年：汕头大学教授、系主任。

2003—2010 年：北京印刷学院教授、出版传播与管理学院副院长、院长、校长助理。

2009 年 4 月—2009 年 10 月：北京市委组织部选拔派赴内蒙古武川县挂职，任县委常委、政府副县长。

2010—2011 年：北京印刷学院教授、经济管理学院院长、校长助理。

2012 至今：北京印刷学院副校长、中国传媒大学博士生导师。

王关义教授出版著作和教材

（1992—2018，共 51 部）

1. 王关义等编：《国有企业资产评估》，兰州大学出版社 1992 年版。

2. 王关义等：《中国工业技术进步的现状问题与对策》，经济科学出版社 1993 年版。

3. 王关义等编：《知己知彼 百战不殆——日本中小企业成功的经验与中国中小企业发展》，宁夏人民出版社 1993 年版。

4. 王关义主编：《跨世纪的战略选择：中国西部地区经济发展面临的问题与对策》，甘肃教育出版社 1995 年版。

5. 王关义：《现代企业财务管理原理与技法》，甘肃教育出版社 1996 年版。

6. 王关义编：《生产管理》，经济管理出版社 1999 年版。

7. 刘星、王关义编：《国际财务管理》，高等教育出版社 2000 年版。

8. 王关义：《中国五大经济特区可持续发展战略研究》，经济管理出版社 2004 年版。

9. 王关义、刘益、刘彤、李治堂编：《现代企业管理》，清华大学出版社 2004 年版。

10. 王关义编：《生产管理》（第二版），经济管理出版社 2004 年版。

11. 王关义主编：《北京印刷学院出版传播与管理学院教学科研论文集》，北京艺术与科学电子出版社 2005 年版。

12. 王关义、李治堂、刘益等编：《现代印刷企业管理》，经济管理出版社 2005 年版。

13. 王关义编：《现代生产管理》，经济管理出版社 2005 年版。

14. 王关义主编：《出版教育理论与实践论文集》，北京艺术与科学电子出版社 2006 年版。

15. 王关义、李治堂主编：《出版教育理论探索与创新论文集》，北京艺术与科学电子出版社 2007 年版。

16. 王关义等编：《运营管理的革命：理论、实务、案例》，经济管理出版社 2007 年版。

17. 王关义、刘益、刘彤、李治堂编：《现代企业管理》（第二版），清华大学出版社 2007 年版。

18. 王关义编：《现代组织管理》，经济管理出版社 2007 年版。

19. 王关义编：《财务管理》，经济管理出版社 2007 年版。

20. 王关义编：《无形资产评估与版权贸易》，北京艺术与科学电子出版社 2007 年版。

21. 王关义、陈丹等编：《北京建设国际出版产业中心优势和对策研究》，中国财政经济出版社 2008 年版。

22. 王关义等编：《中国出版业体制改革研究》，中国财政经济出版社 2008 年版。

23. 王关义、高海涛、张铭编：《管理学原理》，经济管理出版社 2009 年版。

24. 王关义编：《中国出版业改革：理论思考与探索》，中国财政经济出版社 2009 年版。

25. 王关义等编：《中国出版业管理科学化案例研究》，经济管理出版社 2009 年版。

26. 王关义、李治堂主编：《出版教育与研究：传承与创新》，印刷工业出版社 2009 年版。

27. 王关义、李治堂主编：《出版教育与研究：融合与发展》，印刷工业出版社 2009 年版。

28. 王关义、李治堂主编：《出版管理科研论》，中央编译出版社 2010

年版。

29. 王关义、李治堂主编：《出版管理教学论》，中央编译出版社 2010 年版。

30. 王关义、华宇虹等：《中国出版业绩效评估研究》，中国财政经济出版社 2010 年版。

31. 王关义、李治堂、刘益等编：《现代印刷企业管理》（第二版），经济管理出版社 2011 年版。

32. 王关义、李治堂主编：《信息时代的传媒经济与管理》，经济管理出版社 2011 年版。

33. 王关义、刘益、刘彤、李治堂编：《现代企业管理》（第三版），清华大学出版社 2012 年版。

34. 王关义：《中国出版业发展若干问题研究》，中国财政经济出版社 2012 年版。

35. 王关义、李治堂主编：《传媒管理论道之：企业—流程—员工》，经济管理出版社 2014 年版。

36. 王关义、李治堂主编：《传媒管理论道之：创新—战略—绩效》，经济管理出版社 2014 年版。

37. 王关义主编：《特色与发展：北京印刷学院教学改革与研究论文集》，北京艺术与科学电子出版社 2014 年版。

38. 王关义、齐元胜主编：《面向印刷行业应用型人才培养实践教学篇》，北京艺术与科学电子出版社 2014 年版。

39. 刘益、王关义、田志虹主编：《北京文化安全研究报告 2015》，中国政法大学出版社 2015 年版。

40. 王关义、刘益、刘彤、李治堂编：《现代企业管理》（第四版），清华大学出版社 2015 年版。

41. 王关义、高海涛、张铭编：《管理学》，清华大学出版社 2015 年版。

42. 王关义、李治堂、刘益等编：《现代印刷企业管理》（第三版），经济管理出版社 2016 年版。

43. 王关义等：《中国出版业转型与升级战略研究报告》，中国财政经济出版社 2016 年版。

44. 王关义等：《中国出版业素质升级研究报告》，中国财政经济出版社 2016 年版。

45. 王关义等：《行业特色类高校人才培养模式改革与探索》，中国财政经济出版社 2016 年版。

46. 王关义、李治堂、何玉柱主编：《传媒产业发展研究：管理、战略、模式》，人民邮电出版社 2016 年版。

47. 王关义、李治堂、何玉柱主编：《传媒产业发展研究：转型、创新、营销》，人民邮电出版社 2016 年版。

48. 王关义等：《北京市大兴区产业定位与优势产业发展研究》，经济管理出版社 2016 年版。

49. 王关义、刘寿先等：《构建具有文化特色的现代出版企业制度研究》，中国财政经济出版社 2017 年版。

50. 王关义等：《中国出版业体制改革与发展研究》，中央编译出版社 2017 年版。

51. 王关义：《经济管理理论与中国经济发展研究》，中央编译出版社 2018 年版。

王关义教授主持完成的科研项目

（1992—2018）

1. 国家社科规划项目：中国工业技术进步的现状、问题与对策（1992—1995 年）。

2. 国家教委留学回国人员科研启动项目：中日企业管理模式的比较研究（1995—1999 年）。

3. 甘肃省计委、甘肃省科委软科学项目：甘肃省能源产业政策研究（1995—1997 年）。

4. 甘肃省科委软科学研究项目：甘肃省无形资产评估研究（1996—

1998 年）。

5. 甘肃省科委软科学研究项目：我国企业组织目标模式研究（1996—1998 年）。

6. 甘肃省计委项目：企业组织管理研究（1993—1995 年）。

7. 兰州市人民政府重点委托项目：兰州商贸中心建设：理论、战略与实践（1996—1997 年）。

8. 广东省教育厅人文社科规划项目：广东三大经济特区可持续发展战略研究（2000—2002 年）。

9. 国家科技部软科学研究项目：中国五大经济特区可持续发展战略研究（2001—2003 年）。

10. 国家新闻出版总署重点项目：中国出版业绩效评估指标体系研究（2004—2006 年）。

11. 国家新闻出版总署重点项目：中国新闻出版行业信用体系建设研究（2005—2006 年）。

12. 北京市教委人文社科规划面上项目：无形资产评估理论与实证研究（2005—2007 年）。

13. 北京市委组织部优秀人才项目：现代组织管理研究（2006—2007 年）。

14. 北京市教委引进人才项目：中国印刷行业管理科学化研究（2005—2008 年）。

15. 北京市拔尖创新人才项目：中国出版业体制改革与管理科学化研究（2007—2010 年）。

16. 北京市社科规划项目，北京市教委重点项目：北京建设国际出版产业中心优势与对策研究（2007—2009 年）。

17. 中国科学技术协会重点调研项目：企业科技工作者职业技能提升需求调研（2010—2013 年）。

18. 北京市长城学者项目：中国出版业转型模式研究（2014—2016 年）。

19. 科技部国家软科学重大项目：中国出版业转型与升级战略研究

（2013—2016 年）。

20. 国家新闻出版广电总局重大招标项目：构建具有文化特色的现代出版企业制度研究（2015—2016 年）。

21. 北京市教委社科计划重点项目：传统出版与现代出版融合发展的路径与对策研究（2018—2020 年）。

王关义教授获得的主要奖励或荣誉

（1992—2018）

1. 1993 年：参与主研的"甘肃省星火计划发展战略与对策"获得"国家星火奖"三等奖。

2. 1995 年：获甘肃省教育厅科技进步二等奖。

3. 1995 年：获兰州大学世川良一优秀青年教师称号。

4. 1995 年：编著的《国有企业资产评估》获得甘肃省委省政府授予的甘肃省哲学社会科学最高奖二等奖。

5. 1997 年：论文《中国西部地区经济发展优劣势分析及战略支点的选择》获甘肃省委省人民政府授予的哲学社会科学"兴陇奖"三等奖。

6. 1996 年：编著的《现代财务管理原理与技法》获中国西北西南九省区优秀教育图书三等奖。

7. 1999 年：获汕头大学优秀教学成果二等奖。

8. 2001 年：获广东省人民政府授予的"南粤教书育人优秀教师"荣誉称号。

9. 2001 年：获广东省社科联授予的"广东省哲学社会科学优秀工作者"称号。

10. 2001、2003 年：先后 2 次获汕头大学"课堂教学效果最佳奖"。

11. 2001、2003 年：先后 2 次获西北农林科技大学优秀博士生论文奖。

12. 2002 年：编著的《生产管理》《国际财务管理》分别获得汕头大学优秀教材二、三等奖。

13. 2006、2008 年：先后 2 次获北京印刷学院校级精品课程。

14. 2005 年以来：先后多次获得北京印刷学院授予的师德先进个人、优秀共产党员等荣誉。

15. 2005 年：编著的《生产管理》（第二版）获"北京市精品教材奖"。

16. 2007 年：被评为北京市拔尖创新人才。

17. 2008 年：被评为北京印刷学院"教学名师"。

18. 2005、2008 年：先后 2 次获北京印刷学院毕业生评出的"我最尊敬的教师"荣誉。

19. 2004、2008 年：分别获北京印刷学院"教学成果"一等奖和二等奖。

20. 2008 年：领衔编著的《现代企业管理》（第二版）获北京市精品教材奖。

21. 2008 年：所带领的"工商管理基础平台课教学团队"被评为北京市优秀教学团队。

22. 2009 年：所带领的"工商管理基础平台课教学团队"被北京市教育工会授予"首都教育先锋先进集体"荣誉称号。

23. 2010 年：领衔主讲的课程"现代企业管理"被评为北京市精品课程。

24. 2010 年：获得北京市第六届"教学名师奖"。

25. 2010 年：获得北京市教育工委授予的北京高校"育人标兵"称号。

26. 2011 年：被评为北京市首届新闻出版行业"领军人才"。

27. 2012 年：获得北京市大兴区人民政府授予的科技进步二等奖。

28. 2012 年：获得国家新闻出版总署授予的第三届全国印刷行业职业技能大赛"特别贡献组织工作者"荣誉称号。

29. 2012 年：获北京市人民政府授予北京市级教学成果一等奖。

30. 2013 年：被国家新闻出版广电总局授予"全国新闻出版行业领军人才"荣誉称号。

31. 2014 年：领衔编著的《现代企业管理》（第三版）荣获教育部"十二五"普通高等教育本科国家级规划教材。

32. 2014 年：所参与的"面向行业，构建四位一体的印刷出版创新人才培养模式"获得国家级教学成果奖二等奖。

33. 2014 年：获得中共北京市委、北京市人民政府授予哲学社会科学优秀成果二等奖。

34. 2016 年：所主持的"行业特色类高校人才培养模式改革与探索"获得北京印刷学院优秀教学成果特等奖。

35. 2018 年：设立人才培养特区，构建招生培养就业联动机制，创新印刷出版培养人才模式。荣获北京市高等教育教学成果奖一等奖。